军事社会学译丛

劳特利奇军事研究方法手册

〔荷〕约瑟夫·索特斯

〔美〕帕特里夏·M.希尔兹　　著

〔荷〕塞巴斯蒂安·里特延斯

刘　辉　译

哈尔滨工程大学出版社

Harbin Engineering University Press

黑版贸审字：08-2020-120

Routledge Handbook of Research Methods in Military Studies, 1st Edition/by Joseph Soeters，
Partrica M. Shields，Sebastiaan Rietjens/ISBN：978-1-138-20085-2

图书在版编目（CIP）数据

劳特利奇军事研究方法手册 /（荷）约瑟夫·索特斯（Joseph Soeters），（美）帕
特里夏·M. 希尔兹（Partrica M. Shields），（荷）塞巴斯蒂安·里特延斯（Sebastiaan
Rietjens）著；刘辉译 .—哈尔滨：哈尔滨工程大学出版社，2019.12
（军事社会学译丛）
ISBN 978-7-5661-2543-9

Ⅰ.①劳… Ⅱ.①约… ②帕… ③塞… ④刘… Ⅲ.①军事社会学－研究方法－手册
Ⅳ.① E0-052

中国版本图书馆 CIP 数据核字（2019）第 288485 号

选题策划	史大伟
责任编辑	丁　伟　张　昕　于晓菁
封面设计	李海波

出版发行	哈尔滨工程大学出版社
社　　址	哈尔滨市南岗区南通大街 145 号
邮政编码	150001
发行电话	0451-82519328
传　　真	0451-82519699
经　　销	新华书店
印　　刷	哈尔滨市石桥印务有限公司
开　　本	787 mm×960 mm　1/16
印　　张	32.25
字　　数	550 千字
版　　次	2019 年 12 月第 1 版
印　　次	2019 年 12 月第 1 次印刷
定　　价	178.00 元

http：//www.hrbeupress.com
E-mail：heupress@hrbeu.edu.cn

"军事社会学译丛"总序

《左传》云："国之大事，在祀与戎。"《孙子兵法》开篇指出："兵者，国之大事，死生之地，存亡之道，不可不察也。"古今中外，军事与战争是决定一个国家和民族命运的头等大事。

当今世界正面临百年未有之大变局，我国既处于发展的重要战略机遇期，又面临着不可预料的外部风险。习近平同志指出："全军要正确认识和把握我国安全和发展大势，强化忧患意识、危机意识、打仗意识，扎扎实实做好军事斗争准备各项工作，坚决完成党和人民赋予的使命任务。"

对于军事斗争，长久以来我国的军事思想不仅探寻军事战略战术，而且尤为重视军内、军政、军民关系，从《孟子》中的"天时不如地利，地利不如人和"到毛主席指出的战争决定因素"是人不是物"，均充分强调了军事问题的社会性质。在现阶段充分继承这一思想，采用科学的方法对军事问题进行社会学分析，复兴并推动我国的军事社会学研究，无疑是"强军兴军"战略的必然要求。

军事社会学的研究始于19世纪末20世纪初的俄罗斯帝国。第二次世界大战前后，在苏联、美国等国家，军事社会学研究受到普遍重视。1941年，美国成立了旨在调查军队中意见和态度的军队信息与教育研究所。该研究所对发生在美国国内外的战争进行社会心理学和社会学的研究。这项工作规模宏大，被描绘成"社会学界迄今为止最有野心的计划"。其大部分研究成果于1949年由塞缪尔·斯托弗和他的助手们收录在了名为《美国士兵》的著作中，它肯定并强调了群体研究、组织研究、理论研究、方法论研究和应用研究的重要意义。1965年，美国社会学家C.H.科茨和R.J.佩里格林撰写的《军事社会学》一书出版，标志着军事社会学作为社会学的一个分支学科正式形成。最初，相关研究因其直接解决军事问题的应用性取向而使学术性有所牺牲，且其关注的问题集中于军事领域内部。在之后的发展中，军事社会学的研究领域日益扩展，对军事问题的社会基础、社会后果等更具社会学风格议题的研究逐渐增多，并且关注不同时代出现的新问题，如恐怖主义、网络战争等。

我国军事社会学研究始于20世纪80年代中期。1984年10月，中国人民解放军南京政治学院许祥文在《解放军报》发表了《创立具有中国特色的军事社会学》一文，拉开了我国军事社会学研究的序幕。三十多年来，军事社会学在明确学科方向、建立学术机构、汇聚学术队伍、开展学术研究等方面取得了一定的成绩。然而，不容忽视的是，由于军事社会学学科新、起步晚，加之整个社会发展的重点多集中在经济建设领域，因此军事社会学研究既缺乏有深度的、系统的基础理论研究，也缺乏扎实的经验研究，更缺乏对世界军事社会学前沿和动态的了解与把握。

哈尔滨工程大学的前身是中国人民解放军军事工程学院（简称"哈军工"），为我国的国防现代化做出了不可磨灭的贡献。国防现代化不仅需要军事科技这样的硬实力，还需要军事社会学这样的软实力。作为哈军工的传人，我们在新时代有义务担负起推动军事社会学发展的重任。为了学习与借鉴西方较为成熟的研究成果，迅速提升我国军事社会学研究水平，我们与哈尔滨工程大学出版社合作，翻译、出版了这套"军事社会学译丛"。

本译丛第一批共有10部著作。例如，《文明与战争》《战争、国家与社会》是"宏观定位著作"，围绕军事社会学的核心主题"战争"展开，探讨战争与国家、社会与文明的关系；《社会学与军事研究：经典与当代的奠基》是"理论奠基著作"，将军事社会学放入社会学的整体思想脉络中考察，寻求军事社会学的社会理论之根；《文武之道：新时代的军人与国家》《士兵与平民》是"结构性分析著作"，聚焦军队在社会结构中的位置，探求军队、军人与其他重要社会群体的关系，分析军事问题的社会基础与社会后果；《军事社会学手册》《劳特利奇军事研究方法手册》是"工具性著作"，为进行军事社会学研究提供全面的理论与方法；《德国的新安全人口统计：人口老龄化时代的军事招募》是"时代前沿著作"，聚焦"人口老龄化"这一各国当代普遍存在的重要人口现象对军队的影响，这对我国极具借鉴价值。

  这 10 部著作涵盖了军事社会学研究的宏观与微观、理论与方法、经典与前沿，描绘了一个较为完整的军事社会学研究谱系，为我国军事社会学的发展提供了可借鉴的资源。相信在学界的共同努力下，今后会有越来越多的军事社会学成果不断问世，共同推动这一学科的发展。

原 版 序 言

本书概述了军事研究领域的研究方法。

作为一个由个体和社会提供资源的机构，军队已经被很多学者研究过，这些学者来自广泛的学科领域：政治学、社会学、历史学、心理学、人类学、经济学和行政学。从对冲突的计算建模和对军人绩效的问卷调查，到对军人战地故事和退伍军人经历的定性研究，这些学科的方法进路各不相同。近年来，技术设施飞速发展，如更强大的硬件、更复杂的软件，以及文件和图片的数字化，它们会使这些正在被运用的方法比以往任何时候都更具活力。

这些方法出现在许多军事研究的进路中，《劳特利奇军事研究方法手册》全面、动态地概述了它们的发展。本书分为四个部分：启动与了解情境、定性研究方法、定量研究方法和结束。每一部分又由若干章构成，每一章都从描述一项已发表的研究开始，用它来说明该章中要解决的方法问题。本书不仅提供了研究方法，也从各种研究角度对军事研究进行了有意义的概述。大体上看，本书适于军事研究、安全和战争研究、军民关系、军事社会学、政治学和研究方法等相关专业的学生研读。

约瑟夫·索特斯是荷兰国防学院和荷兰蒂尔堡大学的组织研究教授。他在国际学术期刊上发表过大量论文，并撰写、编辑及与他人合编过许多著作。

帕特里夏·M. 希尔兹是美国得克萨斯州立大学政治学教授。自 2001 年以来，她一直担任《武装部队与社会》（*Armed Forces & Society*）杂志的主编，该杂志是军事研究领域的主要期刊。她发表过大量的军事研究成果。

塞巴斯蒂安·里特延斯是荷兰国防学院副教授，荷兰陆军预备役少将。他做过大量军事行动方面的实地调查，并撰写了相关著作，以及在期刊上发表了多篇文章。

撰　稿　人

馬农·安德列斯（Manon Andres）是荷兰国防学院军事科学系助理教授。她的研究主题包括军人家庭及国防组织中军职人员和文职人员的工作关系。

联系方式：Manon Andres，Netherlands Defence Academy，Faculty of Military Sciences。电子邮件：md.andres@nlda.nl。

弗洛里伯特·鲍德（Floribert Baudet）是荷兰国防学院副教授，教授军事史、战略和历史学方法论。2001 年，他在荷兰乌得勒支大学获得历史学博士学位。他的论文重点关注了 1972—1989 年荷兰对东欧和南斯拉夫等地区的人权政策。他发表了约 70 篇 / 本有关荷兰外交及国防政策、南斯拉夫、"冷战"、人权、历史方法论方面的论文和著作。他最新的著作《第四种武器》（Het Vierde Wapen）于 2013 年出版，该书分析了印度尼西亚八月革命（1945—1949）和"冷战"初期，荷兰政府下令建设国土防线的情况。

电子邮件：FH.Baudet@nlda.nl。

艾亚尔·本－阿里（Eyal Ben-Ari）是耶路撒冷希伯来大学人类学教授，现任加利利海基尼烈学院社会、安全与和平研究所所长。他曾在以色列、日本、中国香港、新加坡和瑞典开展过各种有关武装部队、儿童早期教育和知识社会学方面的研究。他最近出版的著作包括与泽夫·莱勒（Zev Lehrer）、乌齐·本－沙洛姆（Uzi Ben-Shalom）和阿里尔·维纳（Ariel Vainer）合著的《重新思考当代战争：阿克萨起义的社会学观点》（Rethinking Contemporary Warfare：A Sociological View of the Al-Aqsa Intifada，2010），与尼西姆·奥马津（Nissim Otmazgin）合著的《东亚国家和大众文化》（The State and Popular Culture in East Asia，2012），以及与尼西姆·奥马津合著的《东亚和东南亚大众文化的协同生产与合作》（*Popular Culture Co-Productions and Collaborations in East and Southeast Asia*，2013）。

电子邮件：feba@netvision.net.il。

里莎·布鲁克斯（Risa Brooks）是马凯特大学政治学系政治学副教授。她研究的问题与军政关系、激进组织和恐怖主义有关，是《形成战略：战略评估的军政关系政治学》（*Shaping Strategy*：*The Civil-Military Politics of Strategic Assessment*）的作者，撰写过恐怖主义方面的学术论文和评论，尤其关注本土恐怖主义现象。

电子邮件：risa.brooks@marquette.edu。

保罗·F. 迪尔（Paul F. Diehl）是美国伊利诺伊大学政治学教授。他最近出版的著作包括《国际调解》（*International Mediation*，2012）、《评估和平行动》（*Evaluating Peace Operations*，2010）和《国际法动态》（*The Dynamics of International Law*，2010）。

联系方式：Department of Political Science， University of Illinois，420 David Kinley Hall (DKH)，MC–713，1407 W. Gregory Drive，Urbana，IL 61801，USA。电子邮件：pdiehl@illinois.edu。电话：217–333–9356。传真：217–244–5712。

丹尼尔·德鲁克曼（Daniel Druckman）是乔治梅森大学公共和国际事务教授，是澳大利亚麦考瑞大学杰出学者。他最近出版的著作包括《做研究：冲突分析中的调查方法》（*Doing Research*：*Methods of Inquiry for Conflict Analysis*，2005）以及与保罗·F. 迪尔合著的《评估和平行动》（*Evaluating Peace Operations*，2010）。这两本书都获得了国际冲突管理协会（IACM）优秀图书奖。他还与保罗·F. 迪尔共同编辑了《和平行动的成功：一项比较分析》（*Peace Operation Success*：*A Comparative Analysis*，2013），以及有关国际谈判的系列丛书。

电子邮件：dandruckman@yahoo.com。

保罗·C. 范·费内玛（Paul C. van Fenema）来自荷兰国防学院，在荷兰国防学院担任军事后勤和信息系统主席。他在组织研究、网络价值创造和信息管理等领域的期刊上发表了大量文章，这些期刊包括《军事情报季刊》（*MIS Quarterly*）、《国际物流与后勤管理杂志》（*International Journal of Physical Distribution and Logistics Management*）、《三棱镜》（*PRISM*）、《信息系统期刊》（*Information Systems Journal*）、《信息与管理》（*Information & Management*）、《国防与安全分析》（*Defence and Security Analysis*）和《国际商业研究杂志》（*Journal of International Business Studies*）。他与其他学者共同编辑了许多国际合作的图书，其中包括《管理军事组织》（*Managing Military Organizations*，2010）。

电子邮件：PC.v.Fenema@nlda.nl。

迈克尔·G. 芬德利（Michael G. Findley）是得克萨斯州立大学奥斯汀分校政府系助理教授。其研究领域包括政治暴力、国际发展、计算建模和实地实验。他最近的研究刊登在《英国政治学杂志》（*British Journal of Political Science*）、《政治学杂志》（*Journal of Politics*）、《内战》（*Civil Wars*）、《美国政治科学杂志》（*American Journal of Political Science*）和《复杂》（*Complexity*）上。他的研究得到了美国国家科学基金会、美国国防部"密涅瓦"计划、美国国际开发署、世界银行、比尔及梅琳达·盖茨基金会和休利基金会的资助。

电子邮件：mikefindley@austin.utexas.edu。

伊琳娜·戈登伯格（Irina Goldenberg）于 2004 年在卡尔顿大学获得社会心理学博士学位，那时她的研究重点是人际创伤、创伤后压力和情绪智力。她于 2004 年加入加拿大研究与发展部（DRDC），担任人权与多元化领域负责人三年。2008 年，她在加拿大研究与发展部的军事人员研究和分析团队（GMPRA）担任文职人员研究小组的负责人。自 2011 年以来，她一直在领导招聘和挽留研究小组（DGMPRA），负责管理加拿大武装部队的招募和挽留研究项目。在加入加拿大研究与发展部之前，她曾在卡尔顿大学的犯罪学系任教，并在加拿大惩教署工作过。其主要研究领域包括招募和挽留军人，以及国防组织中军职和文职人员之间合作方面的问题。

电子邮件：IRINA.GOLDENBERG@forces.gc.ca。

迈克尔·格里芬（Michael Griffin）是安纳伯格学者项目研究员，在麦卡莱斯特学院的媒体与文化研究系任教，曾担任国际交流协会视觉传播研究分会主席，以及《国际传播百科全书》（*The International Encyclopedia of Communication*）视觉传播领域编辑。他撰写的论文涉及视觉表达的历史和理论、图像在媒体系统中的利用和发行，以及可视化新闻和公众媒体问题。其最近的出版物包括《传播史手册》（*The Handbook of Communication History*，2013）中的《视觉传播史》（*Visual Communication History*），《视觉文化：跨大西洋的视角》（*Visual Cultures: A Transatlantic Perspective*，2012）中的《无中生有的图像：21世纪媒体中的视觉感与新闻》（*Images from Nowhere: Visuality and News in 21st Century Media*），发表在《瞬间》（*AugenBlick*，2011）上的《奇观和幽灵：阿布格莱布照片中的公众生活转变》（*Spectacle and Spectre: The Shifting Public Life of the Abu Ghraib Photographs*），以及发表在《媒体战争和冲突》（*Media War & Conflict*，2010）上的《战争的媒体图像》（*Media Images of War*）。

电子邮件：mgriffi1@macalester.edu。

詹姆斯·格里菲斯（James Griffith）是陆军心理学家，以上校军衔服役35年，最近刚刚退休。他在美国教育部国家教育统计中心担任过督导统计学家，于2013年退休。他参与过一些以检验重大政策为目的的大规模陆军调查项目的设计与实施。这些项目包括连级部队中常见的培训和部署（部队人员配备系统）、士兵招募与挽留，以及创伤后痛苦和自杀行为的识别与治疗。他撰写了60多篇经同行评审的调查研究论文，内容涉及各种主题，包括凝聚力、作战压力、士兵招募、挽留和准备、预备役，以及最近发表的关于预备役人员部署后的调整，这些调整包括创伤后压力、药物滥用、人身攻击和自杀行为。他目前是马里兰大学巴尔的摩分校和佛罗里达州圣奥古斯丁的圣约翰河州立学院的兼职教授，他还是犹他大学国家退伍军人研究中心的研究学者。

联系方式：James Griffith，229 North Forest Dune Drive，St.Augustine，FL 32080。电子邮件：jhgriffith@comcast.net。电话：301-452-6026。

韩晶（Han Jing）是加州州立大学富尔顿分校密海娄商业和经济学院管理系讲师。她的研究领域集中在社交网络、团队及文化方面。

联系方式：California State University，Fullerton，Mihaylo College of Business and Economics，Department of Management。电子邮件：jinghan@fullerton.edu。

许勋（Uk Heo）是威斯康星大学密尔沃基分校的政治学教授。他独著、合著或合编了五本书。他的论文发表在《政治学杂志》（*Journal of Politics*）、《英国政治学杂志》（*British Journal of Political Science*）、《政治研究季刊》（*Political Research Quarterly*）、《冲突解决杂志》（*Journal of Conflict Resolution*）、《国际研究季刊》（*International Studies Quarterly*）、《比较政治学》（*Comparative Politics*）、《比较政治研究》（*Comparative Political Studies*）及其他期刊上。他的研究重点是国防、国际冲突、国际政治经济和亚洲政治的政治经济学。

联系方式：University of Wisconsin-Milwaukee，Department of Political Science，P.O.Box 13，Milwaukee，WI，53201。电子邮件：heouk@uwm.edu。

尼古拉斯·扬斯（Nicholas Jans）是一名学术和管理顾问。他是澳大利亚陆军预备队准将和西格玛咨询公司负责人。西格玛咨询公司是一家专门从事战略和组织研究的澳大利亚公司。他发表了大量军事研究著作，且在相关期刊上发表了大量文章。

联系方式：Nichols Jans，17 Old Melbourne Road，P.O.Marysville，Victoria 3779，Australia。电子邮件：sigma@virtual.net.au。

埃斯梅拉达·克莱因瑞斯克（Esmeralda Kleinreesink）目前在荷兰国防学院担任国防经济学助理教授，也是鹿特丹伊拉斯姆斯大学博士候选人。她研究了发表于2001—2010年的全部阿富汗军事回忆录，它们涉及美国、英国、加拿大、德国和荷兰五个国家，她发现了这些士兵作者是谁，他们写了什么，以及为什么他们认为自己在写作。2012年，她的著作《驻阿富汗的军官》（*Officer in Afghanistan*）由荷兰出版商莫伊伦霍夫公司出版。

电子邮件：LHE.Kleinreesink.01@nlda.nl。

亚基尔·列维（Yagil Levy）是以色列开放大学社会学、政治学和传播系教授。他的主要研究领域集中在军民关系的理论和实证方面。除了与人合写的专著及一本教科书之外，他还出版了六本书（其中三本以英文撰写），并撰写了70多篇文章，包括学术论文和著作中的部分章节。

电子邮件：yagil.levy@gmail.com。

简－伯特·马斯（Jan-Bert Maas）是荷兰国防学院和蒂尔堡大学的博士候选人。他的研究重点是信息系统的同化与使用，以及这类系统对用户的影响。他也对信息系统实施后的各阶段的知识管理感兴趣。他的论文被一些会议和研讨会采用，包括管理学院年会和国际信息系统会议。

电子邮件：JGGM.Maas@nlda.nl。

威廉·马利（William Maley）是澳大利亚国立大学亚太外交学院的教授和主任，在澳大利亚国防学院、新南威尔士大学政治学院任教多年。他是《拯救阿富汗》（*Rescuing Afghanistan*，2006）和《阿富汗战争》（*The Afghanistan Wars*，2002，2009）的作者，编写了《宗教激进主义重生？阿富汗和塔利班》（*Fundamentalism Reborn? Afghanistan and the Taliban*，1998，2001），与人共同编写了《从内乱到公民社会：混乱国家中的民事和军事责任》（*From Civil Strife to Civil Society: Civil and Military Responsibilities in Disrupted States*，2003）和《全球治理与外交：分离的世界？》（*Global Governance and Diplomacy: Worlds Apart?*，2008）。

电子邮件：william.maley@anu.edu.au。

叶民（Ye Min）是卡罗来纳海岸大学政治与地理系副教授。他的研究兴趣包括国际冲突、外交政策分析、东亚政治和形式化建模。他独立撰写及与人合作完成的论文发表在《冲突与恐怖主义研究》（*Studies of Conflict and Terrorism*）、《韩国社会科学》（*Korean Journal of Social Science*）、《政治学教育杂志》（*Journal of Political Science Education*）、《政治学杂志》

（*Journal of Political Science*）、《韩国观察家》（*Korean Observer*）、《太平洋焦点》（*Pacific Focus*）和《外交政策分析》（*Foreign Policy Analysis*）上。

联系方式：Department of Politics and Geography，P.O.Box 261954，BRTH 344，Coastal Carolina University，Conway SC 29528。

电子邮件：mye@coastal.edu。电话：843–3492208。

雷内·莫尔克（René Moelker）是荷兰国防学院军事科学系社会学副教授。他在军事社会学方面的研究重点是军人家庭、退伍军人和军民关系。

电子邮件：R.Moelker.01@nlda.nl。

布伦达·L.摩尔（Brenda L. Moore）是纽约州立大学布法罗分校社会学副教授，从事种族和民族关系、军事社会学、性别和社会分层等领域的研究。她撰写了《为我的国家服务，为我的种族服务：第二次世界大战期间唯一驻扎海外的非洲裔美国陆军女子部队的故事》（*To Serve My Country*，*To Serve My Race: The Story of the Only African American WACs Stationed Overseas during World War Ⅱ*，1996，再版 1998）、《为我们的国家服务：第二次世界大战期间的日本军中女性》（*Serving Our Country: Japanese Women in the Military During World War Ⅱ*，2003），以及一些与该主题有关的期刊论文和著作中的部分章节。她目前正在进行的研究项目是，从社会历史角度审视军人的性侵行为。

联系方式：Brenda L.Moore，PhD，Associate Professor，Department of Sociology，University at Buffalo，SUNY，430 Park Hall，Buffalo，N.Y. 14260。语音：（716）645﹣8470。传真：（716）645﹣3934。电子邮件：socbrend@buffalo.edu。

比约恩·米勒﹣维勒（Björn Müller-Wille）是乌鲁兹甘省、赫尔曼德省监控和评估项目的技术总监，也是第二个项目的团队负责人，担任该领导职位两年以上。他还是英国桑赫斯特皇家军事学院的高级讲师。

联系方式：b.mullerwille@googlemail.com。

小塞莱斯蒂诺·佩雷斯（Celestino Perez Jr.）是美国陆军现役中校，也是"伊拉克自由行动"（2007年3月至2008年6月）和"持久自由行动"（2011年1月至2011年7月）的资深人士，曾在各种指挥和参谋岗位上担任过装甲军官及战略家。他拥有西点军校的美国军校学士学位和印第安纳大学的博士学位。2002—2005年，他在西点军校社会科学系教授政治理论。目前，他在堪萨斯州莱文沃思堡的美国陆军司令部和总参谋学院教授政治科学、战略和军事计划。他在《武装部队与社会》（*Armed Forces & Society*）、《军事评论》（*Military Review*）、《政治学展望》（*Perspectives on Politics*）上发表过论文和书评。

电子邮件：Celestino Perez Jr. perez.celestino @ gmail.com。

雷内·G.伦登（Rene G.Rendon）是加利福尼亚州蒙特利市海军研究生院商业与公共政策研究生院的采购管理副教授。他在加利福尼亚州奥兰治县的奥格赛大学获得工商管理学博士学位。他的教学和研究领域是合同管理、采购和供应管理以及项目管理。他最近发表的论文刊登在《公共采购期刊》（*Journal of Public Procurement*）、《采购与供应管理杂志》（*Journal of Purchasing & Supply Management*）和《公共事务教育杂志》（*Journal of Public Affairs Education*）上。

联系方式：Rene Rendon, Naval Postgraduate School, Graduate School of Business and Public Policy, Monterey, California, 93943, United States。电子邮件：rgrendon@nps.edu。

塞巴斯蒂安·里特延斯（Sebastiaan Rietjens）是一名训练有素的工程师，荷兰国防学院的副教授，荷兰陆军预备役人士。他在军事行动方面做了大量的实地研究，在国际期刊和专著上发表过相关论文。他主要关注军民合作、军事行动的有效性，以及军事和人道主义的后勤学。他与其他作者共同编写了关于军民合作的著作（2008）和关于国防后勤的特刊《国际物流与物流管理杂志》（*International Journal of Physical Distribution and Logistics Management*，2013）。

联系方式：Sebastiaan Rietjens, Netherlands Defence Academy, Faculty of Military Sciences, MPC 55A, PO BOX 90.044, 3509 AA, Utrecht, The

Netherlands。电子邮件：basrietjens@gmail.com。

基亚拉·鲁法（Chiara Ruffa）是乌普萨拉大学和平与冲突研究系助理教授。2010 年，她在欧洲大学研究所获得博士学位；2010—2012 年，在哈佛肯尼迪政府学院贝尔弗尔科学与国际事务中心做访问学者。基亚拉的研究领域在安全研究与军事社会学之间的交叉地带，重点关注定性经验研究，主要是民族志和比较案例研究。为了撰写博士论文，她在黎巴嫩南部和阿富汗进行过广泛的实地调查，深入几个不同的非政府组织、民间社会行动组织以及西方和非西方的军队中。目前，她正在把博士论文修改为书稿。她的研究成果发表在《比较欧洲政治》（*Comparative European Politics*）、《安全和防御分析》（*Security and Defense Analysis*）、《武装部队与社会》（*Armed Forces & Society*）、《小规模战争和叛乱》（*Small Wars and Insurgencies*）、《安全研究》（*Security Studies*）等期刊上；在几本著作中，她也撰写了部分章节。

电子邮件：chiara.ruffa@pcr.uu.se。

简－基斯·沙克尔（Jan-Kees Schakel）专攻某种合作网络，形成这种网络的目的是，它可以解决合作伙伴自己难以解决的问题。他的研究重点关注压力和创新下的协调。他是荷兰国家警察部门中的国家军事行动协调发展中心的项目经理，是荷兰阿姆斯特丹自由大学知识、创新和网络研究小组成员。

电子邮件：jankeesschakel@me.com。

帕特里夏·M. 希尔兹（Patricia M. Shields）是得克萨斯州立大学政治学教授。她做军事研究学者的时间超过 35 年，发表过的论文与撰写过的专著中的部分章节涉及以下主题：军事招募、远征心态、维和、军中女性、军人家庭、社会经济学、征兵的公平性、军事社会学和玛丽亚·冯·克劳塞维茨研究等。自 2001 年以来，她一直担任《武装部队与社会》（*Armed Forces & Society*）的编辑。她还与南迪尼·兰加拉然（Nandhini Rangarajan）合编了一本具有创新性的与研究方法有关的教科书——《研究方法手册：对概念框架和项目管理的整合》（*A Playbook for Research*

Methods：*Integrating Conceptual Frameworks and Project Management*）。

联系方式：Patricia M. Shields，601 University Drive，Department of Political Science，Texas State University，San Marcos，78666。电子邮件：ps07@ txstate.edu。

埃里克·A. 西布尔（Eric A. Sibul）目前居住在爱沙尼亚的塔尔图。他出生于美国东海岸，并在那里长大。自 2006 年 1 月以来，他一直是塔尔图波罗的海国防学院负责人，主要研究与军事理论和军事历史有关的主题。他拥有英国约克大学历史学博士学位，博士学位论文主要关注了 1950—1953 年朝鲜战争期间，美国陆军运输部队对朝鲜国家铁路的军事行动。他还拥有加州圣何塞州立大学的历史学硕士学位，也在金门大学学习过商业管理，在宾夕法尼亚州立大学国际事务学院获得过历史学和地理学的未成年人学士学位。他具有在美国海军服役的经历，之前的就业经历还包括在得克萨斯中部学院教授历史和工商管理，在库茨敦大学教授历史，在大韩民国军队进行专业军事教育项目的教学，等等。他还是宾夕法尼亚州的一名认证消防员和救援技师。他的写作主题广泛，包括军事史、军事理论、军事后勤、海军事务、商业史、管理、交通政策和专业军事教育。他也在塔尔图大学的网络安全项目中授课。

电子邮件：Eric.Sibul@bdcol.ee。

基思·F. 斯奈德（Keith F. Snider）是蒙特利市海军研究生院商业与公共政策研究生院的公共管理学与管理学教授，教授国防采办管理和政策课程。他在弗吉尼亚理工大学公共管理与政策中心获得博士学位。其最近发表的论文刊登在《采购与供应管理杂志》（*Journal of Purchasing and Supply Management*）、《公共事务教育杂志》（*Journal of Public Affairs Education*）和《武装部队与社会》（*Armed Forces & Society*）等杂志上。

联系方式：Keith Snider，Naval Postgraduate School，Graduate School of Business and Public Policy，Monterey，California，93943。电子邮件：ksnider@nps.edu。

约瑟夫·索特斯（Joseph Soeters）是荷兰国防学院军事研究学院管理

和组织研究部门的主席，也是蒂尔堡大学组织社会学的兼职教授。他的研究方向包括组织和军事文化的比较研究、多国军事合作，以及军事行动的有效性，包括"循证的军旅生涯"。

电子邮件：JMML.Soeters@nlda.nl。

杰里米·M. 泰根（Jeremy M. Teigen）是一名副教授，得克萨斯州立大学博士，威斯康星大学学士，拉马波学院政治学专业主任，教授美国政府和选举现象课程。他的研究专注于选举、政治参与、兵役政治和政治地理。他曾在《社会科学季刊》（Social Science Quarterly）、《武装部队与社会》（Armed Forces & Society）、《欧洲安全》（European Security）、《政治传播》（Political Communications）、《政治地理》（Political Geography）和《政治研究季刊》（Political Research Quarterly）上发表过论文。他曾是富布赖特奖学金获得者。在美国大选的媒体报道中，他的研究在《纽约时报》（New York Times）、美国国家公共广播电台（NPR）、《美国新闻和世界报道》（US News and World Report）、《旗帜周刊》（The Weekly Standard）等上被做成了专题节目。在美国空军服役后，他去了一所与退伍军人法案有关的大学任教。

电子邮件：jteigen@ramapo.edu。

帕斯卡·威尼森（Pascal Vennesson）是南洋理工大学拉惹勒南国际研究学院及巴黎索邦大学、潘提翁－阿萨斯大学的政治学教授，他的研究和教学处于国际关系与战略研究领域的交叉地带。他最近在《国际研究评论》（Review of International Studies）上发表了《跨国监控下的战争：框架的模糊性和羞耻政治》（War under transnational surveillance: Framing ambiguity and the politics of shame）一文（《第一视角》（First View）专栏论文，2013 年第 4 期），与基亚拉·鲁法和克里斯托弗·丹德克（Christopher Dandeker）合作，在《小规模战争和叛乱》（Small Wars and Insurgencies）上发表了《士兵陷入了政治？战术在军民关系中的影响》（Soldiers drawn into politics? The influence of tactics in civil-military relations）一文。

电子邮件：ispvennesson@ntu.edu.sg。

特拉维斯·A. 惠瑟尔（Travis A. Whetsell）是俄亥俄州立大学公共事务学院的博士生，于 2010—2012 年担任《武装部队与社会》（*Armed Forces & Society*）执行编辑。他参与过相关著作中部分章节的写作，在《行政与社会》（*Administration & Society*）和《美国公共行政杂志》（*American Journal of Public Administration*）上发表过论文。他的获奖硕士论文是一篇项目评估，该项目旨在对退伍军人子女进行支持。他目前的研究领域包括科学哲学、研究设计和方法论。

联系方式：Travis Whetsell, John Glenn School of Public Affairs, 1801 College Rd, The Ohio State University, Columbus, Ohio 43210, USA。电子邮件：travis.whetsell@gmail.com。

伊娜·威斯纳（Ina Wiesner）是德国柏林联邦国防军信息通信学院研究员。她在欧洲大学研究所获得政治和社会科学博士学位。她最近发表了论文《引入了美国战争方式？英国和德国的网络中心战》（*Importing the American Way of War? Network-Centric Warfare in the UK and Germany*，2013）。她是《德国国防政治》（*German Defence Politics*，2013）的编辑。她的研究领域包括军事技术社会学、德国军事转型和社会科学方法论。

电子邮件：ina.wiesner@yahoo.com。

约瑟夫·K. 扬（Joseph K. Young）是美国大学公共事务副教授。他的研究领域包括恐怖主义、政治暴力和计算建模。他最近发表的论文刊登在《政治学杂志》（*Journal of Politics*）、《内战》（*Civil Wars*）、《国际研究季刊》（*International Studies Quarterly*）、《和平研究杂志》（*Journal of Peace Research*）和《政治学展望》（*Perspectives on Politics*）上。他的工作得到了美国国家科学基金会、美国国防部"密涅瓦"计划以及美国国家恐怖主义和反恐研究联合会（START）的赞助。

电子邮件：jyoung@american.edu。

前　　言

我们希望这卷《劳特利奇军事研究方法手册》（以下简称《手册》）的出版能填补军事学术研究的空白。军队机构需要众人的加入，也依赖由社会提供的资源。从事军事研究的学者往往来自独立而传统的学科，包括政治学、社会学、人类学、历史学、心理学、管理科学与经济学。这些研究中所包含的知识丰富多样，常常看似互不相关，如士兵的故事与计算建模。经验军事研究方法中的技术与规范可以将这些领域联系起来，但是这个联系并不是那么清晰。我们希望这卷《手册》能让它们清晰起来，以富有成效的方式将这些领域联系在一起。武装部队的研究方法多种多样，具有独特的挑战性，而大多数军事学者在他们自己的学科领域里接受训练，没有获取这些信息的来源，希望这卷《手册》能填补这一空白。

为了达到上述目标，我们希望这卷《手册》能提供一种全面而动态的回顾，通过将经验军事研究运用过的方法加以扩展，将它们的多样性展现出来。新的计算机技术与软件已经被用来辅助定量技术，与此同时，定性技术也变得更加复杂，被认为最适于研究某些类型的问题。新的技术工具的出现，有可能将各种不同的研究之流汇聚起来，至少在某种程度上是这样的。我们的目标就是要突出这些趋势。

这卷《手册》展示了当代经验军事研究的丰富性，也可以说明那些多年来被用于军事研究的各种方法进路与技术。实际上，我们的目的是要将这两个目标结合起来，既回顾当代的方法论，又说明它们是如何被用于军事领域研究的。可以利用这卷《手册》来支持研究生层面的军事学术教育，但是不能用它来取代对任何特殊技术的深入学习。

感谢劳特利奇出版社，特别是安德烈斯·胡菲斯和安娜贝拉·哈里斯为我们出版这卷《手册》提供了机会，感谢他们在整个项目期间不断提供的帮助。我们也很感激劳特利奇出版社的文字编辑对本书提供的大力支持。

当然，我们还要感谢来自全世界各地的同事与朋友，他们愿意与我们一起致力于完成这个项目，通过撰写一章，有时是多章，来贡献他们的才华与精力。在做这个项目时，我们猜测，我们所有人都将收获良多，整个历程本身就是一件快乐的事，这是我们所有人的作品，我们期望它能被许多人使用。

约瑟夫·索特斯

帕特里夏·M. 希尔兹

塞巴斯蒂安·里特延斯

目　　录

第Ⅲ部分　定量研究方法

第Ⅳ部分 结 束

第Ⅰ部分　启动与了解情境

1 导　　言

约瑟夫·索特斯，帕特里夏·M.希尔兹，塞巴斯蒂安·里特延斯

军事研究有什么特殊之处？

军事组织以及由此产生的职业是独一无二的。军队派遣其成员远离家乡，前往世界各地，要求他们舍生忘死，效忠国家，这些人为了更高的使命历经千辛万苦，饱受创伤，有时任务已经结束了，这种苦痛仍然挥之不去。军事组织及其成员执行的任务都有些不同寻常，也有一些独特之处，他们经常在保密的情况下执行任务。有时军事组织不愿意公开这些行动，因为这些行动并不总能尽如人意，也可能因为这些行动会不时地表现出不道德，特别是对于那些生活在军队行动区域内的人们来说更是如此（Soeters, Fenema, and Beeres, 2010）。

这些特征表明，研究军事很有价值，同时也有难度。研究军队十分重要，实际上也必不可少，这是因为使用暴力是军队的核心任务，军队可能是社会动力中最不可预测、最有影响力的力量之一。而且，在一个社会中，武装部队要花纳税人的钱等公共资源，还要雇佣平民，在不那么有威胁的情况下，这些平民本来可以另谋职业，安居乐业。出于这些原因，选民和纳税人，这些社会中的普通人，完全有权知道军事组织正在做些什么。

在任何组织中做研究都有难度（Bryman, 1988），研究军队可能就更加复杂了，因为与其他组织相比，军队本身就是一个独立的世界，是一座庞大社会中的岛屿，它的居民要在这座岛上共同工作和生活。接近这座岛上的居民通常不是一件容易的事情，尤其是如果他不是这座岛上的常住居民，就更是如此。而如果他是这座岛上的常住居民，想做研究同样不那么

容易，因为军事组织希望在一定程度上控制传播它的信息。军事组织也经常控制发表研究的时机，当一项研究不歌功颂德（却也不威胁安全）时，偶尔也会被禁止发表，或者不能及时发表或出版。此外，对国家与区域安全的顾虑也会影响研究成果的传播。因此，研究军队很困难，军队的影响与存在是一个连续统一体——从战争缘起，到士兵故事。数据来源从复杂的、国际性的纵向数据库，到士兵的个人故事。军事研究方法确实具有动态性。

【4】　　总之，可以观察到，一方面是社会和政治力量希望了解军队的情况，另一方面是军事组织希望将情况隐藏起来，无论这种倾向多么微不足道。鉴于这种潜在的倾向，军事研究的方法论具有独特性，它涉及任务本身的特殊性和进入方面的障碍性（Caforio and Nuciari，2003）。这些独特的品质为我们的这一研究提供了充分的理由，我们希望通过这卷专著来研究军事研究方法论，探索该方法论是如何实现"预防、遏制和解决冲突"这一主要目标的。最近还出版了一卷定性军事研究方法的著作（Carreiras and Castro，2012），可以将《劳特利奇军事研究方法手册》（《手册》）视为它的补充。

这本书是什么，不是什么

这卷《手册》侧重于介绍在社会、行为、经济、政治与行政科学中使用的研究方法。人们普遍认为，军事研究是复杂的，本书从社会科学方面介绍了这种复杂性。它不处理那些特别适合于技术科学的问题，如马尔可夫链（Markov chain）、背包问题（knapsack problem）或运筹学中的线性规划研究。当然，在军事领域，这些问题也很重要，但是它们不在本《手册》的讨论范围内。这卷《手册》不是一本关于量表建构、测量和模型检验的统计学教科书，也不是一部为确保信度、效度、代表性样本构建等而提供的方法秘诀。

显然，要成为一位训练有素的军事研究者，除了研读这卷书以外，还需要做更多的工作，对于那些超出军事情境之外的研究方法，都需要有一定程度的掌握。这卷《手册》要求读者有研究方法与实务方面的基本知识，能提出研究问题与概念模型，能进行研究设计，了解数据收集和分析，这样，本书才会对读者有用（Bryman 2012；Shields and Rangarajan，2013）。有些手册只涉及一个特定领域的研究，如教学研究或组织研究，像这些手册一样，本书是为研究生或高年级本科生准备的（Cohen，Manion，and Morrison，2011；Buchanan and Bryman，2009）。

这本书不是关于技术科学或统计学方法的，也不研究认识论问题或科学史，因此关于知识发展的可能性、多样性与局限性问题，只是当主题需要时才会被偶尔地拿来讨论。坦率地说，我们认为，对于如何做研究或获取知识，许多区分甚至是论战和辩论都已经变成陈词滥调，显得墨守成规、两极分化，甚至老旧过时了（Boëne，2008）。与其他作者一样，我们认为，现在是时候把"范式大战"置于脑后了。

强调"定性研究在解释力上高于'实证主义'方法"的说法忽略了这样一个事实：在社会建构主义研究这样的知识探索中，寻求对"意义"的解释，在调查研究或实验研究这类的"实证主义"研究中，也寻求对"意义"的解释，后者寻找意义的过程与前者同等重要（Whetsell and Shields，2014）。而且，在今天看来，在主观与客观或在自然与人为的研究之间进行对比，越来越没有什么意义了。不过，在社会科学研究中，还是有一个可能的重要区分方式：一方面，只使用词语（＝定性）；另一方面，使用词、数字及其相互关系（＝定量）。因此，本书进行结构设置时就利用了这一重要区分方式。

不过，最有可能的是，这些年来，即使是定量与定性研究方法之间的区分，也可能被夸大了（Bryman，2012；Moses and Knutsen，2012）。有人认为，定量研究就是大样本的跨案例分析与推断统计，定性方法只是案例内的分析（Goertz and Mahoney，2012），这种观点似乎越来越不合时宜了。例如，新的计算机辅助程序旨在识别、选择与计算那些访谈与其他文本分【5】析中出现的词，将定量与比较的维度带入原来被视为单纯的定性方法中。由于资源日益迅速地数字化，因此档案研究（archival research）等历史文本研究也可能会朝着这一方向发生变化，这种情形同样适用于视觉化数据研究的新发展。由于新技术工具的出现，也由于今天年轻的研究者们所经历的更为广泛与开放的训练，因此很可能会出现各种研究路线的融合。

在本书中，我们希望对经验研究问题保持务实与好奇的态度，寻找在军事情境下开展高质量军事社会科学研究的重要方向，使这卷《手册》对研究方法有所贡献。我们是在广义上看待军事的，军事研究的主题包括军事行动及其在预防、遏制与解决冲突方面的有效性，军人在这些行动中的行为，以及一般的军事背景，如冲突的延续。这类经验研究并不是什么新鲜事物，我们现在就呈现它的一些历史。

先驱者

在大多数研究军事的现代社会学家的心目中，第二次世界大战（简称"二战"）就是该领域的起始点。在二战期间，美国社会学家与社会心理学家接受了一项任务：在 800 万名战时应征的美国男性与女性中进行实证研究。在社会学家斯托弗（Stouffer）的领导下，研究人员对约 50 万名士兵的大样本进行了问卷调查，以了解士兵的态度。这些态度测量涉及很多问题，如训练、食物、衣物和装备的适宜性，领导品质，个体与群体士气，以及对敌人的信念。

在调查结果的基础上，他们出版了四卷书，共 1 500 页（Stouffer et al., 1949a；Stouffer et al., 1949b）。事实证明，这几本书对未来几十年的社会学与社会心理学的教学发展产生了重要影响。更为重要的是，在这些研究的基础上，军方制定了大量的人事政策，其中一些政策涉及种族融合、引入专家与战斗步兵勋章、细化薪金表、制定休假与晋升政策、确定衣食标准等。根据军事史专家约瑟夫·瑞安（Ryan, 2013）的说法，斯托弗的实证研究影响了士兵的日常生活，该研究为士兵做的大概远远超出任何将官所期待实现的。

这些研究在很多方面都提出了新的见解与发展方向，其理论贡献延续至今，具体包括：初级群体（士气）的重要性，义务、正义与公平认知的显著性，军官绩效，参照群体行为的影响，尤其是相对剥夺感（Merton and Lazersfeld, 1950）。这些学术洞见与世界各地的人们的行为都相关，其价值远远超出了军事与战争的研究领域。研究人员也更为深入地探究了大数据，寻求和完善数据分析的程序，甚至还利用了基于信息特征研究态度变化的实验类型。

另一个二战时期的研究实例是鲁思·本尼迪克特（Ruth Benedict）的研究，它给了这卷《手册》灵感。本尼迪克特针对许多国家的民族文化撰写了大量报告，其中包括荷兰（van Ginkel，1997）。美国国防部希望更多地了解这些国家的国民。本尼迪克特在 1946 年做的关于日本的研究就是这方面最为重要的贡献，这一年，约有 50 万美国士兵驻军日本。《菊与刀》这本书一经出版，立刻成为经典。在战争期间，一些日本人被拘禁在【6】美国，本尼迪克特就对他们进行实地研究，从而建立了她的重要视角。在1944 年与 1945 年，美国人显然无法接近日本，更不用说为美国军队工作的美国人类学家了。在军事研究中，本尼迪克特的研究是一个极好的定性经验研究范例，它具有创造性，也非常有意义。她的著作为战后几十年中的经验社会研究发展奠定了基础，正如《美国士兵》那样。

《手册》框架

这些经验性的军事研究具有兼收并蓄的传统，继这些研究之后，本书旨在扩大范围，重在应用。本书的范围广泛，沿着一个连续的流程撰写：从进入现场和讨论"谁负责"开始，到结束之时对道德维度进行反思，再到新理论的发展和发表，发表类型包括顶级学术期刊上的论文，或重点的政策报告。这实际上就是研究中的项目周期。

此外，本书的目的是通过充分关注各种方法进路来扩大研究范围，从作为定性研究方法的档案与历史研究法，到案例研究与深度访谈法，再到定量研究的进路，如调查研究法、（准）实验法、计算建模与商业分析应用。

这些多样的进路会在不同的章节中呈现出来，有利于倡导方法论中的多元主义，最终各种进路会归并到混合军事研究方法的运用中。我们认为，最有经验的研究者应该是这样一种人——他能够从整个方法工具包中选取工具，并在实践中运用工具，这取决于问题的类型、所研究的问题，以及所从事研究的设计和背景。有时，实际上这常常会导致在一项研究中同时使用很多种研究方法。这种混合方法可以称为混合方法论，它可以引领你去更好地理解所研究的现象（Bryman，2012；Tashakkori and Teddlie，2010）。混合方法能使研究结果具有更高的信度与效度，也会容纳更多样化的视角、更多的情境、更多的解释与说明结果的机会。混合方法需要广泛地研究设计进路，我们希望这卷《手册》能提供这些帮助。

总而言之，本书的 27 章可分为 4 个部分。

第一部分涉及启动与了解情境，由6章构成，包括导言、进入现场、同在一张网上、反身性可能的"危险联络人"、在冲突环境中做军事研究、在作战区研究东道国国民。

第二部分探讨定性研究方法，共9章，分别讨论了军事领域中的历史研究、检索现有资料、案例研究中的过程追踪法、成为其中一员还是做一个旁观者、深度访谈、质性数据分析、视觉传播研究与战争、研究"最危险的来源"、在搜索"本土"恐怖主义中审查互联网。

第三部分探讨定量研究方法，也包括9章，分别讨论了军事背景下的调查研究、军事调查研究中的纵向设计、多层次分析、跨国军事研究、军人与退伍军人研究中的实验方法、利用数据库对冲突进行实证研究、运用计算建模研究冲突与恐怖主义、评估和平行动、军事组织中的商业分析研究。

最后一部分是结束，包括3章，分别讨论了做军事伦理研究的新进路、【7】军事研究中的理论建构、做军事应用研究与发表军事研究论文。

因为方法论问题容易变成抽象的论证和辩论，所以我们会选择一本已出版的书或一篇已发表的文章作为示例研究，呈现在每章的开始。每项研究的主要发现和方法论特征也都会呈现在每章开始部分的方框里。

这些示例研究范围广泛，从古代历史中的战争，到二战期间的行动，再到最近的伊朗与阿富汗行动，以及当下的联合国维和行动。有些研究实例与军事组织和社区有关，或者与不在军事行动中的军人有关，它们也被收录进来。有些研究与军事行动中的政治和社会背景以及暴力冲突的发展有关，它们也被用来说明特定的方法论专题。此外，还有一些专题研究是关于互联网及大数据挖掘工具的应用的，我们同样会在方框中加以阐明。

本书以两种方式提供了军事研究的知识：一是提供了方法论方面的专业知识及存在的问题；二是提供了近几十年来世界各地出版的全部重要的军事类经验研究成果。因此，读者不仅能学到如何在军事背景下运用方法，而且能了解军事本身。

我们真诚地感谢来自世界各地的众多研究者，他们来自澳大利亚、加拿大、中国、丹麦、法国、德国、以色列、意大利、荷兰、韩国和美国，他们愿意为本书尽一分力。撰稿人的代表性如此广泛，有助于体现本书的国际视野与实用性。各位撰稿人与军方的关系不尽相同，且有着各种各样的经历。许多作者与军方密切合作，他们要么是现役军人，要么是退役军人，要么是以某种方式受雇于军方的文职人员；另一些作者则没有什么军事背景。所以，我们是将各种经历与视角带入军事研究方法的问题中。我们会考虑在投入与抽离之间进行平衡的必要性，公平地对待这一主题，我们相信，这是进行研究的适当方式。

参考文献

Benedict R.1946/1989.*The Chrysanthemum and the Sword*：*Patterns of Japanese Culture*.Tokyo：Tuttle Publishing.

Boëne B.2008. "Method and substance in the military field." *Arch.Europ.Sociol.*49(3)：367–398.

Bryman A.(ed.)1988.*Doing Research in Organizations*.London：Routledge.

Bryman A.2012.*Social Research Methods*.4th ed.Oxford：Oxford University Press.

Buchanan D.A.,Bryman A.(eds.)2009.*The Sage Handbook of Organizational Research Methods*.Thousand Oaks,CA.：Sage.

Caforio G.,Nuciari M.2003. "Social research and the military." In Caforio G.(ed.)*Handbook of the Sociology of the Military*,pp.27–58.New York：Kluwer.

Carreiras H.,Castro C.(eds.)2012.*Qualitative Methods in Military Studies: Research Experiences and Challenges*.London and New York：Routledge.

Cohen L.,Manion L.,Morrison K.2011.*Research Methods in Education*.7th ed.London and New York：Routledge.

Goertz G.,Mahoney J.2012.*A Tale of Two Cultures: Qualitative and Quantitative Research in the Social Sciences*.Princeton.NJ.：Princeton University Press.

Merton R.K.,Lazersfeld P.F.(eds.)1950.*Continuities in Social Research: Studies in the Scope and Method of "The American Soldier."* Glencoe,IL.：Free Press.

Moses J.W.,Knutsen T.L.2012.*Ways of Knowing: Competing Methodologies* *in Social and Political Research.*2nd ed.Houndmills：Palgrave Macmillan.

【8】   Ryan J.W.2013.*Samuel Stouffer and the GI Survey: Sociologists and Soldiers during the Second World War.*Knoxville,TN.：University of Tennessee Press.

Shields P.,Rangarajan N.2013.*A Playbook for Research Methods：Integrating Conceptual Frameworks and Project Management.*Stillwater,OK.：New Forums Press.

Soeters J.,van Fenema P.,Beeres R.(eds.)2010.*Managing Military Organizations: Theory and Practice.*London and New York：Routledge.

Stouffer S.A.,Suchman E.A.,deVinney L.C.,et al.1949.*Studies in Social Psychology in World War* Ⅱ *: The American Soldier,*Vol.1：*Adjustment during Army Life.*Princeton,NJ.：Princeton University Press.

Stouffer S.A.,Lumsdaine A.A.,Lumsdaine M.H.,et al.1949.*Studies in Social Psychology in World War* Ⅱ *: The American Soldier,*Vol.2：*Combat and Its Aftermath.*Princeton,NJ.：Princeton University Press.

Tashakkori A.,Teddlie C.(eds.)2010.*The Sage Handbook of Mixed Methods in Social and Behavioral Research.*Thousand Oaks,CA.：Sage.

van Ginkel R.1997.*Notities over Nederlanders (Notes on the Dutch).*Amsterdam and Meppel：Boom.

Whetsell T.A.,Shields P.M.2014.“The dynamics of positivism in the study of public administration：A brief intellectual history and reappraisal.”*Administration and Society(*online).

2 进入现场

—— 局内人与局外人的视角

艾亚尔·本－阿里，亚基尔·列维

Lutz C.2002.*Homefront：A Military City in the American 20th Century*.
Boston,MA.：Beacon.

卢茨（Lutz）在《国土防线：美国 20 世纪的军事城市》（*Homefront：A Military City in the American 20th Century*，以下简称《国土防线》）中阐述了许多进入现场的问题。这本书是作者首次涉足"军事类"研究的著作。在书中，她认为，美国是一个为备战而"生"的国家。卢茨重点关注了北卡罗来纳州的费耶特维尔，以及邻近它的美国最大的军事基地布拉格堡。她用六年时间收集到了大量丰富的资料，其中包括数十份访谈、大量与军人和平民的谈话，以及官方记录与新闻叙事，卢茨利用它们来支持她的分析。尽管她的语气具有批判性，但是卢茨还是描绘出了生活在这个城市及周边地区的士兵或人群的人物肖像。

这是一本民族志史著作，涉及布拉格堡和费耶特维尔之间的关系。作者将这一关系置于更为广泛的社会、经济与政治发展中，极大地刺激了费耶特维尔的发展。这本书也研究了军事化及其对非作战人员的影响，这些人并没有直接卷入开战或备战状态，或者卷入得不那么明显。卢茨认为，自二战结束以来，美国经历了一个军事化历程，费耶特维尔和布拉格堡这对"共生伴侣"就是这个过程的缩影。她指出，当军队成为大雇主，或者非常重要的政治角色，军事化就与这个国家（在种族、阶层与性别上）的不平等状况密切地关联在一起了。她建议学者使用"军事化"

（militarization）概念，这个概念能避免对战争中离散事件的聚焦，转而关注那些更为广泛的备战过程及其影响。

这本书中有一个重要的隐喻，它与卢茨创造的知识类型有关，这个隐喻是，在全球范围内的现实社会中潜藏着一个看不见的过程，她称之为"美国及其军队的隐形世界"。因为存在保密法，媒体主动串通一气，以及很难追踪到那些似乎并没有直接卷入开战和备战状态中的间接关系，这个过程就是隐形的。有些事实中隐藏了许多未被注意的动态发展，卢茨对此提供了很好的例证，这些事实包括，"我们"（指的是美国，但是她的观点也可以被用于其他社会成员）是如何被教会去认定战争只会影响战士的，保密法、某些历史和那些被认为理所当然的战争观念又是如何与军事直接相关的。

【10】

与本书有关的一些方法论问题值得被关注。第一，很多方面都具有方法论意义，包括建立关系，针对如何进入营地和城市的问题进行谈判，或者与信息提供者（informants）就出版问题达成一致。但是，像许多研究者一样，卢茨并没有详细介绍她是如何进入现场的。之所以发生这种情况，可能是因为她担心自己被认定为军方授权的学者。尽管如此，卢茨还是查阅了布拉格堡的档案，与很多军事人员进行了交谈。第二，卢茨认为，我们目睹了一种不可阻挡的军事化趋势，人们使用武力与暴力的态度已经发生了改变，但是她在解释态度的改变上是有问题的。例如，她意识到了美国的反军事化传统，却没有从理论上说明它对军事化的影响，也没有说明在不同的时代里，军事化进程是如何受到质疑的。第三，在卢茨的研究基础上，有一个若隐若现的思想偏见：她严厉地批评了美国政府的政策，也批判了美国在全球中的角色。出于分析的目的，我们有一个疑问，即卢茨创造了什么类型的知识？第四，在一项专门针对美国、专为美国读者而做的研究中采用的是以美国为中心的进路。对该进路提出的问题是，当知识领域专属于某些行动者，且这些行动者来自军队及那些更为广义的安全机构时，我们应该如何获准进入这一学术领域。

导言

获准进入军事研究领域意味着要有两类入场许可，即组织的入场许可和制度的入场许可，这涉及获准进入一个大型官僚机构，以及遇到某个知识领域中的认识论问题。我们认为，这两类入场许可是相互关联的，通过理解一切研究都是社会活动，是可以理解这两种入场许可的。这意味着要像考察一个大型组织那样去审视武装部队的特征，这个大型组织由强大的国家精英领导，关注的是"国家安全"，以及在这一军事制度内部或周边创造出来的特定类型的知识，该制度负责有组织地使用暴力（如果使用了，有时会有争议）（Boëne，1990）。

认识论和知识社会学

对《国土防线》一书中的评论促使我们去理解一些认识论问题，这些问题涉及在知识如何获取与产生的意义上，或者在军事知识何以可能的意义上理解进入现场问题。具体而言，卢茨运用的批判进路与她对武装部队的理解类型有关，也与她坚持的理解类型所导致的过程有关。可以肯定的是，研究并不总是始于学者对目标或影响的自我意识，或者确实不是始于学者自己意识到了隐含于其中的偏差，因为偏差常常是在研究过程中产生的。重要的是要试图去澄清这些认识论上的主题，因为它们框定了所创造的知识类型，以及学者以某种研究目的进入现场时，他们与军方之间的谈判关系（如果谈判真的发生了的话）。

德国哲学家尤尔根·哈贝马斯（Jürgen Habermas）为我们提供了开启分析的钥匙。在《知识与人类的旨趣：一个普遍的视角》（1971）中，哈贝马斯提出了他称之为知识 – 构建旨趣（knowledge-constitutive 【11】 interests）的类型学，每个类型都可以被表达为一种特殊的学术研究类型，每个类型也都可以在军事研究中得到体现。第一类是技术旨趣（technical interest），指的是对自然环境的预测与控制，旨在将知识生产与受控观察及可检验的一般性解释联系起来，产生经验分析的科学。莫斯科斯（Moskos，1988）将这类知识命名为军事社会学的工程模型（engineering model）。这是一类旨在解释规律的知识，通过它们，政治家与高级指挥官就有可能更好地控制武装部队的行动。具体而言，这类知识是由独立的大学学者和各种部队内部的研究机构创造的，该类机构出现在二战以后，主要由世界各地的心理学家建立（Boëne，2000：160）。心理学与军事结盟，在创造这类知识上开了先河，其主导思想是，军事社会科学是社会工程，能迎合军队迫切的功能性需要，并且建立在（直接）将一般性理论应用于军事的基础之上（Boëne，2000）。

大多数关于军队或军民关系的研究都属于这类经验分析科学（有时它们由安全相关机构资助），如关注应征者服兵役动机与倾向性的研究，为促进差异化管理而进行的士兵构成再设计研究，为提出规训军队的最佳实践方案而进行的民事控制模型研究（Feaver，2003），以及凝聚力、领导力、初级群体、士气、种族关系和沟通与说服方面的研究（Capshew，1999；Boëne，2000：99；Segal，2007：49）。学者们甚至会对怎样利用武力召集支持者进行设计，尽管伤亡在不断地增加（Gelpi，Feaver，and Reifler，2009）。一般而言，转化为应用知识的研究均为技术旨趣指引，在军事院校及军队与国防部研究单位进行的研究大部分具有这种特征。

实际的人类旨趣（practical human interest）利用基于解释方法的文化 – 解释学进路，旨在以一种不同的方式建立共识。它假设社会生活由社会行动构成，这些行动对行动者和其他社会参与者具有意义，学术的任务就是解释社会行动的意义。其目的是，在日常行动中扩大相互理解和自我理解的可能性，在提供沟通渠道的日常语言实践中构建并获得可靠的主体间理解。对于此类知识的探索，莫斯科斯（1988）称之为军事社会学的启蒙模型（enlightenment model）。

一些民族志研究证明了这一解释模式（Yanow，2006）。卢茨的分析就遵循了这一路线，同时考虑到了人类学家对广阔社会生活中"文化"方面的长期关注。她分析了暴力与军事之间的关系是如何被隐藏起来的，又是如何被自然化的，展示了士兵和平民是如何创建、再创建以武装部队为中心的意义的，以一种相关的方式去了解军人的语言、行动和符号，而不是去寻找预测模型，这些做法常常会丰富对军事组织的研究（Simons，1997；Ben-Ari，1998；Hawkins，2001；Hockey，1986；Rubinstein，2008）。实际上，鉴于以军事为特征的政治安排所施加的高压，许多根植于政治学与政治社会学中的研究几乎不对文化意象和实践做任何探索，而在技术先进的民主国家中，军队正是利用这种文化意象和实践来操控它们与暴力之间的关系的。

与前面的两类旨趣相反，第三类是解放旨趣（emancipatory interest），这一旨趣利用了批判理论。它的目标是，对知识的社会建构所造成的压迫性影响进行对抗，以创造出解放性知识（假设科学是社会活动的产物）。批判思维会识别那些制约权力的结构，如那些不具反省性的、看似自然的依赖关系（Elias，1956）。卢茨会立刻同情那些与她交谈的士兵和平民，但是她与她的研究对象保持了足够的距离，这样她才能对军队发起强烈的【12】批评，军队通过成为一位占主导地位的雇主、一个重要的政治角色，以及通过对国家安全问题进行限定，才拥有了巨大的影响力。正如卢茨所解释的，军事化同时是一种说辞，它能将武力使用和大型常备军组织合法化，也能将用于支付给军队的高税赋合法化。

大约自 20 世纪 60 年代中期以来，继越南战争以及与之相关的和平与学生运动之后，许多涉及这类批判的军事社会科学研究开始产生。从那时起，关于武装部队的批判研究也开始出现，主要分布在社会学、人类学与部分政治学中。从这个意义上看，卢茨的分析追随了蒂利（Tilly，1992）与吉登斯（Giddens，1985）等社会学家的研究，这些社会学家认为，战争与发动战争的制度是建立国家和调动社会资源的组成部分。在揭示主要的社会机制尤其是政治机制方面，这些学者做了很多研究，比如他们认为，通过招募、征税及公民意识形态的传播，战争已成为现代国家重要的动态组成部分。传统上，军民关系领域的批判性思考主要集中在对军国主义隐性形式的兴起及其对权力关系建构的贡献上。对军队在巩固种族关系与性别关系上的作用的研究也非常重要，同样重要的还有那些揭示军队在再生产社会等级中的作用的研究，这是因为兵役状况不能顺利地转换为社会地位（Krebs，2006；Levy，1998）。

准入武装部队进行研究：社会学

大型组织的研究者常常会遇到隐瞒、骚扰或困惑，因为他们的存在常常不受欢迎（Spencer，1973：91）。这些态度背后隐藏着什么？我们认为，研究是一个社会过程，因此在分析军队特征时，我们要将它看作一种特殊类型的社会存在，它对外部研究的态度充其量是模棱两可的。

我们的出发点是，武装部队像任何大型组织一样，是官僚主义的、集中的、保密的、男性化的，为国家精英所领导，热衷于它的公众形象；

它又不像大多数其他组织，因为它要有组织地使用暴力，是国家安全的一部分。从军方的视角看，研究者表现出来的最大风险是可能将信息和知识泄漏到军事组织疏于控制的外部，从而有可能损害军事组织或其中的个体的利益。因此，高级指挥官或文职决策者（这些文职决策者是一些掌握军权、有学问的主体）会阅读学者们写的有关安全机构的文字（Gusterson，1997：17），也会用各种正式和法定的条框来限制对组织的访问，这些组织包括以国家安全为中心的正式组织与非正式组织。

从研究者的视角看，准入武装部队（军事中心）的根本问题集中在，他们（有意或无意）创造出来的知识如何对武装部队产生影响（Spencer，1973）。正是出于这个原因，研究者们可能会遇到数不清的困难。首先，他们不符合常规的行政分类，不在常规的官僚等级制度中，所以他们可能会遇到官僚僵化问题。威廉姆斯（Williams，1984）讲述了二战期间的美国陆军研究人员是如何处于模棱两可和不稳定的状态之中的，他们的地位通常取决于当地的指挥官，因此需要不断地就他们的安置进行谈判。其次，研究者能观察到外人无法观察到的事情，研究结果有可能揭示出一些错误（或更糟）的现象，它们会威胁到个人的军事生涯。例如，如果要调查部队对他们的指挥官的看法，大概就已经对指挥官的晋升产生不利影响了【13】（Williams，1984）。最后，研究者创造的知识可能会为军事机构的权力和形象带来更为广泛的风险。根据本章作者的经验，以色列国防军之所以会限制学者获取那些涉及军队社会构成的信息，大概就是出于这个原因，这类信息可能会损坏代表了以色列犹太人社会的军队形象。有学者对 20 多个国家的军事社会学家进行过一项调查，在该调查中，大约 40% 的受访者说，敏感话题不允许被调查（Caforio and Nuciari，2006：40）。由于军队控制信息获取和个体准入，外部的研究者就必须与许多守门人就准入问题进行协商，这些守门人包括军事审查人员、安全官员、军事发言人、公共关系官员或当地部队的指挥官等。在这里，了解卢茨在她的研究项目中遇到的困难是有益的，因为这些困难本身就可能含有对其美国社会军事化观点的洞察。

虽然从学术研究者的视角看，任何外部的调查者，无论是记者、文职政府官员还是律师（Irwin，2011），都可能会遇到这些问题，但是最重要的守门人（以及那些有可能失去很多的人）是内部的研究者。事实上，鉴于外部研究者所表现出的可能风险，在世界各地的武装部队中，典型的做法都是建立"内部"研究机构，这些机构有时会谨慎地对外发表他们的研究结果，这并不令人吃惊。例如，法国政府国防事务办公室做过的大多数社会研究都被用于内部决策，"当然不会向外部用户提供这些报告"（Thomas，1989）。在奥地利、意大利或以色列等许多国家，只有少数军方或国防部开展的研究才能得以公开发表（Caforio，2000；Maman，Rosenhek，and Ben-Ari，2003）。"冷战"结束后，人们对大多数欧洲武装部队的研究有了更加开放的态度，实际上，其中一些机构在出版研究成果时的态度是相当泰然的。不过，当与其他社会机构相比时，其态度的总体趋势还是相对封闭的（Dandeker，2000；Soeters，2000）。大多数国家中的情况或许与德国形成了鲜明对比——在德国，依据法律，研究者们有了很大的自主权，通过公开提供出版物，确保了调查研究的开展，从而能够独立设置它的研究议程，同时能使它的研究者在国际学术联盟中获得成员资格（Klein，2000）。

鉴于军方在运用有组织的暴力方面所具有的核心专业知识，守门人会用一系列的理由来限制或控制研究者的准入。首先，武装部队要负责战区内的研究者的安全，他们有可能将危险作为限制准入与行动的因素（Ben-Ari et al.，2010；Williams，1984）。因此，平民研究者在阿富汗访问难民营时，通常是不被允许停留在营地的藩障之外的。其次，作战部队仍然具有高度的男性化特质，往往会对女性研究者做出进一步的非正式限制（Sion，2004）。最后，守门人眼中的研究者存在合法性问题。由于军队与国家安全紧密相关，一些军人可能会质疑研究者做研究的权限，以及他们可能对武装部队进行的批评。在这方面，正如欧文（Irwin，2011）所阐明的，之前在军队服过兵役的研究者常常更容易获准进入。这对了解卢茨是否在她的研究中遇到了这类问题可能会非常有用。她是来自著名学术机构（北卡罗来纳大学教堂山分校）的外部研究者，有时，这可能会阻碍她接触信息提供者或者让他们打开大门，尽管他们本来是希望有这样的学者来记录和倾听他们的故事的。

【14】　　多形态的参与和协议

从社会学的角度看，准入武装部队进行研究，就像准入任何其他大型组织一样，是一个与守门人就各种问题与阻抗进行谈判及对话的过程（Reeves，2010）。在这方面有一个精彩的例子，即洛姆斯基－费德尔（Lomsky-Feder，1996）的论文，该论文是关于女性进入男性军事世界的问题的。她研究了1973年10月第四次中东战争中的退伍军人，在该研究中，她最初认为，作为一个以色列人及男性受访者的同代人，应该很容易开展关于战争经历的调查。然而，她发现，她被视为陌生人与局外人。渐渐地她发现，充当陌生人的角色实际上有助于她的融入并开展调查，因为这种角色使她处于一种可以理所当然地提出极其基本的问题的情形中，她的受访者也容易进入一种"教"她了解军队与战争的状态。

加齐特等（Gazit and Maoz-Shai，2010；Castro，2013；Navarro，2013）将费德尔的洞察进一步发展，他们认为，正如大多数军事研究者所做的，在"本国"（自己的国家）研究武装力量是错综复杂的，带有一些相当特殊的"并发症"。他们概念化了研究者动态定位的影响，这种影响体现在四个社会领域：学术领域、军事安全领域、性别领域和民族－国家领域。在整个研究过程中，四个领域的影响都在变化。在其中的每个领域里，对调查的结果都有不同的期望。例如，他们表明，许多学科都聚栖着怀有批判研究期待的学者。此外，当研究者与受访者具有相似的民族－国家归属和军事经历时，他们之间的二分关系就会瓦解，让位给一种密实的网络，在这一网络中，他们对共同的关切、学者的批判性定位及不断进行的入场谈判问题都会有相互的期待。

准入过程往往始于各类正式手续，由于社会生活的合法性和军队的法治性日渐提升，这些手续也就越来越成为研究中的负担。手续要求包括提交计划书，以及与道德、制度和风险管理审查委员会进行谈判。正如林肯（Lincoln，2005）所言，当代社会和人文科学的这一普遍趋势导致了学术上的保守主义，强化了哈贝马斯的第一种知识的产生。正式程序还包括从各种机构中获得资助，如从大学机构、公共与私人基金会、政府部门或军队本身获得资助。很多这样的实体机构都批准资助那些社会学意义上的低风险计划书，这可能会引起保守的研究导向，因为学者在研究之初是无法为资助者提供研究结果的，或者确实也无法确定调查研究会将他们引向何方。卢茨的洞察之一是，人们普遍认为军事与民用领域相互独立，这两个领域之间的界限实际上却是模糊的。而只有获准进入所研究的城市和营地，卢茨才会有这一洞见。例如，她强调了一种复杂的方式，她认为，城市的就业状况、购物机会与土地所有权就是以这种方式被军营的动态发展所决定的。

接下来，我们考察一下进入现场及在研究的第一阶段时，研究者的社会与组织定位是怎样的。研究者们可能会发现，自己是被安置在各种关系中的，或者是处在与武装部队谈判如何进入各种关系中的。研究者的角色包括活跃的军事角色，如军队医院中的精神科医生、各军事中心的研究型心理学家，还有那些在军事学术机构中将教学与研究功能结合在一起的角色（Ender，2009；Tomforde，2011），或者是在军事学院与民间大学中双重任职（de Waard and Soeters，2007）的人。这些职位的巨大优势是，他们可以相对不受阻碍地接触部队，当地的指挥官也更愿意与他们合作，因为他们被视为部队的一部分。此外，还有一些武装部队专门委托外部民间学者来完成研究（Segal and Segal，1993），以及由外部资助、由军队授权【15】进行研究（Simons，1997；Winslow，1997），或由外部学者与内部研究者合作完成调查研究（Ben-Ari et al.，2010）。最后，通过军方的"朋友"这样的担保人，也可能有利于入场，比如欧文（2011）是通过一位她认识的高级指挥官准入的，再如赛恩（Sion，2004）得到了她在荷兰国防学院任教的博士生导师的帮助。

任何研究的过程性特征都涉及大量的其他问题。一旦进入内部，就需要尽可能诚实地回应守门人的问题，如乐于接受他们的建议，展示学术上的适宜性。这里的问题是，正如我们指出的，许多见解只会在研究过程中出现，因此需要进一步对话。正是因为这一原因，大概像卢茨一样，有些研究者已经发现，渐次入场是有利的，因为一旦他们与信息提供者或其他当局者之间建立起了一点点信任，他们就可以向前推进。实际上，在这个过程中的所有阶段，都需要不断地重新协商参与者准入和数据访问的问题。

入场的每种模式都有优势与代价。在个人层面，一旦研究者已经与线人或当地的守门人建立了关系，研究者就可能会因为对方的善意而感到自己"欠"了他们什么，之后就可能会自我审查调查结果。同样，军方的任何授权都可能创造出无法以其他方式获得的知识，但是却有可能面临限制出版与官方审查的代价（Ben-Ari，2011）。换句话说，获准进入军队的官方许可可能导致接受军方议程，同时也会获得原本无法获得的数据。军队的等级性能确保一旦发出准入命令，就可以相当直接地使用研究工具；缺点在于，通过这种入场模式得来的数据（如由指挥官实施的问卷调查）可能没有反映出被调查者真实的态度，研究者收到的是"政党路线"的结果。因此，入场路径本身是研究过程的优势与局限的一部分。

出于这个原因，一些学者只使用外部的可用数据来进行军事研究，包括公共记录、历史档案或新闻报道。本着这一思路，在揭示以色列伤亡情况的社会背景时，就可以利用公共来源这一途径，从而避开需要与军队合作而产生的问题（Levy，2007：117–118）。利用外部来源并不意味着利用它们的学者就持有了解放或批判的观点，如莱维（Lewy，1980）利用美国国会数据对如何提高越南战争后的美国军队效力提出了建议。当然，仅使用外部数据的劣势是，学者们可能会错失武装部队内部的重要信息；它的优势是，对军事机构持有更为自主的立场。正如描绘以色列伤亡情况时所展现的，自主权有可能会弥补信息的缺乏。这里的重要意义在于，研究者公布的部分信息触及了那些想隐藏这些信息的不同群体（包括军事组织）的利益。

为了能与武装部队保持适当距离，我们可以遵循古斯特森（Gusterson，1997）的多形态参与建议，即与信息提供者和一系列网站（包括虚拟与流行文化世界中的网站）的守门人互动，以不同的方式形成一系列迥然不同的数据来源，综合地收集数据。这一观点能够使人们对各种研究策略与入场模式保持开放。这种参与也应该被置于一种更为广泛的交流模式中，它是一种学者与军方之间不断进行交流的模式，通过这些交流，可以获得和调整与研究条件、资助、知识创造有关的预期结果。

因此，我们的建议是，在进入现场方面，不仅要考虑与武装部队签订的正式协议，也要考虑非正式协议，在这些非正式协议中，要讨论研究者与军方代表之间的相互期待，并在整个调查研究过程中达成共识。

结论：获准进入并保持距离 【16】

在争取获准进入武装部队进行研究时，我们赞成这样的做法，即对这一研究涉及的多个问题始终保持清醒，这是一种更具时代气息的反身性，正如本《手册》第4章中所解释的那样。这一做法需要我们明确所采取的双重路径：进入机构或组织，以及进入一个特定的知识领域。本章既重点关注进入军队的行政路径的影响，以及这个路径的协商特征，也关注在武装部队研究者创造的各类知识的基础上提出的不同假设。

具体而言，研究者需要明确我们的学术实践在军事方面的原则与意义，因为它们有可能出现在整个项目过程中，并发生变动。在这个方面，也许研究者面临的最大挑战是，有意识地做出努力，保持批判的锋芒，而不是成为组织利益的倡导者，或者是使现有权力合法化。在这一努力中，军事研究作为贡献开放话语的公共学科，它的学术特色会对研究者有所帮助。相关研究者很有必要在学术期刊上发表论文或出版书籍，在各种相关学科内部与外部的工作机构和会议上展示研究成果，这样研究者才会不断反思自己的假设与立场，正如这本书一样。

参考文献

Ben-Ari E.1998.*Mastering Soldiers:Conflict,Emotions and the Enemy in an Israeli Military Unit.*Oxford:Berghahn.

Ben-Ari E.2011. "Anthropological Research,and State Violence:Some Observations of an Israeli Anthropologist." In Laura A.,McNamara, Rubinstein Robert A.(eds.)*Dangerous Liaisons:Anthropologists and the National Security State*,pp.167–184.Santa Fe,NM.:School of Advanced Research Press.

Ben-Ari E.,Lehrer Z.,Ben-Shalom U.,et al.2010.*Rethinking Contemporary Warfare:A Sociological View of the Al-Aqsa Intifada.*Albany,NY.:State University of New York Press.

Boëne B.1990. "How Unique Should the Military Be?A Review of Representative Literature and Outline of Synthetic Formulation." *European Journal of Sociology* 31(1):3–59.

Boëne B.2000. "Social Science Research,War and the Military in the United States:An Outsider's View of the Field's Dominant Tradition." In Kummel G.,Prufert A.D.(eds.)*Military Sociology:The Richness of a Discipline*,pp.149–253.Baden-Baden:Nomos.

Caforio G.2000. "Military Sociological Research in Italy." In Kummel G.,Prufert A.D.(eds.)*Military Sociology:The Richness of a Discipline*,pp.116–127.Baden-Baden:Nomos.

Caforio G.,Nuciari M.2006. "Social Research and the Military:A Cross-National Expert Survey." In Caforio G.(ed.)*Handbook of the Sociology of the Military*,pp.27–58.Boston,MA.:Springer.

Capshew J.H.1999.*Psychologists on the March:Science,Practice and Professional Identity in America,*1929—1969.Cambridge:Cambridge University Press.

Castro C.2013. "Anthropological Methods and the Study of the Military:The Brazilian Experience." In Carreiras H.,Castro C.(eds.)*Qualitative Methods in Military Studies:Research Experiences and Challenges*,pp.8–16.London:Routledge.

Dandeker C.2000. "Armed Forces and Society Research in the United Kingdom:A Review of British Military Sociology." In Kummel G.,Prufert A.D.(eds.)*Military Sociology:The Richness of a Discipline*,pp.68–90.Baden-Baden:Nomos.

de Waard E.,Soeters J.2007. "How the Military Can Profit from Management and Organization Science." In Caforio G.(ed.)*Social Science and the Military*,pp.181–196.London:Routledge.

Elias N.1956. "Problems of Involvement and Detachment." *British Journal of Sociology* 7(3):226–252.

Ender M.2009.*American Soldiers in Iran*.New York:Taylor and Francis.

Feaver P.D.2003.*Armed Servants:Agency,Oversight and Civil-Military Relations*.Cambridge,MA.:Harvard University Press.

【17】 Gazit N.,Maoz-Shai Y.2010. "Studying-Up and Studying-Across:At-Home Research of Governmental Violence Organizations." *Qualitative Sociology*

33(3):275–295.

Gelpi C.,Feaver P.D.,Reifler J.2009.*Paying the Human Costs of War:American Public Opinion and Casualties in Military Conflicts.*Princeton,NJ.:Princeton University Press.

Giddens A.1985.*The Nation-State and Violence.*Cambridge:Polity.

Gusterson H.1997.Studying Up Revisited.*Political and Legal Anthropology Review* 20(1):114–119.

Habermas J.1971.*Knowledge and Human Interests.*Boston,MA.:Beacon.

Hawkins J.P.2001.*Army of Hope,Army of Alienation:Culture and Contradiction in the American Army Communities of Cold War Germany.*New York:Praeger.

Hockey J.1986.*Squaddies:Portrait of a Subculture.*Exeter:Exeter University Press.

Irwin A.2011. "Military Ethnography and Embedded Journalism:Parallels and Intersections." In McNamara L.A.,Rubinstein R.A.(eds.)*Dangerous Liasons:Anthropologists and the National Security State*,pp.127–144.Santa Fe,NM.:School of Advanced Research Press.

Klein P.2000. "Sociology and the Military in Germany." In Kummel G.,Prufert A.D.(eds.)*Military Sociology:The Richness of a Discipline*,pp.44–54.Baden-Baden:Nomos.

Krebs R.R.2006.*Fighting for Rights:Military Service and the Politics of Citizenship.*Ithaca,NY.:Cornell University Press.

Levy Y.1998. "Militarizing Inequality:A Conceptual Framework." *Theory and Society* 27(6):873–904.

Levy Y.2007.*Israel's Materialist Militarism.*Madison,MD.:Rowman and Littlefield/Lexington Books.

Lewy G.1980. "The American Experience in Vietnam." In Sarkesian S.C.(ed.)*Combat Effectiveness*,pp.94–106.Beverly Hills:Sage.

Lincoln Y.S.2005. "Institutional Review Boards and Methodological Conservatism:The Challenge to and from Phenomenological Paradigms." In Denzin N.K.,Lincoln Y.S.(eds.)*The Sage Handbook of Qualitative*

Research,pp.165–181.Thousand Oaks,CA.:Sage.

Lomsky-Feder E.1996. "A Woman Studies War:Stranger in a Man's World." In Josselson R.(ed.)*Ethics and Processes in the Narrative Study of Lives*,pp.232–242.Thousand Oaks,CA.:Sage.

Lutz C.2002.*Homefront:A Military City in the American 20th Century*. Boston,MA.:Beacon.

Maman D.,Rosenhek Z.,Ben-Ari E.2003. "The Study of War and the Military in Israel:An Empirical Investigation and Reflective Critique." *International Journal of Middle Eastern Studies* 35:461–484.

Moskos C.1988.*Soldiers and Sociology.SLA Marshall Lecture*. Washington,D.C.:US Army Research Institute for the Behavioral and Social Sciences.

Navarro A.2013. "Negotiating Access to an Argentinean Military Institution in Democratic Times:Difficulties and Challenges." In Carreiras H.,Castro C.(eds.)*Qualitative Methods in Military Studies:Research Experiences and Challenges*,pp.85–96.London:Routledge.

Reeves C.2010. "A Difficult Negotiation:Fieldwork Relations with Gatekeepers." *Qualitative Research* 10(3):315–331.

Rubinstein R.A.2008.*Peacekeeping under Fire:Culture and Intervention*. Boulder,CO.:Paradigm Publishers.

Segal D.R.2007. "Current Developments and Trends in Social Research on the Military." In Caforio G.(ed.)*Social Science and the Military*,pp.46–65. London:Routledge.

Segal D.R.,Segal M.W.1993.*Peacekeepers and Their Wives*. Westport,CT.:Greenwood Press.

Simons A.1997.*The Company They Keep:Life Inside the US Army Special Forces*.New York:Free Press.

Sion L.2004. "Dutch Peacekeepers:Between Soldiering and Policing." PhD diss.,The Free University of Amsterdam.

Soeters J.L.2000. "Military Sociology in the Netherland." In Kummel G.,Prufert A.D.(eds.)*Military Sociology:The Richness of a*

Discipline,pp.128–139.Baden-Baden:Nomos.

Spencer G.1973.Methodological Issues in the Study of Elites:A Case Study of West Point.*Social Problems* 21(1):90–103.

Thomas J.P.1989."Recent Defence-Related Social Research in France." In Kuhlmann J.(ed.)*Military Related Social Research:An International Review*,pp.67–72.Munich:Sozialwissenshaftliches Institut der Bundeswehr.

Tilly C.1992.*Coercion,Capital,and European States,AD 990—1992*. Cambridge,MA.:Basil Blackwell.

Tomforde M.2011."Should Anthropologists Provide Their Knowledge【18】 to the Military?An Ethical Discourse Taking Germany as an Example." In McNamara L.A.,Rubinstein R.A.(eds.)*Dangerous Liaisons:Anthropologists and the National Security State*,pp.77–100.Santa Fe,NM.:School of Advanced Research Press.

Williams R.M.1984."Field Observations and Surveys in Combat Zones." *Social Psychology Quarterly* 47(2):186–192.

Winslow D.1997.*The Canadian Airborne Regiment in Somalia:A Socio-Cultural Inquiry*.Ottawa,ON.:Ministry of Public Works and Government Services.

Yanow D.2006."Thinking Interpretively:Philosophical Presuppositions and the Human Sciences." In Yanow D.and Schwartz-Shea P.(eds.)*Interpretation and Method:Empirical Research Methods and the Interpretive Turn*,pp.5–26. Armonk,NY.:M.E.Sharpe.

3　同在一张网上

—— 理论驱动的学者如何与务实的军方用户充分交流

尼古拉斯·扬斯

> Moskos C.1977. "From institution to occupation:Trends in military organization," *Armed Forces & Society* 4(1):41–50.

无论是在学术共同体里，还是在军事机构内，莫斯科斯（Moskos）的开创性论文都是切中要害的。它的中心论点继续塑造着学术话语，可以说，它深远地影响了西方军事领导人思考组织与服兵役条件的方式。

在所谓的"莫斯科斯论文"中，他对照了军队组织的两种"理想模型"。一种是制度模型（institutional model）。该模型构想了一种成员资格，它建立在共同身份与核心胜任力的基础上，并为"精神收入"所激励，这个精神收入至少要和传统意义上的报酬一样多。另一种是职业模型（occupational model），该模型拥有市场方面的合法性。在论文中，他视自身利益为雇佣安排的核心，在这一安排中，有基于市场需求与技术水平的奖酬体系，有与平民一起工作的军人的工作绩效，也有通过劳资关系和工会机制解决的不满情绪。

每次读完莫斯科斯的论文，人们都会被它的某种特征所震撼。他写得很清晰，用了最少的社会学术语。其论文解决始终不变的战略关怀问题，即吸引、激励与挽留服兵役人员的问题。本文也引入了一个简单好记的参考框架，帮助研究者（学者）和从业者理解军事机构中大量复杂的相互关系。最后，本文从叙述而不是统计的角度提出他的观点。从这些方面看，本文是一篇关于如何传播研究的范本，它运用的传播方式增进了研究成果被关注和被应用的机会。

这 30 多年来发生了什么呢？在本文的三个特征中，其中的两个分别是建立在准市场基础之上的报酬和军民组织元素的功能性整合，这两个特征在当代军事组织中随处可见，并且与许多仍然延续的传统制度特征并存，毫无违和之感。与此同时，在许多西方的军事建制中，对军事工会主义的短暂试验也在逐渐消失。 【20】

在大多数情况下，加强某些核心的制度特征，利用它们来补偿职业化对职业价值观的过度影响，是能够达成制度与职业之间的平衡的。莫斯科斯的论文告诉我们，制度找到了适应而不是对抗社会趋势的方式。在一部经典小说中有一句名言："如果我们希望事物如其所是，该事物就一定会发生改变。"本文促进了领导层面上的实践，提出了更具想象力的社会化过程，虽然它也继续从传统的意义上强调建立社会凝聚力和制度认同的重要性。

有人可能会说一种语言，即使它不是这个人的母语。

（Mosser，2010：1078）

一个被忽略的重要问题

在学术共同体内进行学术成果交流是"意义建构"（sense-making）过程的一部分。学者进行研究并关注其他学者的研究，可以促进他们对事物运作方式的理解，确认什么样的问题需要被探索，什么样的问题能提高研究被推广的可能性。他们也关注方法论的可靠性和解释的适宜性，基于完善而熟悉的结构来传播他们的研究成果。然而，有些研究是为那些希望从术语中学到东西的从业者做的，学者们却常常忽略这类研究，大概是学者们太熟知自己学科领域中的学术惯例了，才有可能对此视而不见，这些惯例阻碍了此类研究成果的传播，也决定了学者们的忽略程度。学者可能对"解惑"感兴趣，但是务实的用户对"问题"更感兴趣（Mosser，2010：1 078；Weick，Sutcliffe，and Obstfeld，2005；Lawler，1985）。从业者常常会利用各种各样的信息源，他们根据功用来关注每个来源，这是此类过程的一部分。学术研究也是这个过程的一部分，如果学者经常忽略这个过程，则这通常不是从业者的错，而是学者的错。

一些学者不满这一看法，他们指责从业者没有看法，思想封闭；另一些学者则认为，当学术共同体对选题、分析方法与交流方式过于"纯化"（purist）时，它就是在伤害自己，任何传播问题的解决都更多地与学者有关，而不在于从业者。本章赞成第二种观点，并概括了许多简单有效的方法，用这些方法，理论驱动的学者就可以与务实的军方用户进行更好的沟通。

军事文化："研究"的制度视角

就整个问题而言，有一个重要却微妙的基础，它与军事文化有关，因此第一步就要简要地探讨一下文化，以及文化对人们思考复杂、重要问题的方式会有怎样的影响。

可以将文化看作一种连贯一致的世界观，一种对这个世界的理解和思考。文化以"一种复杂的要素系统来显现自己，如语言、符号、故事、英雄、人工产品、规范、信念、价值和实践，它们为某个群体或共同体所共享，也塑造了对该群体或共同体的认同……它们以有意义的模式结合，并相互支持对方"（Potorowski and Green，2012：273）。这种对文化的思考促成了一种世界观，它是通过相互支持的信念而形成的模式或"心理模型"。

【21】

学者与军队的从业者之间缺少交流，造成这种情况的一个根本原因是，每个阵营都倾向坚守不同的隐性信念，都遵循着不同的辩护理论或世界观（Potorowski and Green，2012：273）。学者通常被所谓的符合论（correspondence theory）指导，强调科学的方法和适当的下结论的标准，结论应该被证明为正确的，而不是被证明为错误的，而军队从业者往往持有融贯论的（coherentist）世界观。融贯论的世界观认为，对特定信念的辩护至少要部分地取决于它与其他信念之间的相容性，其中很多信念都非常内隐，受到文化规范的影响。在军队中，从业者很看重那些常常难以描述并被客观分析的品质，如价值观、关系与品格，它们强化了融贯论的倾向（Soeters，2000）。

至于军事组织中的文化是如何形成的，有三个特殊的要点值得关注。第一，"什么可行"（what works），它对规则和规范的采纳具有重大影响，无论这些规则与规范是明确的还是隐含的，在危机时期尤其如此（Schein，

2010）。当这些规则作为既有准则被用来解释环境并与环境相互作用时，它们就会被传递给新成员，即使组织现实发生了重大变化，也会深深地嵌于组织之中。例如，在澳大利亚陆军中，对职业的认同总是体现在团级及以下军衔的战士角色中，体现在战争状态下的战术水平上。所有军衔的澳大利亚士兵都高度重视"小事情上的专业素养"（professionalism of small things），即掌握大量常规与微小的细节，他们认为每个细节本身可能微不足道，但组合起来能量巨大且影响深远（Jans and Schmidtchen，2002）。澳大利亚士兵将他们自己视为"战争工匠"（artisan of war）。"工匠"的表现包括，他是轻度装备、高度内行的士兵，他在一个小团队内行动，他以专业、冷静的态度工作，他通过忠诚于领导者来效忠制度，他在小团队中有强烈的社会联结，却不关心更高层面的战役结果。对于军官来说，营级或团级指挥是他们的职业理想，这主要是因为，与那些更高层面的指挥相比，营级与团级指挥涉及更有意义的责任。美国陆军则与之不同，由于其庞大的规模与战略上的责任，美国陆军一直在更高的军事行动层次上开展行动，它的专业要用具有更广泛含义的术语来表达。军官不仅渴望去小规模部队指挥，也希望接受更高的指挥任命。同样，在那些与其他军事制度有关的独特的历史环境中，也会无一例外地塑造着它们的实践、规范和世界观（Soeters，2000）。

　　第二个独特的、塑造军事组织文化的因素是它的职业系统。职业系统包括许多特征，它们塑造与强化了看待世界的特定方式（Jans and Schmidtchen，2002）。军队要求其成员接受特殊的价值观，根据这种价值观的体现程度来奖励成员们的表现。军人的职业发展取决于其行动中的价值观是如何表现的，负责人也会创设符合其价值观的制度形式来进一步强化这一过程。此外，军官们还要承受较高的工作轮换率（Jans and Frazer-Jans，2004），这会增强他们的实用主义倾向，使他们关注在"我们的环境"里"什么可行"。

　　制度文化是职业实践之母，两者都会塑造"专业能力"（expertise）及其在军人职业内的定义方式。在意义建构与问题诊断方面，专业人士往往好过非专业人士，这并不奇怪（Chi，2006；Schön，1983）。专业人士（专家）常常能识别出规则上的例外，因为他们忽略那些不太相关的表面特征，能从深层的结构方面去概念化问题，能确认什么样的关键信息缺失【22】

了。然而，即使是专家，也有缺点。例如，为了提出解决方案，就需要进行问题诊断，这时专家就有可能为他们的学科训练所限制，表现得过度自信，不像人们预期的那样灵活和有适应性，部分原因是，在面对其特殊专业知识边界之外的观点时，专家经常看到的是更多的成本与风险，而不是收益（Weiss and Shanteau，2012）。此外，军事专业能力是通过稳定进阶获得的，因此专业能力与"专业判断"（professional judgement）和"军衔"这对双胞胎的关系就十分密切，当问题复杂、专业判断被看作处理这种复杂性的主要策略时，将军衔视为专业能力的指标尤为必要。但是，这种做法可能布满陷阱，尤其是高层军职人员构成了一个高度同质的群体，有着相似的年龄、职业与教育经历，这时就会有陷阱，这种情况常常发生。

但情况远非想象中的棘手，正如下一节所示，正在考虑循证的军队从业者们会在那些相关的、符合并支持其文化规范的、源于"可靠来源"的研究中寻找某些特征。学术研究越是具有这样的特征，越可能受到欢迎。

对学术研究的制度性反应

相 关 性

所有领域中的从业者，无论是军人还是平民，都会欢迎与关注学术研究，这个关注度取决于这一研究在多大程度上被视为是"相关的"（Giluk and Rynes-Weller，2012；Lueng and Bartunek，2012），尤其取决于与"核心事务"（core business）的关联性。军队中的从业者可能会密切关注解决军事行动问题的研究，如与军规、战术、武器系统、装备和后勤相关的研究，或者关注服兵役的基本动机的研究，如莫斯科斯的《从制度到职业：军事组织中的趋势》（制度–职业论文）中所体现的内容。那些与核心事务不相干的领域中的调查研究，如对参谋组织的研究，就不那么受欢迎（Jans and Schimidtchen，2002）。有些研究似乎关注军队日常活动范围之外的问题，军方对这类研究的态度可能就更为冷淡了。

在本章的文本框中，我们介绍了莫斯科斯的制度–职业论文的例子，用它来阐明如何使学术研究具有相关性。另一个例子被视为是不具有显著相关性的研究，它关注的是组织要素的活跃性，这些要素不是军人职业主流的一部分。澳大利亚军方也欢迎研究作战单位领导力的论文（Grisogono and Radenovic，2011；Mueller-Harson et al.，2007），因为它在讨论一个有挑战性、高度相关的热门问题，但是参谋组织中的领导力研究就不那么受欢迎（Jans and Harte，2003）。与在作战和指挥领域中进行的"真研究"相比，澳大利亚军方并不那么看重参谋研究的文化价值。另一个影响这种认可度的因素是，在根据研究成果采取行动的可行性方面，军方的考虑很务实。与主流部队实践有关的问题容易处理，因为这种作战单位内部具有连续性；参谋领域是不同的，在参谋领域内，军官的工作不断轮换，具有非连续性，造成了"集体记忆"的周期性丧失。

符合与支持文化规范

有些研究对士兵的职业身份或"专家型从业者"（expert practioners）的声望构成了潜在威胁，这类研究也可能会遭到抵制，如当这类研究得出【23】的结论与长期的实践及文化规范相悖，或者与专家型从业者的观点相反时，就可能遭到抵制（Potorowski and Green，2012）。与之相反，如果军方认为研究符合或赞同它的文化规范，这项研究就会受到欢迎（正如美国陆军接受了莫斯科斯的论文的例子）。

当研究结果与专家型从业者期望出现的结果相反时，就很可能出现这个威胁/焦虑问题。人们的期望实际上是专家型从业者的期望，这会影响他们如何看待什么是可能的，或者什么是"真实"（即什么是"常识"）。这类期望往往部分地决定了他们对研究中任何特定部分的反应（Bastardi，Ulmann，and Ross，2011；Lord，Ross，and Lepper，1979；Nickerson，1998）。

例如，有一项咨询类研究，探讨的是澳大利亚陆军预备役士兵的报酬和服现役条件（Jan，Frazer-Jans，and Louviere，2001）。该研究发现，初级预备役士兵不太重视薪酬这一激励因素，而是非常看重军事训练为个体实现、体验冒险/刺激和职业发展提供的机会。其研究的主要方法是建立模型。模型表明，预备役工资中没有免税待遇，但是初级预备役士兵并没有对此感到不适，因为他们消耗了时间与精力，得到的净报酬较低，却能以此换取更有意义的训练和更多的军事行动机会。当向高级预备役士兵展示这一研究发现时，他们却不接受这个结果，理由有二：第一，他们认为研究结果不符合常识，他们根本无法理解人们怎么可能会接受一种往口袋里少放钱的薪酬安排（即免税还是征税的军人薪酬）；第二，高级预备役士兵认为，不应该轻率地放弃免税薪酬，因为它是社会重视预备役的有形指标，具有象征意义。在这种"理性"和"文化"的冲突中，文化因素（大概不可避免地）占了上风。不过，回过头来进行思考，就会有这样的启示，这大概是个合适的决定，不是因为这项研究"没有理解"（因为它确实非常理解初级预备役士兵），而是因为这项研究与军队预备役在社会中的特殊地位一致。

源自"可靠来源"的研究结果

研究结果的来源是另一个影响从业者关注度的因素。大多数文化都更依赖于局内人的观点，而不是局外人的观点，尽管局外人是"专家"（Cialdini and Goldstein，2004；Weiss and Shanteau，2012）。更进一步的问题是研究所涉及问题的类型。专家对"复杂"问题（即能确定"正确答案"与"正确方法"的问题）提出建议时，因为建议有可取之处，所以人们往往会接受它，无论其来源是什么。但是当问题从"复杂"转换为"难解"（即在这个问题中，专家无法给出一个唯一"正确的答案"并加以应用，因此需要"判断"）时，这种情况就会变得不同。在这种情况下，人们往往听取社会中大多数人的建议，而不是依赖少数人的意见，即使这些少数人可能是专家（Madhaven and Mahoney，2012）。这里有一个默认的假设，即局内人的观点更有效，因为他们至少含蓄地将研究结果置于文化价值的背景之下（Gino and Moore，2007）。

这会导致问题产生，尤其是当研究涉及的问题是更加广泛的一组问题中的一部分时，如上述关于澳大利亚陆军预备役士兵的薪酬的例子。在这个例子中，从业者的意见再次有所保留，这常常是源于他们缺少信心，不能指望他们会理解这项研究的全部含义，而研究者对这组更为广泛的问题或"战略"背景却有着恰当的理解（Madnaven and Mahoney，2012）。

例如，莫斯科斯是被军队接受的，接受他的一个重要原因是，他的职【24】业经历给他带来了信誉。在 20 世纪 50 年代后期，莫斯科斯作为一名入伍士兵被抽调到美国陆军，在随后与军事机构打交道的过程中，他明智而精明地利用了这一经历。他的服役经历教会了他接近高级军官的方式，这些方式符合他们的预期。在与高级军官的沟通中，无论多么非正式，他总是很敬重他们，反映了他对自己文职地位的了然，以及对军官们高级专业人士地位的理解。即使作为列兵，他也一直是一位兢兢业业的网络工作者。最后，他是一位入伍士兵，而不是一名军官，他的军衔赋予了他某种默许的"草根"信誉。他经常到作战区访问服现役人员，从越南到波斯尼亚，再到伊拉克与阿富汗，这些都强化了他的可信性。对于在这些地方所看到的、所听到的，莫斯科斯都做了全面、睿智、颇具见识的研究，他在美国国防部等机构中有许多高级军官支持者，他们重视莫斯科斯的研究，使他能与不断发展的军事文化保持联系。

缩短研究与从业者接受度之间的距离

至于如何缩小社会科学研究与从业者接受度之间的距离，有三点需要特别加以说明，它们有助于研究者与军事从业者的交流。

利用研究来制定相关的参考框架

第一点也是最为重要的建议是，利用研究成果来提高从业者对他们所面临情况的理解。劳勒（Lawler，1985）指出，学者促进实务的最佳方式不是提供事实，而是提供简单、有效的组织与思考世界的方式，他称之为"参考框架"（frame of reference）。正如他指出的，管理者与从业者"一直想要了解，如果他们做了 X，Y 会发生什么，他们也想知道改变组织的最佳方式"（Lawler，1985：10）。同样，米特罗夫（Mitroff，1985）也敦促研究者去深入了解一个组织表象下似乎正在发生的事件，以了解高管在决策过程中使用的参考框架。舍恩（Schön，1983）观察到，管理者通常面临的情境都具有不确定性、复杂性、不稳定性、独特性，以及有价值冲突等，鉴于此，"有用的研究"应该侧重于框定与澄清问题，探索解决它们的方式（采用参考框架进路时，还有一个重要的作用，即这种进路有助于研究者以从业者的视角去理解机构）。

莫斯科斯的制度 – 职业模型将研究重点放在了参考框架上，这个例子明确地说明了这样做的价值。这篇制度 – 职业论文为从业者与学者提供了一种全面、易懂、能领悟一系列问题的方式。这些问题涵盖广泛的组织问题与过程，如职业价值观、雇佣条件、职业发展、招聘，甚至是领导风格。所有这些都是在制度 – 职业范式的规则下有条理地完成的，制定参考框架是一种以灵活、简单与有效的方式去战略性地审视所有因素的方法，难怪它会正中要害。

在思考"参考框架"问题时，有一个略有不同的地方，即该思考方式与研究方法有关，但与研究结果无关。有时，当某种特定的方法可以刺激务实的用户以一种新鲜、有用的方式去思考问题时，这种情况就会发生。20 世纪 90 年代末，澳大利亚发起了一系列研究项目，其中就有一个这样的例子（Jans，Frazer-Jans，and Louviere，2001；Jans，2006）。该项研究【25】把军事机构引入建模过程，在该过程中，"市场营销"与"人力资源"这两个孪生领域中的有关研究者开展合作，创立了一种被称为"员工选择建模"（employee choice modelling）的混合方法，该方法能对员工雇佣决策进行模拟、建模与量化。这不仅提高了此类研究的严谨性，也涉及一种转换，即从关注那些有点模糊不清的情感和态度领域，转而关注那些更具体与更有用的选择和行为因子。另一个优势是，在政策分析的权衡取舍中，会遇到一些实际问题，参考框架能在系统的层次上对这一过程进行审视，包括为政策制定者提供易于使用的决策辅助工具。尽管从业者已经准备好接受这个方法了，但是对于那些长期存在的人事问题，如果方法与它们没有明显的相关性，那么这一方法就不可能在第一时间引起从业者的注意，这种情况也就不可能发生。

从业者与研究者参与到彼此的领域中

还有另一种方法可以使研究者与从业者之间建立起更加密切的知识联系，即将从业者代表纳入研究过程中，或者将研究者嵌入从业者的组织中。例如，将这种参与过程纳入参谋学院等机构的课程中，就可以实现这个目的。这些教育机构中的任课人员可以参与到构架、研究和交流此类研究的过程中，在做这些时，他们往往能学到很多东西，并有所贡献，这类参与也有助于澄清从业者的观点，提高他们对后续研究结果的认可度（或者，只是为了第一时间得到他们对该问题的研究许可）。

例如，莫斯科斯的模型之所以能广泛渗透，可能有一个主要原因，那就是他的可信度、他的网络，以及他与军事教育机构中高层官员的众多交流机会。制度－职业论文是帮助他和其他军事社会学家被准入军事学院与其他高校的重要工具。在那里，他们有机会传播自己的观点，面对这个世界上具有巨大影响力的军事机构中的未来领导者们，分享他们对军事组织的社会学基础的理解。反过来，这些未来的领导者们也会将这些观点与价值观传播出去，既传播给他们自己的机构，也分享给其他国家的同行。

在从业者的组织中嵌入研究者也是可以实现的，如在高级指挥部设立"学者入驻"（scholar in residence）计划，或者像莫斯科斯一样，让一小队学者定期出席并领导在总部或教育机构中举行的相关研究议题和研究结果的研讨会。这个想法是为了让从业者熟悉那些可能有助于解决现有问题的研究，无论是过去的，还是现在的。莫瑟（Mosser，2010）指出，在美国军队中已经开始这样做了，约翰·纳格尔（John Nagl）、戴维·基尔库伦（David Kilcullen）和 H.R. 麦克马斯特（H.R. McMaster）等军人学者都做过顶层将军的私人幕僚。莫斯科斯也提醒人们注意"密涅瓦"计划（Minerva Initiative），这是美国国防部最近资助发起的以大学为主体的社会科学基础研究项目。在 2008 年 4 月的一次演讲中，美国国防部长罗伯特·盖茨（Robert Gates）概述了"密涅瓦"计划，他将该计划与美国《国防教育法案》（*National Defense Education Act*）进行了比较。在 20 世纪50 年代后期，《国防教育法案》几乎对各级大学都增加了资助，作为条件，该法案也要求大学在学术上支持"冷战"，反对苏联。

更具想象力的传播

最后的建议与研究成果的传播方式有关。有经验的研究者会采用导言、目标、方法、研究发现、讨论与结论的标准格式，富有特色地报告研究结 【26】果，适当地强调假设与统计。这适合于在学界中传播成果，但对于军方用户受众来说，却行不通。故事与叙事的传播方式往往对这些受众更加有效，也更具有吸引力（Sachs，2012），特别是，当它们能引起文化上的共鸣时。

这同样适合于一般情境及在这里提到的例子。最近出版的《牛津循证管理手册》的作者认为，以案例研究分析为基础的研究报告是增进研究者与从业者沟通的主要策略之一（Giluk and Rynes-Weller，2012；Lueng and Bartunek，2012；Madhaven and Mahoney，2012；Portorowski and Green，2012）。在管理－领导学领域，这种进路无疑是大多数畅销书获得成功的关键因素。

莫斯科斯就很擅长这种特殊的风格。值得注意的是，他的开创性论文没有包含任何统计数字。相反，他专注于通过例子讲故事，以叙事方式讨论制度－职业范式的意义（这只是在书面媒介上，如果在面对面的交流中，这种方式更具吸引力）。这大体上反映了他的进路，其程度可以通过他写的一个指南来说明，这个指南是他写给 1985 年美国空军学院举办的会议的投稿人的。这也促使他撰写了一本著作，该书是关于制度－职业化军事雇佣的国际化经验的（Moskos and Wood，1988）。在指南中，他强调，需要把案例研究、故事和统计数字都包括进来，同等对待。（事实上，他很乐意收到那些基于案例研究和故事而没有求助于统计证据的论文。）

最近，在同一领域内，有一项关于澳大利亚军事战略领导力的研究（Jans et al.，2013），该研究大量使用了案例，没有利用统计表等。其每章都以一页案例研究开始，它们取自相关的澳大利亚军事案例，案例研究中包含的问题被用于说明那一章提出的观点。

结 论

在社会科学中，学者与从业者的交流问题已经引起军事应用研究领域之外的学者的极大关注。本章的研究来源就涉及不同领域，包括组织研究、医学研究及军事领域。可以明确的是，如果我们希望我们的研究成果能产生更大的影响，作为学者，我们就要创造出更为广泛、灵活的研究与交流模式。

莫斯科斯提出了学者和从业者之间进行交流的实用主义进路，所有希望其研究具有"相关性"的学者都可以在莫斯科斯的进路中有所收获。莫斯科斯利用自己作为应征入伍者的从军时期的优势，在与各级军事机构交流时，这个经历无疑给了他一双善于倾听的耳朵，在重要的社会学问题上，给了他一个局外人－局内人的视角。

将这个一般性观点加以扩展，就可以接受更为复杂的研究方法论了。正如学界在寻找方法以增进其研究结果和研究议题与务实的军队从业者之间的相关性一样，学者也有可能找到方法，除了使从业者对访问调查和最简单的统计分析感兴趣外，还能增进他们对其他研究方法的意识与兴趣。

在我较早的职业生涯中，这些内容就已经吸引我的注意力了，我希望解决它们。本着这一精神，我写完了这一章。我们为军事机构做了许多研究，我身上的务实取向始终吸引着我和我的同事将所有研究结果付诸实践，加以应用。如果我在获得军队从业者关注方面的追踪记录不够出色（这里所举的一些例子证明了这一点），那可能是因为长久以来，我对"保持简单【27】是愚蠢的"这句古老的格言关注不够，我总是记得"简单"并不意味着"简单主义"。

为提高务实的从业者关注理论驱动的学者的程度，本章提出了一些建议，其中包括将重点放在参考框架上，招募从业者进入交流研究团队，以叙事和统计的形式或以叙事取代统计的形式来交流研究成果。作为学者的我们，如果希望自己的研究能吸引从业者的注意，那么就要遵循从业者的规则，也要遵循学术界的专业规范。简而言之，这取决于"我们"，而不是"他们"。

参考文献

Bastardi A.,Ulmann E.L.,Ross L.2011."Wishful thinking:Belief,desire and the motivated evaluation of scientific evidence." *Psychological Science* 22:731–732.

Chi M.T.H.2006."Two approaches to the study of experts'characteristics." In Ericsson K.A.,Charness N.,Feltovitch P.J.,et al.(eds.)*The Cambridge Handbook of Expertise and Expert Performance*.Cambridge:Cambridge University Press,21–30.

Cialdini R.B.,Goldstein N.J.2004."Social influence:Compliance and conformity." *Annual Review of Psychology* 55:591–621.

Giluk T.,Rynes-Weller S.2012."Research findings practitioners resist:Lessons for management academics from evidence-based medicine." In Rousseau D.(ed.)*The Oxford Handbook of Evidence-Based Management*.Oxford:Oxford University Press,132–145.

Gino F.,Moore D.A.2007."Effect of task difficultly on use of advice." *Journal of Behavioural Decision Making* 20:21–35.

Grisogono A.M.,Radenovic V.2011."The adaptive stance-steps towards teaching more effective complex decision-making." Paper presented at the International Conference on Computational Science,Boston,MA.

Lawler Ⅲ E.1985. "Challenging traditional research assumptions." In Lawler Ⅲ E.,Mohrman Jr.A.,Mohrman S.,et al.*Doing Research That Is Useful for Theory and Practice*.San Francisco,CA.:Jossey Bass,1–17.

Lord G.C.,Ross L.,Lepper M.R.1979. "Biased assimilation and attitude polarisation:The effects of prior theories upon subsequently considered evidence." *Journal of Personality and Social Psychology* 37:2098–2109.

Lueng O.,Bartunek J.2012. "Enabling evidence-based management: Bridging the gap between academics and practitioners." In Rousseau D.(ed.)*The Oxford Handbook of Evidence-Based Management*.Oxford:Oxford University Press,165–180.

Jans N.A.2006. "Evaluating HR DSS Predictions for Navy PQ and Sailor Categories Following the Introduction of Financial Incentives for Continued Service." Papers presented at the bi-annual conference of the International Military Testing Association,Surfers Paradise,October.

Jans N.A.,Schmidtchen D.2002. "The Real C-Cubed:Culture,Careers and Climate and How They Affect Military Capability." Canberra Papers on Strategy and Defence,No.143,Australian National University.

Jans N.A.,Harte J.2003. "Once Were Warriors?Leadership,culture and organisational change in the Australian Defence Organisation." Centre for Defence Leadership Studies,Australian Defence College.

Jans N.A.,Frazer-Jans J.M.2004. "Career development,job rotation and professional performance." *Armed Forces & Society* 30:255–278.

Jans N.A.,Frazer-Jans J.M.,Louviere J.J.2001. "Employee choice modelling:Predicting employee behaviour under varied employment conditions." *Asia-Pacific Journal of Human Resources* 39:59–81.

Jans N.A.,Mugford S.,Cullens J.,et al.2013. "The Chiefs:A Study of Strategic Leadership." Centre for Defence Leadership Studies,Australian Defence College.http://www.defence.gov.au/adc/ docs/Publications2013/ TheChiefs.pdf.

Madhaven R.,Mahoney J.T.2012. "Evidence-based management in 'macro' areas:The case of strategic management." In Rousseau D.(ed.)*The Oxford Handbook of Evidence-Based Management*.Oxford:Oxford University Press,79–91.

Mitroff I.1985. "Why our old pictures of the world do not work anymore." In Lawler E.E.(ed.)*Doing Research That Is Useful for Theory and Practice*.San Francisco,CA.:Jossey Bass,18–35.

Moskos C.C.1977. "From institution to occupation:Trends in military 【28】 organization." *Armed Forces & Society* 4:41–50.

Moskos C.C.,Wood F.(eds.)1988.*The Military-More than Just a Job*?Elmsford Park,NY.:Pergamon-Brassey's.

Mosser M.W.2010. "Puzzles versus problems:The alleged disconnect between academics and military practitioners." *Perspectives on Politics* 8:1077–1086.

Mueller-Hanson R.A.,Wisecarver M.,Baggett M.,et al.2007. "Developing adaptive leaders." *Special Warfare*,July-August:28–32.

Nickerson R.S.1998. "Confirmation bias:A ubiquitous phenomenon in many guises." *Review of General Psychology* 2:175–220.

Potorowski G.,Green L.2012. "Culture and evidence-based management." In Rousseau D.(ed.)*The Oxford Handbook of Evidence-Based Management*.Oxford:Oxford University Press,272–292.

Sachs J.2012.*Winning the Story Wars:Why Those Who Tell—and Live—the Best Stories Will Rule the Future*.Boston,MA.:Harvard Business Review Press.

Schein E.2010.*Organisational Culture and Leadership*.4th ed.San Francisco,CA.:Jossey-Bass.

Schön,D.1983.*The Reflective Practitioner:How Professionals Think in Action*.London:Temple Smith.

Soeters J.L.2000. "Culture in uniformed organizations." In Ashkanasy N.M.,Wilderom C.P.M.,Peterson M.F.(eds.)*Handbook of Organizational Culture and Climate*.Thousand Oaks,CA.:Sage Publications,465–483.

Weick K.E.,Sutcliffe K.M.,Obstfeld D.2005. "Organizing and the process of sensemaking." *Organization Science* 16:409—421.

Weiss D.J.,Shanteau J.2012. "Decloaking the privileged expert." *Journal of Management and Organization* 18:300—310.

4 反身性可能的“危险联络人”

艾亚尔·本－阿里

Ben-Ari E.1998.*Mastering Soldiers:Conflict,Emotions and the Enemy in an Israeli Military Unit*.Oxford:Berghahn Books.

《通晓士兵：以色列部队中的冲突、情感与敌人》(*Mastering Soldiers:Conflict,Emotions and the Enemy in an Israeli Military Unit*，以下简称《通晓士兵》) 是对以色列国防军某个步兵营做的一项民族志研究，作者在那里服了八年的兵役。他是该部队的一名军官，也是一位专业的人类学家，因此其角色的理想定位应该是参与式观察者。在与部队一起度过的那些年里，他主要关注了"冲突""敌人""当兵"等概念，他认为，它们是一些关键的参考点，构成了解释部队行动环境的基础。根据认知模型和情感社会建构的人类学进路，作者提供了一种能驱动人类态度与行为的动力学分析。除了参加参谋人员会议，他也观察训练演习，在与预备役士兵伙伴谈话时记笔记，他还做了 30 个访谈。

通过检核士兵对语言的使用，作者确认了三种传统的民间模型，在军事生活中，士兵就是用这些模型进行解释与采取行动的。这些模型以机器隐喻 (machine metaphor)、大脑隐喻 (brain metaphor) 及情感控制 (emotional control) 的修辞为基础，构成了更加复杂的作战认知图式 (schema)。这些被视为理所当然的模型的效用是明显的，可以用来描述战役，特别是在对士兵的行为进行评估和提出对策时，模型可以提供参照点。例如，如果士兵缺乏情感控制，就有可能影响军事任务的完成。根据该图式，理想的士兵是那些在压力之下保持镇定、行为自信的人。本－阿里指出，部队认可这一图式，该图式不仅在整个以色列国防军中普遍存在，在西方军事制度中也是如此。但是他也指出，以色列国防军和其他西方军队之间是存在差别的，这主要体现在敌人被物化的方式上。在以色列的军事背景下，敌人被物化，但是在某些时期，他们还被部队妖魔化，如太平洋战争与越南战争期间的美国人。

【30】 纵观整卷书和附录，本－阿里对他的方法、他在步兵营及以色列社会中的定位都提供了反身性的解释。附录从方法论上描述和解释了他所使用的田野方法，以及他在分析数据时使用的程序。这些描述阐明了他采用的民族志进路的原理。具体而言，本－阿里解释了应该怎样开展民族志工作，即应该如何依据收集的信息、实际的访谈计划、观察的技巧和已有文献来寻找多种数据来源，意识到了研究者的社会定位。此外，作者还详细说明了解释的方法论，他描述了怎样为田野笔记与文献回顾创建详尽的索引，怎样比较那些为探索假设而推出的类属，以及包含于其中的数据。

本书仍有一些不足之处。第一，在本书中，作者用数据支持了一些更具广泛意义的观点，如公民身份、兵役和男性特质之间的关系，但是这些数据在数量上不够充足。第二，作者认为，以色列国防军对敌方百姓制定了合理、人道的政策，这一观点没有得到证据支持；作者还认为，可以利用军队来扮演维护及实施和平的角色并分析了相关论点，但是缺乏证据，这削弱了这一分析的有效性。第三，与本书更为相关的是，作者对更为广泛的政治与经济框架不够重视，而他所描述的模型就是在这一框架中产生的，扩大军事占领与压迫的条件也是在这一框架中实现的。

导言

任何对社会的研究，无论是定量的还是定性的，都应该有相应的方法工具，包括进入现场的途径、收集数据的方法、解释数据的手段和所选择的文本呈现方式。这样的描述（即反身性评论）很重要，它能让读者评估一项研究的优点与不足。但是这样的描述并不简单，因为任何研究活动都不只是科学的或学术的，还表达所预设的社会与文化世界，研究项目就属于这个世界（Salzman，2002）。在对研究的恰当表述中，应该考虑那些决定该项研究的认识论的和政治的力量，并指出这种考虑，这是一种对研究的反思（Whitaker，2000）。之所以讨论"反身性"这个概念，就是出于对研究的这些社会特征的理解。

在最为基本的层面上，反身性指有意识的意识（Myerhoff and Ruby，1982）。反身性的过程就是思考我们的思考，将我们从习惯与习俗中解脱出来，转而思考我们自己与我们的行动。一旦研究者考虑到他们在自己作品中的角色，他们大概就像进入了那种经历了兴奋或恐惧或者两种情绪都有的情境，因此可能比先前更有原创性与责任感，更能深刻地理解他们自己和所要研究的主题。从本章的角度看，军事研究中的社会知识不仅包括数据，也包括它是如何发生的，即创建它的过程的信息（Myerhoff and Ruby，1982）。"反身性"这个术语可能看起来很时髦，特别是在人类学和定性社会学中，但是反身性的观点实际上很古老，如在所有文化中都能找到的讲故事。在学术界也讲反身性故事，它们常常出现在更为非正式的场景中，如会议期间的茶歇。因此，在许多较旧的学术文本中，人们有时会在书卷的非正文部分（如前言、致谢或卷首语）中发现对研究的反思，这是很正常的现象（Ben-Ari，1995）。

芬莱（Finlay，2002）认为，存在各种反身性实践，每种都提供了不【31】同的机会与挑战。它们包括：（1）内省（introspection）或内在沉思（internal contemplation），将它们作为跳板来获得对（社会）世界的更为普遍的理解；（2）主体间反思（intersubjective reflection），这是基于研究者与被研究者之间相互协商的思想；（3）共同合作（shared collaboration），它需要更为协同的活动，其中参与者被招募为共同研究者，进入一个相互反映与体验的循环中；（4）社会批判（social critique），参与者在被带入研究的过程中，承认他们之间的权力失衡，从而为思考更为广泛的社会问题（如社会不平等）提供机会；（5）话语解构（discursive deconstruction），使研究者注意到语言中的意义的模糊性，以及它们是如何影响表达方式的。无论研究者利用哪个版本，其想法都是将研究者的主体性从一个问题转向一个机会（Finlay，2002：212）。

海格特和卡梅隆（Higate and Cameron，2006）认为，在社会科学中，"反身性"概念已经用了几十年了，但它对军事研究的影响却微不足道，因为人们普遍假设，只要坚持传统的、社会学研究的实证主义模式，研究者的偏见就可以被中和。实际上，本章的题目取自最近出版的一本书，该书试图系统地反思研究者与武装部队之间的不良关系（Ben-Ari，2011）。

与先前的学者一样，海格特和卡梅隆认为，通过反思做研究的过程，以及在适当的地方将作者"写入"文本，研究者都可以获益良多。在军事研究中，研究者的反思过程包括关注研究动机，关注如何就访问样本进行协商，以及关注资助人如何制定标准。在这个方面，各学科之间存在差异，这个差异取决于某个学科可以在多大程度上公开谈论和撰写反身性，与人类学或质性社会学相比，心理学与政治学大概更不适合于研究反身性（Higate and Cameron，2006）。因为大多数军事社会学与社会心理学和部分政治社会学的主导模型都是莫斯科斯（Moskos，1988）所说的工程研究模型，而不是启蒙模型，目的是使武装部队更有效力。因此，在二战后的几十年里，几乎所有相关的研究都没有高度的反身性，这并不令人吃惊。相反，正如海格特和卡梅隆后续指出的，难以处理的研究过程会被清除掉，从这个意义上看，为了使分析闭合，大多数发表的研究是已经被"清理"过的。"难以处理的研究过程"指的是学者遇到的死胡同，在这里，研究者不断应用及丢弃那些与分析有关或无关的数据，检验与拒绝那些未出现在已发表文字中的假设。

所有这些反身性的优点、概念及相关的实践，已经受到了与合法性有关的批评。第一，太多的反身性可能会转化为业余形式的自我分析，结果可能不会好过自我沉迷或方法论上的自我沉溺（Salzman，2002）。这种可能性表现为，一些学者倾向反思他们的作品，反思他们在自己作品中的定位，而不是做这项研究（Hatch and Wisniewski，1995：131）。第二，学者应该谨慎地假设，他们所有真实的自我意识与诚实的暴露都确实能够被意识到，并且假设人们在呈现自己时不会别有用心（Salzman，2002：810）。第三，通过扩展，通过认定自己作为学者是反身性的，他们有可能将自己标识为后现代或后实证主义的，或属于这些学科内的某个（更为进步的）阵营，以这种方式提高学术声望，而不是推进研究（Salzman，2002；Wistaker，2000）。

为慎重地对研究进行思考，海格特和卡梅隆（Higate and Cameron，2006：222）以及卡雷拉斯与卡斯特罗（Carreiras and Castro，2012）认为，有必要反思自传民族志。这样会促进透明与问责，能为探索一些问题提供机会，如探索接受军方资助者资助的个人动机，或访问某个"人身自由受限制的"受访者的个人动机，在受访者中，一些人可能是研究者的下属，他们会认为研究者比他们更有权力，就会顺从研究者的意愿。但是，一个【32】人如何变得有反身性呢？为回答这个问题，本章分为三个部分进行分析，以促使读者去反思整个研究过程（即不仅仅是收集数据的阶段）。无论如何，我都不会提供一份涵盖所有应考虑问题的清单，而是告诉读者如何做到有反身性。事实上，对于本章的重点，我从自己的第一本军事著作就开始进行研究了，我会有意识地从自己的研究中选取例子。最后，许多评论都针对定性研究项目，包括最近的思考（Carter and Hurtado，2007），但是本章还是会讨论定量研究。实际上，本章的一个主旨是，建议创新性地去思考如何将两种社会科学研究的传统方法联系起来。

收集数据中的反身性

研究者的个人背景（传记方面）包括价值观、就业情况、个人状况，以及年龄、性别和民族等重要的社会属性，这些方面对主题和领域的选择、获准访问的过程及在该过程中采取的行动都具有意义。虽然任何社会研究都是如此，但是军队还具有大型化、等级化、男性化与保密等具体特征。如何将传记性问题带入军事生活特性的分析中，海格特（Higate，2003）与霍基（Hockey，2003）的研究为我们提供了很好的范例。

社会定位与社会属性

在思考反身性时，需要考虑以下问题。例如，我们发现，任何大型组织都会对局外人心存怀疑，武装部队这个与国家安全有关的组织还会强化这种怀疑。对于退伍军人，或者对于与武装部队关系密切的人，这类传记属性有助于加固他的合法性，使他克服最初入场时的不安（见第2章）。此外，由于武装部队仍然是一个高度男性化的组织，性别可能会阻碍或促进研究者与士兵建立友好关系。根据费德尔1996年的研究，实际上，女性在研究士兵方面可能更有优势，因为她们"无知"，她们就可以提出许多被认为理所当然的问题。类似地，在某些情境中（如在英国），阶层很重要，如果研究者是中产阶级，在获准进入某些被标定为工人阶级的群体时，他或她就可能遇到阻碍。武装部队是等级性很强的组织，研究者获准进入的层级会对被研究者的合作意愿有所限制，因为他们认为研究者是组织控制他们的手段或指挥官的傀儡。因此，重要的是要记住，即使是在发放问卷这样的简单行动中，研究者都可能没有意识到他所获得的答案是怎样为情境所决定的，如问卷是由高级军官、初级军士还是普通军官发放的？或者，发放问卷时，这些高级军官、初级军士或普通军官在场吗？

个人特征与人际关系动力学

愿意理解其他人的观点，或者具有倾听的能力，这样的个人素质有助于进行研究。当涉及部队使用暴力或与"敌方"平民的关系等敏感问题时，这一点就特别重要。在我所有的以色列军事研究项目中，我都在访谈与谈话中尽可能做到不评判。在收集数据时，如果研究者能理解研究是一种社会活动，则采用与心理治疗相似的方法也可能具有指导意义。正如心理治疗师利用了他们自己的反应并将其作为患者的数据一样，研究者也可以将自己视为数据生成的工具，他们与其他人的互动就是资料收集的手段，正是研究者才使研究过程变得清晰明确的（Russell and Kelly，2002）。例如，抵抗外部研究人员可能意味着对军队当局的广泛抵抗，也可能只是对指挥职位上的某个人很反感。研究者需要预先注意的是，他们的个人印象并不表明他们就了解了所研究的那些人。相反，对于他们的这些了解，一定要不断系统地与其他数据来源放在一起进行三角测量。

【33】

道德与动机

准入现场并在其中收集数据，这些田野研究也涉及对军事研究伦理维度的反思，尤其是在冲突地带或附近（Wood，2006）。在这样的情境中，诸如"我们正在做的事情有伤害性吗？""伤害了谁呢？"这样的问题尤为重要，因为它们涉及研究者在军事冲突（或维和）中可能扮演的角色，以及我们对他们的承诺。从这个意义上看，反思动机是至关重要的。例如，我们可能事先做了使军队更有效能的承诺，或者做了批判其行动的承诺，这些承诺实际上都有可能让研究者对重大的政治与分析问题视而不见。在许多量化项目中，改善军队绩效的愿望激发了先验的倾向，该倾向阻断了研究者对"应该怎样在特定的政治与组织情境内开展研究"的思考（Ben-Ari，2012）。举个例子来说，对以色列军队的许多研究都应用了与领导、纪律或凝聚力有关的社会心理学理论，却忽略了那些更为广泛的影响了士兵行为的军事占领的政治背景。同样，研究者在思考军队部门的量化项目时，就像思考许多大型组织的量化项目一样，他们认为，这是更合法的获得准入和资助的方式，这样才更科学，才会对他们有利。因此，即使一个人想要为武装部队做点贡献，甚至是批判性的，也可能要决定（至少是部分地决定）选取定量的数据收集方法，如他会认为，在研究军队中的不平等现象时，量化工具大概是更有说服力的。

分析中的反身性

对于定量和定性研究传统中的数据分析问题，公开发表的学术文献已经相当广泛了。反身性的目的在于明确地思考理论是如何"创造"了某些事实或行动者的。换句话说，挑战来自对所运用的分析框架的深层假设的思考。贝克尔（Becker，1998）在他的专著中对研究中的反身性问题做了精彩的介绍，它的副标题是"如何在做研究时去思考研究？"。贝克尔的观点是，为了使我们的分析更有创造性和批判性，我们可以利用各种不同的方法，包括有目的地创造意象去指导研究，如军队是由那些有着超凡魅力的领导人领导的社会运动构成的，或者军队是对特别作战单位进行的连续不断的组装，就像高技术公司那样。用来组织研究结果的概念也在不断发展（例如，在我们的学科之外，到文学、艺术和文化研究中去寻找组织材料的概念），这有助于提高一个人的创造力和反思性，也有助于转换一个人的推理路线（例如，对于我们提出的问题，不是去考虑调查结果告诉了我们什么，而是去思考调查结果可以回答什么样的问题）。贝克尔的所有建议都有一个共同点，那就是需要不断地对研究进行反思。

具体而言，研究者可能希望考虑以下几类问题（Brewer，2000：132-133）。第一，要考虑一个人选用的分析视角，以及它的设置与主题是否具有较为广泛的相关性。一旦澄清了这一点，才可以继续询问经验概括是【34】如何做出来的，即该设置或总体代表了更为广泛的一类现象吗？或者，该设置是一项在探索性研究框架内进行的案例研究，还是一项旨在理论创新的案例研究呢？第二，研究者可能要注意那些遗留下来的、尚未被研究的部分，讨论为什么做出了这些选择，以及这些选择对研究结果会产生什么样的影响。这可能会引导我们去讨论一些被否定掉的案例，它们不属于一般模式，也不能被归入那些被用来对研究成果进行结构化的类别。第三，重要的是要明确基础，基于这个基础，用于解释数据的类属系统才会形成，研究者才能清楚地确认这是受访者自己的原有观点还是分析者建构的观点，如果是后者，则要明确阐明支持这个观点的理由。第四，要讨论竞争性解释和组织数据的备择方法，这些都是有意义的，这部分与下一节的内容有关（参见第26章关于理论的发展）。

我在这方面的经验可能是有启发性的。开始分析数据时，我利用将类属分析（categorical analysis）与叙事分析结合起来的方法。我既类属化我的田野笔记数据，也聚焦一些关键访谈，它们看起来特别有启发性，因为以我的理解，它们呈现出了"丰富性"。类属分析是一种新出现的方法（类似于为一本书创建索引）。我对个体和群体（作战单位或非正式的小群体）、地点、活动及分析类别（analytical class）都创建了类属，在研究之初，我对部队使用的认知图式感兴趣，这个分析类别就是以我的这个兴趣为基础的。在分析过程中，分析类别尤其得到了发展，我发现自己又回到类属索引上，进一步完善了这个分析类别。此外，在写作期间，我会不断地回到田野笔记上，检查我的理解是否为其他数据所支持或相反，这里的数据指的是在正式访谈以外的情况（如观察、随意的言论或会面）下得到的数据，或者是在有关以色列国防军和其他军事机构的次级来源中发现的数据。我在处理数据时采用了活动循环的方式，它是一种解释学的循环，在数据—理论—临时性解释—数据—理论—重新解释之间来回移动。这是一项孤军奋战的尝试，但是只要有可能，我就和同事们一起讨论我的类属分析。

在这里，效度问题（即测量在多大程度上测到了它应该测量的东西）与信度问题（即测量在多大程度上是可重复的）出现了。例如，关于效度，我的理解是，这类研究是有明显的优势的，因为在我的研究中，关于同一现象，我收集到的测量结果或指标都是互补和重叠的。实际上，许多有定性意识的学者都试图折中混合使用多种研究操作，从而将效度最大化，并确保一定程度的信度。信度通常意味着，在使用同样的研究工具复制原初研究时，能获得相同研究结果的能力。由于不标准化，许多定性研究都被说成是有难度的。每位社会学家，正如事实所展示的，都被说成是写他或她自己的故事，几乎无法保证几个社会学家能给出同样的故事。在这个意义上，我的这种进路可能就是无法复制的。但是，这并不排除研究者以某种其他学者可以评估的方式来报告他们的研究发现与方法。问题不在于可复制性，而在于提供收集数据 / 证据的方法时，信息要充分、具有透明性，以便读者可以鉴定数据收集的方式，并评估可能的偏差。

关于使用的反思类型，我面临着两个问题，它们可能具有指导意义。一个问题集中在，我在该单位中的成员资格是不是就表明我在方法论上有缺陷。当然，知识总是与知者有关，就像任何研究者的角色一样，我的立场也有优点和缺点。可以肯定的是，我参与到该部队中的优势集中体现在，【35】它最贴近于那种让军事意义"自然"发生的方式，这个优势也体现在我对当兵原有的理解上，我有能力去利用这个理解，把它当作一种资源。至于最大的缺点，可能有人认为我与部队之间缺少适当的"距离"，以及一些非常基本的（情感上的）问题，如男性特质认同、公民身份、军事化或国家性。归根结底，我的研究的优点取决于我有达成反身性立场的能力：不断努力，不仅依靠内省，而且以一种允许他人批判的方式来记录、描述、分析与阐述我的研究发现。

我用什么方法来促成这种距离呢？简而言之，一种进路是对以色列军方使用的语言进行检核，揭示它在服兵役方面的含义，芬莱（Finlay，2002）称之为话语解构。例如，将军事术语翻译为英文时，会促使我去研究它们的希伯来语含义。在这方面，以色列国防军像所有军队一样，有他们自己专用的语言，从正式的行话和首字母缩略词，到方言习语和俚语。我常常使用希伯来语与英语两种语言，我发现自己在翻译上做了大量的努力，从而找到了术语的确切含意。另一种保持距离的方法是有意地对材料进行去熟识化处理。我在做这个处理时，将材料与从其他背景中导出的理论知识联系在一起。例如，有的学者以朝鲜战争与越南战争期间的美国部队和二战期间的德国国防军为对象，解释了小群体的形成；有的学者对警察中的性别认同进行了女性主义的审视；还有的学者对情感及其体现进行了社会科学的研究。我就将我的数据与这些研究联系起来。这些操作都迫使我从一个更独立、更有利的视角去反思我的数据。

写作中的反身性

整个研究过程都强调反身性，作为这一强调的一部分，本章现在阐述写作阶段。有人认为，唯有数据才能使研究报告具有可信性，阿特金森（Atkinson，1990）论证道，这只是个假定的事实。在一个学术文本里，研究者会使用各种描绘修辞形象的文学设计与叙事策略，用描述性的词语去唤起这些人物的生活场景，而对这些场景的描绘又依赖于如何对说明材料进行适当的选择，通过所有这些操作，才能形成可信性。实际上，正如理查德森（Richardson，1990：131）所说的："无论我们怎样上演这些文本，我们，作为作者，都正在上演它们。"更具说服力的是，实际上，在整个研究过程中都有写作发生。对于那些伴随着项目的文本，无论将其称为研究日记（Hughes，2013）还是研究日志（Watt，2007），我们的想法都是，研究者通过记录事件来创建一种客观的形式，它可以被检验，也可以被用于（自我）发现。换句话说，若人们将写作看作一种反思的方法，看作一种始终伴随着任何经验研究的探究，他们就有可能从写作中受益。

研究期间的写作

还有一种反思写作的方式，即更加系统地思考研究期间创建的文本类型。开展一项研究时需要做笔记，休斯（Hughes，2013）区分了做笔记的四种类型：（1）观察笔记（observational notes），它基本上是对遭遇和场景的描述，尽可能少地包含解释，尽可能具有可靠性；（2）方法论笔记（methodological notes），它对研究的方法论方面进行反思，也对在访谈和观察等过程中的研究者的行动进行反思（例如，思考访谈是怎样进行的，或一个人在访谈中的角色是怎样的）；（3）理论笔记（theoretical notes），它是一种关于"数据告诉了你什么"的最初解释；（4）分析备忘录（analytic memos），人们在这里试图把一些推断汇集在一起，比如回顾理论笔记，开始看数据中反复出现的主题，或者初步尝试将分析与某个领域中的文献联系在一起。就我个人而言，就像在所有研究项目中一样，我【36】会在一个文本中保留一份按时间顺序排列的日志和大量的反思性笔记，之后，我又添加了访谈录音转录稿。我发现，重要的是，不仅在描述方面，而且在隐含的偏见与思想方面，写作这一行为都迫使我对它们有了更加清楚的了解。还有另一个好处就是，写作与创建文本有关，平时不断练习，常常使后期撰写最终作品时变得轻松，对于年轻的学者来说尤其如此。

最终的文本

就最终文本（如一本书、一篇文章或一份报告）的设计而言，学科差别很明显。随着反身性的转向，尤其是在产生民族志的学科中，已经开始在文本策略、叙事设计和研究数据呈现模式方面进行大量的试验（Richardson，1990）。埃利斯和博赫纳（Ellis and Bochner，1996：30）评论道，在社会科学中使用创造性的写作类型有助于社会行动的动员，或者有助于通过想象和讲故事唤起参与式的体验。至于军事方面，至少有一些研究对象可能会阅读我们讲的内容，因此在文字中，一方面要创造出批判性的距离，另一方面要为那些做回应的研究对象创造空间，必须保持这两个方面的平衡（Gusterson，1997）。在我的以色列步兵营的民族志中，为了让读者能评估我从士兵那里得到的推断，提供士兵的声音就变得同等重要。同时，对文本试验的反思也不应该只局限于定性研究项目，还应涉及呈现数据的问题，如除叙事之外，还可以利用调查图、表、照片或思维导图，创新性地让读者轻松访问论点的描述性与分析性部分（Watt，2007：95）。

我一直在寻找写作上的好范例。例如，军事著作中的此类典范有：格里芬（Griffin，2010）利用美国驻伊拉克和阿富汗部队用过的真实文件，将它们作为人类地域系统（human terrain system）的一部分；希尔默（Schirmer，1998）将组织图表与照片整合进她的危地马拉军队民族志中；鲁宾斯坦（Rubinstein，2008）对维和人员佩戴的徽章的描述。在我的民族志中，我通过将分析性章节与一些插曲交织在一起进行文本试验，这些插曲包括军事字典中的定义、步兵营指挥官在部署后写的某封家信，或者个人田野观察笔记中的摘录。

读　　者

我们建构文本的方式与想象中的读者直接相关。对于大多数心理学家来说，文本选择相对容易，在他们写的论文中，几乎没有什么文本选择的自由空间。当我写下我的军事经历时，我发现自己在为很多读者而写，但是只有一个文本。我想象着写给三类读者，他们分别是对军事感兴趣的社会科学家同行（最明显的是社会学家、社会心理学家和人类学家）、对"军事之类的东西"感兴趣的学者，以及类别模糊的"感兴趣的"以色列人。

我认为，这种混合型的受众很难处理，因为每个群体对分析与方法都有不同的期待。对于社会科学家的同行们，我用了来自认知人类学的概念，提供了民族志。此外，由于在军事社会学与社会心理学中，量化研究占了绝大部分，因此我的民族志中添加了方法论附录（这被一位人类学家读者严厉地批评为过度辩护）。对于那些对"军事之类的东西"感兴趣的学者与通才，我在军事部队的主要案例中选取了一个战斗营，将它拓展为一项深度研究，这项研究与大多数军事文本相比有明显的不同，其他军事文本都

【37】 是从高级指挥官的角度来写的，我却带来了普通士兵与初级军官的声音。最后，对于感兴趣的以色列人，我则进一步分析了我们社会中的某个重要制度，在该社会的许多犹太公民的生活中，它都明显是重要的部分。现在确实是一个人文科学与社会科学学者竭尽全力解构以色列军队的时期。

不过，话虽如此，要写给多个读者，通过一本书大概还是比通过在特定期刊上发表论文更容易。为期刊撰写论文时，查看期刊网站就能了解目标受众是谁，这对学者提出有针对性的问题与方法有很大的帮助。

结论：合作中的反身性

本章解释了研究中的反身性，对我们应该如何创造知识进行了讨论与思考，这意味着本章对一个项目所有阶段中的一系列问题都有论及：选题、准入军队、收集与创建数据、分析数据，最后形成一篇可以公开发表的文章。反身性并不是军事研究的关键特征，却可以为研究提供批判性与创新性思考的手段，无论是定量的还是定性的。在军事方面，反身性似乎尤为重要，因为在大多数社会中，军队都是重要的机构，不断接受大量的物质与非物质资源，最为重要的是，这个组织利用合法性来进行管理，如果出现反抗，它还会使用有组织的暴力。

团队研究具有成为反身性重要指标的内在潜力，也许在本章的结尾，呼吁更多的人从事集体性的团队研究是适宜的。在团队合作研究中，一个学者的研究发现与观点会不断受到其他团队成员或信息提供者的挑战。这种设计的优点在于，它能检验个体的反应和人际关系的动力，开放地讨论无意识的动机和研究者之间的隐性偏见；它也能赋权他人去发挥作用，甚至是联手协力；它还能评估整个研究过程、方法和结果，使公众能够对研

究项目的完整性进行监督（Finlay，2002：225）。这些团体可以采取各种正式和非正式的形式，如形成合作研究小组、来自不同学科的研究者结对、高级研究员带领研究生、举办各种一次性的学术研讨会或项目鉴定会。我对这类项目有非常成功的经验。例如，我参与过一个研究日本武装部队的奥地利文化研究学者项目；我和另一位高级研究员带领研究生团队研究过以色列的军队；我还组织过一个非正式的研究圈，大约有 15 人，每隔三周见一次面，讨论正在进行的军事学术项目。最为重要的是，所有这些合作上的尝试都承载着以下信息：要接受研究的社会性方面，明确利用团队成员之间的互动，在军事社会科学的研究中不断使自己成为具有反身性的从业者（Argyris and Schon，1996：157）。

参考文献

Amit V.2000. "Introduction:Constructing the Field." In Vered Amit(ed.) *Constructing the Field*,pp.1–18.London:Routledge.

Argyris C.,Schön D.1996.*Organizational Learning Ⅱ*.Reading,MA.: Addison Wesley.

Atkinson P.1990.*The Ethnographic Imagination*.London:Routledge.

Becker H.1998.*Tricks of the Trade*.Chicago,IL.:Chicago University Press.

Ben-Ari E.1995. "On Acknowledgements in Ethnographies." In 【38】 van Maanen J.(ed.)*Representation in Ethnography*,pp.130–164.Thousand Oaks,CA.:Sage.

Ben-Ari E.1998.*Mastering Soldiers:Conflict,Emotions and the Enemy in an Israeli Military Unit*.Oxford:Berghahn Books.

Ben-Ari E.2011. "Anthropological Research,and State Violence:Some Observations of an Israeli Anthropologist." In McNamara L.A.,Rubinstein R.A.(eds.)*Dangerous Liaisons:Anthropologists and the National Security State*,pp.167–184.Santa Fe,NM.:School of Advanced Research Press.

Ben-Ari E.2012. "What Is Worthy of Study about the Military?The Sociology of the Armed Forces in Current-Day Conflicts." Paper Presented at a Conference on Conflict,Peace and the Production of Knowledge.Exeter Centre for Ethno-Political Studies'Workshop,University of Exeter.

Brewer J.D.2000.*Ethnography*.Buckingham:Open University Press.

Carreiras H.,Castro C.(eds.)2012.*Qualitative Methods in Military Studies:Research Experiences and Challenges*.London:Routledge.

Carter D.F.,Hurtado S.2007. "Bridging Research Dilemmas:Quantitative Research Using a Critical Eye." *New Directions for Institutional Research* 133:25–35.

Ellis C.,Bochner A.P.(eds.)1996.*Composing Ethnography*.Walnut Creek,CA.:Altamira Press.

Finlay L.2002. "Negotiating the Swamp:The Opportunity and Challenge of Reflexivity in Research Practice." *Qualitative Research* 2(2):209–230.

Griffin M.B.2010. "An Anthropologist among the Soldiers." In Kelly J.D.,Jaregui B.,Mitchell S.T. et al.(eds.)*Anthropology and the Global Counterinsurgency*,pp.215–229.Chicago,IL.:Chicago University Press.

Gusterson H.1997.*Nuclear Rites*.Berkeley,CA.:University of California Press.

Hatch J.A.,Wisniewski R.1995. "Life History and Narrative:Questions, Issues and Exemplary works." In Hatch J.A.,Wisniewski R.(eds.)*Life History and Narrative*,pp.113–135.London:Falmer.

Higate P.2003. " 'Soft Clerks' and 'Hard Civvies' :Pluralizing Military Masculinities." In Higate P.(ed.)*Military Masculinities*,pp.27–42. Westport,CT.:Praeger.

Higate P.,Cameron A.2006. "Reflexivity in Researching the Military." *Armed Forces & Society* 32(2):219–233.

Hockey J.2003. "No More Heroes:Masculinity in the Infantry." In Higate P.(ed.)*Military Masculinities*,pp.15–25.Westport,CT.:Praeger.

Hughes C.2013.*Developing Reflexivity in Research*.Warwick:University of Warwick,Department of Sociology.

Lomsky-Feder E.1996. "A Woman Studies War:Stranger in a Man's World." In Josselson R.(ed.)*Ethics and Processes in the Narrative Study of Lives*,pp.232–242.Thousand Oaks,CA.:Sage.

Moskos C.1988.*Soldiers and Sociology.SLA Marshall Lecture.* Washington,D.C.:US Army Research Institute for the Behavioral and Social Sciences.

Myerhoff B.,Ruby J.1982. "Introduction." In Jay Ruby(ed.)*A Crack in the* 【39】 *Mirror*.Philadelphia,PA.:University of Pennsylvania Press.

Richardson L.1990.*Writing Strategies*.London:Sage.

Rubinstein R.A.2008.*Peacekeeping under Fire*.Boulder,CO.:Paradigm Publishers.

Russell G.M.,Kelly N.H.2002. "Research as Interacting Dialogic Processes:Implications for Reflexivity." *Forum:Qualitative Social Research* (Open Journal) 3(3).

Salzman P.C.2002. "On Reflexivity." *American Anthropologist* 104(3):805–813.

Schirmer J.1998.*The Guatemalan Military Project*.Philadelphia, PA.:University of Pennsylvania Press.

Watt D.2007. "On Becoming a Qualitative Researcher:The Value of Reflexivity." *The Qualitative Report* 12(1):82–101.

Whitaker M.P.2000. "Reflexivity." In Barnard A.,Spencer J.(eds.) *Encyclopedia of Social and Cultural Anthropology*,pp.470–473.London: Routledge.

Wood E.J.2006. "The Ethical Challenges of Field Research in Conflict Zones." *Qualitative Sociology* 29(3):373–386.

5 在冲突环境中做军事研究

比约恩·米勒－维勒

赫尔曼德省监控与评估项目（Helmand Monitoring and Evaluation Programme，HMEP）。本项目非机密，对赫尔曼德省监控与评估项目研究结果的访问仅限于官方使用。要获得更多相关信息，请访问：www.helmandmep.info。

赫尔曼德省监控与评估项目是多国与多机构的赫尔曼德省地方重建小组（Helmand Provincial Reconstruction Team，PRT）的一部分，目的在于促进阿富汗稳定与发展项目的有效运行。自 2009 年以来，赫尔曼德省监控与评估项目一直支持地方重建小组的内部计划，追踪计划的推进情况（即"我们"的表现如何），提供证据来说明什么样的干预最可能产生预期的结果（即"我们"是否在做正确的事情）。

赫尔曼德省监控与评估项目具有创新性，因为它并不孤立地评估军事努力的影响，相反，它提出的问题是，军方和其他机构如何共同实现更高水平的理想目标。赫尔曼德省监控与评估项目与地方重建小组内的计划部门存在组织关系，这意味着从一开始，项目就对如何监控与评估进展方面的问题很关注，这迫使各个机构去澄清其规划干预措施的逻辑，这一过程对计划具有促进作用。赫尔曼德省监控与评估项目还依据军队、民间机构及开源信息来评估所有来源，它也处理自己的主要数据集。自 2010 年 10 月以来，赫尔曼德省监控与评估项目已经在赫尔曼德省实施了最大规模的定量调查，进行了大量的深度访谈。这些工作使赫尔曼德省监控与评估项目有能力编制季度报告，形成影响战略决策与计划的建议。

赫尔曼德省监控与评估项目面临的主要挑战如下：

1. 提出清晰、合乎逻辑和可评估的变革理论，它能将不同机构的逻辑或思路汇集在一起，能在某种程度上反映不同的（偶尔是冲突的）想法和议程（Church and Rogers，2006：34）。此外，赫尔曼德省监控与评估项目关注较高层次的目标，这些目标往往不如较低层次的目标那么直观与精确（这常常是有意而为之的）。而且，军事计划仍然特别具有挑战性，因为它们通常没有清晰地概述出一阶、二阶和三阶效果之间的逻辑关系，更不用说描述该逻辑关系所基于的假设了。

【41】

2. 建立能验证访谈没有作假且遵照了受访者选取方法的体制。

3. 以一种有利于大多数利益相关者的方式呈现研究结果，并确定优先事项。

赫尔曼德省监控与评估项目利用回归模型去寻找什么样的干预措施最有可能为政府提供支持。研究证实，对核心国家职能的供给确实可以提高国家的合法性，但是研究也发现，受访者强调司法部门远比武装部队更有前景，受访者也希望政府关注教育与健康等问题，这些问题被列在了事项清单的首位。

导言

研究者在冲突环境中会面临特定的挑战，本章旨在概述这些挑战。对于在生死攸关的条件下开展的研究来说，这些挑战几乎没有什么稀奇的，但是常常令人头疼。本章以研究项目通常遵循的时间顺序来设置结构。首先，聚焦任务，强调问题，即设计研究问题；其次，围绕研究设计与计划、数据收集与分析展开论述；最后，阐述与传播有关的问题。本章的内容反映了从业者的观点，也集中讨论了作者自己对这类研究的经验，每个部分都试图做到概述挑战，提出可能的解决方案，以及发现在运用了此类解决方案后还有什么不足。军队本身构成了一些研究目标（例如，评估总部是如何运行的，或士兵是如何应对压力的），但是冲突环境中的大部分研究都集中在军事行动对作战环境的影响上。本章重点关注后者，即旨在报告对某个持续进行的干预的研究。

任务：设计研究问题

构建研究项目的起点，设计研究问题，这些都至关重要。在冲突环境里，军方本身往往就是守门人，它能确保对自身的研究，并且能使该研究产生影响。下面的三个方面尤其令人感兴趣：研究者对军方的依赖性；军方在设计准确且可实现的问题时能力有限；在军方选择研究什么样的问题方面，机构及个人的动机和驱动因素都是什么。

依赖性：守门人决定可以进行哪些研究以及由谁来研究

在冲突环境中，研究者面临的重要限制是获准对研究对象进行访问。无论谁控制了这个访问权限，他都可以决定哪些研究问题是可以探索的、由谁来探索以及以何种方式来探索。研究者在自己的国家里，可以与军事参谋部直接接触，以此规避军方施加的准入限制。在敌对环境中，他们的访问会受到更多的限制与控制，除非外国研究人员在冲突之前就已经在这【42】个地理区域内工作了（Giustozzi，2009），在这种情况下，他们有可能依靠其他机构来促成实际的接触，同时还要提供昂贵的担保费用。通常，政府机构与政府间组织（IGOs），包括军方、非政府组织（NGOs）和智囊团等都能提供这种准入。当地的研究者更有可能独自采取行动，他们也常常为这些公共机构所吸引，特别是出于经济的原因。因此，这些守门人资助、促成并以各种方式控制了大部分的研究。

尽管如此，还是有一些国际性研究在运行，它们在很大程度上无须依赖这种外部支持。在阿富汗，许多此类研究都集中在叛乱问题上（Giustozzi，2009；van Bijlert，2009；Farrell and Giustozzi，2013）。

一般而言，依赖不只是意味着研究者在确定研究问题时不那么自由。守门人往往还决定研究议程，有权选择他们托付任务（即资助）的研究者。因此，大多数研究都是需求驱动的，几乎没有一项研究不是这种情况，若是有的话，主要是那些独立运行的、无须从守门人那里获得直接支持的研究。这也适用于赫尔曼德省监控与评估项目，该项目旨在支持机构进行决策，这些机构包括一系列来自不同国家的军事与民间单位。所有这些机构都有自己计划追求的更高目标，赫尔曼德省监控及评估项目探索与这些更高目标有关的问题，评估它们共同努力的效果，谋求集体的利益。

明确度：守门人常常不精于委托研究项目

还有一个问题是，在设计明确且可实现的研究问题方面，委托人的能力往往有限。造成这种情况的一个原因是，大多数军事参谋没有研究背景，习惯将工作派给下属，这些下属同样在方法论上是外行，缺乏批判性。极为常见的情况是，他们提供给研究者一个一般性议题，而不是一个明确授权了调查范围的具体研究问题。

还有一个缺点是，人事轮换导致专业知识不足。对调查范围进行授权和对研究项目进行委托的人，留在战场上的时间往往有限，即使回到战场上，也不太可能再履行同类职责。这就意味着很多人对自己特定的新角色缺乏经验，对组织已经知道的东西了解不够。

与其他研究者一样，为了构建明确且可实现的研究问题，赫尔曼德省监控与评估项目团队也不得不花费大量的时间和委托人进行谈判。

相关性：守门人有充分的理由避开最重要的研究问题

可以说，在敌对环境里，最严重的研究缺陷是"什么样的研究问题还没有被探究"。大多数研究资助都直接拨给了个别机构，其中每个机构都对总体干预做出了贡献，但是这个贡献是具体的和有限的，并且需要特定的决策予以支持。最好的情况是，要解决的问题正是每个资助机构具体关心的问题，恰恰能促进这些机构做出贡献。最坏的情况是，研究支持的是个人的职业抱负与个别机构的利益，这时，总体问题就常常被忽略，而对于所有参与方的共同努力来说，这些问题都是最为有益的。例如，对冲突的全面评估，概述主要行动者及其利益，冲突的动力学，以及当地机构的复原力，这些问题几乎是不会被委托研究的，更不用说在后来的阶段中进行重复与更新了。[1]这意味着整体干预要解决的问题并没有得到充分的分析、系统的讨论或了解。事实上，研究往往是分割的，侧重于"解决 【43】方案"，而不是"问题"。机构往往将研究重点放在那些能直接影响自己活动的问题上，很少去过问它们的活动是否或如何促进了所有干预主体的共同战略目标，如冲突／问题的解决。这种做法的侧重点往往是他们如何能改进自己正在做的事情（即正确地做事），而不是自问，他们是否正在关注着正确的问题（即做着正确的事）。侧重于这种低级别目标的做法也意味着至关重要的问题常常是悬而未决的（OECD，2012：29；de Coning and Romita，2009：2；Stabilization Unit and DCDC，2012：2）。

组织会避开他们是否在"做着正确的事"的问题，第一个原因是他们可能不喜欢这个问题的答案。有些研究看起来效果不佳，即使做了也收效甚微，机构就没有多少意愿去资助这样的项目。与此截然不同的是，许多机构在有意识地回避是否"做着正确的事"的问题。军事行动中的部队是不可能真正欢迎这样的问题的，也不太可能利用研究结果去有意识地进行调适，以使他们的行动更有意义。甚至对于那些已经设立且只计划持续几年的跨国司令部也是这样，人们可能会期待这里的机构利益并不是那么普遍。

第二个原因是，对于许多人和机构来说，他们通常难以从外部审视自己的活动，也难以从外部观察自己行动发生的环境。只有以一种与机构本身略加脱离的立场来审视机构，才有可能评估机构是否在贯彻最佳的行动方针。人们常常发现，很难从一个新的视角去看待自己和自己的机构，而缺乏有关变革的成熟理论使这一任务变得更加困难（Stabilisation Unit and DCDC，2012：1）。个人动机也强化了这种倾向，大多数人都喜欢做一份好的工作，理想的情况是，在这份工作中，他们的上级对他们的晋升或其他利益表示理解和支持。这样的话，他们就会停留在自己的舒适区，专注地做这个组织通常要求他们做的事，因为这些事情是组织能够理解、领悟与欣赏的。对于军队而言，这常常意味着研究任务是根据组织中某一特定部分（如总部中的某个分支）的利益制定的。

第三个原因可以在这类研究的时间线上找到。要评估（军事）活动对更高水平目标的影响与贡献，通常需要时间（Rietjens，Soeters，and Klumper，2011）。经历较长时间才会取得效果的研究只会对继任者有益，因此主管通常会避免这样的研究。这不一定是有计划和有意识决策的结果，而是因为主管往往面对许多希望被马上解决的忧虑和问题，短期日常的（战术）问题排挤了长期的（战略）问题。对于每六个月就要轮换一次的组织来说，把需要四个月完成的研究视为长期项目是可以理解的。而对于那些需要六个月以上的时间才能完成的项目，组织甚至常常从未考虑过，如果希望组织考虑这些项目，就需要从继任者那里获得支持，才有可能完成。

在这方面，借鉴一下赫尔曼德省监控与评估项目在地方重建小组中的立场会很有帮助。赫尔曼德省监控与评估项目探索的是共同努力获得的进步，而不是单个项目的推进，在这种情况下，进展或失败就不能归因于单一的行动者，在研究框架设计中，机构利益起到的作用也极其有限。虽然一些机构想要增加研究问题，有时，一些机构对研究结果有异议，但是这些机构从来没有让赫尔曼德省监控与评估项目回避探索任何问题。

通过探讨"要解决什么议题"这一根本问题来促进研究

简而言之，在敌对环境中进行研究，通常的起点是委托组织及其活动，而不是整个干预试图解决的问题。研究往往关注机构参谋人员容易理解的 【44】问题，这些问题通常集中在机构应该如何改进其所做的（即效率），而不是试图检查机构是否提供了最需要的（即效力），所有这些都发生在相对短暂的时间框架里。这些限制不仅影响研究问题，也影响研究设计和所使用的方法论。

为改善这种情况，首先，总部参谋人员应该讨论他们和继任者都需要回答的根本问题与基本问题，以了解他们的干预正在试图解决什么样的问题，在理想的情况下，研究者们要对这些参谋人员予以支持；其次，找出优先事项，以及谁能以何种方式在一定的时间段内去回应这些问题。事实证明，这种对话对赫尔曼德省监控与评估项目来说至关重要，它使长期研究项目更加容易实现。该项目创建了跨几个年度的数据集，提供了一些成果，这些成果既有助于更好地理解问题，也能从增进整体性干预的角度为战略决策提供信息。

研究设计与计划

在冲突环境中对研究进行设计和计划本质上是困难的。研究者通常会面对不确定性，安全问题又让大多数不确定性变得更为突出，同时还会出现新的挑战。

缺少基线数据

在设计阶段，一个相当大的障碍是数据通常是稀缺、过时或缺乏准确性的（Glenn and Gayton，2008）。东道国常常没有能力创建数据，凤毛麟角的数据也是建立在不确定的假设或推论的基础之上的。在某些情况下，东道国政府成员甚至有可能对不准确的数据感兴趣，因为数据准确可能会减少他们寻租的机会，甚至可能会改变权力平衡。例如，在阿富汗，准确的人口普查数据可能会改变选举的结果。[2] 尽管如此，即使没有任何采集准确数据的阻力，人口迁移也可能使人口数据变得不可信。较旧的数据往往也不是通过彻底的人口普查获得的。因此，常常出现循环的情形，在这种情况下，研究设计基于已报告的假设，这些假设又被由此产生的研究结果精致化。

例如，赫尔曼德省监控与评估项目发现，由于得不到任何人口数据，在调查研究中，设计有代表性的抽样框具有挑战性。询问受访者的家 / 院落里住着多少人，这项调查本身会为人口估计提供信息，并能改善后续调查的抽样框。简而言之，许多研究都需要收集大量的原始数据，尤其是在利用定量方法的情况下，需要进行合适的研究设计。

当获取数据的渠道稀少时，与守门人关系密切就会成为一个关键优势。首先，这些机构往往会支持他们所委托的研究，一种至关重要的支持形式是，参谋人员会抽出时间来进行对话、提供文档，以及共享研究发现，有时甚至共享先前研究中的基础性原始数据。研究者常常不只是从委托机构那里获取信息，还会访问其他合作组织中的人员与数据。冲突环境的一个独有特征是，与军队一起工作的机构数量往往相对有限。其中大多数是由政府或政府间组织资助的，它们之间常常有组织上的联系，如地方重建小【45】组合作并相互支持。这意味着在现有的研究与数据池中，有很大一部分可供研究者使用，研究者能够利用它们建设性地添加知识。当然，赫尔曼德省监控与评估项目作为这个建制的一部分，也会从中获益，它给了其他机构的项目官员以信心，使他们采用务实的进路共享数据，这常常是缩短那些冗长的官僚程序的捷径。

数据访问具有不确定性

收集原始数据的前景有限，也常常不确定，这些都进一步限制了数据访问。不确定性与安全局势的变化有关，因此难以估算收集数据的日程表、方法，以及所需要的资源和成本。当预算固定时，收集阶段的延迟和成本的增加也可能会消耗掉评估的资源，影响数据分析的范围和质量。通常，如果打算找出有可能收集到的数据，确定何时及如何收集这些数据，唯一的方式就是尝试。当研究者遇到不可预期的困难时，就大概不得不改写研究计划与设计了。在最糟糕的情况下，必须调整研究问题。

相反，在哪种收集数据的方法可行和可靠的问题上，委托研究和进行研究的人却往往有着很强的先入之见，使研究设计要接受更多并非必需的妥协。至于更为复杂的研究方法，甚至在检验它们之前，就被认为是不重要的了（Mansfield，2013：12）。例如，在探索如何研究塔利班控制的沙漠地带的政治经济时，赫尔曼德省监控与评估项目就遇到了这种情况。在这里，调查技术被证明比预期的更有前景，重要线人表现得比预期的更愿意接受访问。因此，可以更加重视这些方法，并扩展一些研究问题。而其他研究问题就不得不被舍弃，要么是因为它们基于先入之见，被证明为并不适用，要么是因为探究它们需要更多资源，也涉及更多风险。

在访问受限的情况下，研究者必须依靠他人来提供安全保障并促成访问，如与巡逻队同行，或者，他们必须依靠当地的参谋人员来收集数据（Sriram et al.，2009）。这两种解决方案都有它们自己的问题。

找国际组织收集数据

选择自己收集数据，不只是将研究者置于更大的风险中，还会影响样本的选择、规模与偏差。在战争期间，研究者要依赖安全保障的供给，这意味着要重新分配专用资源（运输或保护），并会导致数据收集延迟，或者完全收集不到数据。安全保障资源被专门用于某个特定的研究项目以确保它按计划执行的情况极其罕见。研究项目通常会被分配给那些要完成其他任务的来回移动的巡逻队，这个做法会促进一些研究，也使研究者不可能获得任何随机的和有代表性的样本，在访谈的情况下就是如此。相反，常常是哪里有机会就在哪里选取抽样点和受访者。该方法也会影响所收集样本的规模。以这种方式随机选取样本当然是不可能的，这就将定量方法排除了。这并不是说定性方法不合适或没意义。和定量方法一样，定性方法确实也有局限性。虽然定性方法增加了许多叙述与解释，但是不应该将这种调查结果视为代表了整个总体。研究者还需要意识到，武装护送人员在场，或者在某些情况下研究人员也全副武装，这时，受访者的反应有可能受到他们的影响（即存在社会期许误差）。对于问什么样的问题是合情合理的，这一进路显然也会对此有所限定，如与其他情形中的表现相比，【46】

受访者很可能对陪同的国际部队表达出更积极的看法。赫尔曼德省监控与评估项目在这个方面的做法是，仅让国际组织工作人员对选定的信息提供者进行访谈。

找当地人员收集数据

利用当地人员收集数据可能会克服上文提到的一些局限，但是依赖中间人又会产生新的担忧。保护的义务是一个容易被忽略的重要因素。当地研究人员可能比国际组织的人员有更好的来源渠道，但是他们也可能更依赖于收集数据带来的额外收入。因此，委托任务的研究者不得对当地国民施加过度的压力，不得让他们冒不必要的风险。同样重要的是，要确保当地收集者能通过中间人联系到研究者，以防他们遇到与政府当局或国际部队有关的问题。赫尔曼德省监控与评估项目大量使用当地人员，专门用于量化访谈。

与国际组织收集数据的方式相反，当地的收集者在不同的地点或不同的人群中收集数据，他们有强烈的规避风险的动机，会编造数据或利用不同于计划的途径，因此设置严格的验证环节变得至关重要。然而，即使是充分平衡了风险，并且与诚实、自愿的当地百姓合作，研究者也还是应该做预研究，以确定哪些收集方法有可能是切实有效的。为确保得到最佳结果，首先应该检核首选的数据收集方法（如随机抽样），然后再调整目标，过于雄心勃勃的收集方法有可能迫使当地百姓弄虚作假。

研究者可能会发现，找到合格的当地人员是一项挑战，尤其是在识字水平较低的地区。最具资格的那部分人通常处于全职工作状态，他们常常为国际组织工作，不能胜任临时安排的工作，或者他们不愿意从事这项工作。利用这类人群（如教师），还会产生意想不到的负面后果，如削弱教育事业。因此，招募池中极为称职的人员往往是非常有限的。这意味着必须降低资格限定标准，或者必须从其他地区引入一些人员。这两者都可能影响数据收集的质量。前者的问题是，工作人员的能力有限，不能贯彻指定的任务，不能记录调查的结果；后者的问题是，对于那些有争议的地区或关键的信息提供者，非本地人员常常无法像本地人员那样对他们进行访问。对访员进行培训是非常重要的，它可以传授对方法的理解，提供收集数据的实践机会。访员偏离指导语很可能就是因为缺乏相关知识，而不是有意地选择作弊。但是，培训不可能完全弥补缺乏基础教育的情况，文化和语言障碍也常常阻碍对此类培训的提供与监控。一般来说，很难找到有经验、能胜任的当地人去管理收集数据的团队，这会再次在某种程度上降低收集与记录过程的质量，也可能降低所提供数据的质量。

守门人愿意承担风险并接受对研究的限制

委托进行研究的机构通常很清楚所有的限制与挑战，他们并不一定为此感到气馁。许多机构愿意承担有可能无法开展这些研究的风险，随着限制变得显而易见，也愿意将他们的雄心壮志调整到可能的范围。对于冲突环境中的研究来说，在收集方法、覆盖范围、分析方法、时间安排上，有时甚至在研究问题的调适上，都需要有更多的灵活性，这些情况有可能是【47】更为普遍的现实。当然，赫尔曼德省监控与评估项目能够探索哪些研究是可行的。

数据收集：当计划切中现实

正如上文所述，在冲突环境中，安全或后勤保障方面也面临挑战，它们常常造成数据收集阶段的中断，研究者必须对这些有所预期，做好准备。为收集人员提供备选进路很重要，例如，如果初始计划失败了，要有备选的采样点或方法，收集人员可以用它们来继续获得需要收集的数据。研究者要事先考虑好备选方案，不仅如此，研究者与收集者、委托者之间必须始终保持联系，以便就变更事项达成一致并进行修正。必须将所有修正记录下来，因为它们影响数据集，也影响合理使用它们的方式。

独立验证至关重要

如果研究者自己不收集数据，就需要以独立的过程去验证该收集方法。如果收集者是签了约的当地百姓，或者是分包合作的组织，这个验证过程就尤为重要。如果没有控制措施，"欺骗"动机就可能会比遵守严格的收集程序更加有利可图。赫尔曼德省监控与评估项目在该领域的经验表明，在建立适当却昂贵的内部验证流程时，或者在探查和揭露不止是小毛病的问题上，公司的动机并不是那么强烈。由于常常很少或根本没有其他供应商，研究者最好还是不要轻信这样的说法，即保证质量就是在维护企业自身的长远利益。不过，值得注意的是，只要有独立的验证程序就可能减少欺诈行为。

以调查技术为例，传统的验证技术常常比技术解决方案更易被采用，虽然 GPS 电话或其他技术可以有效跟踪采访者的移动，但是赫尔曼德省监控与评估项目不能使用这种设备，因为它会危及采访者，会将他们标识为国际共同体的合作者。首选的传统验证方法包括电话回访，回访中，在访员访谈后，验证人员会联系一位受访者，以确认访谈是否发生过，在理想的情况下，可以通过询问调查问卷中的一组问题来进行验证。要完成这样的电话回访，还必须获得受访者的联系方式（受访者可能不愿意提供），或者是利用选择程序，在重复调查时，该程序能够识别出同一位受访者。最常见的进路是将住处（住宅或院落）作为选择标准，明确定义在某一户中谁应该被访问。实际回访既可以验证选择标准的运用情况，也可以验证访谈是否发生。验证结果会告诉我们应该如何合理运用所获得的数据，以及从中可以得出哪些结论。在某些情况下，小的调整可能就足够了；在另一些情况下，可能需要重新全面地收集数据。

延　迟

数据收集中的延迟也很常见。因此，重要的是建立一个系统，在这个系统中，一旦在收集阶段获得数据，就要将其记录下来，再直接录入某个数据库。这会确保尽早发现数据收集中的问题，比如，虽然没能理解应该怎样记录访谈或进行访谈，也能确保及时调整并进行可能的重新收集。如果打算利用研究结果去指导某个特定时间上的决策，还可以在一定程度上【48】利用已经获得的数据，先从中得出初步的结论，在收到完整的数据集后，再对它进行改进。

语　言　障　碍

在数据收集阶段，也可能产生语言障碍和翻译问题。翻译中最明显的问题是，研究者常常缺乏进行翻译或判断翻译质量的语言技巧。完美的翻译并不存在，即使学识精湛的专业人士翻译，也会产生争执，需要某些解释和妥协。这就是重新翻译时极少出现原版中措辞的原因。在冲突环境中，那些研究者找来的翻译人员通常不是受过训练的专业翻译，也不完全掌握英语，因此存在更多的误解、误译和过分简化的空间。设计问卷和提供解释时，研究者需要对此有所考虑，确保指导语清晰、简明和无歧义。他们还需要避免对回答和细节进行过度解释，这样才能得出更加清晰、明确的结论和建议。

管理上述文本翻译的风险并不困难。研究者应该利用一支翻译团队，由他们来控制与校对所有材料。至于口译，出错的风险通常较高。正常情况下，翻译人员思考的时间太短，很快会筋疲力尽。在这种情况下，谈话录音被证明是非常有用的，因为它能捕捉到问题，录下完整的回答，而不只是被翻译过来的部分。赫尔曼德省监控与评估项目发现，如果不考虑那些访谈期间口译生成的转录稿，翻译的质量会提高。[3]

评估：对结果的验证与"三角测量"

由于上述挑战，研究者对收集的数据及其从该数据中得出结论的效度都不再那么有信心了。研究者应该始终依靠各种来源的数据与信息，利用它们来验证结果，正如其他领域中的做法一样。在冲突环境中，数据的稀缺常常使这类证明格外困难（Stabilisation Unit and DCDC，2012：2）。数据稀缺也提高了所谓的循环报告风险，因为其他看似独立的数据往往利用了相同的来源。人口数据是个好例子，在缺乏可靠的、最新的人口普查数据的情况下，许多机构都在努力对人口数据进行建模，但是几乎所有机构都以官方数据为起点，基于同样的数据集进行部分计算。这意味着官方数据中包含的缺陷弥散在所有人口统计估计中，人口统计估计值之间的比较不可能揭示任何事实。

通常情况下，资助方会阻止收集额外数据进行"三角测量"，这时，研究者就得求助于其他机构运行的类似数据，用它们来对自己的结果进行验证。调查研究仍然是个好例子。通常，可以将一个组织的调查数据与另一个覆盖相同地理区域的调查数据进行比较。如果问卷设计相似，则结果比较就相对容易，比较也更有吸引力。这既令人感兴趣，也很有用，但是要进行适当的验证，这个进路所覆盖的范围还是十分有限的，部分原因是用来获得数据的方法太相似，部分原因是这类数据往往是由同一个提供者提供的。赫尔曼德省监控与评估项目发现，更严格的备选进路有时与其他进路一样困难，对于独立的定性或定量研究来说，不可能在同一时期的同一区域中检验同样的问题。

【49】

即使存在这样的备选进路，研究者也可能没有意识到它。在过去的 10 年里，分享数据的意愿已经显著改善，但是分类系统与大量不能相互通信的计算机系统结合在一起，构成了相当大的障碍（Mitchell，2009）。即使研究者拥有了所需的许可和工作站访问权限，他们也需要熟悉不同组织的系统，在其中搜索信息。例如，仅在赫尔曼德省的地方重建小组中，就至少有 7 个单独的 IT 系统。浏览长度较短，常常意味着信息是以不一致的方式被储存的，或者是随着时间的推移，程序已经改变了。因此，研究者常常依靠个人关系来了解那些可能有用的研究与数据。事实证明，在不同的组织中开展研究时，非正式关系对计划阶段的协调是最有用的。

还有一个严重的局限是，许多组织只保存研究报告，不保存报告所依据的原始数据。当数据收集与分析外包时，这种情况就尤为普遍。这意味着再也无法获得那些收集到的、已经证明为有用的信息了。

最后，在冲突环境中，研究者常常不得不依赖于单一来源或"类似的"数据源，而不是较稳定环境中的数据源，与此同时，由于数据收集阶段的不确定性日益增加，可以说，冲突地带比其他任何地方都更向往真正的"三角测量"（UNDP，2009：110）。

研究者面临的一个核心问题是：一方面，要在验证结果与三角测量之间进行权衡；另一方面，要在它们与及时交付分析结果之间进行权衡。对于那些旨在为决策提供信息的研究来说，及时交付通常最为重要。在这种情况下，研究者需要注意强调一下其进路的局限性。

结果呈现：方法的无知与危险的结果

可以说，结果呈现与研究发现本身同样重要。最好的情况是，该信息容易被理解，符合读者的信息需要，有说服力（Jans，2014；本书第 3 章）。最坏的情况是，结果可能被误导与曲解。问题既出现在研究者一方，也出现在读者一方。

误导性的呈现结果

军事参谋人员在战场上做过许多研究。在这些专业人士中，许多人只有入门水平的方法论知识，这并不是他们的错，但是会影响其研究结果的质量。一个常见的问题是，定量研究与定性研究进路相混淆。像所有其他部门与人员一样，情报、信息战与心理战部门及其他军事参谋人员，常常对人口认知与行为的代表性统计数字感兴趣，或者对其他社会经济数据感兴趣（Rietjens et al., 2011）。于是，他们设计问卷，通过巡逻人员或通过陪同他们的部队专家，将问卷发放给当地居民，然后在总部处理结果，以图表形式概要地呈现哪类人群会有哪些特征。

这是可以理解的，也有诱惑力，但是这个进路仍然有问题，原因有两个。第一，样本量往往有限，选取不随机。这意味着可达到的置信水平较低，误差范围较高。无须了解具体内容也会知道，军事参谋人员提供的结果常常很不可靠，绝无代表性。基于这种数据来确认一段时间内的趋势是不可能的。根据这种不严谨的数据去变更干预方案也是不负责的，更不用说是否有危险了。第二，生成定量数据的诱惑意味着错过了做定性研究的【50】机会，这些定性研究可以提供重要的解释、叙事、观点和洞见（Glenn and Gayton, 2008）。简而言之，大量的资源被划拨，承担着产生无效数据的风险，本来是有可能提供更为关键的数据的，这个机会却被浪费了。

很多精通方法的学者还发现，自己是在被迫简化研究发现。研究结果常常是模糊不清的，叙述之间相互矛盾，不同的变量指向不同的方向，并呈现出地理或其他方面的变异性。因此，要在数据集里探索什么样的关系，研究者必须做出选择；要呈现什么样的结果以及如何呈现这些结果，研究者也必须做出选择。此外，大多数决策者发现，正确地理解研究结果是一件艰难的事情，因此恰当地对研究结果进行提醒也颇具挑战性，比如如何说明概率或方法论上的局限性。一般来说，问题不在于研究者呈现了什么，而在于他们遗漏了什么，为什么遗漏。

委托人不切实际的要求与曲解

当决策者希望得到明确的答案，研究者却提出了太多注意事项时，决策者就可能会非常沮丧，这是可以理解的。决策者往往更希望研究者告诉他们研究结果的"真正"含义,而不是自己去弄清楚所有研究结果。而研究者对提出清晰、简明的建议来证明"有用"可能会颇感压力。问题在于,对复杂的(和感兴趣的)问题的研究(比如如何更好地促进当地安全,如何为东道国安全部队提供支持)是建立在模型和简化的基础之上的,这些模型与简化都需要被解释,还要加上前述段落中提到的注意事项。此外,当研究的问题与更高水平的目标有关时,人们不太可能从所检验的事实中推出全然的确定性,又以这种全然的确定性去推断因果关系。研究者可以构建不同变量之间的关系,假设哪些变化已经或将会促成某种发展,但是结果仍然具有不确定性(DFID,2012:38),需要再次将这些提醒加进去。但是,如上所述,研究者在呈现材料时,不可能概述研究中的所有局限,这太脱离实际了。要将哪些提醒和局限放入结果里,需要他们做出选择。研究者应该记住的是,如果他们不了解委托人,不提醒存在的重大局限,不将假设表述清晰,他们就是在自己承担决策职能的风险。

鉴于在冲突环境中产生的研究数量仍然非常有限,决策者也没有什么时间,研究者就有放弃提醒以及不利用任何可用数据和结果的倾向。而"有数据总比没有数据强"的观点,又常常使研究者过度依赖与信任那些不适当的数据和结果。

摆脱这一困境的方法之一是确保研究项目集中在一个单独的研究问题上,并将它分解为明确的子问题,再用不同的方法检验它。这类有重点的研究可能会产生更可靠和更有用的结果。这需要委托人对调查授权范围进行准确无误的限定,有勇气并负责任地将资源集中在某一特定问题上,不再考虑其他令人感兴趣的问题。

结语:加强冲突环境中的军事研究

在冲突环境中,很多常见的研究挑战都会恶化。大多数外部因素都超出了研究者的控制范围(虽然研究者的成果有可能带来积极变化),研究【51】者必须适应不安全问题带来的限定。通过增进他们的关系,研究者和军方守门人都可以获得更多成果。假设研究的最终目标是改善干预(而不是追求机构或个人的利益),一些简单的变化就会特别有帮助。

研究项目的委托权应该集中在总部,以确保研究资源被合理地分配。

至于哪些问题是相关的，也应该在整个总部中进行讨论。第一步，总部及其继任者都有必要了解一下，他们的战役要解决什么样的冲突。更好地理解这个问题会为改进干预的逻辑奠定基础。第二步，他们需要考虑的是，怎样进行研究才能有助于检验和完善他们的变革与早期的研究结果。

研究顾问从一开始就应该参与这个过程，详细说明可以合理探究哪些关键问题，怎样去探究，遵循什么样的时间路线，有哪些成本；基于这些考虑以及已知的内容，制作优先研究问题的清单，将每个问题都细分为小问题，并提供收集与分析的资源（包括军事手段）。这种更为系统的研究进路能确保整个组织中的任务分配更加明确，研究项目也能共同汇聚为一个更有功效的整体。

所有这些努力都有助于澄清研究目标，更好地将研究重点放在最相关的方面，并确保有效地利用现有资源。

注释

1. 例外情况指的是由乌鲁兹甘省联络处完成的定期平民评估（TLO，2009，2010；Rietjens，2011）。

2. 阿富汗最后一次官方的但不完整的人口普查是在1979年进行的。虽然2001年的《波恩政治协议》（*Bonn Agreement*）中提到过人口普查，但是直到2012年，阿富汗仍然没有进行全面的人口普查。阿富汗人口与住宅调查（APHC）被取消，被社会人口与经济调查（Socio-Demography and Economic Survey，SDES）取代，该调查于2011年推出，计划于2014年完成。

3. 有关利用口译人员的更多信息，可参阅范·迪克等的著作（van Dijk et al.，2010）。

参考文献

Church C.,Rogers M.M.2006.*Designing for Results:Integrating Monitoring and Evaluation in Conflict Transformation Programs*.Washington:SFCG.

de Coning C.,Romita P.2009.*Monitoring and Evaluation of Peace*

Operations.New York:International Peace Institute.

DFID.2012. "Broadening the range of designs and methods for impact evaluation.Working Paper 38." http://www.gov.uk/government/uploads/system/uploads/attachment_data/file/67427/design-method-impact-eval.pdf.

Farrell T.,Giustozzi A.2013. "The Taliban at war:Inside the Helmand insurgency,2004—2012." *International Affairs* 89(4):845–871.

Giustozzi A.(ed.)2009.*Decoding the New Taliban:Insights from the Afghan Field*.New York:Columbia University Press.

Glenn R.W.,Gayton S.J.2008.*Intelligence Operations and Metrics in Iraq and Afghanistan*.Washington,D.C.:National Defense Research Institute.

Jans N.2014. "Getting on the same net:How the theory-driven academic can better communicate with the pragmatic military client." In Soeters J.M.M.L.,Shields P.M.,Rietjens S.J.H.(eds.)*Routledge Handbook of Research Methods in Military Studies*.Abingdon:Routledge.

The Liaison Office(TLO).2009.*Three Years Later:A Socio-Political Assessment of Uruzgan Province from 2006—2009*.Kabul:TLO.

The Liaison Office(TLO).2010.*The Dutch Engagement in Uruzgan:2006—2010,A TLO Socio-Political Assessment*.Kabul:TLO.

【52】 Mansfield D.2013. "All bets are off! Prospects for(b)reaching agreements and drug control in Helmand and Nangarhar in the run up to transition:Afghanistan Research and Evaluation Unit Case Study Series." www.areu.org.af/UpdateDownloadHits.aspx?EditionId=621 & Pdf=1302%20Opium%2023%20Jan-Final.pdf.

Mitchell P.T.2009.*Network Centric Warfare and Coalition Operations:The New Military Operating System*.London:Routledge.

OECD.2012. "Evaluating Peacebuilding Activities in Settings of Conflict and Fragility:Improving Learning for Results." In *DAC Guidelines and References Series,OECD Publishing*.http://dx.doi.org/10.1787/9789264106802-en.

Rietjens S.J.H.,Soeters J.M.M.L.,Klumper W.2011. "Measuring the immeasurable?The effects-based approach in comprehensive peace operations." *International Journal of Public Administration* 34(5):329–338.

Rietjens S.J.H.2011. "Between expectations and reality:The Dutch engagement in Uruzgan ." In Hynek N.,Marton P.(eds.)*Statebuilding in Afghanistan:Multinational Contributions to Reconstruction*,pp.65–87. London:Routledge.

Sriram C.L.,King J.C.,Mertus J.A.,et al.(eds.)2009.*Surviving Field Research:Working in Violent and Difficult Situations*.Abingdon:Routledge.

Stabilisation Unit and Development,Concepts and Doctrine Centre(DCDC).2012.*Joint Doctrine Note 2/12,Assessment*.Shrivenham:UK Ministry of Defence.

UNDP.2009. "Handbook on planning,monitoring and evaluating for development results." http://web.undp.org/evaluation/handbook/documents/english/pme-handbook.pdf.

van Bijlert M.2009. "Unruly commanders and violent power struggles:Taliban networks in Uruzgan." In Giustozzi A.(ed.)*Decoding the New Taliban:Insights from the Afghan Field*,pp.155–178.New York:Columbia University Press.

van Dijk A.,Soeters J.M.M.L.,de Ridder R.2010. "Smooth translation?A research note on the cooperation between Dutch service personnel and local interpreters in Afghanistan." *Armed Forces & Society* 36(5):917–925.

6　在作战区研究东道国国民

—— 阿富汗的挑战

威廉·马利

---

van Bijlert M.2009. "Unruly commanders and violent power struggles:Taliban networks in Uruzgan," In Antonio Giustozzi (ed.)*Decoding the New Taliban:Insights from the Afghan Field*,pp.155–178.London:Hurst and Co.

《解码新塔利班：来自阿富汗战地的洞见》（*Decoding the New Taliban:Insights from the Afghan Field*）展示了一些理解阿富汗后国民（post-nationals）的方法，军方很容易从中有所收获。在本书的撰稿人中，有两位本身就有军事经历，但是类型非常不一样。一位是大卫·基尔库伦（David Kilchcullen）博士，他曾任澳大利亚陆军中校，现在是著名的反叛乱行动作家，也是《出人意料的游击队》（*The Accidental Guerrilla*）的作者。另一位是穆罕默德·乌斯曼·塔里克·埃里亚斯（Mohammad Osman Tariq Elias），他是 20 世纪 80 年代阿富汗抵抗组织中的圣战战士。其他撰稿人也都是阿富汗的长期观察员，他们自称对当局态势很熟悉，仅在短期轮换中才能观察这个国家的人通常做不到这些。对于导致塔利班重出江湖的环境以及这一特殊现象的重要性，学界有各种各样的解释，作为一本已出版的论文集，本书提供了这些解释，很多思想在这里交锋，知识因而得以建构。本书的编辑从一开始就没有将观点强加于人，他们要找那些能提出有趣论点的撰稿人。

玛蒂娜·范·比耶特（Martine van Bijlert）对乌鲁兹甘省的塔利班

网络进行了研究，对阿富汗东道国国民进行研究的方法很复杂，这篇文章提供了一个驾驭这种复杂性的好例子。她用的基本技能是所谓的浸入（immersion）。正如她指出的，本文的分析"基于几年来与部落领袖、指挥官、村民、政府官员与非政府组织工作人员的谈话，他们或者来自乌鲁兹甘省，或者在该省工作了很长时间"。这一进路的核心有两个要素：一个是语言技能，比耶特是一位荷兰前外交官，精通阿富汗语言；另一个是时间，与一些努力研究东道国国民却受到短期派驻影响的军事人员相比，比耶特不仅积累了大量知识，而且能以某种方式与当地信息提供者建立信任关系，对军方来说，这种方式可能极有难度，因为人们认为军队操纵着权力，是当地政治的玩家。【54】

除了"浸入"这样的技术，比耶特还展示了另一种至关重要的技能，即概念化能力。研究阿富汗东道国国民的真正挑战是，人们可能会被信息雪崩般地淹没，这个雪崩可能是一种阻碍，并不有助于理解。一方面，乌鲁兹甘省的阿富汗人有他们自己的用来描述社会世界的词语，比耶特有效地利用了这些词语；另一方面，她同样有效地利用了西方的语汇，如她用"复仇""较量"与"机会"来解释塔利班行为。

导言

在阿富汗做东道国国民研究时，我向军方提出了许多严肃的问题。克劳塞维茨（Clausewitz）将战略理解为利用军事力量来实现政治目标，如果接受克劳塞维茨的观点，就需要理解政治目标的社会、政治和经济背景，如果打算实现军事部署的目标，对政治目标背景进行定位就十分重要。完成这种分析的技术要求很高，需要研究者能理解社会人类学的复杂性，即使技艺娴熟的学者也需要通过努力才能做到这种理解，而在军事院校的课程里，这些技术又常常被认为是不重要的部分。所有这些都为军方创设了一系列重大挑战，但是没有什么比阿富汗战场的挑战更加严峻了。

造成这种情况的原因之一是，阿富汗人常常同时生活在许多不同的社会世界里。他们选择居住的世界可以每天都不尽相同，这取决于他们面对的诱因结构是怎样的。那些试图在敌对环境中生存下去的个体会变更他们的隶属关系或操纵他们的身份，以此获取某种程度的保护，即使是那些熟悉的、常常在阿富汗语境下被讨论的社会成分（如部落、民族身份、宗派身份、性别、阶级或实际居住地等），如果只是口头上敷衍地对它们进行分析，也不能公平地评判阿富汗人的生存方式。因此，无论如何都不应该将阿富汗东道国国民的归属视为固定不变的，相反，它们呈现出瞬息万变的特征，反映阿富汗政治和社会基础的变化。本章的目的就是探讨这些复杂性中的一些维度。

研究东道国国民的目标

研究东道国国民的倾向与现代武装冲突的特殊形式有关，是该特殊形式的产物。鲁思·本尼迪克特分析了二战期间的日本作品，在此基础上，撰写了著名的《菊与刀》（Benedict，1946），这本书是早期相关研究的一个重要范例。当正规军队之间展开定点战斗时，在发生战斗的国家里，公民或居民常常会显得与战斗结果没有什么关系，不过是些表演中的临时演员而已。但是，这样的战斗绝对没有穷尽现代军队在其部署区域中的活【55】动范围。自二战结束以来，越来越多的冲突使叛乱分子、抵抗运动或其他武装团体陷入与正规军队的对抗中，而且常常是在"硬"实力明显不对称的情况下。真正的斗争需要广大民众的拥护和支持，真正的斗争是为他们而战的政治斗争。在一些众所周知的冲突中，这种情况尤为突出，如解放战争期间，以及1975年后的越南战争阶段。在这些情况下，武装部队都是实质性的，它们攻防有序，发挥了极其重要的作用，但是普通人在影响战斗结果方面也扮演了重要角色。这导致的一个主要后果是，出现了大量严肃的军事学术文献，它们涉及游击战、反叛乱及如何赢得目标人群"人心"（Kaplan，2013）。这些文献要求人们关注当地人口的特性，而在早期，将军们可能会心安理得地忽略这些特性。可以说，对东道国国民的研究可以考虑许多不同的目标，其中的五个特别重要。

第一，可以只简单地研究东道国国民，收集他们的信仰、隶属关系和性格方面的信息。毫无疑问，这种信息可能对军队十分有益，但是显然会发生数据范围近乎无限的危险，为了让这些数据有意义，必须以某种方式进行处理。哲学家卡尔·波普尔（Karl Popper）做的区分会帮助我们处理这个问题，波普尔区分了"桶"（bucket）与"探照灯"（searchlight），用它来划分两类知识理论（Popper，1972：341-361）。前者把数据累积作为此项事业的中心，这是它的不足之处。而正如波普尔正确论证的，正是理论与理论预设提供了探照灯，使大量的数据得以审查、处理和管理。除非一个人能理解信息，否则它就没有什么价值。

第二，为了推进对人、领土与政治关系的控制性行动，需要研究东道国国民。这体现在各个不同的方面，其中军队实施控制的能力是有望实现军事目标的核心。如果民众仍然桀骜不驯，如果领土仍然不安全，如果在部署的区域内暗算军队的活动每天都在发生，军队兑现有意义政治目标的前景就可能很黯淡。对人或者对一个并不了解的环境实行控制是非常困难的，出于这个原因，在复杂的环境中努力工作时，如果不想一塌糊涂，就至少需要对当地国民有最低限度的理解。

第三，为了提高所部署军队及其任务的合法性，也需要研究东道国国民。任务是合法的，就会获得广泛的规范性支持，就更有可能从见多识广的本地权威人士那里获得合作的机会；任务是值得怀疑的，情况就会相反。此外，如果任务是合法的，就最好能做一些对军队动态部署有增益的事。为了建立合法性，还有必要了解当地人眼中的合法性与什么因素有关。例如，如果当地人眼中重要的合法性标准与部署部队信奉的宗教价值观念有关，执行重建项目的技术与速度就对构建合法性没有什么用。对这些复杂性的理解需要精细化，也无可替代。

第四，为了提高人们对具体行动的可能后果的理解水平，研究东道国国民也是有益的。例如，在阿富汗的乌鲁兹甘省，澳大利亚军队积极参与了一项支持马蒂拉·汗（Matiullah Khan）的行动——马蒂拉·汗是一位特殊的国民卫队领袖（Schmeidl，2010；Maley，2011a：131-132）。他在一项关于社会环境的深度研究中开展行动，这项研究在某种程度上警示了研究者。马蒂拉是波帕扎伊部落的一名成员，该部落从属于普什图族中的杜兰尼部落集团，澳大利亚军队偏袒他的后果是疏离了非波帕扎伊的杜兰尼【56】人、非杜兰尼人及非普什图人等。虽然澳大利亚军队仍驻扎在那里，情况不太可能失控，但是随着国际部队日渐撤回，有可能爆发危机。

第五，那些希望最终能从军事行动的战场上抽身荣归的军人可能会发现，如果能笼络各种各样的当地行动者，使他们加入军方正在寻求推进的那些更为广泛的项目中，那么这是很有帮助的（Kitzen，2012）。如果一位军人能对这些方面有所了解并成功地付诸行动，他就可以在撤离的过程中全身而退。

社会科学与人文科学面临的挑战

着手东道国国民研究时有许多学科进路。政治学中的教训显然提供了一个出发点。从狭义的制度视角看，政治学不会过多地研究战地士兵，尽管它能理解普通阿富汗人身处的较为广泛的政治背景，但是这无疑是十分重要的。政治学的价值尤其体现在，它重点关注权力关系，将权力关系视为人们生活的核心维度。在高度制度化的政治体系里，普通百姓生活安逸，无须过多关注权力关系，如在发达的西方民主国家中就是如此。与之形成对照的是阿富汗，阿富汗人为应对制度失灵的影响奋斗了数十载，他们需要有处理复杂日常生活的能力，而理解权力关系及其动力对这种能力至关重要。这类关系包括特定地区中的权力关系，也包括阿富汗中心与周边地区之间复杂的相互作用，这一权力现实的运行以个人关系与姻亲关系为基础，正式的制度地图根本无法抓取到这一现实。

在对社会权力的分析中，社会人类学至少和政治学同样重要，一些重要的研究阿富汗问题的学者都是人类学家（他们是路易·杜普里（Louis Dupree）、皮尔·森特利弗斯（Píerre Centlivres）、罗伯特·坎菲尔德（Robert Canfield）、纳齐夫·沙哈拉尼（Nazif Shahrani）、阿什拉夫·加尼（Ashraf Ghani）、托马斯·巴菲尔德（Thomas Barfield）和亚历山德罗·蒙苏蒂（Alessandro Monsutti）），这也许并不奇怪。这些学者的著作永远具有启发性，其中一些人仍然是我们理解当代阿富汗的主要学者。社会人类学关注规则、角色、关系与资源的多种互动，与政治学必须提供的宏观进路相比，它可以更细致入微地描述复杂性。社会人类学面临的困难是，他们的研究方法往往依赖于广泛的田野调查，也依赖于与所研究人群的互动。目前的阿富汗为这类研究提供了绝好的机会，但是大学还是屡屡感到让年轻研究者进入现场有风险，加之难以获得保险为他们提供保护，因此在考虑是否给工作人员或学者以旅行许可时，大学都格外小心谨慎（Maley，2011b）。

另一个进路涉及对文化的详细研究，它可以说是社会人类学的一个子目。文化观念是复杂的，不仅包括一个群体中所持有的信仰，如神话、宗教、意识形态、历史或科学，也体现在文学、传统与习俗、规范与规则的信念中。自2001年以来，定性研究与调查分析都对普通阿富汗人的信仰提供了许多有价值的见解，尽管如此，基于文化观念的复杂性，当人们试图解释社会与政治行为时，还是需要谨慎处理。首先，假定社会与政治制度形态只是已有文化模式的自然产物，这一假设就很危险。在现实世界中，【57】有一系列因果因素可以解释制度的形态，文化只是其中之一（Pateman，1971）。其次，人们经常会遇到将政治行动者的行为视为文化证据的分析。当试图以这种分析去解释行为时，就会冒循环认证的风险，在试图解释某个行为时，是不能采用含有该行为的解释变量的。最后，在任何特定的领土范围内，都可能呈现出文化模式的多样性。这当然也适合于阿富汗，阿富汗有50多个已确认了的族群（Orywal，1986；Schetter，2003），还有许多其他有着纵横交错基础的网络与分层。在这种情况下，利用单一的"文化顾问"就变得有点危险，无论这个特殊的个体是多么具有洞察力（Sieff，2013）。

信念与态度往往是利用自然语言传播的，研究东道国国民语言的语义学一定会有很多好处。这对军队来说尤其是一个问题，通常军方能招募到的口译员在讨论大多数日常事务时能完全讲双语，但是他们不一定很了解复杂的、在语言互动中充满微妙含义的文化脚本（Wierzbicka，1997，1999；Goddard，2011）。阿富汗语言十分丰富，充满隐喻和典故，体现阿富汗的文化习俗（Kieffer，2011），如果能有效地挖掘它们，就可以揭示运用这种语言的微观社会的复杂性。口译员还可能有他们自己要维护的利益，在这种情况下，就可能会歪曲两个方向上的信息。对这个问题没有现成的解决方案，但是有必要记在心里。

最后，人们永远不能忽视被迈克尔·波兰尼（Michael Polanyi）称为"隐性知识"（tacit knowledge）的重要性。正如波兰尼所说的，"我们知晓的比我们能说出来的多"（Polanyi，1966：4），心灵具有下意识地整合各类数据的能力，这是这一洞见的基础。著名的政治学家T. H. 里格比（T. H. Rigby）也对此建议道，有时，人们只是闲庭信步地拾取着某个情形的"味道与感受"，永远不要低估这一做法的价值。话虽如此，但是这并不是初学者轻而易举就能获得的能力。多年来，阿富汗的专家们一直在研究这个国家及其人民，他们能很容易地觉察到这一点。向一位初次参与行动的年轻新兵讲解这些就更困难一些，特别是出于安全考虑，在他们与普通百姓的互动方面设置了障碍。所谓的"绿袭蓝事件"的影响远远超出了直接受害者的范围，由于信任受损，这一攻击也削弱了外国士兵了解那些与之一起工作的人的能力。

历史的重负

黑格尔（Hegal）警告说，"只有当黄昏降临时，密涅瓦的猫头鹰才会展开羽翼"，这句话强调了打算从历史中学到太多东西的危险。尽管如此，当人们试图理解不熟悉的环境中的复杂情形时，历史还是可以成为有用的伙伴。话虽如此，所谓的"历史教训"却并没有整齐地将答案打好包呈上来。事实上，卡尔·波普尔爵士观察到了这一现象，他的名言是，"历史没有任何意义"，但是他接着说，"我们可以赋予它一个意义"（Popper，1966（Vol.2）：278）。我们面临的挑战是：确保我们不会吸取错误的教训，或者依靠错误的类比（Khong，1992）。

不幸的是，阿富汗的历史充满了易误导的类比，阿富汗过度吸取了这样的历史经验。最近出版的一本（值得尊重的）书的封面上写道："所谓的21世纪的第一场战争，实际上于2 300多年前就开始了，当时，亚历山大大帝率领他的军队进入北阿富汗，而现在的那里，是一片植物蔓延的废墟。"（Holt，2012）人们在19世纪目睹了阿富汗与外国军队之间的多次【58】军事交锋，形成了迄今为止对阿富汗战区的看法。尤其是1839—1842年与1879—1880年的第一次和第二次英阿战争，这两次战争似乎留下了大量先入为主的沉重负担和图像，在参谋学院关于阿富汗的演讲中，在军事历史学家的讲座中，它们都可能会无意识地浮现出来。在很多场合，在整个这样的演讲过程中，这本书的作者都会坐在那里，越来越惶恐不安地等待着那个难免要求助于鲁德亚德·吉卜林(Rudyard Kipling)诗句的时刻："当你受了伤，离开阿富汗的平原……"学习阿富汗早期的战争史当然没有什么坏处，但是需要表现出适当的警醒。罗伯特·约翰逊（Robert Johnson）进行了一项精彩的阿富汗军事史研究，他警告说："我们应该极其慎重地对待历史记载，将它作为为当前军事行动吸取经验教训的手段。"（Johnson，

2012：301）

　　尤其要指出的是，采纳某些阿富汗研究的进路很危险，这些进路反映了最糟糕的、用力过度的东方主义。东方主义思想很复杂（Said，1978；Barkawi and Stanksi，2012），它最为基本的观念是将复杂的行动者还原为刻板化的"他者"（others），原始情感与原驱力决定了他们的行为，理性观念对他们来说很陌生。这种思考会促使人们去分析最虚假的一类东西。例如，1992—1995 年发生了一场冲突，该冲突对喀布尔南郊造成了毁灭性的破坏，该冲突经常被描绘为一种难以理解的族裔敌对高潮，是极其非理性的，它证明了阿富汗人先天具有一种倾向，他们会不顾一切地使用暴力，并将暴力用作实现其目标的手段。一位作者将这种倾向描述为"恶性争吵"（Fergusson，2010：9），好像冲突各方都是不守规矩的孩子。但是，这种解释始终令人怀疑（Maley，2009：162），最近的一项研究很细致地表明，作战各方的行为都具有强烈的政治特征，反映出高度的理性（Christia，2012：57–100）。

　　关于阿富汗的东方主义观点确实中伤了这个国家，因为它将阿富汗描绘为一个冻结在时光里的国家，任何向前迈进的试图都注定招致不可避免的失败。但是实际上，对于 21 世纪的阿富汗，它的现代化的推行者们已经完全是全球化的产物了，全球化进程对阿富汗的强烈影响远远超出了世界上任何其他国家。在表面之下，阿富汗正在经历着深刻的变化。亚洲基金会（Asia Foundation）于 2012 年做了一项调查，该调查发现，在阿富汗，80% 的受访者家中都有一台能用的收音机，71% 的人有手机，52% 的人有电视，即使是在农村，电视接入率也达到 40%（Asia Foundation，2012：171）。此外，截至 2010 年，估计有 68.3% 的阿富汗人口未满 25 岁（Afgham Public Health Institute，2011：19）。军方最好不要再把阿富汗人的形象视为那个与广阔世界脱节的白胡子部落领袖了。

人类地域分析

　　所谓的"人类地域系统"（human terrain system，HTS）是东道国国民研究进路的一个体现。麦克菲特和杰克逊在 2005 年的《军事评论》上发表了一篇论文，文中认为，美国国防部"应该创建并安置一个与武装部队和作战司令部保持密切关系的社会科学家组织。应该将该组织视为文化知识的交流中心，进行战地民族志田野研究，向作战指挥官提供反馈，设**【59】** 计和开展文化培训，以一种有利的方式传播知识"（McFate and Jackson，2005：20）。在最初的试点研究之后，2007年2月，美国向阿富汗部署了第一个团队。2010年，人类地域系统成为永久性计划。对于人类地域系统的成就，评估起来很困难，目前还没有做过全面、认真的开源评估。但是，两个主要问题严重地影响了人类地域小组的进路。

首先，美国在阿富汗推进人类地域系统时，遇到了职业道德领域中的重大难题。像许多社会科学一样，人类学也有一套详尽的道德准则，用来规范人类学共同体成员在与研究对象打交道时的责任。在将第一支人类地域小组部署到阿富汗后不久，美国人类学家协会（American Anthropological Association）就发表了一份批评人类地域系统项目的声明。声明提出了一些担心，其中的三条尤其具有说服力。第一，声明指出："人类学家在战区工作，在非强迫的情况下，他们的研究对象是很难做出'知情同意'的，这些人要么表面同意，要么随意拒绝，这就是人类学家在战区的工作条件。"第二，声明指出，人类学家作为人类地域系统的成员，"为美国军事领域中的指挥官提供信息或咨询。这是有风险的，体现在当人类地域系统中的人类学家提供信息时，这些信息可能会被用于决策，即被用于识别与选择特定人群，将他们作为美国短期或长期军事行动的目标"。第三，声明指出，由于"人类地域系统对人类学与人类学家参与美国军事行动表示认同，鉴于目前全球对美国军国主义的各种不同看法，这种认同可能会造成更严重的困难，其中包括给许多非人类地域系统的人类学家及其研究对象带来重大的人身安全风险"（American Anthropological Association，2007；Forte，2011）。所有这些议题都可以讨论，但是事实证明，它们足以吓退许多职业人类学家，使他们远离任何与该计划有关的合作。

其次，阿富汗的安全局势正在恶化，使人类地域小组更难以在任何安全的水平上或在没有危及其谈话者的条件下开展工作（Gezari，2009）。如果在普通阿富汗人的心目中，人类地域小组与更加广泛的军事行动联系在一起，那么只要为阿富汗未来而战的最终结果仍然悬而未决，普通民众就会减少与这个团队积极合作的可能性。而且，在团队内部，也有很多人悲惨地失去了生命。迈克尔·维奈·巴蒂亚（Michael Vinay Bhatia）是一位优秀的学者，发表了大量的研究成果（Bhatia, 2007；Bhtia, 2008；Bhtia and Sedra, 2008）。2008 年，他乘坐的车辆撞上了一个在霍斯特省临时布下的炸点，失去了生命。2008 年 11 月，宝拉·洛伊德（Paula Loyd）在切里步加齐村被浇上汽油点燃，于 2009 年 1 月因伤势过重而死亡（Constable, 2009）。这些死亡事件再次削弱了此类计划对职业人类学家的吸引力，那些对阿富汗社会感兴趣的人类学家还有更安全的、能满足他们愿望的方法。

情报分析

　　加强对东道国国民理解的另外一种途径是军事情报。军事情报在国家军事行动中有着非常悠久的历史，可以追溯到伊丽莎白女王一世，她曾利用过弗朗西斯·沃尔辛汉（Francis Walsingham）爵士领导的专家情报部门。在现代，情报为战略与战术层面的军事行动计划奠定了基础。此外，作为主流情报分析的伙伴，资源也被有效地用在了欺敌计划（deception operations）与反间谍活动中。在反叛乱的环境里，了解东道国国民是情报【60】活动的重要组成部分，它不同于人类地域分析，人类地域分析主要依靠常驻军事人员，无论是军职人员还是文职人员。与那些签了约的人类学家与社会学家相反，情报信息有多种形式，包括从人类来源那里获得的"人类情报"（human intelligence），以及通过截获电子通信得到的"信号情报"（signals intelligence）。

　　虽然很难概括，但是还是有研究对美国在阿富汗的情报收集工作进行了批评，认为他们的工作尚需改进。在 2010 年 1 月的一项研究中，弗林（Flynn）、波汀格（Pottinger）和巴切尔（Batchelor）研究了美国的情报能力，他们发现了一些系统性缺陷，并公开了以下内容：

　　　　大量的情报机构都将绝大部分的收集工作与脑力分析工作集中在叛乱团体上，他们无法回答美国及其盟军军事行动环境中的基本问题，也无法回答他们试图说服的那些人的基本问题。他们对当地的经济和土地所有者一无所知，不清楚能左右当权者的人是谁，也不清楚如何能影响这些人，他们对各种发展项目之间的关系以及村民之间的合作水平不感兴趣，也不去接触那些最有能力找到答案的人，无论他们是施援人员还是阿富汗士兵。高层决策者的情报需求是，成功发动反叛乱的知识、分析和信息，而美国情报官员与分析家们对此却无能为力，只能一笑了之。

（Flynn, Pttinger, and Batchelor, 2010：7）

他们也强调了新的信息包装方式的潜在影响：

情报产品的格式很重要。有些指挥官重视幻灯片（Powerpoint）的故事面板和彩色编码电子表格，认为它们足以描述阿富汗的冲突和复杂性，这些指挥官需要做一些心灵上的探索。文字比连环画略多一点的幻灯片是无法提供充分的知识的，指挥官必须从他们的英特尔商店（Intel shop）中寻找能提供实质性书面叙述和分析的工具，还要找时间去阅读，除此以外，不存在任何其他的捷径。在反叛乱行动中，Microsoft Word 而不是 Powerpoint，应该成为反叛乱情报专业人士的所选工具。

（Flynn, Pttinger, and Batchelor, 2010：23-24）

围绕情报收集，还存在道德与技术上的忧虑。最近的一份新闻报道声称，参与缝纫项目的妇女在不知情的情况下被利用，旨在查明塔利班住所的位置（Kelly, 2013）。这样的操纵远远超出了学术研究人员被允许的范围，许多观察家对东道国国民军事研究的目的表示怀疑，这种操纵也解释了人们为什么会有此类怀疑。

更好的应对

自 2001 年以来，阿富汗东道国国民研究领域已经取得了一些成绩，
【61】前两节对它们进行了描绘，但是这个画面有点令人沮丧。面对人类地域分析和情报收集的问题，虽然没有神奇的解决方案，但还是有许多选择值得考虑，可以把它们作为改进地面工作表现的方式。

首先，更长的部署时间可以增加士兵充分了解其所处军事行动环境的机会。事实证明，这正是所谓的阿富汗地方重建小组（PRTs）所面临的一个严峻问题。总是在信任开始建立的时刻，部队的预定轮换就发生了，

从战区撤走的士兵正是那些当地居民最终了解了的人（Yaqub and Maley，2008：10–11）。此外，要获得有效的组织绩效，组织记忆至关重要，而短期部署会削弱这种组织记忆（Mahler and Casamayou，2009：205–207）。

其次，对于部署到阿富汗等国的部队的教育与培训，也有必要加以改进。一些军队的训练计划包含了对文化意识的讨论，但是这些项目都面临许多问题。不存在任何单一的"阿富汗"文化，在该国的不同地区，可能会遇到一系列不同的文化实践。正如一位观察员所说的："阿富汗是不同民族－语言和部落群落的家园，每个群体都坚守和珍视它的独特传统与生活方式。"（Emadi，2005：135；Nojumi，Mazurana，and Stites，2009）。因此，例如，如果由熟悉北方塔吉克群落的人进行文化意识培训，部署在人口更为复杂的地区的士兵就会准备不足，这会带来风险。

再次，军队部署之前进行文化意识培训的环境与他们在实地遭遇的环境有微妙的差异。例如，澳大利亚联邦警署在它的国际部署组总部旁边建造了一个村子，用它来模拟所部署警察被派往海外时可能遇到的情形，有时培训会包括一些互动，互动的对象是那些即将部署国家的移民和难民。为实现这一目的而招募来的人，与这个国家真正的本地人难免存在区别。在阿富汗的阿富汗人卷入了一场复杂的权力游戏，他们与国际部队的互动具有战略方面的维度。外国势力诱使当地人操纵权力，尤其是在外国势力强大却对它们周围发生的事情缺乏深入理解的情况下。此外，被告知文化习俗是一回事，在实践中尊重它们是另一回事（Nordland，2012），如果外国势力越来越被视为占领者而不是解放者或伙伴，那么在文化理解方面，就不太可能有犯错误的余地。

最后，关于东道国国民的观点千差万别，重要的是，是否存在一种分析机制，能推进这些观点并使它们相互争鸣，自苏格拉底时代以来，这一点就一直为人们所公认。阿富汗这类战区中的危险是，信息是烟道式的（stove-piped），组织与官僚机构把获得的各种知识贬低得一文不值。技术熟练的军事行动管理需要对军事行动环境有灵活的意识，但是人们并不总是能做到这一点。很大程度上是因为，美国和北大西洋公约组织（北约）内部的政治领导不具备明确表述任务总体愿景的能力，他们将人员留在地面，在需要有战略指导的战区内疲于应对。在这种情况下，规则被过度简化，轻而易举地取代了战略性的逻辑。这反映出等级制度与思想争鸣之间不可避免的张力：等级制度是军队内部的组织原则；思想争鸣是研究共同体内的主导原则。这并不是一个容易缩小的差距。

【62】　　结论

本章的前几节论证了一系列研究东道国国民的挑战，通常是对军队的挑战，尤其是对驻阿富汗军队的挑战。军事组织可能没有被充分地培训或结构化，也就无法很好地完成任务，而且相关研究所涉及的分析任务十分复杂，甚至有可能压垮最好的分析师。虽然有一系列可识别的步骤可以用来解决这些问题，但是事实证明，采纳这些步骤时可能会遇到很大的阻碍，而且总是存在一种风险，即当认识到需要采取更有效的进路时，任务却可能已经陷入争议之中，这为设法克服这些缺陷提供了一个不那么完美的环境。

是否总是需要对东道国国民做更细致的分析？可以说，不是。常识性的观念本身就是一种复杂的观点（Rosenfeld，2011），在某些情况下，常识可能是人们为了感知临近的危险而需要拥有的全部知识，它能为人们指明道路，尤其是在战略层面。举个例子，我想到了2003年3月美国对伊拉克战争的情形。当事情开始出错时，应该没有人会感到惊讶。长期以来，伊拉克被逊尼派少数族裔统治，在这个国家中，大多数人是什叶派的人。推翻现有精英，接着开始民主化进程，这些都需要非常谨慎地处理。这些变迁会将前统治者及其宗派支持者永久置于少数族裔的位置，会使伊拉克处于如下情形：一方面，对于新统治者及其同盟来说，鉴于前政权有着令人憎恨的侵犯人权记录，进行复仇是完全可以理解的（Hiltermann，2007）；另一方面，很显然，前精英也最有可能从事破坏行动，因为它能轻易地获得伊拉克武装部队的武器装备，在这方面有某种便利。一个人根本不需要成为伊拉克文化、社会与政治方面的专家，就能够识别出这一危险，这是对美国政治领导人所做判断的控诉，他们似乎没有对此做过一丝一毫的思考。

这是一个愚蠢的行动，与冬天临近时入侵俄罗斯的情况不相上下。1812年的拿破仑，1941年的希特勒，都证明了这种错误的灾难性后果。它绝非一个孤立的案例，与越南战争早期的战略性误判也显然极为相似

（Brodie，1973）。在现实世界里，武装部队的战地选择往往更加复杂，既有风险也有机会，既有代价也有利益，它们与军人面对的各种选择有关。在这个灰色的世界里，人们无法奢侈地享受非黑即白的选择，对复杂社会进行谨慎分析时，需要的技能也别具一格，自成一体。只要军队居于这个复杂的世界里，他们就需要运用心理手段和分析工具去应对这种复杂性。

参考文献

Afghan Public Health Institut.2011.*Afghanistan Mortality Survey 2010*.Calverton,MD.:Afghan Public Health Institute,Central Statistics Organization,ICF Macro,Indian Institute of Health Management Research,and World Health Organization.

American Anthropological Association.2007.*American Anthropological Association's Executive Board Statement on the Human Terrain System Project*.Arlington,VA.:American Anthropological Association.

Asia Foundation.2012. "Afghanistan in 2012:A Survey of the Afghan People." In Kabul:The Asia Foundation.Barfield,T.2010.*Afghanistan:A Cultural and Political History*.Princeton,NJ.:Princeton University Press.

Barkawi T.,Stanski K.(eds.)2012.*Orientalism and War*.New York:Columbia University Press.

Benedict R.1946.*The Chrysanthemum and the Sword:Patterns of Japanese Culture*.Boston,MA.:Houghton Mifflin.

Bhatia M.2007. "The Future of the Mujahideen:Legitimacy,Legacy and Demobilization in Post-Bonn Afghanistan." *International Peacekeeping* 14(1):90–107.

Bhatia M.(ed.)2008.*Terrorism and the Politics of Naming*.New York:Routledge.

Bhatia M., Sedra M.2008.*The Afghanistan,Arms and Conflict:Armed Groups,Disarmament and Security in a Post-War Society*.New York:Routledge.

Brodie B.1973.*War and Politics*.New York:Macmillan.

Christia F.2012.*Alliance Formation in Civil Wars*.Cambridge:Cambridge

【63】

University Press.

Constable P.2009. "A Terrain's Tragic Shift:Researcher's Death Intensifies Scrutiny of U.S.Cultural Program in Afghanistan." *Washington Post* 18 February.

Emadi H.2005.*Culture and Customs of Afghanistan*.Westport,CT.: Greenwood Press.

Fergusson J.2010.*Taliban:The True Story of the World's Most Feared Guerrilla Fighters*.London:Bantam Press.

Flynn M.T.,Pottinger M.,Batchelor P.D.2010.*Fixing Intel:A Blueprint for Making Intelligence Relevant in Afghanistan*.Washington,D.C.:Center for a New American Security.

Forte M.C.2011. "The Human Terrain System and Anthropology:A Review of Ongoing Public Debates." *American Anthropologist* 113(1):149–153.

Gezari V.M.2009. "Rough Terrain." *Washington Post* 30 August.

Goddard C.2011.*Semantic Analysis:A Practical Introduction*.Oxford:Oxford University Press.

Hiltermann J.R.2007.*A Poisonous Affair:America,Iraq and the Gassing of Halabja*.Cambridge:Cambridge University Press.

Holt F.L.2012.*Into the Land of Bones:Alexander the Great in Afghanistan*. Berkeley and Los Angeles,CA.:University of California Press.

Johnson R.(2012)*The Afghan Way of War:How and Why They Fight*.New York:Oxford University Press.

Kaplan F.2013.*The Insurgents:David Petraeus and the Plot to Change the American Way of War*.New York:Simon & Schuster.

Kelly J.2013. "Afghan Women Duped into Spying for NATO." *The Times* 25 March.

Khong Y.F.1992.*Analogies at War:Korea,Munich,Dien Bien Phu,and the Vietnam Decisions of 1965*.Princeton,NJ.:Princeton University Press.

Kieffer C.M.2011.*Tabous,interdits et obligations de langage en Afghanistan:Éléments du vocabulaire de la vie privée en terre d'Islam*. Wiesbaden:Dr.Ludwig Reichert Verlag.

Kitzen M.2012. "Close Encounters of the Tribal Kind:The Implementation of Co-option as a Tool for De-escalation of Conflict—The Case of the Netherlands in Afghanistan's Uruzgan Province." *Journal of Strategic Studies* 35(5):713–734.

McFate M.,Jackson A.2005. "An Organizational Solution for DOD's Cultural Knowledge Needs." *Military Review* July August:18–21.

Mahler J.G.,Casamayou M.H.2009.*Organizational Learning at NASA:The Challenger and Columbia Accidents*.Washington,D.C.:Georgetown University Press.

Maley W.2009.*The Afghanistan Wars*.New York:Palgrave Macmillan.

Maley W.2011a. "PRT Activity in Afghanistan:The Australian Experience." In Hynek N.,Marton P.(eds.)*Statebuilding in Afghanistan:Multinational Contributions to Reconstruction*.New York:Routledge.

Maley W.2011b. "Risk,Populism and the Evolution of Consular Responsibilities." In Melissen J.,Fernández A.M.(eds.)*Consular Affairs and Diplomacy*.Leiden:Martinus Nijhoff.

Nojumi N.,Mazurana D.,Stites E.2009.*After the Taliban:Life and Security in Rural Afghanistan*.Lanham,MD.:Rowman & Littlefield.

Nordland R.2012. "Culture Clash with Afghans on Display at Briefing." *New York Times* 6 September.

Orywal E.(ed.)1986.*Die ethnischen Gruppen Afghanistans:Fallstudien zu Gruppenidentität und Intergruppenbeziehungen*.Wiesbaden:Dr.Ludwig Reichert Verlag.

Pateman C.1971. "Political Culture,Political Structure and Political Change." *British Journal of Political Science* 1(3):291–305.

Polanyi M.1966.*The Tacit Dimension*.Chicago,IL.:University of Chicago Press.

Popper K.R.1966.*The Open Society and its Enemies*.Vols 1–2. Princeton,NJ.:Princeton University Press.

Popper K.R.1972.*Objective Knowledge:An Evolutionary Approach*. Oxford:Oxford University Press

Rosenfeld S.2011.*Common Sense:A Political History*.Cambridge, MA.:Harvard University Press.

Said E.1978.*Orientalism*.London:Routledge & Kegan Paul.

Schetter C.2003.*Ethnizität und ethnische Konflikte in Afghanistan*. Berlin:Dietrich Reimer Verlag.

Schmeidl S.2010.*The Man Who Would Be King:The Challenges to Strengthening Governance in Uruzgan*.The Hague:Netherlands Institute of International Relation Clingendael.

Sieff K.2013. "Nebraska Kebab-Maker Has Advised Seven U.S. Commanders in Afghanistan." *Washington Post* 29 March.

【64】   van Bijlert M.2009. "Unruly Commanders and Violent Power Struggles:Taliban Networks in Uruzgan." In Giustozzi A.(ed.)*Decoding the New Taliban:Insights from the Afghan Field*,pp.155–178.London:Hurst & Co..

Wierzbicka A.1997.*Understanding Cultures through Their Key Words*.New York:Oxford University Press.

Wierzbicka A.1999.*Emotions across Languages and Cultures:Diversity and Universals*.Cambridge:Cambridge University Press.

Yaqub D.,Maley W.2008. "NATO and Afghanistan:Saving the State-Building Enterprise." In Shepherd R.(ed.)*The Bucharest Conference Papers*. Washington,D.C.:German Marshall Fund of the United States.

第Ⅱ部分　定性研究方法

7　军事领域中的历史研究

弗洛里伯特·鲍德，埃里克·A.西布尔 [1]

Thucydides.1881.*History of the Peloponnesian War*,Vol.1,trans. Jowett B.Oxford:Clarendon Press.

在伯罗奔尼撒战争期间（公元前431—404年），雅典与斯巴达（古代斯巴达）以及他们的盟友之间相互残杀，流亡雅典的将军修昔底德（Thucydides，公元前460—395年）决定写下这段历史。他的著作引人注目，不仅探索人性（如对雅典人处置梅利亚人的人性探索），而且在寻找证据和进行分析时，试图建立严格的标准。可以将他的作品看作军事史上第一部学术著作，尽管他的一些方法论与今天的惯例迥然不同，尤其是他决定将虚构的演讲包括在内，他用它们来表达行动者可能说过的话，甚至是应该说过的话。

"这就是我调查的结果，虽然早期的希腊史禁止不言明地依赖证据的每个细节，但是人们还是不做辨别，太过轻易地接受他们自己和其他国家的古代传统了……还有许多其他事件，它们不是因为时间而变得模糊不清，而是在当代，其他希腊人还在犯着同样的错误。例如，他们会想象，在古斯巴达人的议会中，他们的国王每人只有两张选票，在斯巴达的军队中，有一个称为皮特内特（Pitnate）的部门，但是他们从来没有过这类东西。人们在追求真理时太不费力气了，太轻易地接受任何先到先得的东西。

"但是，任何一个人，如果依据我给出的理由得出一些有关古代的结论，就像我自己做的这样，他就不会太出错。他绝不会被诗人的夸张幻想或编年史家的故事所误导，编年史家们努力取悦听者、读者，而不是说出真相。他无法检验他们的表述，而且随着年代的流逝，大多数事实都已经流传到浪漫的领域里。在这样的时间跨度里，他必须下定决心，依据最明确的、可利用的证据来得出结论，并对此表示满意……

【68】

"至于那些在战争前和战争期间所做的演讲，对于我，对于向我报告了它们的其他人，都很难确切地回忆起那些话了。因此，我把适合于这个场合的情感赋予了每个演讲者，演讲者表达的情绪是我认为他可能会表达的，同时，对他实际上说的，我也尽可能努力地给出大致的要义。关于战争事件，我没有根据任何偶遇的信息做过草率的发言，也没有根据我自己的观点做过类似的事情，我只是描述我自己看到的、从其他人那里知道的，对于这些人，我都做了最为谨慎的、有针对性的调查。这项任务很费力，因为对于同一事件，目击者对它的描述会不一样，他们记得的或感兴趣的，是一方或另一方的行为。在我的叙述中，那些严密、准确的历史特征可能听起来会枯燥无味。但是，如果他渴望目睹人类事件史的真实画卷，包括那些曾经发生的，那些期待此后可能发生的……就应该声明，我写的历史切实有用，如果是这样，我就会心满意足。我写的历史会是一份永恒的财富，不是一个听过即忘的获奖作品。"

上述引文出自修昔底德的《伯罗奔尼撒战争史》，这本书被认为是军事史上的第一本学术著作。正如该引文所揭示的，自远古以来，士兵就已经诉诸历史来了解战争。军事史是最初对军事做系统研究的学科，与其他人类活动领域中的研究相比，在处理任何类型的历史事件时，历史这门学科都会涉猎得更为广泛，也更具多样性。因此，军事史不同于军事研究的其他领域，它在方法论和其他方面都有一些独特的地方。这些都将成为本章的重点。

自修昔底德撰写他的著作以来，其他军事研究进路也得到了发展，但是军事史的价值与重要性始终存在。军事史解决的是一组广泛的、有时可能是矛盾的需要与兴趣。此外，军事史也是军事理论与军事学说的基础，军事学说根植于理论和历史（Vego，2011：61）。军事理论与军事学说能指导未来的军事行动，而历史就是它们的依据，虽然历史并不预测未来，也无法预测未来。不过，历史确实提供了了解军事教训的方法论，有助于理解战争状态和作战环境中的未来趋势。美国联合部队司令部的《联合军事行动环境（2010）》指出："战争本质上是人类付出的努力，理解人性的最有效方法之一就是密切关注历史。《联合军事行动环境（2010）》不是未来主义的短文，而是以历史去洞悉未来的主要方式。"（US Joint Forces Command，2010：5）在冲突谱系的所有层面，从高强度的常规战，到低强度的稳定行动，历史分析都很有用。面对伊拉克日益猖獗的动乱，美国及其同盟已经开始审视反动乱行动的"最佳做法"了，目的是了解动乱的性质和持续性，以及可以恰如其分地从历史经验中借鉴些什么，以解决发生在伊拉克的动乱（Sepp，2005：8）。

军事史可以洞察战争的持久性以及特征的变化，它是职业军人专业军事教育与专业发展的基石。这是不言而喻的。不知道牛顿、法拉第与爱因斯坦，就不能研究物理学；心理学家需要知道弗洛伊德与荣格是谁，了解他们的思想与行为。高级专业军事教育在很大程度上运用历史案例进行教学，就像在工商管理专业研究生教育中要用工商案例进行教学一样，即将 【69】它们用作建立专业判断的决策练习（Wyly，1993：259）。毕竟，"人类的心智不是要学习一系列的特征、特质和属性，相反，心智的设计是为了学习经验"（Gudmundsson，1984：29）。

对于军人这一职业来说，经验是一个非常独特的问题。可以召集一名军官来行使他的主要职责，如一生中只执行一次的战时指挥。迈克尔·霍华德（Michael Howard）爵士将这种情况类比于奥林匹克运动员，他们一生都在为获得奥林匹克运动会冠军进行训练，但是只有奥林匹克运动会冠军才决定了他们整个国家的命运。此外，在和平时期，运营一个军事单位面临着极其复杂的问题，包括管理、规训、维护与供应一个相当于城镇规模的组织，这时，人们很容易忘记运营这支部队是为了什么，也很容易忘了战争。如果目前没有战争，军队中的从业者就几乎是被迫地去研究过去的战争，即研究军事史（Howard，1961：6-7）。

军事史也有助于促进部队的凝聚力、发展专业概念并将其融入情境。历史研究能使军事工作者看到军队事务是如何与其国家自古以来更为宏大的问题联系在一起的，也能使他们理解那些影响其职业的各种力量是如何相互作用的，还能使他们从几十年和几个世纪而不是几个月和几年的视角来看待当前的问题（van Riper，1994：51）。

鉴于战争对社会影响广泛，军事史的更大价值还在于对整个社会的贡献。优秀的军事史甚至有可能帮助普通公民去明智地思考军事。在 2008 年的美国与世界新闻报道中，有人甚至认为，"我们受到的历史教育越好，作为一个国家，我们犯下愚蠢错误的可能性就越小。"当研究面向的是公众教育和大众文化领域，军事史研究者还必须提防过度使用霍华德所说的"神话制造"，或过去形象的创造，要谨慎地选择与解释军事史，以此来鼓励爱国情怀或支持政治制度（Howard，1961：3）。也有一些学者反对"伪装的历史"，这种历史看上去不错，却与历史真相相悖（Liddell-Hart，1972：27）。那么，什么是历史，是过去的事件，还是过去发生事件的记录？

历史与史学的趋势：历史知识的局限性

在通俗的用法中，"历史"有两种截然不同的含义。它常常被用来表示人类过去活动的总和。在当代，看似重要的事件，甚至是一支运动队在冠军赛中获得胜利，都被描述为"正在创造历史"。一个更为常见的集中用法是，将历史视为对事件的记录，而不是事件本身。在这种情况下，可以将历史视为人类意识领域内所有发生事件的记录，可以将历史学家的任务视为尽可能地重构人类过去的思想和活动（Barnes，1963：3）。但是，历史学家不能奢望将所有的人类活动都囊括进来，在任何程度上都做不到。历史研究涉及对主题的选择，并且会有点武断地消除它的边界，切断它与整个世界的联系，在这些任意建立的边界里，以系统的进路选择和组织信息。这一选择受历史学家参考框架的影响，该框架可能是关于阶层、国家或有限群体的历史观念，或者受到当代社会、政治和智识的流行趋势的广泛影响。【70】无论该框架的性质如何，它都存在于历史学家的脑海中。它可能会不经意地引导历史学家们对某些方面视而不见，或夸大其他方面的重要性。

关于战争与武装部队部署的历史作品，也常常反映出特定军事文化或建制的特点。虽然战争被长期广泛地认为是全然杂乱与无序的活动，但是军队作为一种建制在试图维系一种"有序的文化"（Lind et al.，1989：26）。这种文化体现在军衔、敬礼、制服和训练中，很大程度上是战争风格的产物，在 18 世纪"列与行"的步兵中，将军、国王或贵族一人独掌军队指挥权，将该风格推向了极致。从拿破仑战争到 1945 年，在处理军队有序与战地无序之间的矛盾时，普鲁士－德国方式始终在表面上维系了这种有序的文化传统，同时又提出了一个去中心化的指挥系统，发展出了能促使领导者适应无序战场的教育体系。其他大国在维系这种战场上的有序文化时走了不同的道路，如第一次世界大战期间，美国武装部队开始将战争行为视为大型汽车装配厂中的工业流程。就像大型制造厂那样，决策集权化，同时将复杂的战争现象分解为可以互换的组成部分，很像是一条装配线，军事指挥官在这里可以根据标准化原则进行决策，并实现统计预测的结果（Vandergriff，2002：41–44）。美国战争部长伊莱休·鲁特（Elihu Root）受命于1899年，是弗雷德里克·泰勒（Ferderick Taylor）和哈里森·爱默生（Harrison Emerson）科学管理思想的早期皈依者，他为把这些思想引入美国陆军铺平了道路。认真地将科学管理介绍给美国陆军的是威廉·克罗齐尔（William Crozier）少将，1901—1908年，他担任军械总长，还曾一度担任陆军战争学院院长。在两次世界大战之间，美国军队开始专注于科学管理的理论与实践（Sibul，2012：160）。越南战争之后，在20世纪70年代末与80年代，美国开展了军事改革运动，此次运动结束后，美国开始摆脱工业流程进路，求助于去中心化指挥的普鲁士－德国进路，该进路将战争视为复杂、无序的现象，在这样的战争中，最能适应无序环境的人才会取得成功（Kiszely，2005：41）。

所有这些不同的战争进路都影响着或者已经影响了军事史学家的参考框架。苏联军事史学家在苏联军事科学的指导下工作，美国军事史学家常常在标准战争原则的框架内构想军事史研究，他们从优势火力方面，也从利用先进物资、打资源消耗战击败敌人方面来审视军事上的成功。即使是社会和军事建制的状况已经改变，旧的习惯也仍然继续存在（Muth，2011）。

话虽如此，自拿破仑战争以来，在军事史这项学术事业中，研究的领域还是发生了很大变化。当时，它与一般历史无法区分，如今，它可以分为三大类：军事行动与作战研究，行政与技术研究，以及军事与社会关系研究。军事行动与作战研究包括军事战略与战术研究、军事后勤与领导研究，军事领导研究又包括战役研究和军事行动导向的传记研究。行政与技术研究侧重于武装部队的职能与职业活动、组织与信条、教育与培训、和平时期与战争期间的采办和物资扩充。军事与社会关系研究着眼于整个战争及和平时期中最为广泛的军事系列，包括军队与整个社会的关系，涉及文化、政治、民用经济、妇女与战争、兵役制中的少数民族等主题，也包【71】括士兵、士官和军官队伍构成的社会史。与军事史中另两个更为传统的分支相反，"战争与社会"进路已经获得了一定的学术地位，这与普通大学对军事史感兴趣的程度有关（Chambers，1991：405-406；Yerxa，2008：5）。在基本的方法论方面，这三个部分的性质很相似。

无论是学术上的偏好，还是历史学上的偏好，也无论参考框架的性质如何，这两种偏好都能指导历史学家去做如下尝试，即将历史置于某个易处理的、较小的层面，将无序事件置于某种系统的有序中。查尔斯·A. 贝尔德也许是美国最伟大的历史学家，他对此警告说："历史是无序的，每一次解释它的尝试都是幻想。"（Beard，1934：228）尽管最终的目标是要"如其所是"地讲述历史，但是历史学家和他们的读者都应该意识到，正是历史学家将过去有序化了，是他们构建了过去。

对于军事史学家来说，构建历史提出了特殊的挑战，战争本质上是最无序的活动，历史学家却仍然必须削弱这个无序，系统化这个无序，对它的研究才具有可能性。关于这一点，霍华德指出："必须做一些从无序中整理出有序的尝试，这是历史学家的目的。但是我们很清楚，持怀疑态度的学者甚至不认为这种有序的叙述能近似反映真实情形，更不用说把对未来的任何结论奠定在这个基础之上了。"（Howard，1961：5）

诉诸历史研究：方法论上的思考

当然，史学研究成功的关键是设计研究问题。问题可能来自当前需求的刺激，也可能受到对过往事件兴趣的启发。无论如何，在设计研究问题时，研究者都必须考虑这一问题的编史，它既是一批参考资料，也可以利用其中的差别、缺点和不一致来提供进一步研究的理由。历史学家也可能会转向某个理论，将它用于一个历史主题。在许多情况下，即使不是在大多数情况下，历史学家都是在含蓄地做着这件事，这与政治学家及社会科学家不同，只有从历史学家的叙事建构方式和得出的结论中，才能提取出他们的参考框架或他们信奉的理论。是否将理论明确用作分析工具，这一决定会影响历史学家研究成果的呈现方式，稍后我们会回到这个问题。

设计出研究问题后，第一步是确定研究策略。研究者可能只想撰写著作与论文，或者可能只想访问证人（假设他们还在附近），或者是两者都想要。他还必须决定开展档案研究是否可行。档案研究十分耗时，这一决定涉及两个方面的权衡：可用的时间与将这些时间用于某个档案时的可预期收益，即档案研究能否揭示出一个不同的主题，能否产生新颖的、意外的发现。档案研究也对修正已有的错误观点提供了可能性。当然，档案研究还可能证实先前的假设。这是做档案研究的主要回馈，除此以外，档案研究也能帮助研究者去"感受"某个特定的时期或问题。

决定进行档案研究时，免不了要做一点有根据的猜测，这基于过去的经验，也根据对以前有关这一主题的文章的透彻分析。着手档案研究之前，研究者必须识别出已有文献中有哪些差距和不一致，它们在提醒研究者，这可能需要增加一些档案研究。由于时间有限，通常不建议研究者进行大规模的档案研究。一般情况下，研究者最终会结合其他学者的见解，也会对他们的见解发起挑战。这些都可能产生新的有价值的观点，但是这个进路可能会在某种程度上有花无果，因为研究者自己从来没有研究过第一手资料，他们评论的是其他学者对第一手资料的分析。可以说，档案研究能【72】使人们对主题更加熟悉，对学术争鸣甚至是当前的实践和决策做出更有成效的贡献，但是时间的有限性往往使这一点不切实际。

作为第一步的一部分，研究者要确认所涉及的主要机构实体是什么，找到它们的文件线索（即它们活动的书面留存），确定它们的规模和组织方式。任何涉及档案研究的历史探索都可以这么做。研究者也应该试着找到相关人员留下的私人档案，这些档案可能包括那些不再保存在公共档案馆中的文件，或者是一些能够提供更具个人观点的文件。研究者可能也想知道，参与此事件的那些人是否还活着。访谈他们涉及另一组方法论上的挑战，这会在本书的其他地方加以讨论。

下一步是研究者要找到那些（与访问与发布权）有关的条例，获得所要求的许可（如果有的话），这一步与第一步在局部上有重叠。建议与（公共档案馆的）官员建立良好关系，（在私人档案馆进行研究时）也要与亲属建立良好关系，尤其是在第二种情况下，获准进入基于的是信任与利益，而不是任何正式的条例。这也带来了风险，因为访问可能随时被取消，这时研究者就可能陷入困境。

满足了上述条件后，决定做档案研究的研究者还必须以某种有组织的、系统的方式来整理这些材料。通过资料来源，我们是可以了解过去的，但是这些来源不只是罗列了所有已发生的事件，相反，它们还充满猜测、解释、有意（或无意）的简化以及隐藏的议程。尽管如此，历史学家还是必须将他们的叙述建立在此类来源的基础之上，因为他们没有其他来源可以作为依据。这需要历史学家精通启发式工具，即应用标准来确认来源的真实性。人们可能会认为，这类方法不仅需要仔细阅读，进行文本分析，还需要一些具体的能力，如阅读手写文件和外语的能力。无论如何，都需要了解该组织在详细审查条件下的运行情况（Tosh，2009）。

一个精心设计的问题不仅定义主题和时间跨度，还清楚地向研究者指明他希望了解的内容，以及他为之努力的路径。尽管如此，有时候还是应该采用大范围的扫描策略，而不是在狭窄的范围内搜索问题。随机开始的策略在时间与精力上都成本高昂，但是可能会产生有趣的发现，这取决于研究问题的性质。而且，随机开始可以冲破机构设置的等级逻辑，也能导致令人惊叹的见解。但是，这样做的代价很高，修通这些材料并形成连贯的观点需要相当长的时间。而其好处之一可能是，研究者没有采用该机构的逻辑推理。他可以沿着美丽的小径漫步，去发现意料之外的风景。

这种漫步也是档案研究中的主要陷阱之一。大多数学者的研究都会有各种截止日期，即使有时间，也是有限的。其危险在于，研究者可能会在不知不觉中被牵着走，却没有希望找到真正的宝石。他最终会得到一堆主题各异的笔记，却没有什么是真正有用的。另一个不同性质的挑战是，假设所有已做的和已想的都被记载了下来。这个挑战是双重的，它会引导研究者继续寻找实际上并不存在的材料，也冒着深入分析那些变得无关紧要的观点的风险。因此，了解何时停止搜索并开始写作，可能是历史学家最为艰巨的任务。

写历史

也许历史学比任何其他学科都简单，但是写好历史却很难，这很令人【73】困惑。历史学家对叙述的解释力并不源于理论，而在于令人信服地呈现故事的能力。写历史需要叙事技巧，就像进行研究和分析研究结果也需要叙事技巧一样。尽管如此，还是有一些要求，希望每位历史学家都能做到。

一些国家的历史协会制定了能确保这一点的道德准则，近年来也在呼吁进一步扩大这些准则所包含的专业标准（de Baets，2008）。对历史学家的基本要求是，他们必须基于可检验的来源如实地解释过去的事件。捏造来源不可宽恕，暗中忽略那些与自己观点相悖的来源也同样不被允许。但是在这些参数中，历史学家还是有相当大的自由空间，他们完全可以低估这些来源的重要性，尽管它们以有效的论据为依据。

对于什么是可接受的"诗意许可"（poetic license），并没有明确的限定，它也无法真正解决历史学家在诠释思想、行为和观念时能走多远的问题。我们根据什么理由才能得出"两个想法或事件之间存在因果关系"的结论呢？历史上的学术争论不仅涉及历史事件，更涉及解释。理论有可能提供急需的帮助，尽管大多数情况下，历史学家并不明确表达他们的假定。

一个相关的挑战是，如何知道解释确实是真的。每位历史学家不仅要面对填补空白以及在字里行间读出言外之意的方法论问题，还要面对弄错年代（anachronism）和偏差（bias）的风险。弄错年代指的是，用现代的观念去线性投射过去的行动者。现代的历史学家确信，改变，特别是在思维方式上的改变，才是历史的本质，因此弄错年代被认为是重大过失。弄错年代和缺乏对它的认识，都可能降低（军事）历史对军事组织的价值。偏差也有可能掩盖富有成效的分析，它可能是已有编史的结果（如上所述），虽然在整个档案研究中都可能有偏差，但是档案是人类活动的产物，它们本身就包含着偏差。

了解弄错年代和偏差的风险，不同于采取行动去克服这些风险。理解过去需要艰辛的思考。专业的（军事行动的）军事史学家在分析武装冲突及其在冲突中所做的决策时，经常将两种相互排斥的认识论理论结合在一起。他们也许是无意中这样做的，因为大多数历史学家并不会天天对其方法技能的理论基础进行钻研。一方面，历史学家希望能体验一种所谓的"历史感受"（historical sensation），也希望在其他人那里唤起这种感受。这种感受是一种顿悟般的现象，注入了对过去事件真实本质的某种深刻而直观的理解，20世纪初，历史学家约翰·惠辛加（Johan Huizinga）首次定义了这种感受（Ankersmit，2005）。另一方面，总的来说，历史学家也利用了R. G. 科林伍德（R. G. Collingwood）的重演理论。科林伍德重点关注因果关系，他的理论建立在人的基本理性的基础之上。行动意味着思想，思想是行动的基础。历史学家的"主要任务是进入该行动内部去思考自己，以辨别出该行动主体的思想"（Collingwood，1994；Helgeby，2005：10）。在科林伍德看来，思想是某种可识别的痕迹，是过去遗留下来的唯一要素，也是唯一可检索的要素，而所有其他要素都永远地销声匿迹了。"思想史，因而也是全部的历史，是历史学家在自己的头脑中对过去思想的重演"（Collingwood，1994：215）。这种重演需要艰苦的思考（Inglis，2009：215–216）。

"人基本上是理性的"这个观点是有点尴尬的，在分析和平时期或稳定行动期间的决策时，它可能就已经难以支撑了。在分析战斗情形时，它就彻底地把我们带错方向了，在战斗中，在意图、机会和恐惧之间，在理性和非理性之间，甚至是在潜意识因素之间，都存在着相互作用。真实的情况可能是，直觉和冲动的行为无法以理性决策的方式重演，将我们自己局限在科林伍德的理论范围内，就无法对战争中的这些重要因素进行有效分析。无论如何，都不能将它们排除在外。举个例子，直观"阅读"某个战场或情境的能力是各级指挥官的重要财富。对于历史学家来说，这种直观的理解同样极其宝贵，但是从理性主义的认识论观点来看，这可能就是有问题的。

【74】

实际和潜在的压力

在分析历史时，可能会出现某些压力。学者可能会找那些所讨论事件的目击者进行访谈，这类访谈具有地方色彩，它们常常是公共档案馆里那些更为刻板、正式的文件所不具备的。口述史，即与证人交谈，能提高分析的可信度，但是如果证人认为他们的个人记忆是正确的，研究者的分析是不正确的，问题就出现了（Moore，2014，本书第 11 章）。不幸的是，回忆不只是描述事件的过程，还受到事件结果的影响。大脑也不是一台正在运行的闭路录像机，它往往会忘记、错置、扭曲、忽视和否认，但是个人记忆甚至是集体记忆可能会与学术分析共时并存，实际上也是这样。对于那些证人无法获得的来源，如对手的记录，历史学家就有机会对它们进行访问，因此历史学家有后见之明的优势，能在更高的层次上提供汇总性分析，这也确实意味着历史学家应该对自己做的每一个陈述都提供文件记录，将它们用作书面证据。

由于技术的变迁，这个最后的要求可能是有问题的。例如，在当前的军事行动中，已经很少用打印纸来写命令和报告了。在伊拉克和阿富汗，联合部队司令部经常通过互联网（常常通过网络聊天和电子邮件）来实施他们的大部分计划和通信，也产生了大量的军事行动文件，它们被暂存在计算机的服务器中。在当代，如果历史学家能访问计算机系统，实际上就具有了某些优势，通过一些规划和合适的软件，他们就可以对服务器和存储介质进行数据挖掘，获取对所研究军事行动各个方面进行描述的关键文档（Visconage，2006：35－36）。那些通过了安全审查的历史学家可以访问这些服务器，但是指挥系统之外的历史学家就必须等到这类材料被解密。由于大多数国家的电子材料档案协议仍有效，因此如果关键文件、演示文稿和信息被删除了，在它们被删除之时，未来的历史学家就会发现，信息中存在着相当大的断裂。

数字人文学科的发展将如何影响今天和明天的军事史学家的工作方式，这是一个更为广泛的问题，不在本文中讨论。有人认为，数字人文学科的从业者过于强调工具和数据，他们需要更多地关注方法论和认识论问题，这样才能平衡"技术决定论"（technological determinatism）的趋势（Zaagsma，2013）。这样看来，值得在本卷的篇幅中为这些发展提供更多的空间。

近年来有一个有趣的发展，即历史学家实际上可能就在现场，多半是在事件发生之时收集材料，比如美国陆军和海军陆战队中的战地历史学家就是如此。这清楚地表明了历史调查的价值。因此，人们期望那些受雇的历史学家独立运作，在不妨碍部队或军事行动的情况下完成他们的研究，无论其性质如何，他们都在记录（Visconage，2006：35）。对于战地历史学家来说，最重要的是获得指挥官的信任和支持，因为指挥官是定调子的，他能提高历史学家收集信息、讲述部队历史的能力。通过指挥官，历史学家能接触到关键下属和主要的参谋人员，被允许参加参谋会议和电话会议，参与其他历史重大事件。当然，这样的历史学家会受到军事行动安全的限制，他或她的作品可能仅在司令部级别上被用于分析，并在以后被解密。为了获得指挥官的信任，为了能理解军事行动，也为了具有在危险环境中 【75】完成任务的能力，战地历史学家通常会供职于有学术资历的军人或退休军官。有些武装部队会利用那些纯学术型的历史学家，或那些具有最少军事背景的历史学家，由他们来编写当代军事行动的年鉴并加以分析，对于这些历史学家来说，要获得战地指挥官的信任，会面临更为艰难的挑战，只有最具才华的人才有可能完成这一任务。

还有一些随之而来的问题。即使是指挥系统中的历史学家，或是一位退役的、值得信赖的军事老手，他们完成的研究也往往取决于指挥官对历史领域的见解。在对历史学家的要求上，一些指挥官以行动为导向，有时间紧迫感，希望历史学家能及时确认经验教训并迅速报告给他们，以促进下一阶段的行动；另一些指挥官则多半将历史视为一种公共关系活动，目的是构建部队的历史"神话"或指挥的高效、完美。如果是发布部队成就的新闻类故事，或者是撰写下一章中所讨论的官方历史材料，压力就更大了。在这种情况下，效果有可能是巴兹尔·H. 利德尔·哈特（Basil H. Liddell Hart）描述的"伪装的历史"。这样的历史有可能激起虚假的军事信心，导致军事行动上的更大失败（Liddell-Hart，1972：27）。

结语

可以认为，当历史学家为军队或国防组织工作时，他们是不能自由地全面批评这些组织的领导力的，特别是那些仍然在现行理论和政策下服现役的军官们。然而，历史学家仍然可以写出批判性的历史。赫尔姆特·冯·莫尔特克（Helmuth von Moltke）指导德国总参谋部撰写了普法战争（Franco-Prussian War）官方史，他们还就这一工作提出了以下建议，这些建议对于今天的官方史撰写和运用仍然具有意义："我们必须能够在字里行间读出言外之意。在对上次战争写下的历史中，我们总参谋部撰写的历史是最好的。对于所有想要研究这段历史的人来说，它都是极其珍贵的，也需要读出言外之意，因为在这本书中，对人物的批评始终是以最得体的方式进行的，而历史真相始终铁证如山。"（Anonymous，1902：607）

如前所述，军事机构中有一种有序的文化，但是如果认为平民学者拥有的学术自由远远超出军事体系中的历史学家，也多半是个神话。在许多北美和欧洲的大学校园里，都存在"政治正确的达摩克利斯之剑"，它悬挂在大学老师们的头上（Sibul，2011：78–80），"当然，军队史学家可以指出，普遍的趋势和潮流是，准备申请终身教职的学院历史学家正在冒着职业风险去进行反抗"（Sandler，2001）。滥用历史发生在两个世界里。历史学家威廉·S. 林德（William S. Lind）是后越南时代军事改革运动中的关键人物，他记录了一些实例，在这些例子中，美国陆军高级领导层中的一些人物向历史学家施加压力，要求他们攻击新兴的机动战概念或批判性研究等（Lind，2005）。

政治压力、改革之辩以及概念、学说和技术上的变迁，都会给军事官僚机构中的历史学家带来特殊压力，因为他是可以依据历史证据参与到鼓励和抵制变革的过程中的。由于历史是一个仓库，在这个仓库里，"可能的相关事实在数量上是'无限的'"，出于一些派别的自身利益，它们会被"精挑细选"，准备去支持随便什么东西（Howard，1961：7）。当然，风险在于这样的研究完全是片面的，不会提供真正的指导。

虽然方法论已经取得了很大进展，而且我们不再认为修昔底德用的某些方法是充分的，但是今天，修昔底德的抱负与 2 500 年前同样有意义："如果他渴望目睹人类事件史的真实画卷，包括那些曾经发生的，那些期待此后可能发生的……就应该声明，我写的历史切实有用，如果是这样，我就 【76】会心满意足。我写的历史会是一份永恒的财富，不是一个听过即忘的获奖作品"。无论官僚的和政治的压力如何，历史学家的理想都是做无偏见的和无先入之见的历史分析（Baudet，2013）。归根结底，这也是他所服务的制度的最高利益。

注释

1. 作者感谢亨克·德·钟（Henk de Jong）（NLDA）对本章初稿的评论。

参考文献

Ankersmit F.R.2005.*Sublime Historical Experience*.Stanford,CA.:Stanford University Press.

Anonymous.1902. "War as a Teacher of War." *United Service:A Quarterly Review of Military and Naval Affairs* 6(3):604–632.

Barnes H.E.1963.*A History of Historical Writing*.New York:Dover Publications Inc.

Baudet F.H.2013. "Some Thoughts on the Utility of the Past to the Military." *Air and Space Power Journal–Africa and Francophonie* 4(4):4–14.

Beard C.A.1934. "Written History as an Act of Faith." *The American Historical Review* 39(2):219–231.

Chambers J.W.1991. "The New Military History:Myth and Reality." *Journal of Military History* 55(3):395–406.

Collingwood R.G.1994. "The Idea of History(1946)." In van der Dussen J.(ed.)*Revised edition with lectures 1926—1928*.Oxford:Clarendon Press.

de Baets A.2008.*Responsible History*.New York:Berghahn Books.

Gudmundsson B.I.1984. "Instruction at the Basic School." *Marine Corps Gazette* 68(2):29.

Helgeby S.2005.*Action as History:The Historical Thought of R.G.Collingwood*.Exeter:Imprint.

Howard M.1961. "The Use and Abuse of Military History." Royal United Services Institution(RUSI)on 18th October 1961.

Inglis F.2009.*History Man*.Princeton,NJ.:Princeton University Press.

Kiszely J.2005. "Thinking about the Operational Level." *RUSI Journal* 150(6):38–43.

Liddell-Hart B.H.1972.*Why Don't We Learn from History?*London:Allen & Unwin.

Lind W.S.2005. "Wreck It and Run." http://www.counterpunch.org/2005/06/01/wreck-it-and-run.

Lind W.S. "The Ugly." In *On War* #149—*Defense and the National Interest*.http://www.dnipogo.org/ lind/lind_1_25_06.htm.

Lind W.S.,Nightengale K.,Schmitt J.F.,et al.1989. "The Changing Face of War:Into the Fourth Generation." *Marine Corps Gazette* 73(10):22–26.

Moore B.L.2014. "In-Depth Interviewing." In Soeters J.M.M.L.,Shields P.M.,Rietjens S.J.H.(eds.)*Routledge Handbook of Research Methods in Military Studies*.Abingdon:Routledge.

Muth J.2011.*Command Culture:Officer Education in the US Army and the German Armed Forces 1901—1940 and the Consequences for World War II* .Denton,TX.:University of North Texas Press.

Sandler S.2001. "U.S.Army Command Historians:What We Are and What We Do." *Perspectives on History* 39(4):24–27.

Sepp K.I.2005. "Best Practices in Counterinsurgency." *Military Review* 85(3):8–12.

Sibul E.A.2011. "Military History,Social Sciences,and Professional 【77】 Military Education." *Baltic Security and Defence Review* 13(1):71–99.

Sibul E.A.2012. "The Military and the Management Movement." *Baltic Security and Defence Review* 14(2):147–180.

Thucydides.1881.*History of the Peloponnesian War*.Jowett B.trans. Oxford:Clarendon Press.

Tosh J.2009.*The Pursuit of History*.London:Routledge.

US Joint Forces Command.2010.*Joint Operating Environment 2010*. Norfolk,VA.:US Joint Forces Command.

van Riper P.K.1994. "The Use of Military History in the Professional Education of Officers." *Marine Corps Gazette* 78(2):48.

Vandergriff D.E.2002.*The Path to Victory:America's Army and the Revolution in Human Affairs*.Novato,CA.:Presidio Press.

Vego M.2011. "On Military Theory." *Joint Forces Quarterly* 62(3):59–67.

Visconage M.D.2006. "Getting It All Down:Marine Field Historians in Operation Iraqi Freedom." *The Leatherneck* 89(6)34–37.

Wyly M.D.1993. "Teaching Maneuver Warfare." In Hooker R.D.(ed.)*An Anthology:Maneuver Warfare*.Novato CA.:Presidio Press.

Yerxa D.A.2008.*Recent Themes in Military History:Historians in Conversation*.Columbia:University of South Carolina Press.

Zaagsma G.2013. "On Digital History." *BMGN-Low Countries Historical Review* 128(4):3–29.

8　检索现有资料
——国防采办中用于研究的档案数据

雷内·G.伦登，基思·F.斯奈德

Fox J.R.1974.*Arming America:How the U.S.Buys Weapons*.Cambridge, MA.:Harvard University Press.

《武装美国：美国如何购买武器》（*America:How the U.S.Buys Weapons*，以下简称《武装美国》）全面分析了美国是如何获取重要武器和其他国防军事系统的。国防采办的武器计划成本超支，进度延迟，表现不佳，看起来很有问题，该书对造成这些问题的原因进行了深入的分析。在解释这些问题的来源和表现时，《武装美国》涵盖了一系列广泛的主题，包括采办的利益相关者，如国会、行业和国防部（DOD），以及它们在运行时的那些复杂的管理、政治和法律环境。在这样的环境里，这些利益相关者之间的关系往往错综复杂，理解这些关系也令人生畏，罗恩·福克斯（Ron Fox）却用这样一个经典作品来应对这一挑战。这个经典作品的每个重要方面都仍然极具现实意义。

福克斯写道，作为典型的"实务型学者"，他曾在国防部几个与采办有关的职位上供过职，最重要的是，在离开哈佛商学院后，他担任了军事采购副部长。凭借着在国防部的个人经历，福克斯拥有广泛的档案数据来源，包括国会报告和证词、审计总署（GAO，现为政府问责局）报告、国防部预算和成本数据、国防部内部的采办政策及国防工业数据（如穆迪、标准普尔和福布斯数据）。福克斯巧妙地利用这些数据来源去阐明各种主题和方法，这些主题和方法均具有国防采办研究的前景。

　　福克斯具有从五角大楼（美国国防部）内部获取大量采办数据的优势，但是他还是巧妙地使用了几种可公开获得的数据档案，包括国会证词、审计报告和行业数据库。在认识到其数据的局限性时，福克斯采用了简单明了的方法论，避免过度依赖任何一种数据源。例如，在将国防工业与私营企业进行比较的章节中，福克斯没有利用财务数据的统计分析进行假设检验，而是主张采用三角测量法，同时利用几种数据来源。他更喜欢用简单的图表格式比较财务指标，如自有资金负债率和债券评级，通过对国防部合同授予中的数据进行图表分析来强化这些比较。他还纳入了贸易期刊、政府报告和行业领导者访谈中的相关评论。因此，这一结果中的解释性分析面面俱到，细致入微，也引人注目，完全不同于严格定量研究中常见的高级技术方法和极其有限的结论。【79】

　　《武装美国》是务实性的，而不是概念性的。福克斯在研究采办如何发挥作用（或不发挥作用）时，追求的是丰富的背景描述和解释，他描绘了一种制度，这种制度的特征是，对参与者的激励和抑制不接轨，既造成问题，又抵制变革。这些特征在一系列问题中都是显而易见的——从国防部－国会关系的战略性问题到供应商选择的战术性问题。造成这些问题的根本原因是人们在不断演变的情况下诉诸于使用先进武器，使大部分环境都充满不确定性（因此有风险），无论是阿富汗动乱分子的恐怖袭击，还是可能来自朝鲜的导弹袭击。

　　《武装美国》发行于40多年前，但是它的研究发现现在仍然适用。福克斯的结论是，要解决采办的根本问题，就必须进行大规模的结构性变革，他怀疑美国是否有实施这些变革的政治意愿。时间证明他是对的，美国尽管已经尝试了许多改革，却几乎没有什么实质性的改变，美国国防采办仍然像以前一样陷入困境。

引言

　　在国家政府的职能中，国防采办是为武装部队提供军事行动装备和服务的活动，它接受许多审查与监督（Kausal，1999；2000）。围绕采办的根本理由、战略和战术，已经进行了旷日持久的辩论，争议显而易见，许多问题也很难达成共识。例如，对于任何国家来说，适于它们的军事战略是什么？要想在任何特定的战略中取得成功，需要在哪些能力和资源上进行投资？在国家军事力量以及装备它们的工业之间，适当的关系是什么？国防工业对国家经济的真正贡献是什么？如何在这种独特的军民活动中实现适当水平的透明和问责？这一系列如此广泛的重要政策和管理问题使国防采办成为社会科学研究中一个引人注目的课题。有哪些数据可以用来支持此类研究，又如何使用这些数据呢？本章整理和描述了一些用于支持国防采办研究的主要档案数据源和研究技术，目的是为潜在的研究者提供以下有用信息：

· 可用的数据类型；

· 数据来源；

· 数据访问和使用中的问题；

· 对利用这些数据的研究方法的说明。

背 景

数 据 类 型

采办档案数据既可以是结构化的，也可以是非结构化的。结构化数据被定义得很充分，通常以表格形式组织，用于图形、统计（如时间序列）或其他方面的量化分析。但是大多数采办数据都是非结构化的信息，它们存在于合同、叙述性报告和政策性文件等文字密集的文档中。这类数据通常被用于解释性、批判性或其他类型的定性分析，如在《武装美国》中看到的那些。有些定量方法使用内容分析、文本分析或利用文档搜索引擎来挖掘数据，这时，它们也可以使用这类数据（Zhao，Gallup，and Mackinnon，2010）。

数 据 来 源

目前，影响国防采办数据需求和生产的有两大力量。一是管理上的重视。为了更有效地完成采办任务，采办管理人员会收集、存储和使用与采办行动有关的数据。二是政治和法律上的重视。为了推进采办过程中的问责、廉洁和透明等价值观，需要收集数据，将它们提供给官员和公众。这两种力量反映了档案数据的主要来源。

【80】

一些机构从军方那里购买产品和服务，它们通常会保存大量的、有关采办行动的非结构化信息文件，如招标、投标和建议书，以及合同授予、修改和结束的文本。如今，在大多数国家中，采办机构都使用了无纸化"电子采办"系统，以提高效率，实现公平和透明。新加坡国防部（MOD）的采办机构使用对普通公众开放的政府电子采购系统（GeBIZ），用该系统发布国防合同询价供公众查看，想投标的公司可以利用该系统搜索合适的任务并提交投标书。新加坡国防部在发布合同授予通知时，也常常利用这些电子采购系统（Singapore Government，2013）。

接下来，各种机构可能会通过不同的手段来获取这些采办机构的数据，将它们用于不同的目的，其中每种目的又有可能产生新的采办档案数据。这里有些例子：

·采办机构必须向其上级机关提交关于合同行为的定期报告，包括摘要统计。这些内容随后被加以合并，向所有国防机构发布，或者向整个国家行政当局公布。

·国防机构向国防预算编制机构报告预计要授予的合同，国防预算编制机构随后用这些合同来编制未来的国防预算。

·指导独立的政府审计机构调查一个合同行为或一系列的合同行为，向国防部领导人或国家立法机构提交报告。

·机构公开宣布重大合同授予情况，然后由新闻媒体或私人监督团体进行报道。

·在上述情况的基础上，国家领导层或立法机构颁布与采办有关的法律、法规和其他政策，这些政策随后便成为机构采办数据档案中的一部分。

这些脚本表明，研究者在寻找国防采办档案数据时，可以从上述机构的数据存储库开始。40多年前，福克斯凭借许多来自此类机构的纸质文件写成了《武装美国》。当然，在今天，这些机构中的大多数都有了可供搜索的组织网站，拥有了指向相关数据网页的链接。其中每个脚本中所产生和归档的数据都居于结构化与非结构化之间，数据的结构化程度取决于它们各自的用途和目的。

【81】

数据的挑战

由于各种原因，人们很少关注国防采办方面的学术研究（Albano，

Snider，and Thai，2013；Snider and Rendon，2012），出于学术目的收集的数据也很少。研究者面临的挑战是，有必要了解采办档案数据收集的目的及其对数据质和量的影响方式，也有必要了解他们的研究问题和方法如何才能与这些数据相兼容。为了说明这些问题，表 8.1 展示了四份合同中公开提供的数据，它们来自北大西洋公约组织（北约）2012 年下半年授予的约 350 份合同。公开这类信息可能是出于透明的考虑，它们显然不足以检核许多感兴趣的研究问题，如北约采购流程是否考虑到了成员国供应商之间的充分竞争，或中小型企业是否有足够的机会向北约出售产品和服务。

表 8.1　2012 年 7—12 月北约采购订单摘录

承包商	国家	价值 / 欧元	目的
Aerazur-Zodiac Aerospace	法国	109 640	固定设施，照明
Aero Precision Industries Inc.	美国	264 332	零件采购
Agilent Technologies	意大利	348 501	固定翼飞机用品
Agusta Westland Ltd.	英国	1 001 332	直升机供应

资料来源：北约支持机构（NATO，2013）。
注：所报告的 2012 年合同授予门槛金额为 76 800 欧元。

第二个挑战是对采办数据访问的限制。正如人们对国家安全事务所预期的那样，敏感的数据是保密的，特别是有关新型武器的能力、技术和应用的数据，在国防机构内部，只有极少的人才能获得此类数据。此外，供应商的信息比较敏感，政府合同的结构性安排也常常会采取措施来保护此类信息，限制对此类数据的访问。公司的商业计划、营销策略和薪资结构等专有数据（"商业秘密"）和文件也是保密的，只有当采办官员需要用它们来判断是否应该为该公司授予合同时，才允许被访问。在撰写《武装美国》时，福克斯享有了这样的内部访问权限，除非研究者也能获得这样的权限，否则他们很难获得与采办有关、尚未公开提供的数据。

美国国防采办档案数据

本章接下来的部分将重点介绍美国档案数据。虽然其他大多数的自由民主国家也会收集有关采办改革的数据和信息，但是没有任何国家像美国那样拥有如此广泛的档案数据。一个主要原因是，收集数据和维护档案成本高昂，美国国防投资很大，可以负担得起。在美国的数据源中，你会发现所有类型的档案数据，任何其他国家都不可能做到这一点。例如，没有任何国家的系统可以与下一代联邦采办数据系统（FPDS-NG；下文会讨论）相媲美。许多国家都有一些档案数据，如电子采办系统和审计报告，但是任何国家拥有的档案数据类型，美国都有。

正如所预期的，美国国防部（DOD）提供的采办数据范围广泛，从没有限制到高度限制。这里仅讨论那些公开提供的数据，它们都有可搜索的【82】网站，只需要在任何互联网的搜索引擎中输入组织名称，都可以轻松地找到它们。

美国国防部通过国防技术信息中心（DTIC）公开了大量的数据和信息，大多数机构的图书馆均可以对它们进行访问。通过网站搜索引擎、谷歌学术这样的网络搜索工具，都可以搜索到国防技术信息中心的产品。这些产品包含预算文件、国防部政策、各国防部所属学校学生撰写的报告和论文，以及许多其他与国防有关的出版物。

结构化数据

结构化数据的来源包括计划数据和合同数据（表 8.2），两者都来自政府。

表 8.2　结构化数据的来源

数据来源	数据示例	利用该数据做的研究示例
采办报告精选（SAR）http：//www.acq.osd.mil/ara/am/sar / index.html	计划叙述重点；计划采购成本；计划成本变更；计划资金状况	在雷德斯纳等的研究中，他们用《采办报告精选》成本数据来对采办计划中的成本增长加以量化，以确认该成本增长的影响因素（Drezner et al.，1993）；博尔顿等利用 35 个重要采办计划中的《采办报告精选》成本数据，确定了成本增加的来源，包括估价和进度上的失误、政府决策以及财务问题（Bolten et al.，2008）

数据来源	数据示例	利用该数据做的研究示例
下一代联邦采办数据系统（FPDS-NG）（www.fpds.gov） 联邦商业机会官网（FEDBIZOPPS）（www.fbo.gov）	前100名承包商报告；小企业目标设定报告；美国复苏与再投资法案（经济刺激）报告	劳埃德利用联邦采办数据系统数据分析了合同上诉中的另类争端解决方案（Lloyd，1988）； 班纳等人用联邦商业机会官网数据分析了需要做多少资金预算来刺激健康干预并进行了效果比较研究（Benner et al.，2010）

计 划 数 据

《采办报告精选》（*The Selected Acquisition Report*，SAR）是国防部向国会提交的某个重大采办计划的主报告，内容涉及该计划的成本、进度和绩效信息。《采办报告精选》会提供最新的与基线估价有关的计划状态估价，基线估价和当前估价之间的差距可能是有利的，也可能是不利的。《采办报告精选》需要每年度提交一次，成本显著增加的计划还需要提交季度报告。《采办报告精选》中也包含非成本信息（如对所计划事件、进度及方案的非结构化叙事文本描述），但是其中大部分数据与成本有关。《采办报告精选》估算了各种活动的总计划成本，包括研发、采购和军事建设成本，以及其他与采办有关的运营和维护成本，预计的通货膨胀率也被考虑在内。此外，《采办报告精选》还为每个重大采办计划提供了已批准的未来资金额度数据。

【83】　　《采办报告精选》用于监控计划状态，强调了与先前《采办报告精选》之间的差异性。显然，出于各种原因，可能会出现成本上的变化，比如采购数量发生变化，成本就会增加或减少。《采办报告精选》会根据多种原因对成本变化进行分类，包括通货膨胀指数变化、采购数量变化或采购项目属性变化引起的成本变更。对于美国国防采办中长期存在的问题，已有的定量研究已经分析了它们的原因，大多数都侧重于采办项目的成本差异，因此也都利用了《采办报告精选》档案数据。福克斯在《武装美国》中用了一些《采办报告精选》数据（Fox，1974：364–365），但是兰德公司的

出版物是这类研究中最为重要的作品（参见表 8.2 中的例子）。

从年度《采办报告精选》中可以获得详细的数据，这为定量研究提供了丰富的可能性，但是研究人员也必须了解它的局限性。霍夫（Hough，1992）描述了《采办报告精选》数据的几个问题，如在应该如何定义和提供数据要素方面，各个计划中的解释不尽相同。此外，对报告的要求偶尔也有变化，如 2006 年，美国国会修订了计划要求，除了要报告所有更新的基线，还需要报告与最初基线之间的差异（Schwartz，2010）。

合 同 数 据

上述下一代联邦采办数据系统（FPDS-NG）是全部联邦政府合同签订行为的中央存储库，其中包括国防部行为，它高于微购（micro-purchase）门槛价（目前为 3 000 美元）。该系统为联邦政府执行机构的合同授予提供汇总性数据，也提供一些标准的年度报告档案，如《前百名承包商报告》（*Top 100 Contractors Report*）和《联邦采办报告》（*Federal Procurement Report*）。基于这些数据，就能根据地理位置、市场细分和其他因素来分析联邦政府的合同签订。

下一代联邦采办数据系统还包括一些原始的采办数据档案，用可扩展的标记语言记载了 2004 年至今的所有联邦采办行为。这些档案是巨大的、潜在的研究数据源，但是该系统的网站也警示道：

　　[XML] 档案旨在为那些在采办数据、XML 技术和大数据方面有丰富经验的用户提供服务。在完全不了解业务流程、规则和法规以及系统信息的情况下，使用档案数据只会增加错误分析的风险。

（FPDS-NG，2013）

联邦商业机会官网（FEDBIZOPPS）是联邦政府电子门户官方网站，合同授予官员用它来发布拟议的合同通知，在这里发布的合同，金额要超过 25 000 美元。联邦商业机会官网专为买家或供应商量身定制，如果研究者要寻找某个具体的合同签订行为信息，他就会发现，联邦商业机会官网是一个潜在的宝贵资源。虽然联邦商业机会官网的大部分内容是非结构化数据（见下文），以招揽和资助通知的形式呈现，但是在该网中，也有某些知名采办领域中的重要的结构化档案数据，如由于 2009 年经济刺激计划而被授予的合同（US Congress，2009）。

非结构化数据

接下来，我们将讨论各种非结构化数据的来源，它们出自政府部门和非政府部门，见表8.3。其中大多数来源都做过与国防采办有关的研究或调查工作，提供过研究结果的总结报告。正如福克斯在《武装美国》中所【84】表明的，与采办有关的研究都是优秀的二手数据来源。

表 8.3　非结构化数据的来源

数据来源	数据示例	使用数据的研究示例
政府问责办公室（www.gao.gov）	《高风险》丛书；国防采办：《精选武器计划评估》	甘斯勒利用《精选武器计划评估》中的二手数据评估了行业在管理采办计划方面的表现，建议政府在政策和实务方面做出改变，以保护关键技术（Gansler，2011）
	"合同管理：海岸警卫队的深水计划需要更加关注对管理层和承包商的监督"，GAO-04-380，3月9日，华盛顿特区：政府问责办公室	布朗等将委托代理理论应用到了颇具争议的海岸警卫队深水项目的情况中（Brown et al.，2010）
	总审记长的法律决定及投标抗议书	马瑟和汤普森对投标抗议数据进行统计分析，以检验各种假设（例如，与大型供应商相比，小型供应商更有可能对合同授予行为表示抗议）（Maser and Thompson，2010）；罗杰森利用总审计报告中关于国防承包商盈利能力的二手数据，检验了下述理论，即从企业股票市值变化的观测值中，可以推断出其所签订生产性合同的预期收益（Rogerson，1989）
国会研究服务部（https://opencrs.com）	S.H.查德威克（2007）《国防采办：概述、问题和国会的选择》，国会研究服务部国会报告，华盛顿特区：国会研究服务部	克拉茨和白金汉利用二手数据分析了威胁和基于军事能力的计划（Kratz and Buckingham，2010）

数据来源	数据示例	使用数据的研究示例
国防部总监察长办公室（DODIG）（http://www.dodig.mil/pubs/index.cfm）	国防部总监察长办公室（2009）"国防部采办和合同管理总监察审计办公室摘要"，报告 D-2009-2071，华盛顿特区：作者	伦登等利用国防部总监察长办公室的合同缺陷报告，分析了海陆空设施维修的采办管理实践（Rendon et al., 2012）
兰德公司（www.rand.org）	B. 乔，R. 西尔贝格利特和 S. 广本《迈向经济实惠的系统——军队科技计划的投资组合分析和管理》，专题研究报告 MG-761，加州圣塔莫妮卡：兰德公司	达克斯利用二手数据证明，在评估国防采办计划的技术成熟度时，国防部应该使用简单指标（Dacus, 2012）
战略与国际研究中心（www.csis.org）	战略与国际研究中心（CSIS）（2001）《21世纪的技术与安全：美国军事出口管制改革》，战略与国际研究中心军事出口管制项目报告，华盛顿特区：CSIS, p.4	拉瓦利分析了欧洲国家在获得美国国务院出口管制许可方面的困难（Lavallee, 2003）
国防分析研究所（www.ida.org）	S.A. 阿诺德，D.L. 迈克尼科尔和 K.G. 法萨纳（2008）《营利政策和合同激励可以改善国防合同的结果吗？》IDA-P4391，弗吉尼亚州亚历山德里亚：国防分析研究所	卡拉汉等研究了1978—2009年现金流量补贴对国防承包商资本支出和债务花费的公共政策影响（Callahan et al., 2011）
政府监督项目（POGO）（www.pogo.org）	政府监督项目（各年）《国家安全调查：浪费的国防开支报告》	索普认为，在国防合同配置中，武器支出项具有浪费和滥用特征，她在对这些内容的讨论中提到了一系列政府监督项目报告（Thorpe, 2010）
反对政府浪费公民（CAGW）（www.cagw.org）	T. 菲尼根（2006）《所有的猪肉：滥用耳记和必要的改革》，华盛顿特区：反政府浪费公民联盟	鲁宾利用反对政府浪费公民数据批评了国会对特殊利益集团计划增加支出的做法（Rubin, 2007）

【85】

政　府　来　源

采办事务的主要政府调查机构包括政府问责局（GAO）和国防部总监察长办公室（DODIG）。由总审计长领导的政府问责局是国会的监督机构，它调查与公共管理有关的问题，发布对它们的评估报告，是政府计划评估的一部分。《精选武器计划评估》总结了政府问责局对国防部主要国防采办计划中的成本、进度和量化数据的分析，这些计划均来自《采办报告精选》。有些领域易发生欺诈、浪费、滥用和管理不善等问题，它们被认为是高风险的领域，政府问责局的《高风险》报告对这些领域的观察进行总结。在政府问责局的非结构化数据中，还包括总审计长解决供应商投标抗议和索赔的法律决定。国防部总监察长办公室是国防部长的主要顾问，负责处理欺诈、浪费和滥用问题。与政府问责局一样，国防部总监察长办公室的工作人员进行审计和调查，并发布这些活动结果的报告。

国会研究服务部（CRS）是国会图书馆内的一个专门为国会工作的机构，它为一系列复杂的政府议题提供政策和法律分析，包括国防采办的议题。国会研究服务部不做审计或调查，相反，它几乎完全依赖二手来源，利用这些资源向国会议员及其工作人员提供分析。来自政府问责局、国防部总监察长办公室和国会研究服务部的报告、证据及其他出版物，分别在它们各自机构的网站上向公众开放，每个网站都包括高级文本搜索功能和

【86】其他研究资源的链接。

非政府来源

一些非营利组织也对包括国防采办在内的公共政策和决策进行研究与分析。兰德公司是联邦政府资助的研发中心（FFRDC），长期以来，一直活跃在采办研究中。战略与国际研究中心（CSIS）以国防和安全、区域稳定、全球性挑战和问题为重心，开展相关的研究与分析，提出相关的政策举措。最后，国防分析研究所（IDA）运营着三个研发中心，对国家安全问题进行科学和技术上的研究，其中包括与采办有关的问题。

在这些组织中，每个组织的研究结果都被存档，可以在它们各自的网站上被访问。两个非营利性监督机构会发布重要的采办信息。政府监督项目（POGO）调查整个联邦政府的腐败、不当行为和利益冲突。反对政府浪费公民（CAGW）是全国公认的政府浪费信息源。反对政府浪费公民发布过《国会猪肉书概要》（*Congressional Pig Book Summary*），其中包括"在13项年度拨款法案及其倡议者中，最令人咂舌的和最不负责任的猪肉桶项目"（CAGW，2013）。

最后，一些大学也有专门的计划，利用这些计划来促进和开展与采办有关的研究，如马里兰大学的公共政策和私营企业中心以及海军研究生院

的采办研究计划。这些机构通常将研究结果发布在他们自己的资料库中，可以在互联网上被检索。通过国防技术信息中心或谷歌学术等搜索引擎也可以访问其中的大多数成果。

其他类型的采办档案数据

另外两类重要的数据也值得受到关注：一是与采办计划预算有关的数据；二是对采办相关政策进行记录和描述的数据。可以在各种来源中找到这些数据（表 8.4），它们是结构化和非结构化数据的混合体。

表 8.4　其他类型的采办档案数据

类型	来源	研究项目示例
预算文件： ·国防部预算提交文件 ·国会听证会及其颁布的文件	DTIC（http：//dtic.mil）；DOD Comptroller（http：//comptroller.defense.gov）；DTIC（http：//dtic.mil）；THOMAS（http：//thomas .loc.gov）	1982—1995 年，国会委员会对该计划的年度预算进行了广泛监察，J. 戴维斯证明了这一监察如何造成了该计划的重大动荡，几乎令该计划流产（Davis，1995）
政策文件： ·联邦政府采办规则（FAR） ·国防部发布的政策 ·联邦法规	FAR Site（http://farsite.hill.af.mil/）；Policy Vault（http://www.acq.osd.mil/dpap/）；Defense Acquisition Portal（http://dap.dau.mil）；THOMAS（http：//thomas.loc.gov）	国防部对采办计划的报告要求越来越繁复，J. 迪拉德分析和批评了这种做法（Dillard，2003）

预 算 文 件　　　　【87】

每年在准备并提交年度预算请求时，国防部都会产生大量的数据，这些数据随后被纳入总统预算中，并于每年二月提交给国会审议。对于每项计划，国防部的预算请求都提供了详细的支持性文件，它们解释与证明了计划的基本原理和执行时所需要的预算。年度预算文件也为每个采办行动提供了深层背景，如 2013 财政年度海军采购战斧导弹计划的支持性文件包括以下几个方面：

·拟采购的导弹数量（196）；

·2013 财政年度预算（3.089 7 亿美元）；

·预计要采购的年度数量以及 2017 财政年度预算；

·计划的历史、现状和方案概述；

·主要成本构成部分的分解（如硬件、软件和后勤保障）；

·主要合同信息（如供应商、合同方式和类型）；

·导弹生产率；

·供应商交付时间表（审计官，2012）。

这类信息现已存档，自 2000 财政年度起，开始公开提供给所有处于不同发展阶段的重大采办计划。

对于任何计划，预算文件都应该提供足够的详细信息，以使国会能核准下一财政年度对该计划的预算。这些文件含有半结构化数据，以表格形式定义了基本成分，也包括由叙述性文本组成的非结构化数据。

为回应国防部提交的预算，国会开展针对它的年度听证和辩论过程，通过法律程序为国防采办计划进行授权并提供拨款（Candreva，2008）。审议和决议记录包含在国会听证会的笔录、报告及各种版本的立法文件中，其中包括最终颁布的、由总统签署的成为法律的版本。所有这些都被归档，可以在美国国会图书馆的 THOMAS 网站上找到，它们几乎都是非结构化的数据和信息。这些文件指明了国会对重大采办计划的指导方向，也提供了实际批准的采办任务金额。例如，立法通过国防部 2008 财年用于建造新型濒海战斗舰的 3.39 亿美元拨款（US Congress，2007a：12），而在同年的国防授权立法中，相关条款规定，国防部只能采用固定价格类合同来建造濒海战斗舰（US Congress，2007b：27）。

政 策 文 件

半个世纪以来，各种采办改革举措显然都以失败而告终，鉴于此，学者们最近开始对采办政策产生兴趣，并将其作为研究课题（Fox，2011；Dillard，2007）。总的研究思路是，找到有改革意向的政策性人工产品，如条例、联邦法规和国防部内部程序，检验它们与一些已定义了的结果之间的关系，以评估一项政策的效应。与采办有关的政策性文件通常是公开提供的，人们可以通过 THOMAS 网站获得立法文件，也可以在国防技术信息中心获得国防部的历史文件。

挑战：一个例子

马瑟和汤普森（Maser and Thompson，2010；见表 8.3）分析了国防部
合同授予中的抗议行为，他们的这一研究阐明了使用档案数据的某些过程
和挑战。在国防部的管理实践中，有一些过失之处，它们提供了助长错误【88】
的条件，无论是真正发生的，还是感觉到的，抗议就是由这些过失引起的，
该研究证明了这一点。马瑟和汤普森主要使用访谈法，他们访问了签合同
的行业官员，但是他们还是首先利用了国防部有关合同和抗议的结构化与
非结构化档案数据，这些数据奠定了研究的经验基础。该基础含有抗议情
况分布等信息，如投标人数、美元数额、合同期限、胜出公司及抗议公司
的规模、胜出公司及抗议公司的收入、合同产出类型（如产品、服务），
用它们来阐明国防部合同抗议行为的一般情境和趋势。马瑟和汤普森还利
用这些数据检验了一些假设，包括合同抗议的可能性是否与某项合同的投
标人数、投标人规模、签订合同的复杂性以及合同类型（固定价格或成本
可偿还性）有关。以下各节概述了这些数据的检索和使用。

结构化数据

多年来，许多合同都是由一些国防部的机构向多家公司授予的，这些
合同的数据收集工作规模大，复杂度高，因此马瑟和汤普森的研究主要是
通过商业数据挖掘网络应用程序 FEDMINE.USTM 开展的。该工具"聚合
的数据来自各种不同却颇具权威性的联邦政府数据源……拥有所有联邦承
包商的每笔交易的详细信息"。通过上述几个结构化数据源，包括下一代
联邦采办数据系统和联邦商业机会官网，马瑟和汤普森增添了一些验证性
数据（Maser and Thompson，2010：81）。

在 EDMINE.USTM 和 FPDS-NG 生成的电子表格中，数据中的大部分
是可用的，但是马瑟和汤普森还是做了大量的编码工作，将数据转换为更
加简单、更加可用的形式。例如，他们根据年度收入和员工人数将公司划
分为小型或大型，分别用美元和人数来表示。再举一个例子：合同产出的
范围非常广泛，包括导弹、货运车辆、信息系统、医疗服务和施工等，他
们将该范围缩小，减少到仅有三个类别：武器、产品或服务。最后举个例子，
他们将多种合同类型简化为两大类：固定价格和成本 – 可偿还性。

非结构化数据

马瑟和汤普森的研究也依靠政府问责局的抗议案件叙述文本，还包括心怀不满的投标人向联邦诉讼法院提起的诉讼书。作者利用政府问责局网站上的"高级搜索"功能来识别和提取相关的抗议案件，如涉及国防部机构的案件。他们阅读政府问责局的抗议案件，根据抗议看起来被善待还是被拒绝，对它们进行编码。与对结构化数据的处理方式一样，他们对假设进行了简化处理。例如，如果几家公司抗议同一份授予合同，马瑟和汤普森就将此类情况视为一次抗议。由于需要法律知识来解释联邦索赔法院判决案件，因此一些法学院学生也参与进来了，他们会协助编码（Maser and Thompson，2010：79–81）。

在对结构化和非结构化数据进行编码的基础上，马瑟和汤普森做了普通最小二乘（OLS）回归和 Logistic 回归，以检验上述假设。对于普通最小二乘回归，因变量是其利益生效期（2004—2009 年）内的月抗议率；自变量包括公司规模、合同类型、投标人数量、合同产出和其他几个因素。

【89】 Logistic 回归检验了这些年间授予的 65 000 项国防部合同，每项合同行为的因变量是二分的，即抗议或没有抗议（Maser and Thompson，2010：49）。在这里，马瑟和汤普森遇到的挑战是获取与反思所有自变量的数据，实际上，他们只能获得一些感兴趣的变量的数据。正如马瑟和汤普森在他们的方法论部分中所指出的那样，"（在下一代联邦采办数据系统和其他数据库中），信息缺失是一个重大问题"（Maser and Thompson，2010：81）。

如果马瑟和汤普森以对档案数据的统计分析来结束他们的研究，这项研究就会因简化假设和数据不足而功效大减。但是，如前所述，作者还与签订合同和处理抗议的专家们进行了一系列访谈。这是一项整合性的研究工作，综合利用了访谈法和统计分析法，为合同签订和国防管理文献做出了新的贡献。

总结和结论

本章旨在说明和描述国防采办档案数据的主要来源。虽然讨论重点是美国，但是对于大多数其他发达国家来说，它们至少会有一些类似的数据源，从它们的国防部网站、国家政府电子采办系统网站，均可以访问这些数据。本章讨论了国防采办数据的独特性：作为政府推动透明、廉洁和问责的一部分，一些数据是公开提供的；而出于安全原因，另一些数据则可能会受到管控，出于研究目的而进行的访问会受到限制。本章也讨论了非结构化和结构化数据的来源、预算数据和政策性文件，以及从这些数据来源中发展出来的学术研究实例。

国防采办涉及的计划往往充满成本、进度和绩效问题。这些计划中的成本、风险、政府监督为学术研究和调查创造了一个目标多样的环境。了解获取档案数据的途径会帮助认真治学的研究者，使他们能成功地在任何国家进行国防采办研究。

参考文献

Albano G.,Snider K.,Thai K.2013. "Charting a course in public procurement innovation and knowledge sharing." In *Charting a Course in Public Procurement Innovation and Knowledge Sharing*.Boca Raton,FL.:Pracademics.

Benner J.S.,Morrison M.R.,Karnes E.K.,et al.2010. "An Evaluation of Recent Federal Spending on Comparative Effectiveness Research:Priorities,Gaps,and Next Steps." *Health Affairs* 29(10):1768–1776.

Bolten J.,Leonard R.,Arena M.,et al.2008.*Sources of Weapon System Cost Growth:Analysis of 35 Major Defense Acquisition Programs,Monograph MG–670*.Santa Monica,CA.:RAND.

Brown T.L.,Potoski M.,van Slyke D.M.2010. "Contracting for Complex Products." *Journal of Public Administration Research and Theory* 20(1):i41–i58.

Callahan C.M.,Vendrzyk V.P.,Butler M.G.2011. "The Impact of Implied Facilities Cost of Money Subsidies on Capital Expenditures and the Cost of Debt in the Defense Industry." *Journal of Accounting and Public Policy* 31(3):301–319.

Candreva P.2008. "Financial Management." In Rendon R.,Snider K.(eds.) *Management of Defense Acquisition Projects*.Reston,VA.:AIAA.

【90】 Citizens Against Government Waste(CAGW).2013.http://www.cagw.org.

Dacus C.L.2012. "Improving Acquisition Outcomes through Simple System Technology Readiness Metrics." *Defense Acquisition Research Journal* 19(4):444–461.

Davis J.1995. "Congressional Budget Oversight of the Military Strategic and Tactical Relay(MILSTAR)Satellite Communications System,Fiscal Years 1982—1995." PhM diss.,Naval Postgraduate School.

Dillard J.2003.*Centralized Control of Defense Acquisition Programs:A Comparative Review of the Framework from 1987—2003*.Monterey,CA.:Naval Postgraduate School.

Dillard J.2007.*From Amorphous to Defined:Balancing the Risks of Spiral Development,Acquisition Research Program Report*.Monterey,CA.:Naval Postgraduate School.

Drezner J.,Jarvaise J.,Hess R.et al.1993.*An Analysis of Weapon System Cost Growth*.Santa Monica,CA.:RAND.

Federal Procurement Data System-Next Generation(FPDS-NG).2013. "Reports." https://www.fpds.gov/fpdsng_cms/index.php/reports.

Fox J.R.1974.*Arming America:How the USA Buys Weapons*. Cambridge,MA.:Harvard University Press.

Fox J.R.2011.*Defense Acquisition Reform,1960—2009:An Elusive Goal*. Washington,D.C.:United States Army Center of Military History.

Gansler J.S.2011.*Democracy's Arsenal:Creating a Twenty-First-Century Defense Industry*.Cambridge,MA.:MIT Press.

Hough P.1992.*Pitfalls in Calculating Cost Growth from Selected Acquisition*.Santa Monica,CA.:RAND.

Kausal T.1999.*A Comparison of the Defense Acquisition Systems of France,Great Britain,Germany and the United States*.Fort Belvoir,VA.:Defense Systems Management College Press.

Kausal T.2000.*A Comparison of the Defense Acquisition Systems* *of Australia,Japan,South Korea,Singapore and the United States.*Fort Belvoir,VA.:Defense Systems Management College Press.

Kratz L.,Buckingham B.A.2010. "Achieving Outcomes-Based Life Cycle Management." *Defense Acquisition Review Journal* 53:45–66.

Lavallee T.2003. "Globalizing the Iron Triangle:Policy-Making within the US Defense Industrial Sector." *Defense & Security Analysis* 19(2):149–164.

Lloyd R.E.1988. "Alternative Dispute Resolution in Federal Contracts:The Irony of Process." *Policy Studies Journal* 16(3):542–561.

Maser S.M.,Thompson G.F.2010.*Understanding and Mitigating Protests of Department of Defense Acquisition Contracts.*Monterey,CA.:Naval Postgraduate School.

North Atlantic Treaty Organization(NATO).2013. "NATO Support Agency Contract Awards." http://www.nspa.nato.int/PDF/Procurement/Jul12-Dec12. pdf.

Rendon R.G.,Apte U.M.,Apte A.2012. "Services Acquisition in the DOD:A Comparison of Management Practices in the Army,Navy and Air Force." *Defense Acquisition Research Journal* 19(61):13–32.

Rogerson W.P.1989. "Profit Regulation of Defense Contractors and Prizes for Innovation." *The Journal of Political Economy* 97(6):1284–1305.

Rubin I.2007. "The Great Unraveling:Federal Budgeting,1998—2006." *Public Administration Review* 67(4):608–617.

Schwartz M.2010.*The Nunn-McCurdy Act:Background,Analysis and Issue for Congress.*Washington,D.C.:Congressional Research Service.

Singapore Government.2013. "Government Electronic Business(GeBiz)." http://www.gebiz.gov.sg.

Snider K.F.,Rendon R.G.2012. "Public Procurement:Public Administration and Public Service Perspectives." *Journal of Public Affairs Education* 18:327–348.

Thorpe R.U.2010. "The Role of Economic Reliance in Defense Procurement Contracting." *American Politics Research* 38(4):636–675.

US Congress.2007a.*Department of Defense Appropriations Act,H.* 【91】

*R.3222,110th Congress,January 4.*Washington,D.C.:United States Government Printing Office.

US Congress.2007b.*National Defense Authorization Act for Fiscal Year 2008,H.R.1585,110th Congress,January 4.*Washington,D.C.:United States Government Printing Office.

US Congress.2009.*American Recovery and Reinvestment Act,Public Law 111–115,111th Congress,February 17.*Washington,D.C.:United States Government Printing Office.

Zhao Y.,Gallup S.,MacKinnon D.2010.*Towards Real-Time Program Awareness via Lexical Link Analysis.*Monterey,CA.:Naval Postgraduate School.

9　案例研究中的过程追踪法

帕斯卡·威尼森，伊娜·威斯纳

Wiesner I.2013.*Importing the American Way of War?Network-Centric Warfare in the UK and Germany*.Baden-Baden:Nomos.

军事组织经常会面临与创新有关的挑战和困境。长弓、飞机、计算机，以及大规模军队或两栖战争都是改变战争行为的技术和概念创新。它们也重新塑造了军事组织，在某些情况下，会促进创造新的作战武器或作战概念，在另一些情况下，会引起适度调整，甚至是蓄意抵抗。21世纪初的军事创新政治核心包括网络空间的军事利用、反叛乱、无人机战役袭击及网络中心战。它们可能会持续地对作战计划、资源分配、采购决策、训练和组织产生影响。但是令人惊讶的是，对于军事概念采纳成败的解释性因素，人们却知之甚少。为什么有些军事组织成功地吸收了新技术或新思想，而另一些则不然？

《引入了美国战争方式？英国和德国的网络中心战》（*Importing the American Way of War?Network-Centric Warfare in the UK and Germany*）考察了英国和德国武装部队采用网络中心战（NCW）的情况。网络中心战是一个基于相关部队之间联网来实现作战优势的概念。由美国军官于20世纪90年代末开发，它的理念是，通过传感器、指挥官和射击者联网来实现更高的任务效能。这一理念一经提出，便迅速传播到其他军事组织。到2001年，已经有很多军队开始对这一创新进行效仿，尽管方式不同，结果也不同。什么因素可以解释采用网络中心战上的差异呢？为回答这一问题，威斯纳对一个结构化小样本进行了比较分析。她以过程追踪法（process tracing）为分析工具，打开了采纳军事创新的初始条件和最终结果之间的"黑箱"。

　　过程追踪法有助于谨慎地重建和比较那些构成过程的事件序列，每个国家的相关行动者都是通过这些事件意识到并利用和实施网络中心战的。各国在采用网络中心战时，在时机和速度、概念和实施的忠诚度方面均表现出差异性，过程追踪使我们能对这些差异的原因和结果进行探索与识别。威斯纳从构成时间序列事件的要素中寻找证据，再依据各个证据得出描述性的和因果性的推断。英国军方于 2001 年初就开始接受网络中心战，并且很快地引入了这一概念。德国军方是在 2004 年晚些时候才更加密切关注网络中心战的，他们是慢慢地采纳了这一概念。在对概念的忠诚度上，两国军队也呈现出进一步的差异。英国为适应它的军事文化与作战需要，量身定制了网络中心战。德国与英国不同，它在军事文化上与美国存在巨大差异，也面临着截然不同的安全挑战，但是德国的网络中心战概念还是基本照抄了美国。最后，对实施忠诚度的评估表明，在英国，对概念寄予的厚望和概念被采纳后的最终结果彼此相近。而在德国的案例中，实施的结果不仅与概念的要义相矛盾，而且与军事行动的实际情况不相符。从制度主义的框架看，这一研究表明，各国对于军事效能和社会合法性这两个方面的关注点不同，采纳的过程和结果也不尽相同。在采纳网络中心战的案例中，英国军队是效能最大化者，德国军队是合法性的最大化者。

【93】

引言

　　过程追踪可以被简洁地定义为一种方法，旨在"识别干预的因果过程……这个过程发生在某个自变量（或变量）和因变量的结果之间"（George and Bennet，2004：206）。过程追踪法是案例研究中最为重要的分析工具之一，尤其是对于单个案例的分析来说更是如此（Mahoney，2012：571；Goertz and Mahoney，2012：100-114）。本章的目标是呈现和讨论军事研究中的过程追踪法。具体来说，我们提出了三个问题：什么是过程追踪法，它与社会科学家用的其他方法有怎样的关系？在军事研究中，过程追踪法的目的和增量贡献是什么？在实际开展的案例研究中，过程追踪法又是怎样的？我们认为，如果研究者对分析一个案例（或少数案例）的细节、寻找一般的模式和进行理论方面的论证感兴趣，过程追踪法就是很有价值的分析工具。本章首先探讨过程追踪法在目前社会科学方法论中的地位，军事研究学者对一些独特而重要的事件感兴趣，本章也会指出过程追踪法对解释这类事件的价值。然后，我们会讨论过程追踪法的效用。最后，我们会对过程追踪法在案例研究中的实际用途进行反思。

过程追踪法和案例导向的研究

研究军事事务的方法

除了规范性的和平研究和批判性的安全研究，军事研究领域中的大多数社会科学研究（如和平与冲突研究以及安全研究）都是建立在广泛的实证主义元理论的基础之上的。大多数研究者都在试图揭示因果关系，或者是检验关于因果关系的一般假设或命题。在这方面，有三种最常见的方法论进路：统计法、实验法和案例研究法（Bennett and Elman，2006：457）。使用统计法的学者分析大样本的观测数据集，推断结果与条件因【94】素之间的关系。学者们也会使用实验法来评估受控环境下的因果关系（也可参见 Teigen 著作的第 20 章）。出于实际的或道德的原因，有可能存在实验法行不通的情形。同样，学者们发现，只有统计分析是不够的，比如如果他们对独特、重要的事件（如战争与战斗的结果，或者是具体的政治和军事决策）感兴趣，统计分析就不可行。研究者还可能试图探索某些因素对军事组织的影响（如征兵的结束），或者是某些特定结果的原因（如战争的成败），在大量的案例中，也不可能观察到这些。此外，一些学者不满意统计学方法对社会情境的框定，他们坚信，这些情境十分重要，而统计法却框定了他们的分析单位以及他们想要检验的具体情形。最后，统计法遭到的批评是，它对两个变量之间的因果关系做了假设，而实际上，统计法能够表明的也不过是它们的共变性（Gerring，2008）。为了确定因果关系的存在，理解因果关系的特征，研究者可能需要求助于定性的方法（Goertz and Mahoney，2012：101f.）。

在这些情况下，案例研究是首选方法。一般来说，使用定性方法的学者对"大量案例的某个原因的净效应不感兴趣，相反，他们对一个特定案例或几个案例情境中导致某种结果的原因互动感兴趣"（Bennett and Elman，2006：458）。研究者会选择少数案例，有时甚至是一个案例，这取决于他们的研究兴趣和经验资源的可获得性。案例研究的进路是，"对历史事件的某个方面进行详细考察，以便能够提出或检验可推广到其他事件中的历史解释"（George and Bennett，2004：5）。与利用统计法或实验法的研究者一样，使用案例研究法（并且都具有实证主义元理论偏好）的研究者的目标也是对具有普遍性主张的因果关系进行推论。

过程追踪法起源于 20 世纪 70 年代早期的认知心理学领域，后经政治学家亚历山大·乔治（Alexander George）扩展和重新制定，是案例研究的一种方式（George and Bennett，2004；Bennett and Elman，2006）。我们将过程追踪法定义为一种旨在重建因果过程的技术，目标是提出或评估那些能说明所研究具体现象的结果的理论命题。过程追踪法有助于揭示结果和前因要素之间的关系。人们会问，在过程追踪和历史解释之间是否存在差异，这样问很正常（Bennett and George，2001：144–152；George and Bennett，2004：208–209，224–230）。过程追踪具有历史研究的一些基本特征，但是在所运用的过程追踪的类型上，在所强调的重点上，历史学家和社会科学家之间均不相同。一般而言，历史学家更感兴趣的是，用过程追踪法来解释特殊历史事件的近乎全部的复杂性，而社会科学家则试图解释具体案例，建立适合于各案例或各类案例的一般因果模式。社会科学家运用过程追踪法时有独到之处，他们常见的目标之一是检验、完善和发展理论，尽管历史学家有时也会运用过程追踪法来实现这些目的。社会科学家试图发现模式和因果机制，这些模式与机制最终会导致某个理论进路被拒绝、改进或确证。

在军事研究领域中，常常使用过程追踪法来含蓄或明确地解释各种现象。例如，军队在冲突过程中对变化环境的适应性，在冲突之初，军队其【95】实并没有做好准备（Nagl，2005）；军事组织对军事概念的采纳（Farrell，2002）；军事组织内部的或由军事组织导致的知识与无知的生产（Eden，2004）；武器系统采办决策（Tessmer，1988）。在这些和其他令人感兴趣的领域里，过程追踪法有助于建立因果关系并揭示因果机制，也有助于说明某种结果是如何产生的。因果机制是：

某个因果过程中的链接（link）或连接（connection）。在给定自变量和因变量的关系中，因果机制会假定新的变量，有时称为中介变量，这种变量可以洞悉自变量实际上是如何引起结果的，包括结果发生时所经由的时间序列。与学者正在思考的初始因果关系相比，因果机制常常处于更为精致的分析水平上。

（Seawright and Collier，2004：277）

过程追踪法是对因果过程进行观察的有用方法，此类观察不同于数据集合中的观察值，它是"一种洞察，或是一条数据，能够提供关于情境或机制的信息"（Collier et al.，2010：184）。在对解释变量之间的关系以及这些变量和因变量之间的关系进行理解时，这些关于情境和过程的观察都提供了另一种可供选择的来源。通过过程追踪，研究者不仅能评估先行变量是否存在，还可以评估前因与结果之间关系的逻辑（Steinberg，2007：191-193；Falleti and Lynch，2009）。过程追踪法有助于观察此类因果过程，在因果推断中的影响独树一帜。协变和因果机制的陈述是不同的，后者的内容更加丰富，嵌入在情境之中，因此对特殊事件的描绘也更为全面。探索因果机制有助于了解变量是如何得以相关的（Gerring，2008）。通过确定事件的因果序列，研究者可以证明 X 事实上是 Y 的先行变量。通过揭示在特定情况下 X 如何导致 Y，或 X 在多大程度上影响 Y、以何种方式影响 Y，以及其他因素是怎样影响这个过程的，研究者就可能有能力进一步提出 X 通常如何导致 Y 的理论观点，从而淘汰竞争理论中的竞争假设。最后，对一系列解释进行过程追踪预期，概述这些预期来思考备选解释，再根据这些理论命题来思考证据。研究者可以问，如果这个解释是正确的，那么什么样的过程会导致这个研究结果？并非每一个可能的解释都需要详细的过程追踪，一些解释可能很快就被证明是无关紧要的了，只有对少数的一些解释才需要进行更为详尽的调查研究。

过程追踪法之辩

自 20 世纪 90 年代末起，社会科学研究就开始越来越多地运用过程追踪，也越来越多地讨论这一方法（George and Bennett，2004；Bennett and Elman，2006；Checkel，2008；Vennesson，2008；Collier，2011）。例如，使用统计法的学者认为，过程追踪法的潜在价值是，能在一个或少数案例

内增加观察值的数量，即使在小样本研究中也能推断出更为显著的因果关

【96】 系（King et al., 1994：226f.）。同样有人认为，在检验理论时，过程追踪
是统计分析的补充。其他人则批评过程追踪法的概念过于狭窄（Tarrow,
2004；Collier et al., 2010；Goertz and Mahoney, 2012）。还有学者认为，
案例导向的研究和过程追踪法以它们自己的方式对科学做出了贡献，不应
该将它们视为蹩脚的量化逻辑的模仿者（George and Bennett, 2004；Brady
and Collier, 2004）。

过程追踪法的多面性

在一般的社会科学研究中，都会涉及一系列的叙述，它们范围广泛，
从描述性叙述到抽象的因果解释，过程追踪叙述与它们不同，军事研究
中的过程追踪叙述也是如此（Bennett and George, 2001；Vennesson,
2008）。阿诺德·泰斯默（Arnold Tessmer）对机载预警和控制系统（AWACS）
采办决策进行了研究（Tessmer, 1988），该研究是一项在军事研究领域
中进行过程叙事分析的实例。在 20 世纪 70 年代后期，北大西洋公约组织
（北约）集体购买了机载预警和控制系统，作者对促成这一决策的内部过
程进行了追踪。他考虑了该决策之前和之后的事件，通过这一思考，泰斯
默发现，"联盟政府之间的利益和价值观念既相似又明显不同，因此可以
将重点放在联盟政府之间施与受的小例子上，关注它的过程、细节和动机"
（Tessmer, 1988：xv）。泰斯默的工作富有洞察力，经验细节丰富，并不
以明确的理论检验为目的。尽管一些成员国不愿意承诺参与此项计划，但
是泰斯默还是在集体层面上发现了一种强大的科层因素，他认为这一因素
对机载预警和控制系统采购决策的最终成功起了关键作用。

除了对案例进行这类"深描"（thick description），过程追踪法也有
助于"深析"（thick analysis）（Bennett and Elman, 2006：472）。它可
以对一个或少数案例做复杂的描述，也可以分析理论的因果机制是否按预
期运行，从而影响案例的特殊结果。可以肯定的是，就收集单一事件的
证据而言，描述很有价值，它也是过程追踪法的重要组成部分（Collier,
2011）。过程追踪法发挥得最为充分的优势是，它提供了新的分析侧重点，
有助于以系统的方式审视案例，实现最终做出一般陈述的目标，尽管极有
可能的是，它并不声称自己有普适性。因此，过程追踪不仅"有助于揭示

复杂性，而且有助于理解它"（Steinberg，2007：183）。

约翰·纳格尔研究了马来亚和越南反叛乱的经验教训，这是一项关于过程追踪叙事分析的有趣例子。[1] 对于自己还没有准备好的战争，马来亚的英国军队和越南的美国军队为什么会有如此不同的处理方式呢？纳格尔将重点放在了军事文化上，他追踪了两个过程：一个是马来亚案例中军事实践的成功适应过程；另一个是美国陆军在越南的不良适应过程（Nagl，2005）。纳格尔表明，造成该结果的一个重要原因是每支军队吸取经验教训的情况不同。英国军队是一个"学习型机构"，能迅速适应变化的环境，美国军队却不是这样（同上：xxii）。泰斯默和纳格尔的研究兴趣不同（前者是采办决策，后者是军事适应），他们的研究设计也不相同（前者是单一案例研究，后者是结构化焦点比较（structured focused comparison）研究），但是他们都用了过程追踪技术来重构他们的案例。纳格尔的研究提供了信息丰富的叙述和明智、合理的分析框架，他的研究更为全面地展现了过程追踪法的贡献，也推动了对军事文化的理论争鸣。

如今已经开发出许多相关技术了，如分析性叙述（Bates et al.，1998）和比较历史分析（Mahoney and Rueschemeyer，2003），它们都与过程追踪法有某些相似之处。而且，一些解释学家在进行研究时，也可能会采用与实证主义的案例研究相类似的方式。至于解释性研究采用的研究工具是【97】可以被理解为过程追踪法（Bennett and George，2001；2008），还是不可以被理解为过程追踪法 （Checkel，2006），还存在着分歧。许多解释性或历史性叙述本来就不涉及因果分析，它们的情况并不适合于用过程追踪法来分析，虽然过程追踪始终是一种有助于解释并理解案例的程序。

过程追踪法、单一案例分析和结构化焦点比较

过程追踪法属于案例研究，特别是单一案例分析（Mahoney，2003；Bennett and Elman，2006：455）。充分的单一案研究是有助于解释结果的，如在对原子弹爆炸损伤的评估中，美国空军忽略了火灾引起的后果，林恩·伊登（Lynn Eden）解释了其中的组织框架影响（Eden，2004）。过程追踪法在小样本比较研究设计中也很有用，在此类设计中，可以检查不止一个案例，而且过程追踪法与结构化焦点比较的研究设计结合在了一起：

两个或更多案例的比较是"聚焦的"，因为在每个案例中，

研究者都会有选择地处理其中的某些方面，他们认为，这些方面与研究目标和研究数据的要求有关。同样，在研究设计中，如果研究者对案例研究的数据要求进行了界定，也进行了标准化处理，这种受控比较就是"结构化的"。通过提出理论相关的一般问题，就可以对每个案例的核查过程进行指导，实现这一目的。

（George and McKeown，1985：41）

理论导向的研究框架（如结构化焦点比较）能够评估两个或更多的案例，从每个案例中得出可比较的因果机制陈述，再将这些结果用于理论假设的评估。过程追踪法是进行这种结构化焦点比较研究的重要工具。

过程追踪法的效用

过程追踪法是如何帮助社会科学家理解一个案例或一类事件的呢？即使过程追踪法不只是为了写出好的叙述，它的描述性功能也不应该被视而不见（Collier，2011）。基于过程追踪的描述性推断，研究者就可能有能力揭示出一个独特的重要事件的因果机制。例如，研究 2001 年 9 月 11 日的恐怖袭击事件时，就不需要将目标定位在对现象类别的推断上，如恐怖袭击发生的条件是什么。除了描述方面的价值，过程追踪法还可以"通过归纳来确认在其他情况下有可能起作用的一般因果机制"（Bennett and George，2001：144），以此来发挥它对假设生成和理论发展的启发功能。

过程追踪法还有助于评估理论（Ragin，2000；George and Bennett，2004；Checkel，2006；Mahoney，2012）。例如，过程追踪法是统计分析法的补充，有助于识别测量误差、虚假相关或内生问题（Bennett and Elman，2006：459）。由于相关性并不意味着因果关系，因此对基于统计运算的因果陈述进行评估时，就可以选择过程追踪法。过程追踪法之于假设检验的主要优点在于，它可以验证所假定的因果关系，否则就需要更大【98】的跨案例研究设置（Goertz and Mahoney，2012：87）。通过关注案例内的因果机制，过程追踪法可以补偿小样本研究中的案例缺乏问题，即使在单个案例中，也可以做假设检验。

过程追踪法也有助于发现那些以前被忽视的因素。在经验研究中，一些事件或条件可能显得很重要，而在理论假设中，它们尚未被论及（Bennett and George，2001：144）。一些学者还进一步认为，过程追踪法可以用同一案例来发展理论并评估理论（George and McKeown，1985；Bennett and George，2001：149）。

过程追踪法的应用

在对研究设计、拟查阅的来源以及最终要进行的研究进行选择时，那个困扰着研究者的具体问题会起决定性作用。过程追踪法是一种通过收集证据来解决难题的技术。与案例研究一样，它的实际用途多种多样。接下来，我们根据自己对这一过程的经验，提供一些如何应用过程追踪法的思考，它涉及研究构架、数据收集和数据分析方面的问题。

研 究 构 架

过程追踪法是一种分析工具，它会影响研究设计的构架、数据的收集和分析（George and Bennett，2004；McNabb，2008：287ff.）。在运用过程追踪法之前，要有指导经验研究的理论预期，至少在研究之初应该如此，因此，过程追踪法不同于仅在收集和组织数据之后才开始进行理论建构的研究程序。

示例研究中的做法（Wiesner，2013）对这一理解进行了说明。利用探索性研究，我们发现，尽管在作战要求、财政资源和对网络中心战项目的承诺修辞方面，英国与德国都很相似，但是英国武装部队更为成功地引入了这一概念。该示例研究的主要目标是对造成这种差异的原因进行探索和理解。两个军事组织在采纳网络中心战时，过程和结果方面有怎样的不同呢？哪些解释因素可以说明这些差异？对于这些特定的研究问题，过程追踪法是最好的方法选择。如果这一难题被重新构架，比如调查的是所有28个北约国家的网络中心战项目，以寻找它们之间的差异性，那么在准控制条件下检验预定义自变量集合的解释力可能更为适合，因为过程追踪法只是检查观点内部效度的一种方法（Gerring，2007：172–185）。

在对网络中心战的引入进行经验研究之前，威斯纳提出了两个分析框架来指导案例研究中的经验探索。其中的一个模板涉及采纳过程。依托外来概念采纳的有关文献（Bennett，1991；Rogers，2003），威斯纳确认了采纳过程的三个典型阶段，见表9.1。它们是知识获取、知识利用和知识实施。通过将所研究问题即网络中心战的引入进行结构化处理，威斯纳对这些采纳阶段又做了进一步的细分，如网络中心战是何时出现的，是怎样出现的，是通过哪些机构渠道出现的？决策者发挥了什么作用？原网络中心战概念与每个国家的网络中心战版本之间存在哪些差异？这一概念及其引入是如何在军事组织内讨论的？最后，如何（很好地）执行这一概念？所有这些【99】阶段均属于概念性范畴：它们并不是规范性的，也不应该将它们与实际的采纳过程相混淆。

表9.1　采纳过程的三个阶段

采纳阶段	采纳步骤
知识获取	从传播到意识
	从意识到决策到主动的知识获取
	知识获取
知识利用	适应
	合法化
	决策和拟采纳的决策
知识实施	初始阶段
	过渡阶段
	最终阶段

数据来源：Wiesner，2013：56。

不可否认，这样一个线性框架可能会在一定程度上限定案例研究的丰富性，也可能会遗漏其他研究者感兴趣的潜在因素和事件序列，但是它有助于降低案例的复杂性，有可能对所观察到的现象进行概括。重要的是要注意到，过程追踪法也可能导致这些阶段的完善或重新排序。

对德国和英国网络中心战采纳案例进行检核时得益于这个分析框架。以这种结构化焦点比较的案例研究设置，将两国各自的采纳过程划分为阶段和步骤，增强了两个案例之间的可比性。在研究期间，威斯纳采用了分析性叙述的方式，用该方式对两个案例的采纳阶段进行评估。威斯纳的研究工作还包括预结构化（pre-structuring）。通过预结构化，能够考察英国和德国国防机构在这些阶段中的表现，也能够从定性角度比较两个案例之间在采纳上的差别，最终得出比较性结论。我们可以在表9.2中看到这些差异。

表9.2　英国和德国的网络中心战采纳模式　（2001—2010）

	英国	德国
时间 / 速度	早 / 快	晚 / 慢
概念忠诚度	低	高
执行忠诚度	从中到高	低

数据来源：Wiesner，2013：131。

网络中心战采纳研究的第二个目标是解释这些模式。为什么德国和英国在采纳网络中心战的时间安排上（网络中心战概念引入的时间点上）有差异，在速度上有差异？为什么概念和执行忠诚度方面也有差异？为回答这些问题，网络中心战采纳研究被置于了一个更为广泛的"有效性还是合法性"的讨论中，这一讨论启发了对军事创新及传播的思考（Goldman，2003）。制度上的合法性指的是，组织需要社会方面的认可度和可信度，目的是"在社会环境中生存和发展"（Scott，2001：237）。获得合法性很可能是采纳外来概念的动机。但是，引入网络中心战会提高武装部队在军事行动中的有效性吗，还是引入网络中心战有助于维持或增强军事组织的制度合法性呢？为回答这些问题，还要运用第二个分析框架，该框架以社会 – 制度主义理论（social-institutionalist theory）为基础。根据概念扩散 【100】和采纳的现有文献，预先选定一组相关的潜在因素，它们有可能影响两个案例的采纳过程。为增加检验的严格性，根据这些因素的发生水平（包括国际水平、国家 / 社会水平和组织水平）以及这些因素在有效性或合法性方面的性质，对它们进行分组。最后，这些潜在的相关因素都在一系列的问题中被操作化，再用于这两个案例（Wiesner，2013：66）。在实际的研究过程中，研究者要形成一个得力的框架，用这一框架去组织并从事文档分析、访谈以及一定程度的直接观察。

总而言之，理论指导的案例研究需要某些社会科学理论的理念或进路，在研究过程中，也会应用、检验或改变这些理念与进路。对于运用过程追踪法的社会科学家们来说，他们的研究议程可能并不十分关心具体案例的理解，而是关注模式和因果过程，这些模式和因果过程不仅在特殊情况下发挥作用，而且假设它们在其他情况下也会发挥作用。可以利用各种独立的经验来源，如访谈、媒体报道和文件，也可以有鉴别地利用参与者的通信、私人文件或回忆录，只要它们与研究有关就行，利用这些来源是过程追踪的重要方面。这些来源有助于识别行动者为其行动提供的论据或理由。在一些情况下，研究者有可能将公开的陈述与私下的动机做比较；在另一些情况下，研究者会利用那些更为自发、无意的陈述，用它们去更为细致地了解真实的信念是什么。至于收集到的数据是否足够，是有简单的判别方法的，研究者越来越确信，当收集到的证据变得重复时，就说明数据足够了。

此外，探索性研究在这个研究阶段也很有用。早期的证据能使研究问题、框架与设计变得清晰。一旦数据收集开始，理论构架就可能无法再保持完整了。一旦经验研究有所进展，"真实世界"的数据发挥作用，理论框架及其操作化就常常要随之发生调整。

数 据 收 集

定性的经验研究，特别是研究那些还没有引起太多关注的主题，是非常耗时的。如果要追踪过程，学者们就需要依据各种来源。在进行过程追踪时，任何类型的经验来源和工具，如访谈、档案、统计、参与观察等，都可以被用来完成任务。要建构一个能导向某个特定结果的过程，与案例有关的官方文件、会议记录、演讲稿件、日记、报纸文章和专业期刊上发表的论文，常常是宝贵的书面来源，尽管它们也存在各自的问题。如果过程追踪是以结构化和理论导向的方式进行的，那么研究者还需要专门审查这些书面材料，以确认与过程相关的特定因素是否存在。

如果研究难题与某个当代的案例有关，过程追踪就可以利用访谈法收集数据，并从中获益（Tansey，2007）。访谈法可以缓解文档不可用或无法访问的问题。如果希望更多地了解行动者的动机、决策过程中的分歧以及尚未采用的路径，访谈都是极为珍贵的来源。

对当代主题的定性研究还得益于一系列的直接观察，包括参与观察，虽然这不是过程追踪的标准做法。进入军事组织，甚至是临时派遣，都是很难进行谈判的，进入外国军队就尤其如此，但是这也并非不可能（Navarro，2013；Ruffa，2013）。在过程追踪的范围内，嵌入式研究以及直接观察或参与观察都有两个主要优势。首先，如果打算更好地理解所收集的信息，尤其是在研究者并不熟悉这些信息（即包含技术问题的研究或在不同文化场景中做的研究）的情况下，直接观察和参与观察都很有意义。其次，直【101】接观察和参与观察能使研究者更临近现场。通过与政治或军事行动者进行较为密切的接触，研究者能注意到一些信息和文件，或者是获取这些信息与文件。

数 据 分 析

过程追踪叙述会将新的证据整合到研究框架中并从中获益。此外，数据收集的目标也可能在研究过程中发生改变。竞争解释的证据也可能出现，需要处理它们，或者将它们纳入研究框架中。社会科学研究是一个循环的过程，通常情况下，研究者会在理论、数据收集和数据分析之间循环往复。要对调整保持开放，才能更好地说明因果机制，获得更可靠的研究结果。

在本章的示例研究中，在与英国专家进行的一轮访谈中，威斯纳发现，采购部门的"成本节约预期"是他们接受网络概念的动机，这一点非常明显。这一因素出乎意料，因为无论是理论上的考虑，还是探索性的研究，都没有表明预算节约是一个引入网络中心战的潜在原因。在最初用来指导过程追踪的理论框架中，始终没有考虑这个因素。在对英国案例进行研究之前，研究者与德国官员进行了预结构化的访谈，这一访谈也没有探讨过这个因素。成本节约被加进这个研究框架之后，威斯纳与德国专家进行了第二轮的访谈，以评估这一因素的（潜在）影响，最终表明，这个因素在德国案例中并没有发挥决定性的作用。

最后，要根据理论假设对过程追踪的叙述加以组织，并不一定需要按照时间的顺序（George and McKeown，1985：53）。在示例研究中，是按照三个采纳阶段而不是按照时间顺序来安排经验证据的。过程追踪可以对某个特殊事件进行叙述，但是这不是必要的。

结论

怎样才能做出好的过程追踪研究，贝内特（Bennett）和埃尔曼（Elman）在定义这一问题时强调：第一，过程追踪的叙述需要全面且平衡；第二，需要避免理论故事的中断；第三，证据应该能证实假设，排除备选解释；第四，他们建议研究者要注意确认偏差（confirmation bias）（Bennett and Elman，2006：459f.）。此外，过程追踪法提供了谨慎关注"非事件"（non-events）或"负案例"（negative cases）的机会，它们是尚未实现的但本来有可能实现的过程或结果。

在质性案例研究中，要得到显著的一般结论具有挑战性，过程追踪并不是一个能奇迹般地解决这一挑战的神奇过程。但是在军事研究领域，案例导向的研究，尤其是过程追踪技术，还是提供了一种有用的方式，可以用它来解释具体事件，推断影响案例的因果关系，揭示因果机制，最后甚至是以全然谨慎的态度得出一些针对同类事件的命题。

注释

1. 重要的是要注意到，我们这里的目标并不是对约翰·纳格尔的著述进行实质性的系统评估，比如讨论他的案例选择或他忽略的经验要素。相反，我们特别关注的是，当将过程追踪法用于军事研究任务时，他是如何利用过程追踪法的实例来说明这样一种可能的方式的。

【102】 ## 参考文献

Bates R.H.,Greif A.,Levi M.,et al.1998. "Conclusion." In *Analytic Narratives*,pp.231–238.Princeton,NJ.:Princeton University Press.

Bennett A.,Elman C.2006. "Qualitative Research:Recent Developments in Case Study Methods." *Annual Review of Political Science* 9:455–476.

Bennett A.,George A.L.2001. "Case Studies and Process Tracing in History and Political Science:Similiar Strokes for Different Foci ." In Elman C.,Elman M.F.(eds.)*Bridges and Boundaries:Historians,Political Scientists and the Study of International Relations*,pp.137–166.Cambridge,MA.:MIT Press.

Bennett C.J.1991. "How States Utilize Foreign Evidence." *Journal of Public Policy* 11(1):31–54.

Brady H.E.,Collier D.2004.*Rethinking Social Inquiry:Diverse Tools,Shared Standards*.Lanham,MD.:Rowman & Littlefield.

Checkel J.T.2006. "Tracing Causal Mechanisms." *The International Studies Review* 8:362–370.

CheckelJ.T.2008. "Process Tracing ." In Klotz A.,Prakash D.(eds.) *Qualitative Methods in International Relations:A Pluralist Guide*,pp.114–129. Palgrave:Macmillan.

Collier D.2011. "Understanding Process Tracing." *Political Science and Politics* 44(4):823–830.

Collier D.,Brady H.E.,Seawright J.2010. "Sources of Leverage in Causal Inference:Toward an Alternative View of Methodology ." In Brady H.E.,Collier D.(eds.)*Rethinking Social Inquiry:Diverse Tools,Shared Standards*.2nd ed. Lanham,MD.:Rowman & Littlefield Publishers.

Eden L.2004.*Whole World on Fire:Organizations,Knowledge and Nuclear Weapons Devastation*.New York:Cornell University Press.

Falleti T.,Lynch J.F.2009. "Context and Causal Mechanisms in Political Analysis." *Comparative Political Studies* 42(9):1143–1166.

Farrell T.2002. "World Culture and the Irish Army,1922—1942 ." In Farrell T.,Terriff T.(eds.)*The Sources of Military Change:Culture,Politics,Techno logy*,pp.69–90.Boulder,CO.:Lynne Rienner Publishers.

George A.L.,McKeown T.1985. "Case Studies and Theories of Organizational Decision Making ." In Coulam R.,Smith R.(eds.)*Advances in Information Processing in Organizations*.Vol.2,pp.21–58.London:JAI Press.

George A.L.,Bennett A.2004.*Case Studies and Theory Development in the Social Sciences(BCSIA Studies in International Relations)*.Cambridge,MA.and London:MIT Press.

Gerring J.2007.*Case Study Research:Principles and Practices*.Cambridge and New York:Cambridge University Press.

Gerring J.2008. "The Mechanismic Worldview:Thinking inside the Box." *Journal of Political Science* 38:161–179.

Goertz G.,Mahoney J.2012.*A Tale of Two Cultures:Qualitative and Quantitative Research in the Social Sciences*.Princeton,NJ.:Princeton University Press.

Goldman E.O.2003. "Receptivity to Revolution:Carrier Air Power in Peace and War ." In Goldman E.O.,Eliason L.C.(eds.)*The Diffusion of Military Technology and Ideas*,pp.267–303.Stanford,CA.:Stanford University Press.

King G.,Keohane R.O.,Verba S.1994.*Designing Social Inquiry:Scientific Inference in Qualitative Research*.Princeton,NJ.:Princeton University Press.

Mahoney J.2003. "Strategies of Causal Assessment in Comparative Historical Analysis." In Mahoney J.,Rueschemeyer D.(eds.)*Comparative Historical Analysis in the Social Sciences*,pp.337–372.Cambridge and New York:Cambridge University Press.

Mahoney J.2012. "The Logic of Process Tracing Tests in the Social Sciences." *Sociological Methods and Research* 41(4):570–597.

Mahoney J.,Rueschemeyer D.2003.*Comparative Historical Analysis in the Social Sciences(Cambridge Studies in Comparative Politics)*.Cambridge and New York:Cambridge University Press.

McNabb D.E.2008.*Research Methods in Public Administration and Nonprofit Management:Quantitative and Qualitative Approaches*.Armonk,NY.:M.E.Sharpe.

【103】 Nagl J.A.2005.*Learning to Eat Soup with a Knife:Counterinsurgency Lessons from Malaya and Vietnam*.Chicago,IL.:University of Chicago Press.

Navarro A.2013. "Negotiating Access to an Argentinean Military Institution in Democratic Times:Difficulties and Challenges." In Carreiras H.,Castro C.(eds.)*Qualitative Methods in Military Studies:Research Experiences and Challenges*,pp.85–96.London and New York:Routledge.

Ragin C.C.2000.*Fuzzy-Set Social Science*.Chicago,IL.:University of Chicago Press.

Rogers E.M.2003.*Diffusion of Innovations*.New York:Free Press.

Ruffa C.2013. "What Peacekeepers Think and Do:An Exploratory Study of French,Ghanaian,Italian and South Korean Armies in the United Nations Interim Force in Lebanon." *Armed Forces & Society*.Online before print,28 March 2013.

Scott R.W.2001.*Institutions and Organizations*.Thousand Oaks,CA.:Sage.

Seawright J.,Collier D.2004. "Glossary." In Brady H.E.,Collier D.(eds.) *Rethinking Social Inquiry:Diverse Tools,Shared Standards*,pp.273–313. Lanham,MD.:Rowman & Littlefield.

Steinberg P.F.2007. "Causal Assessment in Small-N Policy Studies." *Policy Studies Journal* 35(2):181–204.

Tansey O.2007. "Process Tracing and Elite Interviewing:A Case for Non-Probability Sampling." *PS:Political Science and Politics* 40(4):765–772.

Tarrow S.2004. "Bridging the Quantitative-Qualitative Divide." In Brady H.E.,Collier D.(eds.)*Rethinking Social Inquiry:Diverse Tools,Shared Standards*,pp.171–179.Lanham,MD.:Rowman & Littlefield.

Tessmer A.L.1988.*The Politics of Compromise:NATO and AWACS*. Washington,D.C.:NDU Press.

Vennesson P.2008. "Case Studies and Process Tracing:Theories and Practices." In Della Porta D.M.,Keating M.(eds.)*Approaches and Methodologies in the Social Sciences:A Pluralist Perspective*,pp.223–239. Cambridge:Cambridge University Press.

Wiesner I.2013.*Importing the American Way of War?Network-Centric Warfare in the UK and Germany(Militär und Sozialwissenschaften)*.Baden-Baden:Nomos.

10　成为其中的一员还是做一个旁观者？

—— 对老兵车手的参与观察

雷内·莫尔克

René Moelker.2014.*Riding with Veterans*.Berlin: Springer.

　　这是一项对骑摩托车的退伍军人的研究，目的是了解骑行的疗愈效果，获取相关的知识。参与一项实际上有点危险的活动，有助于退伍军人更好地应对过去的经历，至于为什么会这样，在更为广泛的社会里，人们有时会无法理解，总是推测其他骑摩托车的人也会有同样的情形。叙事可以告诉我们，为什么退伍军人能将他们的战斗或冲突经历与骑摩托车联系在一起。

　　87岁的乔普·范·德·维伊佛是"老兵旅行去海牙"（Veterans Ride to The Hague）中最年长的参与者，在二战期间，他在印度尼西亚与日本人作战。1942年，乔普是一名勤务兵，部队让他骑摩托车送信。摩托车以最离奇的方式救了他的命。他发生了意外，将车骑进了一条沟里，住进了医院，在他因受伤接受治疗时，他所在军营的其他人被日本人诱进了伏击圈。他说："他们都被杀死了！日本人杀死了整个排。我出了意外才活了下来。其他的人都被刀砍死了，或被开枪打死了，他们都是和我年龄相仿的人。"

　　这项研究的目的是，从像乔普·范·德·维伊佛这样的人那里了解退伍军人是如何应对和处理他们的冲突经历的，摩托车作为获得社会认可和社会支持的工具又是如何起作用的。研究者比较了美国和欧洲退伍军人的叙述，通过这一比较来了解退伍军人文化的起源。研究结果指出，兄弟情谊以及交融（communitas）是一种对压力的释放，并因此而发挥作用，而骑行本身就有一些朝圣的元素在里面，它是疗愈性的。在阵亡将士纪念日期间，或是在海牙退伍军人节这样的欢庆活动中，骑行的近乎神圣的目的地常常是像华盛顿特区纪念墙这样的敬拜场所。他们花点时间去见个面，旅行一下和相互交流，这是值得的。同时，当社会广泛予以他们认可时，老兵车手们就会感到如同再次荣归故里。 【105】

事实证明，参与观察是一种常用的方法，可以很好地理解这个要研究的过程。参与观察会遇到一些困难，它们与获准进入组织、赢得信任以及平衡投入和抽离（involvement and detachment）之间的关系有关。与此相关的是，知情同意（informed consent）和成员检核（member checks）证明是非常重要的。如果没有这些研究实践，本项研究注定以失败告终。使用不寻常的人工制品作为研究工具，这是本研究引人注意的地方，这个人工制品指的是成为启发式策略组成部分的摩托车。

引言：冰火两重天

天气非常寒冷，虽然没有结冰，但是，即使穿着为应对极端天气准备的衣服，荷兰寒冷、潮湿的气候还是使人感到寒冷刺骨。一段骑行之后，虽然只走了65英里，但已全身刺痛，身体在颤抖，双手不听使唤，无法正常操作制动器和离合器。真的是越来越危险了。为什么要在初春时节骑摩托车旅行呢？什么样的疯子想到了这个主意的？当我们终于要到达目的地时，反而更加紧张起来。天很黑，最后的10英里是沿着当地的道路骑的。在农村，这个特殊的夜晚，最后的这段路很窄，没有路灯，没有一丝光亮，甚至没有月光。我们害怕了。这意味着如果我们出错了，就会无路可走，没有人帮助我们，只能信任我们自己的智慧。摩托车俱乐部（MC）的成员都是退伍老兵，我们第一次拜访摩托车俱乐部时，它的成员都参与到后冲突（post-conflict）局势中，事实证明，它令人难忘。参与观察人员进入了一个似乎是电视剧中的场景，与《无政府之子》（Sons of Anarchy）中的场景非常相似。

现在，没有一本关于研究方法的教科书能为我们提供帮助。在这个阶段中，首要的也是唯一有价值的问题就是赢得信任。正如谚语所说，步入大门才能继续前行。我们确实有关于问题的专题列表，有这项研究的总目标，我们也确实有预先设计好的方法论，我们首创了动态民族志（kinetic ethnography），但是首先要赢得信任，这对于随后的一切至关重要。赢得信任，才能让我们获得别人通过其他手段无法获得的知识，但是它也诱使我们进入到参与观察的经典问题中，即投入和抽离的问题（Elias, 2007）。研究者"只是一位旁观者"，还是通过成为"其中的一员"来赢得信任？

本章详细阐述了动态民族志的方法论，讨论了投入和抽离之间的平衡问题，一些参与观察中的具体细节，例如，准入、访谈、记（思想）田野笔记、意义建构和知情同意，也都在本章中予以探讨。

动态民族志和研究阈限

保罗·威利斯（Paul Willis, 2010）以最清晰、最简单的方式定义了民族志："'民族'是人，'志'是写作，所以，民族志是关于人的写作。"但是民族志本身并不足以研究处于过渡阶段的群体，也不足以研究以高流动性和转换为特征的群体。老兵车手这一群体被定义为闭合性的（closure），该群体不对"常态"公民群体和非老兵车手社会团体开放，也就是说，他们对那些"不能理解"他们的群体是关闭的。老兵车手群体之外的人经常被他们称为"老百姓"，也最可能被称为"老百姓"。老兵车手们认为，他们不一样，他们是老兵和车手，他们有着战争经历，有着被社会广泛拒绝的共同感受，因此他们是容易受到伤害的人群。这些群体具有流动性、【106】闭合性和脆弱性，研究者很难赢得他们的信任，除非能部分地参与到他们的生活方式中，运用民族志方法对他们进行参与观察。因此，动态民族志，即运动中的民族志，应运而生。

显然，对老兵摩托车手的研究主要发生在他们的骑行运动中。之前，米查罗斯基和杜比施（Michalowski and Dubisch, 2001）承担了开发动态民族志的任务。V. 特纳和 E. 特纳（V. Turner and E. Turner, 1978）开创了阈限和朝圣的研究，米查罗斯基和杜比施将他们的工作奠定在了特纳的开创性研究的基础之上，研究在什么地方"受访者"的流动性构成了最主要的特征。阈限这一概念本质上是动态的，因为随时处于转瞬即逝的阶段（transitory phases）和"之间的空间"（spaces in between）中。在《阈限与交融》（*Liminality and Communitas*）中，E. 特纳（1969：95）将有阈限的个体或群体定义为：

既非这里，也非那里；它们在两者之间，位于法律、习俗、惯例和仪式所分配和排列的位置之间。

在本项研究中，阈限被用在了旅行上，这个旅行朝向某个有神圣特征的目的地，即使这个"神圣的"目的地实际上与宗教没有任何关系，并且，意义建构成了内在于生命之中的事业。在阈限期内，通过使用各种规则，旅行者群体发展出了自己的时间规范和价值观念，这些规范和价值观念可能与社会公认的民间规范相背离。事实上，旅行者们形成了一种交融感，他们视自己为"局外人"，并以此与"已建立的"世界区分开来（Elias and Scotson，2008）。因此，科尔曼和怡德（Coleman and Eade，2004：3）指出，神圣的旅程能引起社会群体的分化："特纳的朝圣观念是一种近阈限（liminoid）[1] 现象……能产生没有等级约束的社会际遇。"远行之后，当社会再整合取得成功时，旅行者可能会体验到他（她）已经经历了某种转变。旅行通常会扩展心灵，它作为人类生命旅程的一部分，也能改变对意义的看法，进行意义的建构，给日常生活以不同启发。旅行同样改变了参与的观察者。

动态民族志要求研究者为自己设定阈限，参与到正在进行的事件中，通过这些操作，在投入和抽离之间划界。动态民族志也需要民族志学者身处活动之中，亲自参与这个旅程。民族志学者不一定是车队成员，也不一定是退伍军人，这就是尽管研究者参与度很高，却可以进行超然观察的原因。但是这个过程有主观性，民族志学者自己也会被旅行经历所改变。为了理解车手赋予其所追求目标的意义，就需要研究者产生移情，而动态民族志是唯一可能实施移情的方式。

骑行具有特殊的品质。目的地是神圣的，即使它在起源上是世俗的。战争纪念馆或战场之旅的目的地当然是神圣的，即使它根本不是宗教性的。其中的一次公路旅行将"纪念墙"，即越战退伍军人纪念碑作为了目的地，科尔曼和怡德（2004：21）将这个地方称为"美国最著名的神社之一"。温克尔曼和杜比施（Winkelman and Dubisch，2005：XV）将这些公路旅行命名为"世俗朝圣"。在阵亡将士纪念日之前，在"滚滚雷霆"（Rolling Thunder）声中，老兵车手受到了90万名观众的欢迎。"向纪念墙飞驰"（Run for the Wall）活动在华盛顿特区形成了一个多国摩托车的朝圣之旅。与这次摩托车朝圣有联结的是一位荷兰人，他做了前往卢尔德的公路旅行，这个旅行规模很小。即使在规模上无法与这次的摩托朝圣相比，但是它产生的影响、它所发挥作用的机制，却与华盛顿特区之旅没有什么区别。这是一个小规模的摩托车公路旅行，但是却嵌入在一个大型国际性军事朝圣之旅中，旅行的朝圣者们主要是该城市中到圣地寻求疗愈的残疾退伍老兵。

【107】　　这些对动态民族志的方法论反思引出了特殊的研究工具，研究者自己、摩托车、骑行期间的观察和营火访谈协议（campfire interview protocol）。但是研究人员的首要任务还是获准进入。

再陷困境

有时赢得车手的信任很容易，有时又感觉像进了龙潭虎穴一般。所有的退伍军人都有叙述的需要（DeWalt and DeWalt, 2011），都有（再）建构疗愈性认同的需要，在开始叙事时，有一些话题总能打破僵局，例如，在遭受战争蹂躏的地方所经历的事情，执行任务返回时并不总是受到热烈欢迎（McAdams, 1996）。通常来说，善于倾听的耳朵总是很受欢迎，尽管访谈者必须对叙事需要所带来的偏差保持警惕……也就是说，重建认同和呈现叙事不同于告知真相，或真实而客观的报告真相。

访谈者在美国加入了"向纪念墙飞驰"的活动，这是一次与越南老兵从洛杉矶一路骑行到华盛顿特区的旅行，事实证明，获准进入出乎意料的顺利。研究者仅用了五分钟来解释研究的目标，之后，他就受到了排长的欢迎：

嘿，伙计们，听着，雷内要参加进来了，他会提一些问题。

他从荷兰一路来到这里，要写一本关于"向纪念墙飞驰"的书。

在介绍之后，访谈者搭起了帐篷，与老兵们一起露营，他被邀请去了餐厅，当地社区在那里以朝圣的方式为500名车手提供了免费晚餐。在短短五分钟的时间里，访谈者就成了其中的一员，而且，车手们赋予了他很高的地位，正如下面这位不知名车手的引述所说的那样：

你好，雷内……我可以和你合个影吗？你从荷兰一路过来，
只是要与我们在一起。真是太酷了。

相比之下，在荷兰，访谈者进入退伍军人俱乐部时，根本不觉得受欢迎，
也没有唤起什么温暖的感受。在进行介绍时，他们通常会以车手的身份与
你握个手，对于女性访谈者，他们甚至连普通的握手都免了，这似乎太不
礼貌了。后来，车手们解释说，这很正常，因为他们不确定这位女性是否
是某人的"老相识"，他们是不会与另一个男人的"老相识"互相取乐的。
事实上，从他们的视角来看，他们是礼貌的，但是我们不熟悉退伍军人俱
乐部的规矩，错失良机！

访谈者在开始时就迈错了步，他们本应该知道得更多，他们为此责备
自己。这个艰难的开始有一个原因，即当时的政治局势。当时，所有的退
伍军人俱乐部都在为与地狱天使（HA）和萨图达拉（Satudarah）这样的国
际商务俱乐部[2]有来往而备受困扰。萨图达拉是一个可与地狱天使相匹敌
的商业俱乐部，人们认为它与地狱天使的死敌班迪道斯（Bandidos）有联系。
尽管警方给出的只是间接证据（Dienst Nationale Recherche，2010），但是
报纸上的头条新闻却在喊着"战争即将来临"，俱乐部成员受到严格审查，
电话被窃听，集会也被地方当局下令取消。因此，退伍军人俱乐部并不信
任来自荷兰军事学院这一"机构"的研究者。但是，即使这样，他们还是
想听我们说完。令我们惊讶的是，退伍军人俱乐部的干事已经查了学院网
站上发布的研究计划书，该研究计划书列在了学院官方年度研究计划里。
他的评论如下：

海牙［国防部］派你们来研究退伍军人俱乐部了吗？为什么 **【108】**
你们想了解我们？在你们的研究计划书中，你们提到了"适应不
良"一词，你们的意思是什么？此外，如果我们接受你们对我们
进行访谈，这对我们有什么样的影响？

这位干事的怀疑情有可原。"适应不良"一词源于压力理论，这个词
作为理论概念很常见，但是它触碰到了这样一个想法：当退伍军人感到被
社会所拒斥，他们就会转而诉诸犯罪、疯狂和暴力，这不过是另一项对误
入歧途的退伍军人的刻板印象研究。一般来说，退伍军人不喜欢这种刻板
印象，这位干事也不例外。甚至是在这项研究开始之前，我们就已经向研

究对象投射了某种已是定论的观念了，这位干事用他的批评式提问向我们指出，在我们的研究中，某些方面是在冒犯和贬低我们的研究对象。虽然我们被获准进入该领域，也被邀请参加国际"战火兄弟连拉力赛"（Brothers in Arms Rally），但是我们或多或少是被他们试用察看的。

"为我们做了什么"，对这个问题的答案确实最终让我们获准进入了该领域，帮助我们赢得了信任。这项研究产生了正向宣传和正向形象塑造的效果。首先，我们帮助他们组织了一次荷兰退伍军人拉力赛，目的地是海牙，这对正向宣传非常有用。其次，我们的合作也使一些车手个体从中受益，这些车手都是退伍军人俱乐部的主要参与者。这项研究使他们与高层人士有了接触，这些人士不仅帮助退伍军人俱乐部摆脱了困境，也满足了他们个人的认同需求。一些退伍军人俱乐部成员与奥兰治亲王建立了联系，受到了总司令的接见。退伍军人俱乐部干事还被授予"伤而不屈"（Wounded but not Vanquished）徽章，这枚徽章非常珍贵，因为它是由这些退伍军人的将军亲自授予的，他的创伤后应激障碍（PTSD）是由冲突地区的作战引起的，这枚徽章承认了这一切。没有这项研究，就没有社交网络帮助他启动这个申请程序，并获得这枚徽章。他或许也从未想过，这样做是可行的。幸而有了这项研究，摩托车团体及其成员赢得了尊重。现在，退伍军人俱乐部仍然欢迎研究者们参加他们的骑行活动。

营火访谈协议

当到达骑行目的地时，是不可能拿出一张要填写的调查表的。车手们对定量方法很反感，不信任调查表，他们认为，这些调查表可能要提交给"某个人"，即政府的官僚机构。想象一下那些大胡子合唱团（ZZ-top）中有胡子的家伙们，在一张符合官方要求的、由武装部队学者发放的纸上，写下他们的想法和答案！这是绝不可能发生的！

在停车场（五角大楼的停车场能容纳 100 万辆摩托车），在加油期间，在俱乐部会所、教堂、学校、医院、纪念场所、车手集会场所、露营地和私人住所，无论在什么地方，只要有可能，就进行观察和访谈。有时，磁带中还会留下雷鸣般的发动机声。协议中包含军队生活事件、动机和骑摩托车的问题。每个问题都有更深层的目的。例如，"你成为这个摩托车团队的成员多久了，为什么要成为它的成员"，这个问题旨在了解特纳的理论概念"交融"，也在了解退伍军人之间的紧密联系。"你为什么要骑摩托车"，这个问题非常简单，与叙事的疗愈和心理方面有关。我们从试访谈中了解到，这些问题的效果很好。有一个问题很特殊，这个问题是，车手们对"1%"的标记怎样看，这个问题旨在揭示符号的意义，并确定自我在更为广泛的象征世界中的定位。事实证明，该问题是一个我们试图了解、"理解"车手的核心问题，在后面的一节中，我们会详细阐述这个问题。所有的问题都被设计得尽可能简单，因为我们事先就知道，我们是在非正【109】式的、有时是嘈杂的环境中工作的。

在"难熬的"条件下做田野笔记

"在某种程度上，您的研究日志会成为整个项目的重心"（Zemliansky，2012）。在这本日志中，研究者可以记下访谈内容和研究问题、人工产品描述、给自己的注释、理想状态、探索性假设以及元认知反思。记笔记时，可以利用电子记录设备，直接键入关键词到计算机，或者就是一个简单的笔记本。在特殊情况下，可以使用任何能找到的东西做田野笔记。如果在酒吧，可以将笔记写在玻璃杯垫子上。之后，就可以分析这些笔记。访谈协议可以被转录和编码，将它们送给受访者，请他们核准这个文本，受访者对此要做出承诺。这个程序就是成员核查，它非常有用，除了能提高研究的效度，还有很多其他用途，正如我们在后续章节中要讨论的。

所有这些都有助于组织和分析数据，这听起来非常简单，但是，事实并非如此。最难的阶段是在组织难以准入、访谈也（还）没有得到同意之时。我们也遇到过这种情形，那就是在我们试图获得准入，同时又在采访退伍军人俱乐部成员的那个时刻。初次相识令人震惊，也令研究者困惑，这个欢迎所造成的访谈条件是"难熬的"。其中的一位研究者艰难地捍卫着做研究的基本原理，并受到言语上的猛烈攻击，但是另一位研究者却在进行观察，做思考性的田野笔记，第二天，她就能立即从记忆中将它们检索出来。在这种充满压力的情况下，研究者以两人组方式开展工作是幸运的，否则就做不了任何的田野笔记了。在成为朋友并获得信任及准入后，对于在这个令人难忘的夜晚所做的调查结果，退伍军人俱乐部并没有对它们的发表表示反对。

投入和抽离的平衡

为了进行参与观察，民族志学者需要亲自参与，同时保持投入和抽离的适当平衡（Elias，2007）。根据诺贝特·埃利亚斯（Norbert Elias）的说法，应该尊重这一平衡，因为：

> 科学家已经了解到，人们的工作最终都可能对他们自己或他们自己的群体有益，出于特定个人或群体的短期利益或需要而对其工作造成的任何直接侵害，都可能破坏该工作的这种有益性。

> （Elias，2007：72）

人们需要超然的姿态，否则就会用他们自己的马斯洛需求层次结构去进行模糊的观察了。当人们对某些东西有需要时，在利益受到威胁的情况下就会污染全部的观察。埃利亚斯本人用一个非常简明易懂的例子对此进行了解释：

> 一位哲学家曾经说过，"如果保罗在谈彼得，他就会告诉我们更多的关于保罗而不是彼得的事"。可以说，在谈彼得时，他总是会告诉我们他自己的事以及彼得的事。只要他自己的特征即感知者的特征使那些被感知的部分蒙上了阴影，他的进路就被称为是"投入的"。如果保罗的观点开始更多地涉及彼得而不是他自己，这个平衡就开始转向抽离。

> （Elias，2007：69）

【110】　　在社会科学中，让自己抽离出来更加困难，因为"对象"也是"主体"（Elias，2007：79）。在民族志中，问题就更尖锐了，因为研究者将他的身体作为了工具，即研究的工具，调查者本人通常会直接卷入到他们的研究问题中。在动态民族志中，研究者会对某个群体所偏好的文化物品感兴趣。在退伍军人的研究中，摩托车既是研究工具，又是被研究的文化类人工制品，在人–机接合之处表现出了强烈的同源性（homology）。同源性指的是，文化意义的产生、人们的身份和行为都会受到他们所使用的人工制品的影响。因此，车手与车对车手文化的作用是相同的。保罗·威利斯

撰写了大量的摩托车文化作品（Willis, 1978: 189 - 203; 2010）[3]，他解释说，民族志取决于身体的参与：

> 当我提出一种特殊的关于人类意义建构的文化研究进路时，我觉得我必须处于这样的情形：我必须使用自己的身体，我自己的存在，我自己的敏感性，用我自己去了解其他人是怎样通过他们的文化去参与理解他们的世界的……民族志的全部要点是，你使用（你的）人体作为你的研究工具。你将你自己置于一种与那些人类行动者相同的情形中……从中读取其他人的类似的意义过程……我强调了文化的重要性。
>
> （Willis, 2010）

威利斯将社会文化分析区分为三个层次，其中之一就是同源性水平[4]。该层次重点强调了一种特殊的意义生成，在与物质对象、被赋予了意义的文化产品的相互作用中，就会产生这类意义。根据威利斯的说法：

> 摩托车本身与伯明翰的摩托车男孩形成了同源关系，在这一关系中，男孩们认为，摩托车反映了某种男性气质、对世界的信心和风格，随着时间的推移，男孩们改装了这个文化物品，让它更能体现他们对自己的认同感。他们卸下了直把手——你通常也会有这样的把手，它可以让你在自行车上把身体降下来，降低风阻，可以更快——他们将牛角把手安装在了自行车上，产生了极大的风阻，但是它有一种独特的骑行风格，这有助于保持他们的身份认同。他们把挡板从排气管中取出来，为什么呢？为了使排气管的声音更响些，这样，摩托车就会呼啸起来，惊呆别人，而不是在城市灰暗的环境里穿行时，让摩托车咕噜咕噜地响着，发出像猫似的叫声。所有这些改装的目的都是要维系他们的认同感。通过民族志的方法观察他们改装摩托车来表达自我的方式，我会看到一种独特的摩托车认同和文化关系正在形成。我也认为，我们可以利用任何文化物品来审视它与人类活动和人类实践的连接方式，包括音乐、汽车等，所有这些都是如何发展出一种身份认同的辩证法。
>
> （Willis, 2010）

一方面，投入和抽离之间的平衡是略倾向投入一方的，这是因为，首先，难以获得组织准入；其次，如果不这样倾斜，就无法了解意义建构的过程。要理解车手为什么会如此行动，你不必成为车手。但是你确实必须身体力行地把自己置于所研究团体的真实情形中，愿意用自己的身体作为研究工具。如果你想运用一下动态民族志，你就要准备去行动，就像你的受访者一样。你需要"谈他们的谈话""走他们的行走"（DeWalt and Dewalt, 2011：56‑60）。另一方面，过度的投入会极大地模糊观察。完全参与，完全融合，都不是理解所研究的团体的先决条件。表 10.1 概述了各种类型的参与观察，包括相应的局限性。

【111】

表 10.1　参与观察的类型

参与观察类型	参与水平	局限性
非参与	不接触研究的人群或场域	随着新信息的出现，无法建立融洽的关系或提出问题
被动参与	研究者只是处于旁观者的角色	对建立融洽关系、将自己沉浸于现场的能力是有限制的
适度参与	研究者在"局内人"和"局外人"的角色之间保持某种平衡	该参与会使投入和必要的抽离结合良好，以便能保持客观
积极参与	为了能够完全理解，研究者通过完全接受被研究者的技能和习俗而成为该群体中的一员	该方法允许研究者更多地参与到人群中。当研究者努力深入了解所研究的人群时，存在着"现场化"风险
完全参与	研究者事先就完全融入要研究的人群中（即他或她已经是要研究的特殊人群中的一员了）	存在着在所有层面上失去客观性的风险，因此，所分析的和呈现给公众的内容有风险

资料来源：Spradley, 1980。

在老兵车手中做的这项研究是一个相当积极参与的例子，研究者连同他的摩托车与退伍军人一起旅行，人与车都几乎构成了该团体的一部分。克洛德·韦伯（Claude Weber, 2012）曾做过一项民族志研究，这项研究是在圣西尔法国军事学院的军校学员中完成的，该研究是一个被动参与的例子，因为这位老师永远不会成为他所研究学员群体中的一员。但是，多年以来，他参加了许多会议、典礼仪式和其他社会活动，通过密集的访谈和非正式的会谈，与军校学员发展成了密切的关系。这就让他有点成为一个"局内人"了，因为这种密集的在场，使被动参与变成了适度参与。

深描和"1%"的问题

本研究所使用的方法以马克斯·韦伯（Max Weber）的启发式概念"有意义的理解（sinnhaft verstehen）"（1985：427－432）为蓝本，该理解以文化为目标，而文化又完全以意义为中心。韦伯的工作启发了格尔茨（Geertz，1973：5），他提出的文化定义是最常引用的文化定义之一。

> 我相信马克斯·韦伯的观点，即人类是一种动物，悬浮在他自己编织的意义之网里，我认为，文化就是那些网，对它的分析，不是实验科学在发现规律，而是解释科学在寻找意义。

根据格尔茨的说法，要掌握意义，就应该利用"深描"，其中： 【112】

> 民族志的对象：是某种意义结构的层级体系。（Geertz，1973：7）……他人对他们及其同胞做的事情进行建构，我们对他人的建构进行我们自己的建构，这实际上就是我们所说的我们的数据……我们正在解释——更糟糕的是，正在解释着一些解释。
>
> （Geertz，1973：9）

理解（Verstehen）或深描确实是一种理解老兵车手行为和意图的方法，必须使用这种方法。只是客观观察，即使观察是客观的，也是浅描（thin description）。观察到一些车手佩戴"1%"的标记，它是钻石形状的，白底绿字，刺绣着"1%"。这个观察是有意义的，因为它描述了人们戴着什么，但是它没有告诉我们，为什么他们戴着它，他们赋予了它什么样的意义。在我们设计的有关荣誉准则的重要问题中，有一个问题是用来了解退伍军人在社会融合或疏离问题上的立场的。一道简单的开放式问题，如"你对'1%'这一符号的看法／感受是什么？"，就会引起无数重要的回应，这些回应解释了受访者在社会网络中的定位、他的世界观、他面对其他小团体时的立场，以及他赋予这件看似微不足道的饰物的意义，这个饰物只有两三平方厘米，但是，却是通往意义之网的关键。

"1%补丁"的说法源自霍利斯特镇骚乱（Hayes，2005）。这是一场吸引了约4 000名车手的摩托车比赛，比赛现场出现了失控，大概有500

人卷入打斗。警察抓走了几个骑摩托车的人，约50人需要医疗观察。《生活杂志》刊登了一张摆拍照片，上面是一位醉醺醺的摩托车手，标题为《车手的假期：他和他的朋友大闹小镇》。美国摩托车协会试图对此予以挽回，协会声明，99%的摩托车手都言行得体，只有1%的人会惹麻烦。如今，"1%补丁"的说法可以回溯到这一事件，但是，赋予这个"补丁"的含义却因群体和个体的差异而有所不同。

有些人明确地将这个"补丁"与班迪道斯（Bandidos）和地狱天使（HA）这样的商业俱乐部等同起来，表明这是个值得骄傲的东西："这个1%代表不适合，也不关心"（Thompson，1967：4）。亨特·S.汤普森（Hunter S. Thompson）写了一本名为《地狱天使》（*Hell's Angels*）的书（1967），他因这本书而出了名，汤普森理所当然地将"1%补丁"与反社会行为等同起来。有时，我们访问的受访者会意识不到这个符号的非法含义。警察彼德说："我穿了有1%贴片的背心，这有一段时间了，我认为它看起来挺酷，但是，当时我确实不知道它意味着什么。后来，当我信教了，我就立即摘掉了这个贴片。"警察彼德认为，他出于天真而犯了一个错误，因职业和道德的原因不能再戴这个贴片了。

但是，对于其他车手来说，这个"补丁"只是表达了对摩托车手传统和历史的支持。比如杰克，他是退伍军人俱乐部中的成员，对他来说，这个"补丁"意味着车手之间的兄弟情谊。在他的世界观中，这个"补丁"与犯罪或摩托党没有任何关系。在这里，我们看到了这个关键符号在摩托骑行中被赋予了不同的意义：

> 1%对我意味着什么？……对我来说，骑着我的摩托就是自由的终极感觉……也许1%意味着你总是那个最棒的，希望是这个样子。周日晚上一过，1%的人就不会歇下来。而且，我在黎巴嫩当兵的经历也对我有影响。和我的伙伴们在一起半年了，同做一份工作，都是绿色的，其他颜色也没关系。我支持你，你支持我。即使在困难的情况下，也会互相照顾。这创造了一种联结，一种兄弟情谊。回到家里，重新适应不容易……对于1%的人来说，他的摩托车就是他的生命。1%不是"补丁"，不是俱乐部，它是大写的"你是谁"！

因此，在方法论上将深描和动态民族志结合起来，可以揭示一层层的隐含意义。

投入和抽离的道德规范：知情同意

当获准进入现场并建立了信任关系后，问题就来了，这个问题是，所研究的团体是在什么条件下同意进入的？后续的问题是如何维持信任。这是许多民族志学者都要经历的一般问题。

人类地域小组（Human Terrain Teams）为部队工作，他们在出去收集信息时，就遇到了这个问题，在著作《人类学家在军营》（*Anthropologists at Arms*）中，乔治·卢卡斯（George Lucas，2009）试图找到解决这一问题的方案。对于那些无论如何都易受到伤害的群体来说，这个问题是固有的，研究骑摩托车的退伍军人时，也有同样的问题。如果研究者投入其中，他或她就一定是投入到某种深度了，当这项研究的成果披露出某些不利于该群体的信息时，所研究的群体会认为这是一种背叛行为。

美国人类学协会反对那些在人类地域小组工作的人类学家，因为这些信息被用在了战术性的军事决策以及（大多数）西方大国的政治目的上（The Network of Concerned Anthropologists，2009）。分析的批判性和结论的可靠性并没有什么问题，但是当这个小组的成果最终被榨取利用，道德冲突就会出现，信任受到侵犯，心理契约也被打破。

乔治·卢卡斯（2009）指出，知情同意是解决这个问题的一种方法。如果所研究的群体成员知道观察结果是某项研究的一部分，如果研究的目的是明确的，如果研究人员使用了成员检核来验证访谈的质量，那么，就会解决对该群体造成潜在伤害的问题，也可以处理心理契约被破坏的感受。美国人类学协会的道德准则规定，研究人员应该获得：

> 被研究者事先的知情同意……当然，所要求的知情同意的程度和广度取决于项目的性质……而且，知情同意的过程是动态、连续的。在项目设计时，这个过程就应该启动了，在项目实施中，通过与被研究者的对话和协商，要继续这一过程……知情同意不需要……书面的或签名的形式。同意的质量而不是形式才是有意义的。

（美国人类学协会道德规范，引自 Lucas，2009：206）

卢卡斯指出了知情同意的复杂性，对退伍军人的研究也遇到了同样的困境。研究者试图确保那些不想暴露身份的人是匿名的，但是这项研究确实影响了他们的私人和职业生活，研究者并不总能成功地保护他们的受访者。

通过利用成员检核，受访者可以提出变更姓名，以增强对自己的保护。警察彼德有宗教信仰，对于他的这种情况，我们用了一个不同的名字来保证匿名，但是基督教摩托车协会是一个非常特殊的、易于识别的团体，彼德是这个团体中的成员，其他团体中的车手将缺失的信息拼凑在一起后，发现了他的真实身份，从而引起了对他的怀疑。但是，彼德仍然继续参加这些传播救赎的集会。结果，警方质疑了他的诚信，大体意见是，如果他继续去这样的集会现场，他就可能有贪污或泄露信息之嫌。警察彼德最终被调到了另一个部门，不再与摩托车商业俱乐部方面的刑事调查发生任何关系。

车手也可能在更多的方面受到伤害。一方面荷兰国防部不希望它的员工与俱乐部有联系，因为这有可能违反诚信；另一方面，退伍军人俱乐部的成员认为，这都是些错误的指控、无根据的断言、乱贴标签和刻板印象，觉得受到了牵连。对骑摩托车的退伍军人的研究也易伤到受访者，特别是那些服现役的受访者，许多人担心他们自己的工作或晋升机会会受到影响。除了使用成员检核作为一种知情同意的方法，还可以邀请他们参与图书发布会，在那里展示研究结果，创造参与的机会。知情同意有助于打开与退伍军人的沟通局面。

结论

在投入和抽离之间进行平衡时，要向投入方倾斜，这是动态民族志方法的一部分。获准进入并赢得信任非常必要，但是还是有更多的因素会导致这一方法偏离平衡。身体，尤其是研究者的摩托车，都是研究工具，这意味着他们的身体参与到了这个情景中。营火访谈、田野记录、深描和知情同意也是民族志学者用来逼近其研究主题的方法论。这确实意味着研究者要冒着失去超然观察立场的风险，他们必须确保自己不被"现场化"。

如果他们成功地避免了"现场化"，他们就能真正理解自己的研究主题。如果他们失败了，他们就会在投入中迷失。

注释

1. 在教堂举行的过渡性仪式是阈限的，参加摇滚音乐会是近阈限的。这两个概念之间的区别涉及事件的宗教或非宗教特征。

2. 国际商务俱乐部，也被称为奥特洛摩托车集团（OMG），包括"异教徒""地狱天使""违法之徒"和"班迪道斯"。它们是"四大魔头"。

3. 引用来自 YouTube 上的访谈（参见参考文献列表）。

4. 社会文化分析的层次是索引的、同源的和整体的（历时的）（Willis，1978：189–203）。

参考文献

Coleman S.,Eade J.2004."Introductions:Reframing Pilgrimage." In Coleman J.and Eade J.(eds.)*Reframing Pilgrimage*:*Cultures in Motion*,London:Routledge.

DeWalt K.M.,DeWalt B.R.2011.*Participant Observation*:*A Guide for Fieldworkers*,Lanham,MD,and Plymouth:AltaMira Press.

Dienst Nationale Recherche.2010.*Hells Angels en andere 1%-MC's in Nederland*,Driebergen:Korps Landelijke Politiediensten.

Elias N.2007.*Involvement and Detachment*,Dublin:University College Dublin Press.

Elias N.,Scotson L.J.2008.*The Established and the Outsiders*:*A Sociological Enquiry into Community Problems*,Dublin:University College Dublin Press.

Geertz C.1973.*The Interpretation of Cultures*,New York:Basic Books.

Hayes B.2005.*The Original Wild Ones*:*Tales of the Boozefighters Motorcycle Club*,St.Paul,MN.:Motorbooks.

Lucas G.R.2009.*Anthropologists in Arms*:*The Ethics of Military* 【115】 *Anthropology*,Lanham,MD.:AltaMira Press.

McAdams D.P.1996. "Personality,Modernity,and the Storied Self:A Contemporary Framework for Studying Persons." *Psychological Inquiry* 7(4):295–321.

Michalowski R.,Dubisch J.2001.*Run for the Wall:Remembering Vietnam on a Motorcycle Pilgrimage*,New Brunswick,NJ.:Rutgers University Press.

Moelker R.2014.*Riding with Veterans*,Berlin:Springer [this is an expanded update of Moelker,R.and Schut,M.2011.*Brothers in Arms,Brothers on Bikes*,Budel:Damon Publishers].

The Network of Concerned Anthropologists,2009.*Counter-Counterinsurgency Manual*,Chicago,IL.:Prickly Paradigm Press.

Spradley J.P.1980.*Participant Observation*,Orlando,FL.:Harcourt College Publishers.

Thompson H.S.1967.*Hell's Angels*,Harmondsworth:Penguin.

Turner V.1969.*The Ritual Process:Structure and Anti-Structure*,London:Routledge and Kegan Paul.

Turner V.,Turner E.1978.*Image and Pilgrimage in Christian Culture*,New York:Columbia University Press.

Weber C.2012.*A genou les hommes,debout les officiers.La socialisation des Saint-Cyriens*,Rennes:Presses Universitaires de Rennes.

Weber M.1985.*Gesammelte Aufsätze zur Wissenschaftslehre*,Tübingen:Johannes Winckelmann,427–432.

Willis P.1978.*Profane Culture*,London:Routledge & Kegan Paul.

Willis P.2010.*Socio Symbolic Analysis and Homology:Changes in Culture and Society*.www.youtube.com/watch?v=4kimNgCwUCk & feature=related.

Winkelman M.,Dubisch J.2005.*Pilgrimage and Healing*,Tucson,AZ.:The University of Arizona Press.

Zemliansky P.2008.*Methods of Discovery:A Guide to Research Writing*. http://methodsofdis covery.net/?q=node/19.

11　深度访谈

布伦达·L.摩尔

> Moore B.L.1996;1998.*To Serve My Country,To Serve My Race:The Story of the Only African American WACs Stationed Overseas during World War II*.New York:New York University Press.

　　《为我的国家服务》是一项定性研究，研究对象是第 6888 中央邮政目录营（Central Postal Directory Battalion，CPDB）的服兵役女性。整本书都在讨论二战期间的非裔美国人、女性和美国陆军这些独特要素。第 6888 CPDB 是战争期间唯一驻扎海外的非裔美国陆军女子部队（WACs，即在部队中服兵役的女性）。当时，民权活动人士向战争部施加压力，要求将白人陆军女子部队拥有的海外服役机会加以扩展，使非裔美国陆军女子部队也拥有同等的机会，第 6888 营就是民权活动人士这一努力的结果。各营是按种族和性别进行隔离的，其中第 6888 营由 800 多名非裔美国女性组成。其成员来自各行各业，有些是专业人士，有些则没有什么技术。该部队反映了整个社会中非裔美国女性的多样性。本书写了她们在服兵役之前、之间及之后的生活。在这段历史时期，美国社会中仍然存在种族和性别偏见，第 6888 营反映了美国社会中的这些偏见，但是，第 6888 营的成员却在这样的机构中积极地建设着她们的生活，本研究对她们的这种生活方式进行了阐述。

　　在做这项研究期间，关于二战期间非裔美国人服兵役的文献已经有很多了。对于白人妇女对战争结果的贡献以及她们遭遇到的性别不平等，相关的研究也在增加。但是，非裔美国女性服兵役的文献几为空白，《为我的国家服务》有助于填补这一空白。

影响少数民族和妇女入伍及分配的军队政策在不断变化，摩尔回顾了关于这一变化的学术文献和档案文件，从这里开启了她的研究。在对档案文件进行广泛回顾的时间里，一份有着第6888营成员名字的军队花名册浮出水面。进一步调查之后，摩尔锁定了一些前成员。随着研究的进展，她用滚雪球的抽样设计确认了其他成员。在这项研究中，总共有51名第6888营前成员接受了访谈。

【117】

一些突出的主题包括：（1）一个有争议的营，因为有了争取非裔美国陆军女子部队海外服兵役的社会政治运动，该营才得以产生；（2）就第6888营成员而言，她们希望通过服兵役来履行其公民的权利和义务；（3）部队凝聚力，在美国所经历的种族和性别歧视将她们团结在一起，使她们有做出超凡业绩的决心；（4）以尊重的态度被有尊严地对待，所有的受访者都声称，欧洲人没有因种族原因而歧视她们。所有女性都谈到了她们与欧洲人在社交方面的互动，被邀请到家中做客，在娱乐中心和酒吧这样的公共场所社交，这与美国的种族关系不同。这样的信息只能通过深度访谈才能获得。

使用深度访谈作为主要来源有几个方法论上的担心。研究者从一开始就遇到的两个主要障碍是：（1）获得有关该营的信息，其中的大部分埋没在了档案记录中；（2）找到该营的前成员。在收集了有关该营的信息、确定了可能的受访者之后，真实性的问题就被提到了议事日程上来。受访者能记住那些距离访谈40年前发生的事吗？她们对具体事实的回忆有多可靠呢？

定性方法提供了分析人类经验与感知的重要工具。与定量研究不同，那些基于定性方法的研究会考虑将某一现象全面概念化，对社会过程和复杂的文化因素进行全面的了解。深度访谈是定性研究者使用的一种强大技术，常常是定性研究首选的数据收集方法。本章的目标是：（1）展现深度访谈是如何不同于研究者使用的其他各类访谈的；（2）考察深度访谈涉及的主要步骤；（3）讨论这种方法论进路的一些局限性及解决方式；（4）说明访谈技术是如何被广泛用于军人和退伍军人的研究的，特别是叙事、现象学、口述史、民族志、扎根理论和案例研究；（5）最后，讨论一些使军事机构研究不同于其他社会机构研究的影响因素。

访谈的类别和类型

结构，非结构或半结构访谈

访谈可以分为三大类：结构的、非结构的或半结构的。结构访谈（structured interviews）是一种定量方法，通常用于调查研究。这种访谈是正式的，包括预先设定的封闭式问题（close-ended questions）。问题是标准化的、直接的，可能的答案数量是有限的。访谈者以相同的顺序向每个受访者提问，也要提示他们在作答时，保持理性，不带有情绪。在结构访谈中，访谈者通常保持中立客观，在他们拿到的脚本中，很少或根本没有偏离预先设定的空间（Fontana and Frey，2000）。

相比之下，非结构访谈（unstructured interviews）被用于定性研究。它们是非正式的，由开放式问题（open-ended questions）构成，允许受访者详述某个主题。没有任何预先制定好的、预设好答案的问题，也没有任何预先设定的框架。在访谈期间，非结构访谈能够让研究者灵活地问那些【118】不在计划内的问题，为了澄清问题，还可以向受访者追问（McCracken，1988；Fontana and Frey，2000）。

半结构访谈（semi-structured interviews）包含结构和非结构问题，但是比结构访谈更灵活，又不像非结构访谈那样缺乏组织。在半结构访谈中，有一个拟探索主题的总体框架，但是在访谈期间，新问题的出现是基于受访者所说的内容。我对第6888营的研究就是这种情况。例如，我问的一些问题如下：

我们聊聊你在第6888营的经历吧。

15. 描述一下小组为准备海外任务而接受的培训？

16. 在二战期间，当你在英国和法国时，美国白人军人是如何对待你的？

17. 在二战期间，当你在海外时，非裔美国男性军职人员是如何对待你的？

18. 在二战期间，当你在海外时，英国人和法国人是如何对待你的?

19. 第6888营成员可以参加哪些社会活动, 你有没有利用过这些活动?

如上所述, 每个问题都允许受访者用她自己的话来阐述这个话题。在这项研究中, 也问了几个与受访者服兵役之前、期间和之后生活有关的重要问题, 这些问题激发了讨论, 也使受访者有可能做详尽的说明。正是通过这种归纳的方法, 我才能对访谈数据中浮现出来的主题加以检验, 而不是将某个理论框架强加给数据。

一对一、电话或焦点小组访谈

深度访谈是一种非结构或半结构方法, 可以分为三种类型: 一对一(one-on-one)、电话(telephone)或焦点小组(focus group)。每种类型都有优点和不足。包括我在内的许多研究者都更愿意用面对面、一对一的方法做深度访谈。这种方法需要进行访谈设置, 在该设置中, 受访者可以轻松地交谈, 分享他们的观点。对于第6888营的前成员, 我通常是在她们家中一个安静的地方做访谈。在陆军女子部队重聚期间, 我在我的酒店套房中访谈受访者。事实证明, 这些都是一对一访谈的合适场所。

需要访谈者长途跋涉才能完成的一对一、面对面访谈, 并非总能行得通。有时, 旅行、获得场地和深入访谈的过程成本高昂, 需要相当多的时间和财力, 这是难以承受的。当不可能进行一对一、面对面的访谈时, 电话访谈是一个很好的备选。对第6888营的研究就是这种情况。因为没有财力支持我长途旅行到她们的家中, 我就电话访问了几位女性。在我的研究期间, 格特鲁德·拉维尼的情况就是一个典型的例子, 她住在安克雷奇, 在通过邮件收到知情同意书后, 我通过电话与她进行了多次访谈。所有通【119】过电话采访的女性都同意接受邮件采访。她们每个人都通过邮件回复了知情同意书、电话号码以及给她们打电话的最佳时间。

如果受访者不想说话, 这对一对一的访谈方法来说可能是一种挑战。无论访谈是一对一的, 还是通过电话, 在成功的访谈中, 受访者都必须做到表达清晰, 愿意发言(Cresswell, 2007)。如果被访者不善言辞、害羞或沉默寡言, 一对一访谈获得的数据可能就不够充分。另一方面, 电话访问的一个障碍是, 访问者无法看到受访者的非语言交流表现。这有可能使访谈者难以确定受访者是如何看待某个问题的，是否需要追问。在电话访谈中，研究者要仔细关注受访者的语调，这会缓解这一问题。

一对一访谈的另一种备选是焦点小组，即同时对几个人进行访谈。虽然一些方法论学者声称，焦点小组访谈主要是一种定性方法（Madriz，2000），但是，定量研究或定性研究都可以使用这种进路。访谈可以是结构的，用来搜集封闭式问题的答案。在这种情况下，焦点小组的访谈者是正式的，要求受访者严格执行某种主题。在另一些情况下，焦点小组也可以是非结构的，访谈者可能很灵活，问开放式问题，允许受访者自由发言。无论是哪一种情况，焦点小组的访谈者都要承担小组协调人以外的新角色，负责协调小组动态（Fontana and Frey，2000）。

方法论步骤

准备深度访谈时，研究者必须采取几个步骤，包括回顾有关该主题的学术文献，设计访谈协议，实施预调查以便改进访谈问题（Babbie，2007；Cresswell，2007）。此外，研究者还必须确认受访者、决定访谈类型（一对一、电话或焦点小组）以及找到进行访谈的场所（Babbie，2007；Cresswell，2007；Adler and Clark，2011）。在美国，还有进一步的要求，即知情同意书。在开始访谈之前，调查者必须获得受访者的知情同意，这是机构审查委员会（IRB）的要求。根据美国法律，所有涉及以人类作为受试对象的研究都需要由机构审查委员会审查。机构审查委员会是研究机构指定的委员会，负责批准和监督此类研究。方法论的最后两个步骤是分析和写作。收集完数据之后，研究者必须对其进行分析，撰写调查结果。

回顾已有文献

第一步，可以先研究与选定主题有关的现有文献，初步提出研究问题，从这里开始研究非常有帮助。我最初决定对二战期间海外服兵役的非裔美国陆军女子部队进行研究时，就开始查阅那段时期非裔美国服兵役人员的学术文献（Lee，1966；Foner，1974；MacGregor，1981；etc.）。有关二战期间美国武装部队种族隔离的文献非常多，而研究任何时期服兵役女性的学术文献就没有那么多，非裔美国女性服兵役的信息极其缺乏。因此，我就有必要回顾一些档案来源，这样才能更多地了解女性的军队经历。在军事史中心，我全面查阅了美国陆军关于陆军女子部队的专门研究以及其他的相关文件。

【120】 　　我也回顾了国家档案馆军事参考分部的文件，这一回顾揭示出陆军女子辅助部队（陆军女子部队的前身）的发展信息。通过仔细调查军事文档，我更全面地了解了促使第6888营发展的政治环境。通过这一深入探索，第6888营每个成员的参军入伍时间、入伍时的国家地区以及她的工作地点都被准确地找到了。我最终锁定了一份花名册，上面是一些曾在该营服兵役的非裔美国女性的名字。

　　此外，在访谈期间，我的许多资料提供者都说起玛丽·麦克劳德·贝休恩（Mary McLeod Bethune）鼓励她们服兵役的事。全国黑人妇女委员会（NCNW）档案室中的其他文件证实了她对此事的影响，该委员会的一些记录显示，贝休恩支持过陆军女子辅助部队（WAACs）。另一些文件披露，贝休恩与部队负责人奥维塔·霍比（Oveta Hobby）上校进行过会谈，以确保入伍的非裔美国女性得到公平和公正的待遇，在450名军官中，40名将会是非裔美国人。这些文件还引用贝休恩的话说，她对陆军女子辅助部队的支持，并不是对其种族隔离政策的认可，军队中的融合是另一种斗争。

完善研究问题

　　在对档案文件的回顾中，我发现，非裔美国女性二战期间的军旅经历显然极其不同于非裔美国男性和白人女性的此类经历。然而，在学术文献中，几乎没有论及非裔美国女性这段经历的论文。正如其他学者所观察到的，关于非裔美国人的学术研究关注的是非裔美国男性，关于女性的学术研究关注的是欧洲裔女性（Hull et al.，1982）。军事研究中也是如此，在军事研究中没有非裔美国女性的声音。在美国社会中，非裔美国女性既经历了种族压迫，也遭受过性压迫。本案例研究讨论了二战期间非裔美国陆军女子部队的经历，揭示了她们的职业任务及其工作地点等客观事实。同时也披露了一些主观信息，例如，她们是如何被接收的，服兵役对她们来说意味着什么，她们是否认为军队经历是她们生命中的转折点。

制定协议和获机构审查委员会批准

如上所述，在美国，联邦政府指定所有大学对全部涉及以人类作为受试对象的研究项目进行审查，以确保项目符合联邦法规。在研究者开始访谈受访者之前，必须完成访谈协议和通过机构审查委员会的审查。因此，另一个方法论步骤是制定一份提请机构审查委员会审查的协议。机构审查委员会负责保护研究对象的权利和福祉。我制定了一份研究协议，包括研究计划和半结构访谈的日程安排，将它提交给了我所在大学的机构审查委员会，申请批准。获得机构审查委员会批准后，我就可以出发进入现场了。

在我的协议中，包括一份调查问卷，由封闭式和开放式问题构成，属于半结构化的研究设计。封闭式问题用于查明具体的事实，包括人口统计信息以及每个参与者的军事训练、职业专长和任务。为了让受访者在特定的主题上畅所欲言，发现那些意想不到的有关其军旅经历的见解，我也问了几个开放式问题。我用这个总体框架鼓励参与者谈她们入伍之前的生活。【121】受访者谈到了她们是怎样长大的，她们的家庭生活、学校、工作经历以及她们的参军动机。我还鼓励受访者谈她们在基础培训、高级培训和常设工作点中的经历，也请参与者比较了美国大陆和欧洲战区工作站的工作任务和生活质量。我还问了受访者退役后返回家园的情况，军队对她们退役后的生活有怎样的影响。我鼓励每位受访者都坦诚地说一下服兵役对她们个人意味着什么。

选择受访者

选择受访者是定性研究过程中的另一步。示例研究中的受访者是通过立意抽样方法选取的。在研究过程的早期，调查者有必要与潜在的受访者进行初步接触。我给所有可能的受访者邮寄了一封介绍信，详细说明我的研究目的，邀请她们参加。虽然有几位女性拒绝接受访谈，但是，总体上，回应率相当不错。

研究者必须与受访者建立良好关系，在访谈过程中，尽早获得她们的信任，增强她们的信心。在访谈期间，应该让受访者感到放心。研究者必须注意倾听，让受访者自由地谈话。研究者也不必将他的观点强加在受访者的回应之上，要让受访者的观点能够真实可信地表达。我发现，我的受访者渴望与我分享她们的经历，她们也愿意把我介绍给其他的曾在该部队服过兵役的妇女。每次访谈时，她们都会向我透露一个或两个女性的名字。在整个访谈期间，这种滚雪球的过程一直持续发生。

为了写这本书，我访谈了51名在第6888营服过兵役的女性，其中，有5名军官，46名士兵。这些女性真实地反映了这个部队所具有的多样化特征。分配到该营的女性有800多名，她们在地理区域、社会经济背景以及教育水平方面各不相同，我的受访者包含了这些特征。

确定访谈类型

如上所述，定性研究的调查者必须确定他们采用什么样的访谈类型，在收集数据时，是通过电话、焦点小组，还是单独的一对一的方式。在案例研究中，我用了所有这三种类型。一些女性是通过电话接受的访谈，其他人则做了面谈，在为女退伍军人举办的两次全国性活动中，我遇见了一小群女性，也对她们进行了访谈。第一次活动是陆军女子部队五周年大会，该会议于1992年5月在亚拉巴马州的麦克莱伦堡举行。第二次活动是同年九月在佛罗里达州奥兰多举行的第八届双年度非裔陆军女子辅助部队和陆军女子部队（WAAC-WAC）的女军人聚会。在这些活动期间，在酒店套房里，我与受访者就她们的服兵役经历进行了非正式的焦点小组讨论。所有这些深度访谈都帮到了我，让我对二战期间在一个全部是非裔女性的部队中服兵役的经历有了新的视角，否则，我是不会获得这些信息的。

分析和撰写调查结果

【122】

定性研究最后的方法论步骤是分析数据，进行研究写作。深度访谈收集的数据通常是以录音和转录形式呈现的，我在第6888营的研究就是这种情况。在收集和转录完数据后，定性研究者必须通过一种被称为编码的过程来组织转录好的文本。不同研究者的编码细节各不相同，但无论用哪种方法，目标始终相同。通过编码过程，定性调查者对数据理解的抽象程度就会由较低转向更高（Glaser and Strauss，1967；Auerbach and Silverstein，2003；Strauss and Corbin，1998）。编码过程涉及几个步骤。第一步，要查找那些在所有数据中浮现出来的重复性主题。这些主题在叙事中被详尽阐述过，它们构成了理论建构的基础。

在案例研究的数据收集与分析中，我运用了扎根理论进路。这种方法论进路使我在整个数据收集过程中都能分析数据。我使用了开放式、轴心式和选择式三级编码，斯特劳斯和科尔宾（Strauss and Corbin, 1990）在《定性研究的基础》中阐述过这些编码。在一级编码中，做开放式编码（open coding），检查每一行的转录数据，寻找频繁使用的词和短语，然后分组归类。在这个初始的分析过程中，要比较文本的词、短语和短的段落，对于那些筛选出来的概念，我写了许多备忘录，记下文本中出现的相似点和不同点。在编码围绕着筛选出来的类属开始聚类之前，要经历的过程极其冗长，也常常单调乏味。

在数据分析的第二步，我开始分析性地思考那些频繁使用的词和短语，也更具有理论上的敏感性。斯特劳斯和科尔宾（1990；1998）称这一步为轴心式编码（axial coding），即开放式编码期间初步得到的类属与子类属之间彼此相关，它们这种彼此相关的方式开始浮现。正是经由这一过程，我才能对第6888营成员生活中发生的事件赋予意义。这个过程重复了多次，直到每个类属都被完全概念化了（即饱和），从中再也找不到任何可添加的信息。例如，我清楚地掌握了第6888营形成的社会政治条件。政治官员参与非裔美国陆军女子部队海外服役的倡导运动，公民个体为此目的开展的写信运动，它们都是轴心式编码的结果，都非常有意义。第6888营成员做出过许多决定，包括在美国服兵役，为海外派遣做准备，之后到欧洲服兵役，编码过程也揭示了这些决定中隐含的意义。例如，第6888营成员抵制和拒绝使用标有"仅用于有色人种"的饮水器，拒绝使用欧洲分配给她们的娱乐设施，履行了超出某些军官预期的工作职责，轴心式编码对第6888营成员的这类行为赋予了意义。

我的数据分析的最后一步，是选择式编码（selective coding），我选择了一个核心类属，将所有其他类属与它关联在了一起。在最后一步，类属之间的关系得以验证。从这一数据中浮现出两个突出的主题，它们是：（1）第6888 CPDB是二战期间社会政治斗争的结果，在美国军队向女性开放的所有领域中，该场斗争为非裔美国女性争取到了服兵役的权利；（2）第6888营成员渴望到海外服兵役。在对受访者进行访问时，几乎所有的人都提到，第6888营得以建立，是争取非裔美国陆军女子部队海外服役的政治运动的结果。档案数据证实了这个说法，例如，贝休恩博物馆和档案馆、

【123】全国有色人种协会（NAACP）的历史出版物、《危机》杂志、《阿姆斯特丹新闻》和《匹兹堡信使》等档案，都证明了这一点。

此外，这些女性对到国外服兵役的机会表示兴奋。这种热情不仅源于对旅行的渴望，而且源于一种表达的需要，她们想要向美国表明，非裔美国人已经做好准备，她们愿意并且能够履行公民的义务和责任。此外，一些人认定非裔美国女性生理上无能，低于白人女性，这些妇女也渴望消除这些种族固有的印象和荒诞的说法。至于该项研究在最后的分析中是如何呈现这些主题的，可以引用本书中的几个例子来加以说明：

诺埃尔·坎贝尔·米切尔驻扎在奥格尔索普堡，当时她收到一位好友的来信，通知她陆军计划在海外部署"黑人"陆军女子部队：

我们一起参的军，她曾任我的指挥官，一共九个月……两年多来，我们相互之间没见过面，但是保持着联系……我读了这封信，惊呆了。埃德娜说，有色人种的陆军女子部队要到海外去，这千真万确。这些计划是在得梅因市做出的，她已经得到了通知，她会是这支部队的指挥官，她想要哪位女性做她的军官，就可以请她们来参加。她说，她想到了我，如果我有兴趣，她就将我的名字提交上去……我很兴奋，因为自我听到这些传言时起，我就确信，如果机会来了，我当然会自愿参加。

（Moore，1998：17）

同样，格拉迪斯·卡特说："当有消息说会有一批人（非裔美国女性）去海外，每个人都想去。我知道我想去。我想，即使历经千辛万苦，我也要加入这个名单。"（Moore，1998：18）

这些引文不仅揭示了这一历史性的政策变革，允许非裔美国陆军女子部队在战争期间去海外服兵役，也反映了这些女性对这一变革的个人感受。几乎所有的受访者都表示，她们很高兴有机会到海外服兵役，她们为此做好了准备。对书中的数据进行概括之后，可以认为，这些女性希望去海外服兵役，以表明她们同样是美国公民，她们愿意为战争付出努力，愿意去海外服务，通过这些行动来履行公民的义务与责任。更为重要的是，她们希望在完成了服兵役的公民义务后，能够在美国获得完整的公民权。

为什么及何时适于采用深度访谈？

当有必要进行解释时，最好利用深度访谈。在案例研究中，深度访谈使我能以她们自己的语言去收集其军事经历的解释性数据。有些问题需要给出主观的回答，对于这类问题的答案，也只能通过深度访谈法去获取。例如，这些女性是谁？她们的个人背景是什么？在美国历史上的这段时期里，她们愿意为国家服务，却恰恰被剥夺了这种权利，那么她们为什么要参军？在欧洲服兵役时，她们的个人生活、工作和社交经历是怎样的？当她们回归平民世界时以及回归之后，服兵役又是如何影响了她们的生活？在更为广泛的意义上看，对于社会冲突和社会变革，她们的经历能告诉我们一些什么？通过深度访谈，这些问题都可以得到最好的回答。

为了研究非裔美国陆军女子部队，我收集了口述史，不过大部分的 【124】数据还是从档案文件中获取的，如政府报告和报纸文章，在某些情况下，数据也来自个人日记。另一方面，通常情况下，被称为口述史的研究几乎完全依赖于深度访谈。口述史访谈的目的是完全呈现受访者的观点，研究者不进行任何解释。在美国，人们一般会利用口述史为没有声音的少数种族（Tosee and Willams，2007）和女性（Gluck and Patai，1991）发声。口述史也被用于提出各种战争观点。一个典型的案例是卡尔·米拉（Carl Mirra）的著作《士兵和公民》，这是一本口述史集，讲述者是士兵、退伍军人、军人家属、政治决策者和与伊拉克战争有关的权威人士。

在现象学研究中，深度访谈也是最适宜的收集数据方式，因为它的主要目标是了解研究对象是如何看待事件的。例如，玛丽·肖和马克·赫克托（Marie Shaw and Mark Hector，2010）研究了自2003年冲突开始以来驻扎在伊拉克和/或阿富汗的美国军人的经历。研究者利用现象学方法访谈了10位受访者，他们是2004年以来从战区归来的军人。这项研究需要利用访谈法，因为研究的对象是驻扎在伊拉克和阿富汗的军人，研究的目标是理解他们的经历有怎样的意义。访谈数据可以告诉我们，受访者是否认为他们应该被部署到阿富汗和伊拉克，他们也能详细叙述与军事任务有关的危险以及这样的部署对其家庭的影响。只有通过深度访谈，才能获得这些数据。

采用扎根理论进路的研究者也非常依赖深度访谈。除了我对第6888

CPDB 的研究，许多学者都在军人研究中使用过扎根理论进路。劳拉·米勒（Laura Miller，1997）用扎根理论方法调查了陆军部队中男性军人对女性军人的抵抗策略。为了这一目的，她在他们的工作地点、在用餐期间、在战地上、在军用车队和海外航空运输工具上，访谈士兵，以了解美国陆军中的性别关系。这些访谈都非常重要，有助于了解战地男女士兵之间发生冲突与合作的类型。米勒还观察了士兵处理工作和家庭义务的方式，以及女性在新部署环境中的经历。要获得这些信息，必须通过深度访谈，问开放式问题。

在案例研究中，深度访谈也被证明是有价值的数据收集方法。在关于加利福尼亚州锡赛德市的案例研究中，卡罗尔·麦吉本（Carol McKibben，2012）访谈了当时的士兵和政府官员，阐明了奥德军营对促进该市民主化进程的作用。麦吉本的主要论点是，任何种族的士兵都非常重视权威、法律、秩序、爱国主义和家庭观念。麦吉本令人信服地表明，锡赛德市已经变成一个少数族裔占多数的城市了，这个城市由士兵构成，这些士兵在基地中经历过融合，在平民社区中挑战过隔离。要研究军队对锡赛德市种族关系的影响，麦吉本必须运用深度访谈法去了解锡赛德市居民的日常。

最后，民族志研究同样依赖于深度访谈。戈尔德（Gold）和弗里德曼（Friedman）对军校学员的民族志研究就是例证。他们对军校学员如何应对美国军事学院的压力特别感兴趣。他们对高年级学员做非正式访谈，从中了解到了两类压力：与领导角色有关的压力以及与成为新军校学员有关的压力。

在所有这些定性研究中，研究者都要了解受访者的认知和经历。每项【125】研究都是一项对人类互动进行理解的系统调查。通过利用非量化数据，研究社会现象的模式，努力揭示意义。在上述各项研究中，每位研究者都能够利用深度访谈，用它来系统地识别出与军事人员有关的问题，而不是预先确定的答案。

一些局限和解决方法

尽管深度访谈可以成为强大的信息源，但是它并非没有缺点。对定性研究的局限性进行广泛讨论超出了本章的范围，但是下面还是要重点介绍其中的一些内容。基于深度访谈的定性研究主要有三个不足之处：缺乏信度、缺乏可推广性及自我选择问题。通过访谈收集到的数据并不总是可信的，当进行复制研究时，可能不会产生相同的结果。对于通过访谈收集到的数据，存在着许多质疑，其中包括受访者报告的准确性问题（Denzin and Lincoln，2000）。受访者是否夸大其词或以其他方式美化了真相？受访者是否记得过去事件的细节？

我对第 6888 CPDB 成员的访谈是有担忧的，其中之一是大部分的数据依赖于她们的记忆，她们需要回忆在访谈很多年前发生的生活经历。有研究表明，老年人对过去发生过的事件有准确的记忆，由于这些研究，我对准确性的担忧才有所减轻。一些文献认为，当人们开始变老并反省他们的生活时，他们的记忆力实际上会有所改善。人们发现，一些老年人能准确和清晰地回忆起他们过去生活的诸多细节（Butler，1964）。

尽管如此，还是有另一些研究表明，人们往往难以回忆起内部事件（interior events），例如，他们的动机、意图、抱负和对先前行动的希望（Scott and Garner，2013）。并不是人们不能回忆起他们生活的方方面面，根据斯科特和加纳（Scott and Garner，2013）的观点，外部事件（external events）是被记得最好的，外部事件是以个体社会生活中的"公共记录"被记忆的。巴里·施瓦兹（Barry Schwartz，1999）同样将传记性记忆（biographical memory）表述为一种根据我们与他人的经验来理解的社会过程。在埃维亚塔尔·祖鲁巴维尔（Eviatar Zerubavel，1996）的著作中，也发现了这种集体记忆的思想，他指出，家庭、职业、种族、宗教等社会环境都会影响个人回忆过去的方式。这些社会环境规定了记忆共同体（mnemonic communities），该共同体又通过社会化过程塑造着个体的思维。因此，这些学者认为，人们记住的大部分内容都是经由他们的社会环境所过滤和解释的，因此，也就面目全非了。

在心理学的语境中，丹·麦克亚当斯（McAdams，1993）讨论了自我叙事，在这一讨论中，可以找到受访者为什么要歪曲记忆的解释，即麦克亚当斯称之为个人神话（personal myth）的东西。麦克亚当斯指出，在一个人的生活故事中，核心事件（即关键事件）是不寻常的事，人们会讲他们创作的生命历程故事，这很正常，这是为了发现真实而有意义的东西。用他的话来说，"为了生活得很好，团结一致，有目标，我们就创作一个关于自我的英雄叙事，用它来阐明与我们自己有关的重要事实"（McAdams，1993：11）。

从上述的所有研究中，我们可以得出结论，受访者并不总是能够区分出什么是真实的，什么是感知到的。在第二次世界大战期间，第6888 CPDB成员到了海外，在一个种族隔离的军营中服兵役，这是她们的共同经历，考虑到她们对这一经历的共享程度，可以将她们视为一个记忆共同体。她们的集体记忆和解释必然会影响到她们对这些事件的回忆。虽然调查者绝不可能消除自述的所有错误，但是却可以最大限度地减少这类错误。在我的研究中，我检核了多个来源的档案文件，用这种方法来验证事件，

【126】 通过这种方式解决可能的记忆不准确问题。除了上述提到的研究机构，还有朔姆堡黑人文化研究中心和麦克斯韦空军基地的美国空军司令部历史研究中心。在我的研究中，像这样的新增信息来源有助于我确证受访者讨论的事件和发生的时间。

定性研究的另一个不足之处是通过深度访谈获得的数据不具有可推广性。也就是说，当将研究结果用于研究对象之外的其他人群和情境时，是需要一定的适用范围与变异性的，而定性方法无法提供这种范围与变异。定性研究的共同点是利用非概率抽样获得受访者，这样的样本无法反映较大的总体。在定性研究中，通常也没有足够的数据来做概率预测，可推广性不可能是定性研究者的目标。这也不是我研究第6888营的目标，我并不想发现统计上的趋势。我的目标是针对二战期间在陆军服兵役的一队女性，为了使人们了解她们而提供她们的详细信息。一些定性研究者会采用多方法策略，这种策略能同时提供群体和个人视角，以此来解决可推广性问题。例如，米勒（Miller，1997）对一个有代表性的陆军样本实施了调查研究，用调查数据来补充她的民族志数据。这一策略的运用，使她可以从深度访谈中获得准确而详细的信息，也能观察统计上的趋势。

一个与可推广性密切相关的方法论问题是，志愿参与研究的受访者的选择偏差问题。对于那些志愿参与研究的受访者，他们的看法可能不同于

那些非志愿参加该项研究的人，这是与所有访谈数据有关的问题。也是口述史中最常见的问题，例如，在上面提到的米拉的研究中，他几乎完全依赖于主观的访谈结果。当然，在米拉和其他的口述史研究中，都会出现选择偏差问题。米拉解决这个问题的策略是访谈各种各样的人，他们表达了对美国卷入伊拉克战争的各种观点。他采访了现役军人、士兵家属、退伍军人以及政府官员，他的许多受访者都反对伊拉克战争。通过提供各种关于美国入侵和占领伊拉克的原因与后果的观点，米拉就可以针对这一主题展开广泛对话，大大减少了样本偏差的影响。

这些与信度、可推广性和选择偏差有关的问题确实是许多定性研究的效度标准，包括第 6888 CPDB 的研究。尽管存在这些不足之处，人们还是发现，定性研究可以为人类的研究提供有价值的发现。

什么使军事研究独具特色？

军队担负国防使命，这与其他的社会机构有所差别。必要时，军队的安全级别会很高，定性研究者常常要面对这些独特的挑战。军人加入武装部队之后，就牺牲了一些公民的自由，其中之一是言论自由。为了采访军人，研究者必须遵守军事协议，争取武装部队公共关系办公室的许可，公共关系办公室又要获得指挥官的许可。要对现役军人进行访谈，无法确保能获得这种许可。

研究者也并不总是能够访谈到理想的研究对象。戈尔德和弗里德曼（2000）对西点军校学员的民族志研究就是这种情况。他们的主要兴趣是【127】研究新学员如何应对美国军事学院的压力，但是由于军事限制，不允许他们访谈新学员。因此，戈尔德和弗里德曼在分析新学员时，依靠的是对各种日常活动的直接观察，如登山、操练比赛、武器练习、枪法和障碍课程演习等。两位作者的研究引发了高年级学员的反思，他们很希望深入了解作为一位新军校学员的感受。

定性研究者在研究现役军人时，要接受这种高度防护的环境，相应地修订他们的方法，这很平常。米勒（1997）的研究是一个很好的例子。她对现役军人进行访谈时，利用的是讨论小组、一对一的非结构访谈、参与观察以及与士兵进行非正式的谈话，她依靠记笔记，而不是录音带。在她的方法部分，她解释说："鉴于军事背景和某些问题的敏感性，我靠的是书面记录，而不是录音。"

如果研究者正在进行一项历史研究，恰如我对第 6888 营所做的，这一挑战就不是获得司令部对访谈的许可，而是在她们各自退役了这么多年后，如何再找到前部队成员。在部队成员退役后，军方一般不会再收集他们的信息。一些前军事人员活跃在退役军人的组织中，积极参加由退役军人组织和举办的聚会，这些前军事人员的下落就很容易被追踪到。当我试图找到第 6888 营的前成员时，这些来源对我来说很有价值。

最后，如果研究者的目标是收集基本数据，收集现役军人的数据是有挑战性的。定量研究者在研究军队时，障碍大概会少些，因为美国武装部队需要在年度统计报告中发布大量的人口统计数据，它们是公开提供的，对定量分析具有无法估量的价值。鉴于问责方面的要求，美国军方必须向国会、总审计局、美国总统以及其他公共机构提交报告，通过这些报告向民众披露信息。每个财政年度的报告中也有大量的人口统计趋势数据，这些数据是关于年现役人员、年预备役人员和年国民警卫队人员的，发布在国防部人员准备办公室的官方网站上，也是在线提供的。此外，与调查数据有关的研究还会得到定性研究的进一步支持，定性研究做出的贡献是定量研究无法独自完成的。

参考文献

Adler E.,Clark R.2011.*An Invitation to Social Research*.4th ed.Belmont,CA.:Wadsworth.

Auerbach C.F.,Silverstein L.2003.*Qualitative Data:An Introduction to Coding and Analysis*.New York:New York University Press.

Babbie E.2007.*The Practice of Social Research*.11th ed.Belmont,CA.:Wadsworth.

Butler R.N.1964."The Life Review:An Interpretation of Reminiscence in the Aged." in Kastenbaum R.（ed.）*New Thoughts on Old Age*,pp.265–280.New York:Springer.

Cresswell J.W.2007.*Qualitative Inquiry and Research Design:Choosing*

Among Five Approaches.Thousand Oaks,CA.:Sage.

Denzin N.K.,Lincoln Y.S.(eds.)2000.*Handbook of Qualitative Research*.4th ed.Thousand Oaks,CA.:Sage.

Fontana A.,Frey,J.H.2000."The Interview:From Structured Questions to Negotiated Text." In Denzin N.and Lincoln Y.(eds.)*Handbook of Qualitative Research*.2nd ed.,pp.645–672.Thousand Oaks,CA:Sage.

Glaser B.G.,Strauss A.L.1967.*Discovery of Grounded Theory:Strategies for Qualitative Research*.Chicago,IL.:Aldine.

Gluck S.,Patai,D.(eds.)1991.*Women's Words:The Feminist Practice of*【128】 *Oral History*.New York:Routledge.

Gold M.A.,Friedman S.B.2000."Cadet Basic Training:An Ethnographic Study of Stress and Coping." *Military Medicine* 165(2):147–152.

Hull G.T.,Scott P.B.,Smith,B.1982.*All the Women Are White,All the Blacks Are Men,but Some of Us Are Brave*.Old Westbury,NY.:The Feminist Press.

McAdams D.P.1993.*The Stories We Live By*.New York:NY. Guilford Press.

McCracken G.1988.*The Long Interview*.Newbury Park,CA.:Sage.

Mckibben C.L.2012.*Racial Beachhead:Diversity and Democracy in a Military Town*.Stanford,CA.:Stanford University Press.

Madriz E.2000."Focus Groups in Feminist Research." In Denzin N.and Lincoln Y.(eds.),*Handbook of Qualitative Research*.2nd ed.,pp.645–672. Thousand Oaks,CA.:Sage.

Miller L.1997."Not Just Weapons of the Weak:Gender Harassment as a Form of Protest for Army Men." *Social Psychology Quarterly* 60(1):32–51.

Mirra C.2008.*Soldiers and Citizens:An Oral History of Operation Iraqi Freedom from the Battlefield to the Pentagon*.New York:Palgrave Macmillan.

Moore B.L.1996; 1998.*To Serve My Country,To Serve My Race:The Story of the Only African American WACs Stationed Overseas during World War II*.New York:New York University Press.

Schwartz B.1999."Memory and the Practice of Commitment." In Glassner B.and Hertz R.(eds.),*Qualitative Sociology as Everyday Life*.Thousand Oaks,CA.:Sage.

Scott G.,Garner R.2013.*Doing Qualitative Research:Designs,Methods,and Techniques*.Upper Saddle River,NJ.:Pearson.

Shaw M.E.,Hector M.A.2010. "Listening to Military Members Returning from Iraq and/or Afghanistan:A Phenomenological Investigation." *Professional Psychology:Research and Practice* 41(2):128–134.

Strauss A.,Corbin J.1990.*Basics of Qualitative Research:Grounded Theory Procedures and Techniques*.Newbury Park,CA.:Sage.

Strauss A.,Corbin J.1998.*Basics of Qualitative Research:Techniques and Procedures for Developing Grounded Theory*.Newbury Park,CA.:Sage.

Tosee M.,Williams C.M.(eds.)2007.*Of Two Spirits:American Indian and African American Oral Histories*.Lawrence,KS.:University of Kansas,Hall Center for Humanities.

Zerubavel E.1996. "Social Memories:Steps to a Sociology of the Past." *Qualitative Sociology* 19 (3):283–299.

12　质性数据分析

——在军民互动的迷雾中看清模式

塞巴斯蒂安·里特延斯

Rietjens S.J.H.2008. "Managing civil–military cooperation:Experiences from the Dutch Provincial Reconstruction Team in Afghanistan." *Armed Forces & Society* 34: 173–207.

　　本研究的重点是阿富汗北部省份巴格兰的民间行动者与荷兰地重建小组（PRT）之间的合作过程。该合作过程的问题是，大多数的军民合作过程都是临时性的。这种情况会导致以下后果：援助资源有限却使用效率低下，部队的轮换无法相互衔接，（后）冲突环境中的目标相互冲突。要改善军民合作，并没有单一的解决办法。结构化合作的逻辑应该能使效率有所提高，也能更尊重军民行动者的比较优势。本研究的目标是利用先前开发的模型来诊断军民合作的过程。这个模型最终能开出一些核查清单，增强对合作过程中（潜在）一些冲突的深入理解，并提出一些能提升合作绩效的程序。

　　为满足这一目标，本项研究采用了案例研究设计，这是因为该研究侧重于整体状况而不是单一的组成部分，并且要考虑背景条件。在理论框架中，依据组织间联盟理论来概述模型，将合作过程区分为六个阶段，对于每个阶段，又确定了一些关键因素。接下来，将模型应用于八个不同的案例上，每个案例都代表了不同的军民合作进程。其中包括与高速公路警卫队和省警卫队合作，开设警察培训课程；与国际非政府组织即光环信托组织（Halo Trust）合作，完成爆炸物和弹药清除任务；与阿贾·卡恩基金会（Aga Kahn Foundation）合作，开展学校、道路和桥梁建设。

【130】　　为指导研究者进行案例研究、组织和收集数据、确保案例研究及其结果的可验证性，还需要拟定数据收集方案。数据收集从初步探索和对重新部署人员进行访谈开始。随后，研究者对巴格兰进行了为期四周的访问。在访问期间，他们与荷兰地方重建小组的主要人员进行半结构访谈，还进行了广泛的观察，与承包商、权威人士和警察指挥官等阿富汗行动者一起举行了60多次的会议。此外，还研究了许多文件，包括日常情景报告、项目信息、会议备忘录和联络报告。

　　接下来，利用编码过程来降低数据的丰富性。理论模型会提供某种结构，码号就被附在已确认的阶段和关键因素上，然后再用这些码号来分析原始数据。研究者用矩阵来展示数据，矩阵的各行内含阶段和关键因素，各列涉及参与合作过程的各个行动者。对八个案例中的每一个都进行了此类操作之后，研究者就可以进行跨案例分析和比较这些案例的异同了。再一次用矩阵来呈现这些分析和比较的结果。该研究的主要发现之一是，合作不是由需求驱动的，而是取决于供给；选择和优先开展哪个活动也不是由当地的受益者的需求决定的，而是取决于军队或人道主义组织的能力。

　　为了更好地得出和验证这些结论，荷兰地方重建小组的军民合作部门人员核查了研究结果，荷兰防御行动中心的人员审查了案例研究报告，研究者还在阿富汗举行的地方重建小组会议上介绍了他的研究结果。

引言

　　近年来，关于军民行动者之间的互动研究变得很盛行。地方重建小组、综合进路、军民合作以及反叛乱等概念的研究大大增加（Hynek and Marton，2011；Rietjens and Bollen，2008；Pouligny，2006）。这一领域中的大多数研究都是定性研究，研究者访谈军人、人道主义者或东道国国民，在实地考察期间进行详细观察，或者是研究大量的会议备忘录和项目数据。当地的情境脉络是可以被了解的，对于其中的历程，这些数据都提供了可靠的来源，也提供了丰富而充实的描述和解释。运用此类数据，研究者能阐明事件是如何随时间流逝的，哪些事件导致了哪些结果，并能得出有益的解释。这些数据也有助于理解决策和行动是在什么样的情境下发生的

（Myers，2009）。正如迈尔斯和休伯曼（Miles and Huberman，1994）指出的，良好的定性数据更有可能导致意外的发现和新的整合。

尽管定性数据分析具有巨大潜力，许多作者还是对它的分析过程进行了批判。迈尔斯总结了这些批判意见，他指出：

使用定性数据时，最严重的和最主要的困难是没能充分制定分析方法。在运用定量数据时，有明确的规则可供研究者使用。而在分析者面对一堆定性数据时，却几乎没有什么准则可以让他们不去自欺欺人，更不用说向科学界或制定政策的受众提供不可信或无用的结论了。我们怎样才能确信，一项"接地气的""不可否认的""偶然发现的"研究结果，实际上是正确的呢？

【131】

（Miles，1979：590）

自迈尔斯的批判以来，定性数据分析已经取得了许多进展，但是仍然有几个主要问题没有解决。其中包括数据收集的劳动强度大、数据过量、研究者的主观倾向、处理数据需要时间、只能处理少数案例造成的样本不足（本主题可参见 Ruffa and Soeters，2014；本卷第 19 章），也包括研究结果的可推广性、结论的可信度以及在政策和行动领域中的有效性问题（Myers，2009；Flick，2009；Miles and Huberman，1994）。

这些问题是定性研究方法固有的，本章旨在阐明定性数据的分析过程，向研究者建议一些处理这些问题的方法，特别是对军事和安全研究领域中的研究者给出这样的建议。研究设计与数据收集先于实际的数据分析，在下一节的开始部分，会对研究设计和数据收集展开评论。再遵循迈尔斯和休伯曼（1994）的思想，讨论数据分析过程中的三个步骤。第一步是数据浓缩（data reduction），它指的是数据选择、聚焦、简化、抽象和转换过程，这些数据均来自书面的田野笔记或转录稿。第二步是数据展示（data display），它有助于研究人员组织和压缩信息。数据分析过程的第三步，也就是最后一步，是得出和验证结论，本章的最后一节会对这一过程进行反思并得出结论。

研究设计和数据收集

可以将与研究设计有关的决策视为预先的数据浓缩，决策会排除某些变量和关系，关注其他变量和关系，通过这些操作来约束此后的分析（Miles and Huberman，1994）。它们可能是概念性的，也可能与管理方面的问题有关。首先要做的一个概念性决策是，概念框架应该在多大程度上被事先制定（Yin，2009），或概念框架应该在多大程度上来自田野数据本身（Strauss and Corbin，1998）。许多研究者认为，军民互动过程太复杂了，无法用明确的概念框架或标准工具来处理。在历史（Brocades-Zaalberg，2005）或人类学（Giustozzi，2009；Verweijen，2013）领域中，常常会发现这样的研究者。他们更偏爱结构松散、自动涌现的归纳进路，用该进路来收集数据。在一个研究项目中，如果利用这种特别的定性研究进路，肯定会达成理论或理论性的概念，只是过程很慢。重要的研究问题将逐渐明晰，而工具——如果有的话——应该取决于设置的环境性质以及行动者对它们的看法。

当有经验的研究者在探索异国文化、尚未充分研究的现象或非常复杂的社会现象时，如果他们有足够的时间，这些"松散设计的研究会很有意义"【132】（Miles and Huberman 1994：17）。在军民互动领域，朱斯托兹（Giustozzi）对塔利班的研究是一个很好的例子（参见 Maley，2014，本卷第六章，该章对这项研究做了广泛的讨论）。朱斯托兹在阿富汗工作多年，能在很大程度上解读塔利班的结构和运行。要让他事先制定好详细的框架和全套的工具是不可能的，这会太限制他的视野，也容易让他心生偏见。

当研究者调查的现象已经被充分理解时，运用松散的归纳性设计可能就是在浪费时间。有一种风险是，尽管研究者做了数月的田野调查，但还是有可能仅流于表面，提出一些陈词滥调。进入研究现场寻找问题和答案是有好处的，但是，"不知道要去寻找什么，就不可能着手研究，不明确要探索什么，就是愚蠢可笑的"（Wolcott，1982：157）。

迈尔斯和休伯曼（1994）认为，有些研究者运用描述明确的概念进行研究，对于这样的研究者，更严格的、更具演绎性的研究设计更为可取。事实上，两位研究者在提醒我们，定性研究可以是全然的"验证性的"，因此能够检验或进一步阐明概念化的过程。此外，对于研究新手来说，更严格的设计会更清晰，也更突出重点（Shields and Rangarajan，2013）。

许多定性研究介于两极之间（预结构化和松散涌现），采用中间进路。属于这种进路的情况有：对要研究的现象在概念上知道一些，却不足以建立一个理论；或者研究者对该现象的某些部分有所心得，但对整个现象却不够了解，而研究者又知道到哪里去找到它们，如在哪些环境中，到哪些行动者那里去（Miles and Huberman，1994）。一些研究者将这种中间进路称为绑架（abduction）（Richardson and Kramer，2006）。这一概念由美国哲学家查尔斯·桑德斯·皮尔斯（Peirce Charles Sanders，1955）引入，该概念强调，实际的科学研究计划既不能基于纯粹的演绎，也不能基于纯粹的归纳。绑架是一个推断过程，这个过程始于一个令人费解的事实，终止于得到一个可以解释这个事实的理论假设。

阿富汗军民合作的案例研究就是一个明显的中间进路的例子。博伦和比尔斯（Bollen and Beeres，2002：22）指出，"军民合作绝不是一种组织之间联盟情况的例外"。但是军民之间存在着结构性的根本分歧，所以联盟必定易于破裂。他们认为，军民相互依存时所提供的防护措施太少，根本无法保护一些合作伙伴免受潜在议程、自身利益或其合作伙伴机会主义行为的影响。因此，里特延斯（2008）决定利用大量的组织间联盟知识，在发展军民合作过程的概念框架时，将它们用作基础。这个概念框架已经被用于各种案例研究中的合作过程了，如科索沃、伊拉克和喀布尔地区等案例，因此，该概念框架较有限定性。但是也留出了大量的空间去整合新文化的影响，以及那些鲜为人知的行动者的影响。当作者将这一框架用于阿富汗北部地区的军民合作时，就是在做这种整合。

在设计阶段，除了概念框架，还有几个其他的问题也很重要（Miles and Huberman，1994）。首先，必须制定研究问题。它们可能发生在概念框架提出之前，或者紧随概念框架提出之后，反映了研究者希望探索的经验域要素。设计阶段的第二个问题是界定案例。案例到底由哪些部分构成，研究者常常对此颇感挣扎。可以通过各种方式来界定案例，例如，根据分析单位的性质和规模。既可以在空间中定位案例，也可以在时间上定义案例。在示例研究中，案例被界定为荷兰地方重建小组与至少一位阿富汗巴格兰省民间行动者之间的合作过程，合作时间为 2005 年 2 月至 2005 年 7 月。

【133】 选择案例与界定案例之间关系密切。有几种帮助研究者选择案例的方法。其中包括随机选择、基于实际原因进行的选择、根据同质或异质（自）因变量进行的选择。鲁法和索特（2014；本卷第19章）更为详细地讨论了这些方法。

下一个设计方面的问题是工具选择。这可能仅仅意味着一些用于观察与事件记录的速记设备。但是即使是开放式访谈，也必须做一些技术上的选择，包括对是记笔记还是录制访谈做出决定（Yin，2009）。在设计阶段，其他相关的问题还包括：将定性和定量数据联系起来（Bryman，2008），对支持该项工作的计算机软件进行选择（Flick，2009），以及与被研究的对象签订协议（Fine et al.，2000）。

在定性研究过程中，完成研究设计后，下一步通常是数据收集。虽然对数据收集有许多不同的分类，但是在收集数据时，研究者往往依靠四种方法：（1）参与到场景中；（2）直接观察；（3）深入访谈；（4）分析文件和材料（Marshall and Rossman，2006）。对这些方法以及其他方法的广泛研究可以在许多定性研究的书（手册）中找到（Marshall and Rossman，2006；Bernard and Ryan，2010）。目前，完全可以说，大多数的军民互动研究者最终都会得到大量的数据，这些数据在规模、形式、内容、背景和信度等方面均有所不同。在案例研究中，研究者通过访谈和观察获得了大量数据。他还获得了19千兆字节的数据文件。文件数量达数万个，包括运营订单、情况报告、备忘录记录、主要领导者的参与计划和照片。这些文件几乎没有结构，包含了许多不同的格式。理解如此丰富的数据是一项有挑战性的任务。下一节会讨论从数据浓缩、数据展示到得出和验证结论的过程，包括在数据分析中做标记。

数据浓缩

编码是定性研究者用来减少和聚焦大量原始数据的过程。编码过程是从未分类的数据开始的，逐步转向提出更为精细的类属和概念（Hahn，2008）。定性研究者使用许多不同类型的编码，可以确定为三种主要类型：开放式编码、轴心式编码和选择式编码。开放式编码的主要目标是分解和理解数据、添加和发展出类属，以及将它们在实践过程中按顺序排列（Flick，

2009）。开放式编码的结果常常是一个列表，上面是研究者附加到文本上的码号和类属。在这种语境下，类属被看作码号的集合，这些码号具有某种共性。在杜威（Dewey，1938）之后，希尔兹（Shields）和兰加拉然（2013）在进行类属比较时，用的是将相似项归入分类箱的方法。建构类属时，要在箱内的编码项之间找到可理解和可解释的一致性。希尔兹和兰加拉然用一个混乱厨房的例子来解释这一点。例如，刀具、叉子和勺子等物品被一起放进了餐具类的箱子里，拥有某种共性的编码项也是被放进了同一个箱子里。图 12.1 提供了一个例子，它取自案例研究中的一个开放式编码文本。该文本阐明了一次见面会的编码，该次会面发生在荷兰地方重建小组军方代表和非政府组织光环信托代表之间。在图的右侧，就是它们所属的码号和类属。

【134】

军事观察员与第一联络小组（MOLT）见面会
2005 年 5 月 9 日
金詹区

参加者 *
* 登德斯中尉（第一联络小组代表）
* 瑞贝克准尉（爆炸物处理顾问）
* 詹生准尉（斯米克顾问）
* 汗博士（光环信托组织代表）

这是一次与光环信托组织代表汗博士的简短会面。在清除弹药库之前，有必要修复卡卡兵营的掩体。
根据汗博士的说法，在里马克的后面，萨菲先生大约有 20 卡车的弹药。每天可以将 4 卡车弹药运到卡卡兵营。这表明，这个行动需要 5 天的时间。第一联络小组会与准尉瑞贝克一起绘制弹药库的其他位置。随后，会与萨菲和 / 或迪拉签订协议，协议内容包括运输弹药到指定的公路，或是到某个光环信托组织的卡车能开得到的地方。运输费用是每 7 千克货物 1 000 阿富汗币。必须估算要运的千克数。第一联络小组要求萨菲于星期三（在金詹区上路）将那些限制接触的弹药运送到这段公路上。荷兰地方重建小组愿意支付运输费。

码号 45：弹药清除（类属：合作实施

码号 33：协议（类属：合作设计）

*出于保密性原因，参加者的名字为虚构。

图 12.1　案例研究中一个开放式编码文本范例

在确认了一些重大类属后，下一步是完善和辨别那些开放式编码的类属。斯特劳斯和科尔宾（1998）建议，如果希望对这些类属之间的联系加以识别和分类，就需要做更正式的编码。他们称这种编码为轴心式编码。当定性研究者做轴心式编码时，他们的目的是回答原因、地点、时间、方式和结果这样的问题，在这一过程中揭示类属之间的关系。

有时，人们会批评轴心式编码是将某个结构强加于数据，而不是去发现数据中显露出什么内容。出于这个原因，格莱泽（Glaser，1978）提出了一个基本码号列表，把它作为开放式编码之后的一个步骤。他将这些码号划分为编码族，可被用作增进材料理解的工具。表 12.1 是对这些编码族【135】的说明，右栏是军民互动的例子。

表 12.1　军民互动案例中使用的编码族

编码族	概念	示例
六 C 族	原因、情境、意外事件、后果、协变、条件	军民互动的原因，运营情境
过程族	步骤、阶段、时期、转换、推移、生涯、链、序列	军民互动过程中的不同阶段（例如，伙伴选择或移交）
程度族	广度、水平、强度、范围、数量、连续统一体、统计均值、标准差	互动强度
类型族	类型、类别、流派、原型、样式、种类	互动类型（例如，去冲突化或联合行动）
策略族	战略、战术、机制、管理	处理军民互动战略
互动族	互动、相互作用、相互依赖、互惠、不对称、仪式	处理不对称资源（例如，大量的军人与少数的平民）
自我认同族	认同、自我形象、自我概念、自我评价、社会价值、自我转换	不同行动者的互动视角（例如，本土视角与军队视角）
分界点族	边界、临界点、切入点、转折点、容忍水平、极限点	由于资源配置增加，互动达到的新层次
文化族	社会规范、社会价值观、社会信仰	平民和军队伙伴之间的各种社会价值观
共识族	合同、协议、情况界定、一致性、从众性、冲突	军民行动者之间签订协议

资料来源：改编自 Glaser，1978：75-82；Flick，2009：315。

第三种主要的编码类型是选择式编码，它是整合和细化类属的过程（Strauss and Corbin，1998）。在这里，研究者会深入寻找相关类属的实例和证据。选择式编码赋予理论以特殊性，使研究者能够利用诸如"在这些条件下""然后"及"当这一系列事件发生时"的解释性陈述（Strauss and Corbin，1998）。最后，要对该理论进行更为详细地阐述说明，并再次根据数据进行检核。就像对添加的材料进行整合那样，解释数据的过程也在达到饱和时即告结束。这意味着进一步的编码或丰富类属都不会再提供或许诺任何新的信息了（Flick，2009）。因（Yin，2009）将这种情况称为分析饱和，他将分析饱和与统计概括进行了对比。统计概括指的是：以某个总体的样本进行数据收集，基于该经验数据对总体做出推断；分析概括则利用了先前的成熟理论，将它作为经验结果比较的模板。

再来看一下示例研究，它比较了八种不同的过程，使研究者能够进行选择式编码并达到分析饱和。事实证明，所有的军民合作过程都经历了六个连续发生的阶段：（1）合作决策；（2）合作伙伴选择；（3）设计；（4）实施；（5）任务和责任移交；（6）评估。该分析表明，在战略和操作的层面上，军民合作常常没有明确的优先事项设定、没有活动的划界及对结束状态的说明，因此难以确定何时达到了军队的目标，何时可以重新开始部署。事实证明，北约的学说并不适合于解决此类情形。 【136】

数据展示

数据展示是数据分析过程的下一步。它的目标是以可视化的形式来系统呈现信息。这有助于研究者进一步组织和压缩他们的信息。但是对于许多定性研究者来说，典型的展示模式采用的是扩展的和未浓缩的形式，通常是以书面田野笔记的形式。这往往是一种无力而烦琐的展示形式（Miles and Huberman，1994），它分散在很多页面上，不容易被视为一个整体，很难分析。此外，以这种方式展示文本，也难以同时查看两个或三个变量。

这种展示不符合克利夫兰（Cleveland，1985）对良好展示的定义，即能够使研究者快速提取大量信息。根据迈尔斯和休伯曼（1994）的观点，良好的展示可以采取各种不同的形式，通常分为两大族：矩阵和网络。矩阵本质上是两个列表的交叉，设置为行和列。迈尔斯和休伯曼（1994）区分了各种不同的矩阵，其中包括：时间序列矩阵，其用来展示与时间有关的数据；角色序列矩阵，它以行和列排序数据，这些数据是从某一系列的

"角色担当者"（role occupants）那里收集来的，或者是关于"角色担当者"的，它们能反映这些"角色担当者"的观点。

在军民互动领域中，常常使用数据矩阵。一个众所周知的例子是德·科宁和弗里斯（De Coning and Friis, 2011）开发的矩阵。它将四个层次上的一致性（机构内的一致性、整个政府的一致性、机构之间的一致性和国际－本土之间的一致性）投射到了六类关系上。这六类关系从"行动者团结"到"行动者竞争"各不相同。该矩阵为读者提供了一个既宏大又易读懂的概览图，也提供了概念上的优势，使人们能够理解不同的军民关系。

在示例研究中，研究者也使用了数据矩阵。对于所研究的八个军民合作伙伴关系中的每一个，他们都绘制了矩阵。矩阵的各行涉及阶段和关键因素，列涉及参与到合作过程中的各类参与者。为了便于比较八种不同的军民合作关系，研究者再次利用了矩阵。在该矩阵中，行涉及伙伴关系，列涉及合作过程中的不同步骤。表 12.2 摘录了该矩阵，它包含了两个军民
【137】 合作伙伴关系。

网络是数据展示的第二大族。网络是节点或点的集合，这些节点或点之间由线连接，一般情况下，当一项研究同时关注多个变量时，网络会有帮助。脉络图（context charts）是众所周知的网络展示类型。这些图以图形的形式绘制角色和行动者之间的相互关系，这些关系构成了个体行为的脉络。因果网络也很常见，这些网络展示包含了最为重要的因变量、自变量以及它们之间的关系。

在伦奇等（Rentsch et al., 2009）的文化理解研究中，他们有效地使用了网络展示，用它来说明与士兵理解外国文化有关的属性。伦奇等（2009）从部署到许多不同国家中的美国陆军士兵那里获取信息和经验，根据他们的经验来确定士兵认为最重要的文化属性。图 12.2 呈现了这个网络展示。在该网络中，链接数目最多的项是最核心的概念，正如伦奇等的样本在回
【138】 应时所反映的那样。

表 12.2 巴格兰省军民合作伙伴关系特征的数据展示矩阵

伙伴关系	伙伴关系的主要特征					
	第1步：合作决策（荷兰地方重建小组的动机）	第2步：合作伙伴选择	第3步：合作设计	第4步：合作实施（主要活动）	第5步：任务和职责的移交	第6步：伙伴关系评估
建设微型水电站	荷兰省级重建的执行能力有限；需要增强本地能力	承包商的选择取决于它对荷兰地方重建小组的贡献，它的互补性资源、个体适合度以及先前的声誉。地区总监被视为指定的合作伙伴	荷兰承包商与荷兰地方重建小组以及荷兰地方重建小组与（三名中的）两名地区总监之间的详细书面合同	评估：荷兰地方重建者；电站建设：建设者，电线与传输建设，房屋改造，设及融资；地区总监和当地人口；发电厂融资：荷兰地方重建小组	微型水电站建起来了，但是，地区总监的职责远未实现。如何将电力分配到社区还不清楚	没有评估
警察培训课程	对 SSR 计划有贡献	警察部队被视为合作伙伴与警察指挥官指定的合作伙伴	荷兰地方重建小组与警察指挥官之间的详细书面合同	准备培训计划：荷兰地方重建小组；选拔培训生：警察指挥官；培训：荷兰地方重建小组、学员；战役技艺传递：荷兰地方重建小组；融资：荷兰地方重建小组	对培训师进行培训的计划几无后续安排，因为毕业学员没有时间担任老师，也没有充分提供提能完成这些后续工作的手段	没有评估

资料来源：Rietjens，2008。

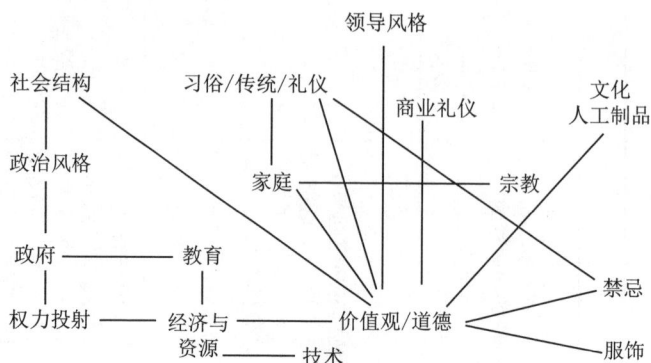

图 12.2　核心文化属性的网络展示图

（资料来源：Rentsch et al.，2009）

得出和验证结论

展示完数据后，就进入到分析过程的最后一步，即得出和验证结论。要从展示的某个特定数据构型中发掘出意义并得出结论，可以找到许多不同的策略。一个经常使用的策略是"对模式或主题予以关注"（Ryan and Bernard，2000）。当案例数量和/或数据过于庞大，这个策略可能会非常有效。该策略看似极易使用，但是重要的是要看到相同模式的新添证据（即"反复出现的规律性"，正如库巴（Guba，1978）所指出的那样），并在出现意外结果时保持开放（另见因（2009）的"模式匹配"）。有些策略与"对模式或主题予以关注"的策略密切相关，有些策略则相当具体，具有描述性，这些策略包括：发现合理性、进行聚类、做隐喻和计数等（Miles and Huberman，1994）。在定性研究中，迈尔斯和休伯曼谈到的计数往往被忽略。但是在定性研究中，有充分的理由要计数。首先，快速查看分布能使研究者注意到数据的一般趋势并看到异常值。其次，计数有助于验证某种直觉或假设。最后，计数可以保护研究者免受偏见的影响。

一种更具解释性的策略是"建立逻辑上的证据链"。该策略会在一定时间内形成一个复杂的事件链。这些事件以重复的因果模式发生，较早阶段的因变量（事件）成为下一阶段的自变量（因果事件）（Yin，2009）。在本卷的第九章中，威尼森和威斯纳分析了过程追踪的概念，他们对证据链问题进行了更为深入的讨论。

当研究者得出结论时，有必要验证它们的有效性、可重复性和正确性。有许多定性研究的例子，它们讲述着神奇而强大的故事，却不与数据相匹配，这实际上是错误的。在定性研究手册中，检验或证实研究结果的策略是被广泛地加以讨论的（Flick，2009；Myers，2009；Miles and Huberman，1994）。这些策略中的一些例子包括：

• 检核代表性。子样本可以代表一个更大集合的程度。

• 检核研究者的影响。研究者对环境有影响，反之亦然，环境可能导致有偏见的观察和推论。

• 三角测量。使用多种证据源的理由。三角测量的类型包括：（1）数据源三角测量（多个数据源）；（2）调查者三角测量（多个调查者）；（3）理论三角测量（多个理论观点）；（4）方法三角测量（多种方法）（Stake，【139】1995）。

• 从提供资料的人那里获得反馈。提供资料的人担任评判者并评估研究的主要成果，这通常被称为成员检核（Lewis-Beck et al.，2004）。

在使用几种策略得出并验证了结论之后，研究者又是如何知道其最终的研究结果是好的呢？对于如何确定结论的质量，存在很大争议。许多研究者认为，根本不可能为良好的定性研究工作指定标准（Schwandt，1996），有些人甚至声称，定性研究者其实一直在努力"不把一切都搞错了"（Wolcott，1990：126）。迈尔斯和休伯曼（1994）则认为，还是值得为共同的质量标准而努力的。他们概述了五个普遍认可的问题，这些问题决定了一项研究的优良程度：

• 定性研究的客观性或可验证性。这里的问题是，结论是否取决于调查的主题和条件，而不是调查者。

• 信度或可依赖性或可审核性。根本问题在于，随着时间的推移，对于所有的研究者和方法来说，该研究具有多大程度的一致性、合理性 / 稳定性。

• 内部效度或可信性或真实性。在此提出的问题包括研究结果是否合理，对于读者和那些被研究的对象来说，研究结果是否可信。

• 外部有效性或可转移性或适宜性。该问题涉及研究结果的一般化，即它们在多大程度上可以被迁移到其他的情境中。

• 利用或应用或行动导向。即使研究结果是有效的，是可以迁移的，也仍然存在着研究对其参与者（研究者和被研究者）和客户做了什么的问题。这个问题与道德问题密切相关，例如谁从研究中受益，谁可能受到伤害。

对于专注于军民互动的研究者来说，这些问题非常适用，因为他们的许多研究都是在外国文化中进行的，研究者并不熟悉这些文化中的行动者。在一些研究中，如果研究者是局外人，本地提供资料的人与这样的研究者公开见面就会面临安全风险。充分关注这些道德问题可以帮助研究者解开这些复杂的军民关系，确定结论适用的范围。

结论和反思

大多数研究军民互动的定性研究者都会面临大量数据，从访谈记录到内部的备忘录，再到田野观察。本章试图指导这些研究者，也包括那些在相邻领域中工作的研究者，指导他们处理这些数据，得出可靠结论。定性数据分析过程是从研究设计和数据收集开始的，这实际上是预先的数据浓缩过程。随后，会历经三个阶段：（1）数据浓缩；（2）数据展示；（3）得出及验证结论。尽管不能确保成功，但是处理好每个阶段，都能显著提高研究者的能力，使他们能够在军民互动的迷雾中看清模式。

尽管本章讨论了许多策略和程序，但仍然存在一些不足之处和未解决的问题。第一个不足之处是定性研究的本质所固有的。对这类研究的普遍批评是，它过于主观，难以复制，面临可推广性和缺乏透明度的问题（Bryman，2008）。仔细运用数据分析过程中的策略和程序确实有助于反驳这类批评，但是并不能保证客观性和可推广性等质量标准也能实现。

【140】

第二个不足之处与数据浓缩有关。在这一阶段，有可能进行无数次的编码和比较。研究者可能要对文本的所有段落进行开放式编码，对所有的类属进行深入详尽的阐明（Flick，2009）。但是应该基于什么样的标准结束编码，该方法几乎没有给出提示。分析饱和的准则将这个问题留给了已有的理论，因此，最终还是留给了研究者去做出这个决定。另一个常提及的与数据浓缩有关的不足是，当研究者将部分文本从它们出现的语境中提取出来时，社会情境可能就丢失了。

一些研究者面临的下一个不足之处是如何利用他们的创造力。如果一个人以一种非常机械的方式去运用定性数据分析中的分阶段进路，这一过程就会破坏创造力。分析模式或开发数据矩阵很重要，但是它们可能不会创造出新的东西。创造的目的是寻找崭新的东西，无论它们是描述性的类属和假设，还是研究的发现（Shields and Rangarajan，2013）。

这里要讨论的最后一个不足之处是，许多研究者面临的数据质量和数量问题。数据可能是保密的，禁止使用。庞大的数据也可能使编码和展示所有数据成为一项不可能完成的任务。计算机辅助定性数据分析软件（CAQDAS）的出现可以帮助研究者解决这个问题（参见 Bryman，2008）。像 NVivo 或 Atlas 这样的程序可以完成研究者的许多任务，包括将文本块分配给某个码号，将它们链接在一起（Friese，2012）。这些发展可能听起来充满希望，但是定性分析人员还是必须解释他或她的数据，最终的分析和解释工作仍然是由人类完成的。

参考文献

Bernard H.R.,Ryan G.W.2010.*Analyzing Qualitative Data:Systematic Approaches*,Thousand Oaks,CA.:Sage Publications.

Bollen M.T.I.B.,Beeres R.2002. "On the Conditions for CIMIC during Humanitarian Operations." In Bollen M.T.I.B.,Janssens R.V.,Kirkels H.F.M.,Soeters J.M.M.L.(eds.)*NL Arms:Civil-Military Cooperation:A Marriage of Reason*,19–30,Breda:Royal Netherlands Military Academy.

Brocades-Zaalberg T.2005.*Soldiers and Civil Power:Supporting or Substituting Civil Authorities in Peace Support Operations during the 1990s*,Amsterdam:University of Amsterdam.

Bryman A.2008.*Social Research Methods*,Oxford:Oxford University Press.

Cleveland W.S.1985.*The Elements of Graphing Data*,Belmont,CA.:Wadsworth.

De Coning C.,Friis K.2011. "Coherence and Coordination:The limits of the comprehensive approach." *Journal of International Peacekeeping* 15:243–272.

Dewey J.1938.*Logic:The Theory of Inquiry*,New York:Henry Holt and Company.

Fine M.,Weis L.,Weseen S.,et al. "FOR WHOM:Qualitative research,representations and social responsibilities." In Denizen N.and Lincoln

Y.S.(eds.)*The Sage Handbook of Qualitative Research*,107–131,Thousand Oaks,CA.:Sage Publications.

Flick U.2009.*An Introduction in Qualitative Research*.4th ed,Thousand Oaks,CA.:Sage Publications.

Friese S.2012.*Qualitative Data Analysis with Atlas*,Thousand Oaks,CA.:Sage Publications.

Giustozzi A.(ed.)2009.*Decoding the New Taliban*,New York:Columbia University Press.

Glaser B.G.1978.*Theoretical Sensitivity*,Mill Valley,CA.:University of California Press.

Guba E.G.1978.*Toward a Methodology of Naturalistic Inquiry in Educational Evaluation*,Los Angeles,CA.:UCLA Center for the Study of Evaluation.

Hahn C.2008.*Doing Qualitative Research Using Your Computer:A Practical Guide*,Thousand Oaks,CA.:Sage Publications.

【141】 Hynek N.,Marton P.(eds.)2011.*NATO's Provincial Reconstruction in a Comparative Perspective*,London:Routledge.

Lewis-Beck M.S.,Bryman A.,Liao T.F.2004.*The SAGE Encyclopedia of Social Science Research Methods*,Thousand Oaks,CA.:Sage Publications.

Maley W.2014. "Studying Host-National in Afganistan." In Soeters J.M.M.L.,Shields P.M.,Rietjens S.J.H.eds.*Routledge Handbook of Research Methods in Military Studies*,London:Routledge.

Marshall C.,Rossman G.B.2006.*Designing Qualitative Research*,Thousand Oaks,CA.:Sage Publications.

Miles M.B.1979. "Qualitative Data as an Attractive Nuisance:The problem of analysis." *Administrative Science Quarterly* 24:590–601.

Miles M.B.,Huberman A.M.1994.*Qualitative Data Analysis*.2nd ed.Thousand Oaks,CA.:Sage Publications.

Myers M.D.2009.*Qualitative Research in Business and Management*,London:Sage Publications.

Peirce C.S.1955.*Philosophical Writings of Peirce* (Buchler J.ed.),New

York:Dover Publications,Inc.

Pouligny B.2006.*Peace Operations Seen from Below*,Bloomfield, CT.:Kumarian Press Inc.

Rentsch J.R.,Mot,I.,Abbe A.2009.*Identifying the Core Content and Structure of a Schema for Cultural Understanding*,Arlington,VA.:United States Army Research Institute for the Behavioral and Social Sciences.

Richardson R.,Kramer E.H.2006. "Abduction as the Type of Inference that Characterizes the Development of a Grounded Theory." *Qualitative Research* 6:497–513.

Rietjens S.J.H.2008. "Managing Civil-Military Cooperation:Experiences from the Dutch Provincial Reconstruction Team in Afghanistan." *Armed Forces & Society* 34:173–207.

Rietjens S.J.H.,Bollen M.T.I.B.2008.*Managing Civil-Military Cooperation*: *A 24/7 Joint Effort for Stability*,Aldershot:Ashgate Publishers.

Ruffa R.,Soeters J.2014. "Cross National Research in the Military: Comparing operational styles in peace missions." In Soeters J.,Shields P.M.,Rietjens S.(eds.)*Routledge Handbook of Research Methods in Military Studies*,London:Routledge.

Ryan G.W., Bernard H.R.2000. "Data Management and Analysis Methods." In Denzin N.and Lincoln Y.S.(eds.)*Handbook of Qualitative Research*,769–802,Thousand Oaks,CA.:Sage Publications.

Schwandt T.A.1996."Farewell to Criteriology."*Qualitative Inquiry* 2:58–72.

Shields P.M.,Rangarajan N.2013.*A Playbook for Research Methods:Integrating Conceptual Frameworks and Project Management*,Stillwater,OK.:New Forums Press.

Stake R.E.1995.*The Art of Case Study Research*,London:Sage Publications.

Strauss A.L.,Corbin J.1998.*Basics of Qualitative Research*.2nd ed.London: Sage Publications.

Verweijen J.2013. "Military Business and the Business of the Military in the Kivus." *Review of African Political Economy* 40:67–82.

Wolcott H.F.1982. "Differing Styles of On-Site Research,or 'If It Isn't

Ethnography,What Is It?' " *The Review Journal of Philosophy and Social Science*,7:154–169.

Wolcott H.1990. "On Seeking-and Rejecting-Validity in Qualitative Research." In Eisner E.and Peshkin A.(eds.)Qualitative Inquiry in Education: The Continuing Debate,121–152,New York:Teachers College Press.

Yin R.K.2009.*Case Study Research:Design and Methods*.4th ed.Thousand Oaks,CA.:Sage Publications.

13   视觉传播研究与战争

迈克尔·格里芬

Griffin M., Lee J.1995. "Picturing the Gulf War:Constructingimages of war in Time,Newsweek,and U.S. News and World Report." *Journalism and Mass Communication Quarterly* 72(4):813–825.

《描绘海湾战争》试图说明，在军事冲突的新闻报道中，对战争的视觉呈现是潜在独立且有影响力的组成部分。这项研究是对 1991 年海湾战争媒体报道的直接回应，这些报道大都自称，它们提供了有关冲突的持续"现场"图像报道。在战争期间和战争结束后，许多令人印象深刻的评论都假定，视觉形象是战争新闻报道的驱动力。实际上，视觉形象被描述为读者和观众的"客厅战争"（living room war）。对于所发表或所传播的战争视觉资料，确实还没有系统的、能图示其性质、频率和作用的研究。有人认为，图片是对现实的直接简单的反映，是本能推测的结果，对相似的视觉材料进行量化和测量是有困难的，这些倾向确实先行地阻碍了更为系统的分析。

格里芬和李调查了战争摄影的历史收藏、以前战争时期的新闻摄影文献及逐渐增多的海湾战争新闻报道，利用它们构建了一个分类系统，以该系统分析了 1991 年 1 月至 1991 年 3 月的视觉呈现，这些调查资料都发表在开战后的六周里。格里芬和李更为关注视觉呈现的模式，而不是单个图像的独特性。他们意识到在模拟图像材料中解析和计算离散单元是有难度的，于是努力创建一些能同时说明可视化的显性内容和形式的分析类别。要做到这一点，需要确认战争摄影中已经明确了的图像类型和可视化技术，还要利用已发布图片中的事件背景的书面信息。这类具体的图像内容分析旨在对以下这些差异进行区分：士兵的个人照片与士兵的团体照片，战场之外拍摄的部队档案照片与战区内的作战部队照片，武器目录和国防工业出版物中的图片与实际战斗情形中的飞机、导弹、火炮或坦克照片，受战争影响的平民百姓的环境图片与前进或防卫中的军人的远景图片。

【143】

在 1991 年 1 月 21 日至 1991 年 3 月 18 日的新闻周刊《时代周刊》（*Time*）、《新闻周刊》（*Newsweek*）和《美国新闻与世界报道》（*U.S. News and World Report*）上，共发表了 1 104 个涉及"沙漠风暴行动"持续时间和直接后果的视觉图像，作者对这 1 104 个视觉图像进行了分类。开始时，用 41 个图像类别去说明各种潜在、广泛的图像类型和视觉内容，他们发现，在所有已发表的图像中，仅用 6 个类别就囊括了一半以上的图像，用 12 个类别就涵盖了超过 76% 的图像。研究结果显示，在美国的各新闻周刊中，关于战争的图像记录在范围和内容上都比预期的要少很多，而且，如果围绕这场战争的少数主题和新闻叙述进行图像合并，包括海湾地区装备以及美国军队的集结与动员，"军火库类"中的类别就涵盖了所有图像的 37%，政治和军事领导人的照片中，主要是乔治·布什、萨达姆·侯赛因和几位美国将军的照片，只有 3% 的已发表图片展示了真实战区中的事件。

该研究的一个重要发现是许多视觉图像类型都可能与战争摄影有关，但是它们却很少或根本就没有在新闻杂志的插图中出现过，例如，持续进行的战斗、军人和平民的伤亡、实物的毁坏与士兵的生活经历。这既凸显了图像是一种独立的记录，对于这种图像的思考还尚有不足，也强调了"缺席"是视觉呈现研究中的一个重要因素，具有重要意义。

该研究很值得我们关注，因为它试图开发更加系统、具体的视觉内容分析方法，从传统的对单个图片和图片制作者的描述 – 解释性关注，转而分析所有媒体的视觉呈现模式。在后续的视觉描述研究中，无论是关于南斯拉夫、阿富汗、伊拉克的军事冲突的，还是针对黎巴嫩的以色列 – 真主党战争的，本项研究都成为一份共同参考的文献。

引言

视觉传播研究关注视觉图像的具体形式和视觉元素、传播观念和情感在设计上的关系。至于视觉图像在传播中的功能，很大程度上没有被经验研究所具体说明。有证据表明，人类在处理摄影和动态影像的模拟视觉线索时，模仿了处理自然视觉刺激的方式。也有相反的证据表明，对于特定类型视觉描述的理解，取决于对特定文化呈现惯例的学习，例如，当理解那些利用线性透视技术在二维图像平面中制造深度的图片时就是如此。在视觉化研究中，有一个长期存在的范式问题，即在多大程度上可以将图像理解为自然的，或在多大程度上可以将图像理解为是文化习得的；有多少视觉图像只是反映了我们周围世界的表象，或者它们在多大程度上依赖于对意义或可视化语言的文化体系的理解（Messaris，1994）。

在本案例研究中，作者设法解决的矛盾观念是，摄影技术可以传递对战争的直接体验，但是我们最有可能看到的冲突图像，却只代表了有限的和传统的战争观念（Griffin and Lee，1995）。对图像的操作可以发生在比语言更直接和更具情感的层次上，其发生的程度与人们将图像与直接经验等同起来的倾向有关，有时，图像能引起观众更为自发的、发自内心的反应。这就是为什么视觉媒体，特别是虚拟的 3D 技术，会对模拟训练有益。 【144】
一些研究也表明，当叙述伴有视觉资料时，会改善被试忆起故事细节的能力（Graber，1990）。其他的研究表明，图像的主要用途是"启动"（prime）现有的心理图式，鼓励人们以预设的态度和信念为中心去进行快速的闭合（Domke et al.，2002）。对于那些试图研究战争视觉呈现的视觉传播学学者来说，他们会面对一些突出的问题，也包括方法论上的挑战，本章会解决其中的一些难题。在我们对这个世界进行监控和理解时，会有无数的感知、心理、文化、社会和政治因素，它们影响视觉图像的使用和功能，对这些因素的综合处理仍然超出了这篇短文的范围。因此，本章会重点关注战争媒体形象研究中的几个关键问题。

视觉传播研究本质上与视觉图像本体论和认识论的性质有关系，视觉图像作为人类符号传播的形式，它的地位如何，我们可以从视觉资料中了解或学到些什么，特别是当视觉资料与口头信息相反时，这些问题常常是围绕着某种倾向提出的。该倾向将视觉图像与其要反映的事物混淆在一起，有时,称之为"反映性假设"(reflection hypothesis)或"反映性进路"(reflective approach)(Hall,1997)。军事冲突固有政治性,也承载着情绪,因此战争图像研究强调了视觉研究的两个重要方面:一是图像具有抽象和象征的性质和功能,也具有对地点和事件进行描述性记录的潜力,要区分图像的这两种性质;二是图像的选择、建构和并列使用(juxtaposition)均具有不可避免的修辞性,有必要识别出这种修辞性。

每张图片和每个视觉呈现都是一系列选择的结果,这些选择包括侧重点在哪里、如何切近主题、如何取景构图、如何排序并构建图像和文本之间的连接,因此,视觉传播研究对理论和方法均提出了挑战,这体现在以下四个层次上。第一个层次涉及图像与其主题之间的关系,也可以称它为图像制作者(摄影师、影片制片人)和主题之间的中间过程,图像是记录和(或)证据类的数据,其状态具有不确定性,图像与主题之间的关系与这种不确定性直接相关。第二个层次与机构的层层过滤有关,通过这些过滤,视觉图像被制作、选择、排序和分发,还可能为观看者或观众再生产。甚至是粗略地看一下摄影记者的缩略图列表(即全套的缩略图照片,单张图像是从这套照片中选出来打印的),或者是看一下他们的原始视频片段(在线新闻报道就是从这些片段中挑选出来的),都可以发现,那些呈现给我们的图像只是一个庞大的视觉经验世界中的碎片而已,这无可避免。第三个层次与难以辨认观看者的感知情况有关,观看者感知到的客体与他们遇到的"图像客体"是不同的。第四个层次指的是,视觉分析和解释本身就具有难度和复杂性,事实证明,在大众传媒和传播研究中,这始终是一个有待解决的问题。在这个方面,还有一个特殊的方法论挑战,即在极其相似统一的视觉领域内,难以对视觉特征和关系进行系统的量化和区分。

在战时背景下,影响视觉呈现及发行的因素常常更多,在分析冲突图像时,必须考虑这些因素。这些潜在的复杂因素包括:媒体图像制作的困难和高风险条件;政府、军事组织或政治团体对冲突地区的准入规则;(外部和自己规定的)审查限制,它们通常会限制图像的发行;卷入到政府 – 媒体关系和媒体营销中的竞争机构的利益;参与图像制作发行的组织和个人的忠诚度和世界观(即所嵌入的意识形态);战争期间观众和媒体市场的培育期望与要求;战时宣传利益的对抗性所引起的频繁竞争,无论它们是民族主义的,还是反民族主义的。

换句话说，媒体图像的产生及对它的研究和分析都会受到所有社会、【145】政治、经济和制度因素的影响，一般来说，这些因素也会对新闻工作与历史文献有影响。视觉领域还假定它制造的恐惧和影响具有即时性，有迅速形成公共舆论的影响力，因此人们往往特别注意对战区图像输出的过滤和控制。

摄影技术在军事监控和目标定位方面也发挥了十分重要的作用，针对数百个冲突，生产出数百万的视觉信息。早在第一次世界大战期间，士兵就开始自己携带相机了，他们创作了大量的日常军事生活记录。但是公开发行的战争图像却是那些有可能影响公众对战争状态看法的图片，它们只是一些通过多层过滤和压缩才被挑选出来的图片。正如泰勒（Taylor，1991）在他的《战争摄影：英国媒体中的现实主义》一书中写的，在一战、二战和其他 20 世纪的冲突中，产生了数百万张的战时照片，它们保存在英国国家档案馆里，这些照片主要反映了英国家庭生活的固有印象和英国国内的爱国主义，它们在英国新闻界中占据重要位置。泰勒写道：

> 这些刻板印象能让人们审视和学习一个国家的历史。这段历史不只是被保存为"遗产"，还被积极加工，成为小说，以事物原本的样子展现。它们也在复制品或事件重演中被仿真，并且是以强烈的现实主义摄影的表现方式来展现。
>
> （Taylor，1991：165）

在英国对战争的公众呈现方面，泰勒指出，"这些让人震惊的照片是否有令人不安的影响，这个问题仍然是个假定，目前还没有看到这种影响"（Taylor，1991：112）。

强调图片制作的情感会鼓励人们去搜寻那些战争的情感瞬间。历史、地理和政治上的独特性被抛弃，代之以民族主义的狂热和英雄主义的象征，或者是更为普遍的有关痛苦和牺牲的人类体验。这是一种将战争形象简化为符号性修辞陈述的倾向，促成了战争摄影中的传奇传统，削弱了战时图像作为社会和历史信息的价值（Griffin，1999）。通过图片研究，我们可能对战争有什么样的了解呢，这仍然是社会科学研究中一个悬而未决的问题，只有在军事工程、监控和战术等技术领域中，才有可能对视觉图像进行系统地分析。

为什么研究战争图像?

战争和军事冲突的媒体形象常常包含高度紧张的内容, 充满了濒临暴力、破坏或死亡的可能性, 而且与团结、民族主义、党派偏见或反击敌人的情绪有关, 这些事实意味着观众有可能为战时图像所强烈吸引, 战时图像也比常规新闻图像更有可能激起强烈的情绪。这些特征使战时图像的制作和出版成为了一项高风险事业。具有这种潜在情感的图像看上去更有可能影响公众的看法, 影响公众对政府政策和军事行动的支持水平。

在研究战争图像时, 有两个层次上的分析是相关的:(1)单张图片或单个影片序列对观众的可能心理影响;(2)所有连续性的摄影、电影或新闻制作中的视觉呈现模式。单个图像有能力唤醒人们对特殊事件或事变的强烈意识, 常常引起人们的注意, 但是它可能无法告诉我们战争的持续画面, 或者无法呈现持续发生在国家与社会层次上的认同和冲突。任何图像的强大影响都可能恰恰是源于它的稀有性, 它对媒体图像日常流动的破坏性, 以及随之而来的对期待的挫败感。而持续的视觉呈现模式提供了图像制作和文化呈现的持续过程, 揭示了图像制作和传播的潜在社会影响。因此, 视觉分析的重要任务是, 关注那些以虚构和非虚构战争描述为特征的图像, 觉察和描述它们的范围和类型;关注那些呈现给公众的图像资料, 试图解释历史、文化和媒体实践对这些资料的范围和类型的影响。

分析波斯湾战争图像

示例研究发现, 战争图像报道是聚集在较小范围的图像类型中的, 主要是一些美国军事部署的图像, 以及"幕后"准备的图像(Griffin and Lee, 1995)。与历史上的其他政府一样, 美国政府和军队也在试图规范和管理那些向公众发行的战争图像。在海湾战争的例子中, 各种媒体通过"池系统"(pool system)获准进入战区, 在这里, 那些被派去和部队一起行进的记者可以与池中的其他记者同行们共享信息。该系统产生了大量的战争图片报道, 其中, 一个被命名为"军火库类"的类别占了主导优势。它们是各种美国军事武器的图片, 例如, 导弹、火箭、战斗机、火炮、"智

【146】

能炸弹"、坦克和其他装甲车辆。常常在战争前的军事动员期间,它们就已经被创建并归档了,有时候,还会利用武器目录和武器工业手册对这些图片进行复制。在第二类最为常见的、已发布的图片类别中,包括了各个部署和准备阶段中的"美国部队"照片,但是不包括作战阶段的照片。在美国新闻杂志发布的所有图片中,这两类图像共占了37%。

相比之下,我们预期的那些战争新闻报道中的重要图像类型,却多半没有在图片报道中出现过,例如军事伤亡,炮击造成的破损与毁坏,战争对伊拉克、科威特、沙特阿拉伯或美国平民生活的影响,以及伊拉克军队或伊拉克战俘的图片。[1]令人惊讶的是拍摄的时间,97%的新闻杂志图像是在非作战情形下拍摄的。该事实表明,媒体呈现出来的是某种粉饰过的战争观,给人以趣闻轶事的印象。像大卫·特恩利(David Turnley)拍摄的"美国士兵为同志哀悼"这样的照片(www.corbisimages. com/ stock-photo / rights-managed / TL001241 / american-soldier-grieving-for-comrade),在海湾战争结束的数月之后,获得了新闻奖,因为它呈现了一个极其扣人心弦的战时痛苦和共情场面,但是在每周例行发布的海湾地区图片中,这类照片是一些例外,极为罕见。人道主义摄影传统常常与20世纪的杂志新闻摄影和纪录片作品有关,根据马格南摄影机构创始人的说法,它们会以"强烈的个人视觉"激发起"决定性瞬间"的"普遍人类情感"。在当代摄影实践中,单张图像是不能与文字的流动和所呈现的情境分开的,观众就是在这里与它们相遇(Rose,2012)。

对海湾战争的研究很好地上了一课。图片标题、致谢和其他文本信息都提供了至关重要的分析信息。分析的研究单位绝对不是单张图片,而是图像 – 文本,几乎都是这种情况。接下来,我们马上就会知道,需要一定的分析方法来解释这些情境信息,这样才能将科威特沙漠中的美国坦克照片与加利福尼亚州莫哈韦沙漠中类似的坦克照片区分开来。整个视觉传播 【147】的历史,以虚构、非虚构和宣传的方式,充斥着对图像的去情境化利用,以制造出战略性的并列使用(juxtaposition)以及人为操纵的印象。正是由于视觉图像既承诺现实主义,也提供情感连结,才使得识别图像的来源和情境变得与分析它们的内容和表达形式同等重要。

对标识式和日常式战争图像进行解释时所面临的挑战

试图说明单张图像的文化共鸣性和长久流传的特征，同时又要在指定的文化或历史情境或媒体系统内去描绘战争特征中的日常图景，这是一种方法论上的挑战。在20世纪的摄影学中，人道主义传统强调了单一图像的力量，在公众的记录和想象中，单张图像为每场战争都创造了某些标识（icons）（Hariman and Lucaites，2007）。建立这种符号性图像的愿望显然得到了记者们的认可，正如2003年美国刚发起伊拉克战争时，一位哥伦比亚广播公司的新闻读者惊呼，"为了找到一个能定义伊拉克之战的伟大图像，我们正在搜索的路上"（Hariman and Lucaites，2007：291）。为了评估单张图像所引起的文化共鸣和影响，需要对历史、文化和修辞方面的研究进行解释性分析（Zelizer，2004）。但是大多数的视觉传播研究都只涉及了媒体生产中的文化模式和职业实践。自1991年海湾战争以来，这个方面有所改变，出现了越来越多的研究机构，试图系统评估与战争有关的视觉表现的范围和焦点。

传播研究中的视觉分析法

显性内容分析

我们为什么总是制作这样的战争图像，为什么总是对许多真情流露、信息丰富的其他图像类型视而不见，为了了解这些，就需要将战争图像视为制度化媒体制作的产物，这个制作过程受到商业利益、政府管理和政治说服的影响。要追踪这类图像的制作方法，最为常见的进路是传统的内容分析法，即在媒体对这个世界所发生事件的叙述中，确认视觉描述的特定特征，并对这些特征出现的频率进行计数。这种方法的优点是一致性和信度。也就是说，观众会对离散性视觉特征存在与否达成一致性意见，这些特征也许是可识别的图形的外观，也许是某个图像框中的内容，该图像框涉及某个特定的社会角色、人物类型、物体、形状、颜色或符号。这类离散的、可识别的特征可以被计数，因此也可以记录它们发生的频率。内容分析法中的重要方法论问题是：（1）对编码类别的概念化和定义，即内容的类别能否说明那些对研究兴趣和研究问题进行有效索引的因素（建构效度）；（2）编码者间的信度，即在识别与内容相关的特征时，不同的独立编码者达成一致的程度是怎样的。如果不同的编码者独立且一致地识别出了某个图像表达中的相关特征，就可以声明这个特征的出现具有某种程度的置信度。

视觉呈现有许多潜在重要的组成部分，尤其是那些视域特征复杂、或视域特征相互关联的组织部分。显性内容分析法在描述或索引这些组成成分时显得力不从心。这可能与视觉呈现的技术有关，例如取景和构图、相【148】机距离、角度或移动、灯光效果、颜色过滤或其他特殊效果，这些因素从根本上影响了图像主题的描述，只有经过技术培训的专家才有可能轻松地识别出这些。它们可能与描绘和象征手法的文化传统有关，即图像志。要认识它，需要在一些领域中接受训练，如人类学或艺术史，或者要有社会交往、姿势与行为展示方面的知识，显然，只有受过肢体语言与社会沟通方面的学习训练，才能轻松地掌握它们。简单地说，在某个相似的图域内，多个元素之间的相互关系太复杂了，无法根据单独的离散元素去进行拆解和分类。

在最简单的例子中，可以用特殊的、可识别的数字计算频率，例如，在某个特定的战时新闻图像域里，计算阿富汗士兵出现的频率。但是他们是如何被图片描绘的，仅以他们在新闻图像中出现的频率就无法揭示了：他们是以有专业素养和专业能力的方式、还是以犹豫不决和令人不适的方式被呈现，他们是被呈现为与士兵同伴共同奋战，还是单独一人孤军奋战，他们是在以合作和防卫的方式巡逻在阿富汗的村庄，还是以独裁者的身份与平民对抗（大概是从一个低位拍摄的角度）。换言之，只进行显性内容分析还不够，要进行全面充分的视觉分析，还需要做更多的工作。

图像志与符号学分析

艺术史和电影研究为视觉研究学者贡献了宝贵的分析模型。在艺术史上，自20世纪初以来，图像志（iconography）和图像学（iconology）的实践就深深地影响了视觉分析（Panofsky，1939）。图像志指的是，图像制作和视觉呈现的特定文化系统内的符号和主题模式的"映射"（mapping）。一个典型的例子是，欧洲基督教艺术中的宗教人物和圣徒的象征体系的映射。如果一个人熟悉中世纪和文艺复兴时期的视觉传播体系，他就很容易在以油画、版画、雕塑或彩色玻璃表现的特殊人物中识别出圣徒。要认出圣耶罗，就可以通过希伯来语和希腊语（正在努力翻译成拉丁语）的书籍和圣经卷轴，以及经常在他脚下放置的狮子。圣彼得则经常穿着一件特定颜色的长袍和礼袍，腰上挂着"天堂的钥匙"。在欧洲的传统中，军事历史绘画在描绘军事领袖时，同样会将明白无误的身份标志体现在他们的衣服、徽章和姿态上，如亚历山大大帝、朱利叶斯·凯撒、乔治·华盛顿、拿破仑和惠灵顿公爵，并以一种明显区别于普通民众的方式进行构图，然后将他们置于其中。对图像志的研究确实向我们表明，视觉呈现世界的主导要素是一组有限的图像型式（genres）、有限的描绘风格以及特定的视觉象征性实践。如果认为视觉呈现模式只是由内容模式驱动，那就是对图像制作的历史还了解得不够充分。

要识别出重要的视觉主题、言语（特别是转喻和隐喻）的视觉形象和/或"视觉引用"，可能需要精通艺术史、电影研究、图形设计史或者是与表达相关的文化体系。例如，许多病人或伤者的新闻照片，包括阵亡或受伤的士兵，在取景时，都是将罹难者安放在同志或爱人的怀抱里，这个姿势模仿了传统基督教中"圣母玛利亚膝上抱着基督尸体的图画和雕塑"。事实上，多年以来，在获得世界新闻摄影和普利策奖的一些照片里，都利用了从宗教艺术中汲取的历时弥久的传统描绘手法。要识别出此类传统呈现手法是否在作品中重现，可能需要图像学的训练，在揭示表达形式及内容的模式时，还需要有对历史和情境进行分析的能力。同样，如果希望识别出"视觉引用"（Masters et al., 1991），或者识别出电视新闻中依照传统手法呈现出来的"视频包"（video packages），还需要熟悉新闻制作实践、当前的公共事务和呈现方式的历史。

【149】

符号学（semiotic）分析同样基于对标志（sign）和符号（symbol）的文化分析，但是更大程度地强调了在文化表征和意义系统的结构和语法中，个别图像是如何被运用的。符号学源自结构语言学，它认为视觉资料很像语言，在更为广泛的表征话语里，图像表现得像单词、短语或语言单位。因此，视觉图像研究远离了图像和事物之间一一对应的思想，转到了图像

/ 概念和意义的语意句法链里，将图像作为单位进行研究，正如图像志研究那样。在一张有关美国坦克的新闻照片里，美国坦克在高速公路上隆隆前行，经过沿着路边行走的人群，另有一些坦克和装甲车辆的照片，它们被确认为是一支美国派遣军的照片，派遣军正在穿越伊拉克南部前往巴格达。将前面的照片与后面的这组照片联系起来就会融合出某些意义。在美国对伊拉克战争期间，这些照片与许多新闻图像合并在了一起，重复着部队和装甲车穿越沙漠的视觉主题，并附有图片说明、标题和新闻文字，叙述了"通向巴格达之路""去往巴格达的途中"和"包围巴格达"的故事。"推翻萨达姆"这条新闻的标题为"自由"，该条新闻附上了一张美国海军陆战队在菲尔德斯广场推翻萨达姆·候赛因雕像的照片。[2] 对这张照片的符号学分析让我们认识到，语意句法和叙事语境能够将这张图片与其他图像联系在一起，也能将视觉主题和既有的文化表征模式联系在一起。

框架分析

框架分析（framing analysis）源于社会认知、舆论研究和政治沟通研究，是一种与其他方法相关且有部分重叠的进路。框架（framing）这一术语的最初含义是，画框框定了图像的组成，决定了观者的视野。正如布尔金（Burgin）在《思考摄影》中所写，根据"进入一种条理性"的要求，照片的"框架"将所描绘的对象组织起来，向观众强调了这种看待主题的方式是"重要的"（1982：146）。框架决定了包括在图片范围内的内容，也许更为重要的是，决定了要忽略的内容。奈特利（Knightly）写过一本关于战斗新闻的著作，该书颇具挑衅性，他在这本书中写道，"虽然在大多数情况下，相机不会直接说谎，但是，它可以通过省略来精彩地说谎"（2004：14）。欧文·戈夫曼（Erving Goffman）是一位社会人类学家，在其关于广告性别化呈现的开创性著作中，他告诉我们，人们是如何通过利用画框的图形空间，在广告图像的人物和其他元素之间建构起特殊的视觉层次结构，从而大力支持了传统的性别化社会行为和关系观念（1979）。

有趣的是，框架概念取材自它在图像上的具体应用，并由社会科学家发展起来，使之成为了一种在新闻、修辞和政治传播中对政治思想和社会问题进行划界、组织和强调的隐喻。然后，它再一次被用于视觉框架分析，用它来分析视觉图像在塑造社会和政治话语时的特殊作用。塔奇曼

（Tuchman）最先将这个隐喻用于新闻分析，他将新闻框架与窗框进行比较，两者都限制了"可能看到的东西"（1978：209）。不久之后，吉特林（Gitlin）又详细阐述了"媒体框架"（media frames）的概念。他写道，"媒体框架是认知、解释和呈现的持久模式，也是选择、强调和排斥的持久模式，符号处理者通常会通过这一模式组织话语，无论是语言的，还是视觉的"（1980：7）。恩特曼（Entman，1993）则分析了"新闻框架"在控制和

【150】 预测重大问题和政治话语时的具体作用，并在这一过程中重新审视了这一概念，他将框架定义为对现实的某些方面所做的选择，以"使它们在传播文本中更加突出，从而促进对某个特定问题的定义、因果解释、道德评价和 / 或处理建议"（1993：52）。梅萨里斯（Messaris）和亚伯拉罕（Abraham）认为，视觉图像的特殊力量似乎是对世界的自然反映，它能够框定和加强"对意识形态的常识性主张"（2001：220），这个观念被格里芬用在了对阿富汗和伊拉克战争图像的分析上（Griffin，2004）。

同样，帕里（Parry，2010）利用了发表在两份不同报纸上的有关 2006年以色列 – 黎巴嫩战争的新闻照片，说明了这些新闻照片是如何以不同的方式有效地框定了这一冲突的，对于破坏的规模、严重程度以及各方的过失，它们都制造出了不同的印象。帕里详细阐述了包括构图要素分析在内的多层编码、编辑选择以及照片的布局和语言框架，通过这些工作，帕里为全面的视觉分析提供了一个新的模型。但是帕里也警告说，在分析时，"如果照片细节过于碎片化，就会存在过度偏离原始图像的危险"，失去了对照片"情感吸引"或整体"意义"的感受（2010：82）。她建议道，"详细的内容和框架分析的调查结果要（应该）辅之以更具定性'风格'的分析方法"（2010：82）。

结论

视觉图像研究希望能够解释更为复杂的视觉特征组合，同时仍然保留对原始照片独特品质和意义的感受，这样的视觉图像分析最有可能运用深度的形式主义、图像志、符号学以及对单个镜头或框架的风格分析，以此来提高视觉内容分析的水平。帕里还试图将凝视、相机角度、图像来源、缩放比例以及图像 / 文本关系的分析包括进来，她的这些尝试为未来的研

究指明了方向，令人鼓舞。人们也日益关注 20 世纪后期媒体视觉方面的独特性，这一关注促使学者开始思考：当在各类媒体、各种平台、各个文化与国家的不同时点上去比较媒体呈现时，是可以将视觉化模式作为基础的（Müller and Griffin，2012）。施瓦尔贝等（Schwalbe et al.，2008）和基思等（2010）已经开始在各种不同的媒体平台上识别框架模式和深入理解战争图像中的叙事了。基思等（Keith et al.，2010）指出，如果打算对印刷、广播和在线媒体中的战争图像做量化内容分析，在方法论上会面临挑战，但是他们也主张，应对这些挑战具有重要意义，因为多平台接触"是与许多新闻消费者对战争报道的体验相一致的"（2010：94）。

在战争媒体图像研究中，试图将多个层次的视觉分析结合起来的学者人数也在持续增加。这方面的例子有，阿布格莱布照片的移位状态（shifting status）和呈现研究，之所以做这项研究，是因为这些照片从互联网到电视、再到新闻杂志，来回地移位（Andén-Papadopoulos，2008；Griffin，2011），再如，对美国"9·11事件"的视觉纪念材料的研究（Grittmann and Ammann，2009）。这类研究试图去设计视觉内容分析的方法，更为密切地关注特殊视觉元素和特征（图像分析、对视觉形式和风格的关注），将它们与某些程序整合在一起，这些程序是关于追踪模式以及代表性媒体样本的具体特征的发生频率的。在未来，将不同学科的分析方法结合起来，可能会有助于对视觉呈现进行更为全面的分析。

与此同时，将系统的社会研究方法应用到视觉图像分析上仍然是一项挑战。而人类冲突的视觉呈现将继续是一个媒体实践的舞台，充满了政治色彩和无可避免的争议。部分原因是视觉图像本身就常常是冲突的来源，而不仅仅是冲突的反映。例如，2005 年 9 月，丹麦报纸《日德兰邮报》（Jyllands Posten）上刊发了 12 幅漫画，这些漫画点燃了穆罕默德【151】（Muhammad）漫画危机，并与此前一年的阿布格莱布照片汇合在一起，充当了涉外冲突的有力工具，通过全球范围的渠道散布"敌人图像"，开启了全球局势紧张的议程（Müller et al.，2009：37）。接下来还有一些其他的例子，它们是以手机图片、在线视频以及照片和漫画的形式呈现的。日益网络化的世界可能使视觉图像和冲突之间变得越来越难以分割。

注释

1.电视新闻报道中同样没有出现伤亡图像，请参阅肖恩·戴（Sean Aday，2005）的《真正的战争永远不会出现在电视上：对美国电视报道中的伊拉克战争伤亡影像的分析》（*The Real War Will Never Get on Television：An Analysis of Casualty Imagery in American Television Coverage of the Iraq War*）。

2.www.google.com/imgres?imgurl=http：//graphics7.nytimes.com/images/2003/04/09/ international /09cnd-free.slide1.jpg & imgrefurl=http：//www.network54.com/Search/view/221692/1049984474/ Re% 253A%2BWar%2Bon%2BIraq，%2Bpart%2BII.?term%3Dwarehouse%2B%26page%3D2154 & h=427& w=650 & sz =72 & tbnid=Am2d1h-4kykSKM：& tbnh=90 & tbnw=137 & zoom=1 & usg=__G2DM9Iw_ G7xalPDgwJCIC1OtE-U= & docid=0UkuqlaLGJ6w9M & itg=1 & sa=X & ei=bzqmUsL3NoreqAGEsICYBQ & ved=0CHQQ9QEwCg.

参考文献

Aday S.2005.The Real War Will Never Get on Television:An Analysis of Casualty Imagery in American Television Coverage of the Iraq War.In Seib P.(ed.),*Media and Conflict in the Twenty-First Century*,pp.141-156.New York:Palgrave Macmillan.

Andén-Papadopoulos K.2008.The Abu Ghraib Torture Photographs. *Journalism* 9(1):5-30.

Burgin V.1982.*Thinking Photography*.London:Macmillan.

Domke D.,Perlmutter D.,Spratt M.2002.The Primes of Our Times? An Examination of the "Power" of Visual Images.*Journalism:Theory,Practice & Criticism* 3(2):131-159.

Entman R.B.1993.Framing:Toward Clarification of a Fractured Paradigm. *Journal of Communication* 43:51-58.

Gitlin T.1980.*The Whole World Is Watching*.Berkeley,CA.:University of

California Press.

Goffman E.1979.*Gender Advertisements*.New York:HarperCollins Publishers.

Graber D.A.1990.Seeing Is Remembering:How Visuals Contribute to Learning from Television News.*Journal of Communication* 40:134–155.

Griffin M.1999.The Great War Photographs:Constructing Myths of History and Photojournalism.In Brennen B.and Hardt H.(eds.),*Picturing the Past:Media,History,and Photography*,pp.122–157.Urbana,IL.:University of Illinois Press.

Griffin M.2004.Picturing America's "War against Terrorism" in Iraq and Afghanistan:Photographic Motifs as News Frames.*Journalism:Theory,Practice & Criticism* 5(4):381–402.

Griffin M.2011.Ereignis und Phantom:Das wechsehafte öffentliche Leben der Fotografien von Abu Ghraib.*AugenBlick:Marburger Hefte zur Medienwissenschaft* 48–49,February.

Griffin M.,Lee J.S.1995.Picturing the Gulf War:Constructing Images of War in *Time,Newsweek*,and *U.S.News and World Report.Journalism and Mass Communication Quarterly* 72(4):813–825.

Grittmann E.,Ammann I.2009.Die Methode der quantitativen Bildtypenanalyse.Zur Routinisierung der Bildberichterstattung am Beispiel von 9/11 in der journalistischen Erinnerungskultur.[The Method of Quantitative Image Type Analysis.On routines in visual press coverage.The example of 9/11 in journalistic remembrance].In Petersen T.and Schwender C.(eds.),*Visuelle Stereotype*.[Visual Stereotypes],pp.141–158.Köln:Von Halem.

Hall S.1997.*Representation:Cultural Representations and Signifying Practices*.London:Sage Publications in association with The Open University.

Hariman R.，Lucaites J.L.2007.*No Caption Needed:Iconic Photographs, Public Culture,and Liberal Democracy*.Chicago,IL.:University of Chicago Press.

Keith S.,Schwalbe C.B.,Silcock B.W.2010.Comparing War Images across 【152】 Media Platforms:Methodological Challenges for Content Analysis.*Media,War & Conflict* 3(1):87–98.

Knightly P.2004.*The First Casualty:The War Correspondent as Hero, Propagandist and Myth-Maker from the Crimea to Iraq*.Baltimore,MD.:The Johns Hopkins University Press.

Magnum Photos Website (www.magnumphotos.com/).

Masters R.D.,Frey S.,Bente G.1991.Dominance and Attention:Images of Leaders in German,French,and American TV News.*Polity* 23(3):373–394.

Messaris P.1994.*Visual Literacy:Image,Mind,and Reality*.Boulder, CO.:Westview Press.

Messaris,P.,Abraham L.2001.The Role of Images in Framing News Stories. In Reese S.et al.(eds.),*Framing Public Life*,pp.215–226.Mahwah,NJ.:Lawrence Erlbaum.

Müller M.G.,Griffin M.2012.Visual Comparison:Comparative Approaches in Visual Communication Research.In Esser F,Hanitzsch T.(eds.)*Handbook of Comparative Communication Research*,94–118.New York:Routledge.

Müller M.G.,Özcan A.,Seizov O.2009.Dangerous Depictions:A Visual Case Study of Contemporary Cartoon Controversies.*Popular Communication* 7(1),28–39.

Panofsky E.1939.*Studies in Iconology*.Oxford:Oxford University Press/ Westview Press,1972.

Parry K.2010.A Visual Framing Analysis of British Press Photography during the 2006 Israel-Lebanon Conflict.*Media,War & Conflict* 3(1):67–85.

Rose G.2012.*Visual Methodologies:An Introduction to Researching with Visual Materials*.3rd ed.London:Sage.

Schwalbe C.B.,Silcock B.W.,Keith S.2008.Visual Framing of the Early Weeks of the U.S.-Led Invasion of Iraq:Applying the Master War Narrative to Electronic and Print Images.*Journal of Broadcasting and Electronic Media* 52(3):448–465.

Taylor J.1991.*War Photography:Realism in the British Press*.London: Routledge.

Tuchman G.1978.*Making News:A Study in the Construction of Reality*.New York:Free Press.

Zelizer B.2004.When War Is Reduced to a Photograph.In Allen S.and Zelizer B.(eds.)*Reporting War:Journalism in Wartime*,pp.114–135. London:Routledge.

14 研究"最危险的来源"

—— 自我记录

埃斯梅拉达·克莱因瑞斯克

Hynes S.1997.*The Soldiers' Tale:Bearing Witness to Modern War*.New York:Penguin.

在《士兵的故事：见证现代战争》中，S. 海因斯考察了以中产阶级男性为主的英文期刊、回忆录、小说和信件，这些男性都是在两次世界大战和越南战争期间参加过战斗、爱好文学的平民士兵。评论家经常盛赞这本书行文风格清晰。该书融合了自传、历史和文学来描述和分析战争的主题：恐惧、同志关系、勇气、怯懦、困惑和生存意志。

与所有自我记录（egodocuments）的研究者一样，海因斯也面临着三个方法论上的挑战：范围界定、收集和分析记录。在该书的序言中，并没有单独的方法论章节，海因斯明确地描述了他的范围选择，但是对于记录收集和分析方面的挑战却没有给出解决方案。

海因斯首先集中了解了"在那里，在真正展开杀戮的地方"发生了什么，从这里开始他的范围界定过程。他关注的是战士，把将军和其他高级军官的回忆录排除在外。海因斯认为，没有任何理由将这些军官的文字包括在内，因为他们"没有参加过战斗，或与他们的部队生活在一起，或在战争中受了伤"。海因斯也关注 20 世纪，"因为他们的战争仍然是我们的战争……也因为这是个体对战争进行叙事的世纪"。他选择考察第一次世界大战、第二次世界大战和越南战争，在他看来，在我们这个世纪的"战争故事"中，它们似乎是至关重要的转折点。这三个冲突是"最难以忘记、记录最多的"战争。

海因斯没有解释他是如何收集这些书的，只是说他选择的书和报告"拥有一种截然不同的声音"，这表明他排除了那些阅读体验不好的书，从而将选择的范围划分出来。

他也没有明确说明他的分析方法，但是他选择的方法是清楚的。《士兵的故事：见证现代战争》广泛引用了所研究的书，用它们来支持主要观点，是一项典型的定性研究。这项研究也是多学科的，海因斯的观点来自多个领域，从心理学到社会学，再到历史学，他利用理论来支持他的论点。

【154】

海因斯的结论是一个悖论，即战争的自我记录是真实的，却不是历史意义上的真实，它们既不是游记，也不是自传，同样不是历史。战争是一种近乎陌生的、难以形容的经历，自我记录中描述的内容通常不是发生了什么，因为回忆录是"过滤的现实，记忆的留存"。

海因斯认为，每场战争都会产生自己的故事和神话。在第一次世界大战时，英国士兵可以成为英雄的浪漫战争观念在战壕中烟消云散，尽管空战中的王牌仍然是英雄。第一次世界大战是一场幻灭的战争。"一代无辜的年轻人……为了让世界变得安全、民主而奔赴战争。他们在愚蠢的将军们所策划的愚蠢的战斗中被屠杀。那些幸存下来的人对他们的战争经历感到震惊、失望和痛苦。"

但是，这并没有阻止年轻人在第二次世界大战中仍然激情满怀地应征入伍。海因斯总结道，战争的诱惑吸引着每一代新人。"看来，每一代人都必须从他们自己的战争中吸取自己的教训，每场战争都是不同的，也都是由不同的懵懂无知的青年来打的。"值得注意的是，这是一场新的战争，有着另一个神话，那就是"好的战争"（good war）。这些人仍然对战斗的方式感到沮丧，"但是他们并不后悔"。

另一场大战是越南战争，这不是一场"好的战争"，而是一场"坏的战争"（bad war）。美国打这场战争"是出于政治原因，也是错误的原因"。越南战争之于美国，正如第一次世界大战之于英国一样："一场民族幻灭的战争改变了一代人思考其国家、领导人和战争自身的方式。"

在结语中，海因斯总结说，讲故事是一种原始需要。它有助于整理无序的体验并赋予它意义，也能为听者提供战争的人性面孔和声音。

在这项开创性的研究中，所呈现的结果令人感兴趣，也有说服力，但是该研究缺乏方法论的基础和指导，这一问题在定性研究中很普遍。

有时很难研究军队。德绍－波美（Deschaux-Baume）在她的论文《比较研究军事》中总结道，对于局外人来说，军队是一个相当难以进入的社会领域。军方限制了访问内部文件的机会，高级官员可能已经做了内部审查，参与观察"远非受欢迎，也并非便利"（Deschaux-Baume，2013：138）。但是，有一种任何研究者都能利用的、丰富的军事数据来源，那就是军人的自我记录。

本文更为深入地探讨了军人的自我记录，以发现其能为军事研究者提供些什么，又带来了怎样的挑战。首先看一下什么是自我记录，然后集中讨论自我记录的优点和缺点，以及如何对其展开研究。最后，本文总结了
【155】自我记录研究所带来的三大挑战：范围界定、记录收集和分析。

自我记录

"自我记录"一词指的是"作者写他自己的行为、思想和情感的文本"（Dekker，2002：14）。到 20 世纪中叶，作为来源的自我记录还被历史学家视为"极不可信"和"根本无用"（Dekker，2002：21）。荷兰历史学家罗曼（Romein）甚至称它们是"所有来源中最危险的"（Romein and Dekker，2002：19）。

但是，随着向后现代观念的转变，研究重点转向了对事实的社会建构，而不是事实本身。法国自传研究者勒琼（Lejeune）强调，不应该将自传视为历史信息的来源，而是"其本身就是基本的社会事实"（Lejeune，1989：xx）。基于记忆研究的结果，克拉斯尼策（Krassnitzer）总结道，自我记录不是一种可以在自传中读到的个人真理，而是社会集体（Erinnerungskollektive）如何解释和记忆事件的经验（Krassnitzer，2006：214）。这是使自我记录研究变得如此有趣的原因，这些作品不只是个人的故事，也是（军事）文化的表现。

根据预期的受众类型，可以大体将自我记录分为三类（Epkenhans et al.，2006：xiii）（参见图 14.1）。

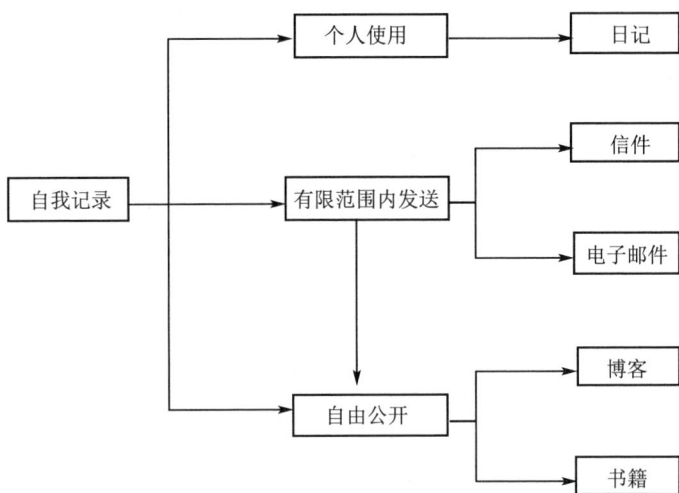

图 14.1 自我记录举例

　　首先,自我记录为个人用途而写。例如,作家用日记来整理和重构思想、情感和记忆(Baggerman,2010:65)。 通常情况下,这些私人文件并不打算广泛分发。出于这个原因,你可能会买到封皮上有锁的日记,锁是用来保护日记不会被其他人读到的。其次,写自我记录是为了在有限的范围内发送。传统上,军人利用信件与后方联系,现在他们用电子邮件做同样的事情。这些电子邮件交流的是自我记录,供一个人或多个人阅读,但是不要指望这些邮件会被广泛地发送到朋友和家人的有限圈子之外。最后,也可以为公众写自我记录。互联网博客和书籍就是面向广大公众发布自我记录的例子。

　　并没有强行规定这些自我记录的最终受众。一些日记的目的是以书【156】的形式出版,并因此得以留存,如安妮·法兰克的日记(Frank,2007;1952);互联网博客也可能是筛选过的,只有被邀请到的人才能看到该博客的内容,博客的发布范围也就受到了限制。

　　海因斯是本文示例研究《士兵的故事:见证现代战争》的作者,在他的研究中,他用了不同类别的自我记录。其中大部分的个人叙述都是回忆录,也包括期刊、日记和信件(Hynes,1997:xiv)。

为什么研究自我记录？

自我记录是非常丰富的数据源，其内容适合于各种可能背景的军事研究者。医学研究者用军人自我记录来研究军人的创伤后应激障碍和吸烟行为（Robinson，2012），社会学家用它们来研究军事战略（King，2010），历史学家可以通过阅读自我记录来考察身心关系思想的演变（Harari，2008）。

除了内容丰富，对于有着各种方法论背景的各类军事研究者来说，自我记录都具有吸引力。根据 H. 拉塞尔·伯纳德（H.Russell Bernard）的说法，"实证主义者可以为文本做标签，可以研究所有标签中的规律性……解释学者可以研究意义"（Bernard，1996：9）。与访谈等"被创建的文本"相比，运用非介入方法或伯纳德所说的"被发现的文本"，如自我记录，能够消除研究者对文本的影响。

这也使我们想起研究自我记录的缺点之一，即文本作者与研究者之间没有直接联系，不可能对他们的叙述进行详细的探寻（Woodward，2008：380）。当然，内容分析法是可以辅之以访谈等其他研究方法的，但是与图书作者和出版社取得联系常常具有挑战性。我研究过 2001 年至 2010 年出版的"阿富汗战争回忆录"（Kleinreesink，2014），我发现许多士兵作者没有在他们的书中透露年龄。在多次尝试接触后，他们中的很多人仍然没有回答我的询问。因此，很不幸，在我的数据库中，17% 的个案的年龄变量是缺失值。

另一个缺点是，自我记录的历史真实性是不确定的。正如海因斯指出的，"作为历史，它们并不令人满意：受到限制，有偏见，为情感所折磨，充满了错误"（Hynes，1997：15）。偏见和情绪并不是影响自我记录内容的唯一心理原因。在《大战与现代记忆》一书中，福塞尔（Fussell）总结道，在第一次世界大战中，在家信和明信片里，士兵只是写一些社会期许的主题，他们避免伤到收件人的感情（Fussell，1975：182）。

社会期许并不是自我审查的唯一原因。在西方国家中，军队有专门的组织限制，即官方审查，这也是自我审查的原因。为维护军事行动安全，一些自我记录在分发之前要接受军方检查。在两次世界大战中，军方经常审查其人员写给后方的信件（Fussell，1975：182）。现在军方不再频繁审查家信或博客了，但是这些信件或博客还是受到军事行动安全规定的限制。在出版之前，军方仍然检查军人写的书，防止出现安全漏洞。

最后一个要提及的缺点是这些作者的代表性并不清楚。他们可以被视为普通士兵的代表吗，还是说，军人作者是卓尔不群的一些人？由于大多数的军人自我记录研究只针对特殊群体（Vernon，2005：3），一般来说，即使是最好的情况，利用它们得出的军人结论也是难以处理的。　【157】

在自我记录中研究什么？

已经大体上讨论了研究自我记录的优点和缺点，现在让我们看一下自我记录的三种主要文本要素（图 14.2）。它们是副文本（paratext）、文本（text）和构成文本的词（word）。

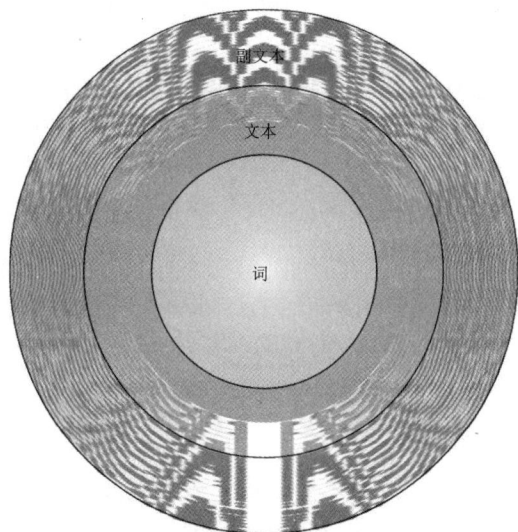

图 14.2　三种文本要素

研究中第一个要考虑的要素是副文本。术语"副文本"（Genette，1997）指的是围绕着某个文本的所有要素。狭义上，这些要素包括图书封面、前言和致谢，广义上，也包括书评和对作者的采访。要研究作者与其受众之间的关系，副文本最有用。例如，在某个回忆录的前言中，作者明确了写作动机，还有书的封面，它规定了该书寻求的受众是哪类人。书评或没有书评，都可以表明这本书的影响。

图像是副文本的特例。军人自我记录（回忆录、博客或电子邮件）经常附有照片。在当代的"阿富汗战争回忆录"中，94%有照片，或者有其他像地图这样的图片。平均每本书中，25页（10%）有图像（Kleinreesink，2014）。但是，到目前为止，几乎没有人研究过军人制作的图像。大部分的此类研究都在处理"关于"军人的图像（Griffin，2010），观察军人自己制作的图像同样令人感兴趣，军人认为这些图像很重要，有必要向他人展示，或者不可忘记。

其次，文本的特征，例如它的重要主题或情节，也是调查研究的主题。经典的军事自我记录研究，例如，海因斯的《士兵的故事：见证现代战争》和福塞尔的《大战与现代记忆》，都较为深入地探索了军人作者撰写的主题，这些主题普通平凡，也常常普遍存在，例如恐惧、同志关系、荣誉以及幻灭。要进行国家与士气等方面的比较研究，这些普遍的军事主题是公认的好起点。

【158】　情节（plot）是另一个全局性文本元素。大多数的西方故事都以亚里士多德式的情节形式进行讲述与写作。这意味着叙事中的英雄要展开一段旅程。在这段时间有限的旅程中，他要克服重重阻碍，可能会在旅程中改变世界和自己（Aristotle，2004：Ⅶ 51a6）。可以用许多理论来研究情节结构。这些理论范围广泛，从在时间上谋划故事的积极或消极价值（Gergen and Gergen，1988），到弗里德曼的14种基本情节类型，这些类型高度结构化，细节丰富，又易于使用（Friedman，1955）。

第三，还可以在更深的层次上研究构成文本的词。随着数字文档的出现，光学字符识别软件的改进，已经有可能在词的层面上研究文本了。ATLAS.ti 和 NVivo 等定性数据分析软件具有标准的词频查询选项，可以用来识别重要的主题或概念。专业单词计数软件的面世（LIWC，代表语言探索和单词计数），也使人们有可能从心理学的视角来研究文本中的情感、认知和结构性词汇的使用过程（Pennebaker and Seagal，1999）。

三个挑战

自我记录是什么，以及可以在自我记录中研究什么，现在已经很清楚了，接下来，应该更深入地探讨研究自我记录时所面临的特殊挑战了。要探索的三个挑战是：范围界定、记录收集和分析。

挑战一 : 范围界定

第一个挑战是如何进行范围界定。它指的是定义要研究的部分和不研究的部分。对于自我记录的研究者来说，范围界定是特别有挑战性的，因为能获得的资料太多了。第一个要做的选择是研究的时间段。研究者应该考查历史自我记录还是现代自我记录呢？在本文的示例研究中，作者海因斯是从三场不同的战争中选取自我记录来作为他的研究对象的，这些战争既包括世界大战，也包括越南战争，海因斯明确地排除了朝鲜战争，因为它"来来去去的，没有荣耀，在美国人的想象中没有留下任何的痕迹"（Hynes，1997：xiii）。

关于时间的第二个方面是自我记录本身的时间选择。在考察时间因素时，可以区分出三种不同的叙述类型（图14.3）。

当场　　即时　　回溯

图14.3　三种叙事类型

第一种是作家在战场上当场写下的叙事，例子包括日记、电子邮件和博客。回忆录也可以在战争还在进行时写，或者在战争结束后立即写，海因斯称之为即时回忆录（immediate memoirs）（Hynes，1997：4）。还有一种是那些回溯性的回忆录（retrospective memoirs）（Hynes，1997：4），它们是战争结束后很久才写的回忆录。每种类型都有其优点和缺点，有些更易收集（见挑战二），有些更易阅读。与当场写的博客相比，回溯性回忆录通常具有另一种品质。普通出版商出版日记类图书时，会把日记重新加工成书，阅读一本在档案馆中发现的手写日记，并不像阅读一本出版的日记那么舒服。海因斯重点挑选了一些具有良好阅读体验的文本，他并不

【159】 是唯一一个这样做的人，因为"大多数的评论家都会本能地觉得研究文学名著有吸引力"（Eakin，1989：xx）。

下一个选择是，研究者是研究所有那些找得到的自我记录还是只考察有一定背景的作者的文本。一个常见的不足之处是，在研究者选取的文本中，只包括参加过战斗的士兵的叙述，海因斯就是这样做的。对于当代的自我记录来说，这种不足就更加严重，因为在目前的军队中，前线士兵与后勤力量的人数之比在减少。虽然一度前线战士占了军事人员的大多数，但是目前军队中的情况是，军事组织中的大多数都是由后勤保障力量构成的（Vernon，2005：3）。另一个常见的不足之处是，研究着眼于特殊的少数人群体，例如非裔美国人或女性，以至于弗农（Vernon）指出，"在英美评论中，男性非作战军人的个人叙述，特别是白人男性非作战军人的个人叙述，是所有军事生活作品中最容易被忽视的"（Vernon，2005：3）。

另一种常用的范围界定机制是选择特定的国家或语言文本，多语言研究非常少见。例如，海因斯的研究仅限于用英语写作的英国与美国战士。这类的范围界定决策与研究者的语言技能和偏好有关，对于任何研究来说，这些始终是不错的起点。

如果书籍是首选媒介，那么研究者必须处理的经典困境之一（Lejeune，1989：3）是自传结束和传记开始的地方在哪里。书很少只由作者自己写，相反，存在一个传记（自传）的连续体，它的范围从完全由他人写到完全由其自己写（图14.4）。

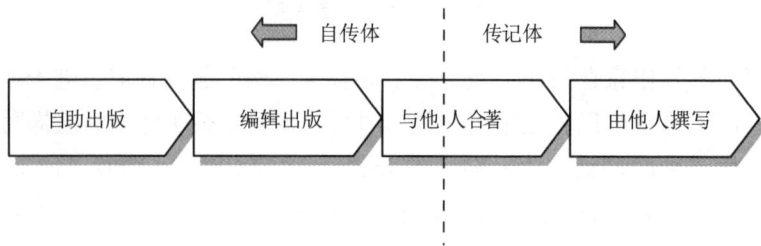

图 14.4　自传连续体

自助出版商（self-publisher，由作者承担出版图书风险和成本的出版公司）通常对书的内容贡献不大。最多在作者付款之后，修改手稿错误的地方。正规出版商（regular publishers，自己承担出版书籍的风险和成本）

与之相反，有一个编辑流程，编辑通常包括风格和内容方面的改动。此外，考虑到各自的目标受众，正规出版商还常常对作者提出一般的内容要求，有时，正规出版商甚至向缺乏经验的作者介绍一位合著者，这位合著者通常是一个有经验的作者或记者。从自传到传记的变化就这样产生了。正如《生活写作百科全书》（*Encyclopedia of Life Writing*）指出的，"在真实性方面，最令人困惑的文本是合作完成的自传，其本质上是矛盾的……合写自传破坏了作者兼叙述者兼主体的同一身份，这就是该体裁的构成特征"（Couser，2001：72）。如果一位合著者彻底改编了原作者的文本，人们可能仍然认为他在创作自传，但是，一位采访了原作者并亲自写作的合著者实际上在创作传记。

挑战二：收集记录

当研究范围确立后，必须收集这一范围内的记录，这可能是困难和耗时的。这些记录的类型在一定程度上决定了收集的方法。在下面的部分中，【160】将讨论五种不同类型的自我记录，分别是电子邮件、信件、日记、博客和书籍，也将讨论这些记录的可能收集方法。

前三种记录类型，电子邮件、信件和日记，主要供个人使用和在有限范围内发送。这意味着为了得到这些文件，研究者常常必须请求对方分享。研究者可以用他们自己已有的军人关系网络来联系这些自我记录的作者。然后通过滚雪球的方法去扩展现有网络。在滚雪球时，研究者要求军人 A 介绍两位或更多的可能愿意分享其自我记录的人。与退伍军人取得联系的另一种方式是，在军事媒体上投放征集自我记录的公告，这些军事媒体包括退伍军人杂志和军事博客等。广告可能很便宜，许多军事杂志都会免费提供发布公告的机会。

如果研究者对历史信件或日记感兴趣，还有第三种选择：档案馆。许多欧洲国家已经建立了自我记录编目项目，该项目能找到公共档案馆、图书馆和博物馆中提供的自我记录。这些项目建完之后往往会出版系列图书，那些最令人感兴趣的文本就包含在这些出版物中。有关这些项目的概述，请参阅德克的文章（Dekker，2002：28-30）。军人是公共档案的优秀贡献者。荷兰项目显示，1500 年至 1900 年存档的自我记录中，最多产的作者是神职人员和军人（Blaak in Baggerman，2010：68-69）。

对于限制访问的互联网自我记录，有必要利用那些与电子邮件、信件和日记同样的私人进路，这样才能获准访问这些网站。但是公共领域中也有很多博客和网站，找到这些博客与网站可能容易得多，但是获取却比较困难，因为它们很快就消失了。为了利用它们做研究，必须选择适当的建档策略。可能的建档策略有很多，包括将打印，利用专业的网络归档软件。

上述四种记录的缺点是，在全部可用的记录中，它们始终是某个样本的一部分，总体规模是未知的，抽样误差也是未知的。不过，书籍提供了获取整个总体规模的机会，因为如果范围界定正确，它们的数量就比较少，而且还以各种方式被归了档。例如，伍德沃德（Woodward）和詹金斯（Jenkings）研究了从1980年至今的所有英国军事回忆录，一共150多本（Woodward and Jenkings，2012：351），我自己的研究则处理了2001年至2010年在美国、英国、加拿大、德国和荷兰出版的所有54份"阿富汗战争回忆录"。理论上收集到所有这些记录是可能的，不过这需要花费大量的时间和精力。

有几种可以用来达到饱和的技术。寻找图书的一个传统起点是图书馆。在这方面最有帮助的是专业的国家军事图书馆，这些图书馆往往有着最为广泛的军事图书收藏。互联网图书网站则可以使滚雪球抽样成为可能。从一本相关的书开始之后，这些网站往往会推荐类似的图书（"买了这本书的顾客也买了……"），这可能会引出类似的图书，等等。总之，在互联网网站上，很快就会得到一份不错的可用图书概览。最后，回忆录研究者也可以通过浏览书店（包括二手书店）寻找图书。

例如，为了进行我的研究，我找到了2001年至2010年出版的所有"阿富汗战争回忆录"，我首先查阅了军事图书馆目录，接下来，我求助于军事历史学会的阅读书单。此外，我还利用了互联网上的军事回忆录清单，例如，在搜索"阿富汗＋战争"这个单词组合时，Amazon.com上出现了【161】近300份的"书单狂！"（listmania）清单，我也浏览了退伍军人杂志的书评页。然后，我将搜索中出现的所有图书都输进了所研究国家的主要图书网站，如英国的Amazon.co.uk和荷兰的Bol.com，从这里开始了滚雪球的过程。这个过程持续了好几个月，我觉到错过某本书的可能性已经微乎其微。

根据选取的研究方法（参见下面的挑战三）去看一下文本的数字化情

况也可能很有趣。利用博客和网站的优势在于它们本质上是数字化的。图书也以数字化的形式存在，但是我的经验是，即使存在某种格式的数字化副本，也可以采用分析软件，但是获取这种数字化副本可能还是有困难的。并非所有的出版商都会为研究提供一份数字化副本，尤其是那些规模较大出版商。用 OCR（对象字符识别）在复印机上扫描它们，自己对它们进行数字化处理，这又很烦琐。商业上可用的 OCR 技术仍然需要手动进行文本校正。

挑战三：分析

正如在"为什么要研究自我记录？"一节中所讨论的那样，利用文本进行研究普遍适用，能够使所有不同类型的研究成为可能。它带来的挑战之一是研究方法的选择。第一个选择是，研究是否是多学科的。海因斯是一位文学教授，但是他的书显然很自如地将文学、心理学、社会学和历史结合在了一起。

第二个选择是，使用定性分析还是定量分析。传统的文本研究进路是定性方法，这正是海因斯选用的。在阅读和分析自我记录时，他审视了浮现出来的重要主题，利用适当的引文证实他的发现。他究竟用了什么样的分析方法仍然不太清晰，但是还是有几种可能的方法。接下来，要讨论三种常用的技术：历史方法、扎根理论和内容分析。

历史方法主要发生在历史学家或科学家的脑海中。卡尔在著作《什么是历史？》中，引用了作家 L.保罗的说法，将历史方法描述为"在观察'事实'这个破布袋子里搜索，把相关的观察事实放在一起，进行选择、分割并加以模式化，拒绝无关的观察事实，直到缝合出了一块逻辑和理性编织的'知识'之布"（Carr，1975：104）。这段话大致地描述了海因斯的方法。

在 20 世纪 60 年代，斯特劳斯和格莱泽提出了一种一般性的方法论，该方法论主张"在系统收集和分析数据的基础之上提出理论，称为扎根理论（grounded theory）（Strauss and Corbin，1994：273）。研究者在编码技术的帮助下，不断地在数据收集和分析之间进行切换，通过这样的归纳过程将"在破布袋子里进行搜索的方法"具体化了。目前，扎根理论可能是研究者最常使用的定性研究方法（Morse，2009：13）。

此外，学者们还开发了其他的定性数据分析进路。迈尔斯和休伯曼在他们的方法著作中收集了各种定性分析技术（Miles and Huberman，1994），例如，克里彭多夫（Krippendorff）提出了一种进路，该进路在文本使用的语境内分析文本，称为内容分析（Krippendorff，2004）。他们全都认为，形式化的编码技术有助于此类分析。在这一过程中，研究者将码号指派给文本中那些感兴趣的部分。已经开发出的 ATLAS.ti 和 NVivo 等计算机辅助定性数据分析软件（CAQDAS），可以用来支持这些操作。这些程序本身并不分析数据，但是在分析阶段，它们会对研究者有所帮助。

【162】 在我的研究中，我利用扎根理论分析了写作动机。我不是从写作动机的预设理论开始的，而是从写下每本所分析书籍的相关引文开始的。然后，我将这些引文输入 ATLAS.ti，在计算机的运行过程中，它们都被赋予了一个我编写的码号，这个过程称为开放式编码，这样就产生了近 60 种不同的码号。然后，我将这些码号聚类，通过理论编码将它们相互关联在一起（Strauss and Corbin，1994：277）。这一过程产生了五个主要类别和一个理论，这个理论解释了为什么士兵作者们说他们要写书。

研究自我记录不必停留在定性方法上。H. 拉塞尔·伯纳德在他的文章"定性数据，定量分析"中总结道，"编码将定性数据（文本）转化为了定量数据（码号）"（Bernard，1996：10），因此，编码使模式搜索成为可能。计算机辅助定性数据分析软件能以 SPSS 格式将结果导出，它通常会提供这种可能性，从而也提供了对数据进行统计分析的机会。我利用编码选项记下每本特定的书或作者是否提到了具体的写作动机。动机的编码是在 ATLAS.ti 中完成的，将产生的二分结果导入 SPSS 中。这个二分结果指的是对"该书是否提到这个动机"的答案，这个答案有两个选项，是或否。

也有可能将变量直接编码到 SPSS 中，就像我在阿富汗的研究中采用的方式，该研究要回答一些与作者及其情节有关的问题。我将每本书都视为一个单独的案例，即 SPSS 中的一行，对于每个案例，都记下了它的变量值，即 SPSS 中的列。通过在 SPSS 中对变量赋值，就可以对书进行编码，例如国籍、年龄、作者是预备役军人还是职业军人、书是由传统的出版商出版还是通过自助出版平台出版。通过交叉列联分析或 t 检验等方法，将这些结果与那些从 ATLAS.ti 中导入的二分变量即写作动机结合在一起，就会显示出结果在统计上是否有显著差异。例如，这一研究以定量研究方式表明，在独立于国籍的条件下，职业军人在传统出版商那里出版图书的可能性几乎是预备役军人的八倍。

当研究中只有少量的自我记录时，就只能进行有限的统计分析了。在这些情况下，可以利用拉金（Ragin）的定性比较分析（qualitative comparative analysis，QCA），它是一种布尔分析方法，可以用来寻找模式（Ragin，2008）。还有几个免费软件程序也可以支持定性比较分析，例如，拉金自己的 fs/QCA。

一些研究者，如斯科特等，他们在研究美国士兵部署后的压力和成长时，并没有单独使用定性方法和定量方法。相反，他们有意识地使用了混合方法进路，将两种方法论结合在一起，"以达到超出两部分之和的结果（Scott et al.，2011：275）。即使在方法的选择上，自我记录也提供了广泛的可能性。

结论

自我记录提供了极其丰富的数据源，为所有的研究者提供了很好的研究机会——无论他们的学科或方法论背景是怎样的。不可思议的是，虽然这些作品中包含丰富的信息密度，军事研究者却不经常利用。如果希望了解士兵身份"背后"的那个人，自我记录是一个重要的研究来源。这些记录可以让研究者深入了解写这些作品的人们，了解他们生活与工作的文化，他们参与的话语。这些洞察比调查或访谈所能提供的内容要深刻得多。挪威自传研究者玛丽安·古莱斯塔德（Marianne Gullestad）甚至惊奇地总结道："书面文本都能给读者一种融洽和亲密的感觉，这是一位人类学田野工作者在与少数人相处了很长一段时间后才能发展起来的。"（Gullestad，1996：36）如果打算更为深入地了解军事行动以及执行这些行动的人的福祉，研究自传叙事是一种很好的方式。如果有兴趣做跨文化研究，它们也为这类研究者提供了有吸引力的且易于操作的起点。军事研究者亚伯·埃斯特休斯（Abel Esterhuyse）对南非的反叛乱行动进行过一项史学【163】回顾，正如他在这一回顾中所总结的，有时，自我记录是唯一可用的来源（Esterhuyse，2012：355）。

简而言之，对于任何军事研究者来说，自我记录研究都绝对值得考虑。

参考文献

Aristotle,2004;ca 330 bc.*Poetica*,Amsterdam:Athenaeum-Polak and Van Gennep.

Baggerman A.2010. "Travellers in Time:Nineteenth-century Autobiographers and Their Fight Against Forgetting."In Bardet J.P.,Arnoul E.and Ruggiu F.J.(eds.)*Les* écrits *du for privé en Europe,du Moyen* Âge à *l' époque contemporaine.Enquêtes,Analyses,Publications*,Pessac:Presses Universitaires de Bordeaux.

Bernard H.R.1996. "Qualitative Data,Quantitative Analysis." *Field Methods* 8:9–11.

Carr E.H.1975. *"What Is History?" The George Macaulay Trevelyan Lectures Delivered in the University of Cambridge,January-March* 1961,London:Penguin.

Couser G.T.2001. "Authenticity." In Jolly M.(ed.)*Encyclopedia of Life Writing*,London:Fitzroy Dearborn Publishers.

Dekker R.2002. "Jacques Presser's Heritage:Egodocuments in the Study of History." *Memoria y Civilización*,5:13–37.

Deschaux-Beaume D.2013. "Studying the Military Comparatively." In Carreiras H.and Castro C.(eds.)*Qualitative Methods in Military Studies*,New York:Routledge.

Eakin P.J.1989. "Foreword." In Lejeune P.,*On Autobiography*,Minneapolis, MN.:The University of Minnesota Press.

Epkenhans M.Förster S.,Hagemann K.2006. "Einführung:Biographien und Selbstzeugnisse in der Militärgeschichte-Möglichkeiten und Grenzen [Preface:Biographies and Egodocuments in Military History-Possibilities and Limits]." In Epkenhans M.,Förster S.and Hagemann K.(eds.)*Militärische Erinnerungskultur.Soldaten im Spiegel von Biographien,Memoiren und Selbstze ugnissen*,Paderborn:Ferdinand Schöningh.

Esterhuyse A.2012. "South African Counterinsurgency:A historiographical overview." In Rich P.B.and Duyvesteyn I.(eds.)*The Routledge Handbook of*

Insurgency and Counterinsurgency,New York:Routledge.

Frank A.2007;1952.*The Diary of a Young Girl:The Definitive Edition*,London:Penguin.Friedman,N.1955. "Forms of the Plot." *The Journal of General Education* 8:241–253.

Fussell P.1975.*The Great War and Modern Memory*,New York:Oxford University Press.

Genette G.1997.*Paratexts:Thresholds of Interpretation*,Cambridge:Cambridge University Press.

Gergen K.J., Gergen M.M.1988. "Narrative and the Self as Relationship." *Advances in Experimental Social Psychology* 21:17–56.

Griffin M.2010. "Media Images of War." *Media,War & Conflict* 3:7–41.

Gullestad M.1996.*Everyday Life Philosophers:Modernity,Morality,and Autobiography in Norway*,Oslo:Scandinavian University Press.

Harari Y.N.2008.*The Ultimate Experience:Battlefield Revelations and the Making of Modern War Culture*,1450–2000,Basingstoke:Palgrave Macmillan.

Hynes S.1997.*The Soldiers' Tale:Bearing Witness to Modern War*,New York:Penguin.

King A.2010. "Understanding the Helmand Campaign:British Military Operations in Afghanistan." *International Affairs* 86(2),311–332.

Kleinreesink L.H.E.2014. "On Military Memoirs:Soldier-Authors on Afghanistan:A Mixed-Method Study into Military Autobiographies from the UK,Canada,Germany and the Netherlands." unpublished thesis,Erasmus University Rotterdam/Netherlands Defence Academy.

Krassnitzer P.2006. "Historische Forschung zwischen 'importierten Erinnerungen' und Quellenamnesie.Zur Aussagekraft autobiographischer Quellen am Beispiel der Weltkriegserinnerung im nationalsozialistischen Milieu [Historical Research between 'False Memory' and Source Amnesia.About the Evidence Power of Autobiographical Sources such as World War II Memories in a Nazi Environment]." In Epkenhans M.,Förster S.and Hagemann K.(eds.) *Militärische Erinnerungskultur.Soldaten im Spiegel von Biographien,Memoiren und Selbstzeugnissen*,Paderborn:Ferdinand Schöningh.

Krippendorff K.2004.*Content Analysis:An Introduction to its Methodology*.2nd ed.Thousand Oaks,CA.:Sage.

Lejeune P.1989.*On Autobiography*,Minneapolis,MN.:The University of Minnesota Press.

Miles M.B.,Huberman A.M.1994.*Qualitative Data Analysis:An Expanded Sourcebook*.2nd ed.Thousand Oaks,CA.:Sage Publications.

Morse J.M.2009. "Tussles,Tensions,and Resolutions." In Morse J.M.,Stern P.N.,Corbin J.,Bowers B.,Charmaz K.and Clarke A.(eds.)*Developing Grounded Theory:The Second Generation*,Walnut Creek,CA.:Left Coast Press.

Pennebaker J.W.,Seagal J.1999. "Forming a Story:The Health Benefits of Narrative." *Journal of Clinical Psychology* 55:1243–1254.

Ragin C.C.2008.*Redesigning Social Inquiry:Fuzzy Sets and Beyond*,Chicago,IL.:University of Chicago Press.

Robinson L.2012. "Explanations of Post-Traumatic Stress Disorder in Falklands Memoirs:The Fragmented Self and the Collective Body." *Journal of War and Culture Studies* 5(1):91–104.

Scott W.J.,McCone D.R.,Sayegh L.,et al.2011. "Mixed Methods in a Post-Deployment Study of U.S.Army National Guard Soldiers." *Journal of Workplace Behavioral Health* 26:275–295.

Strauss A.,Corbin J.1994. "Grounded Theory Methodology." In Denzin N.K.and Lincoln Y.S.(eds.)*Handbook of Qualitative Research*,Thousand Oaks,CA.:Sage Publications.

Vernon A.(ed.)2005.*Arms and the Self:War,the Military,and Autobiographical Writing*.Kent,OH.:The Kent State University Press.

Woodward R.2008. "Not for Queen and Country or Any of That Shit..." :Reflections on Citizenship and Military Participation in Contemporary British Soldier Narratives'.In Cowen D.and Gilbert E.(eds.)*War,Citizenship,Territory*,New York:Routledge.

Woodward R.,Jenkings K.N.2012. "Military Memoirs,their Covers and the Reproduction of Public Narratives of War." *Journal of War and Culture Studies* 5:349–369.

【164】

15 在搜索"本土"恐怖主义中审查互联网

里莎·布鲁克斯

> Brooks R. 2011. "Muslim homegrown terrorism in the United States: How serious is the threat?" *International Security* 36(2): 7–47.
>
> 有人认为，美国本土恐怖主义是一个日益严重的威胁，本文对这一说法进行了评估。本土恐怖主义"威胁"被定义为，受激进"圣战"意识形态鼓动的美国公民或居民所造成的美国境内死亡人数增加，这些行动与已有的恐怖组织并无关系。作者认为，有三种可能的情况会导致这种威胁日渐增长：（1）在美国境内发起恐怖主义阴谋的美国公民或居民人数增加；（2）有野心的激进分子的效能和技能在提高，即使没有策划出更多的阴谋，这些发动阴谋的企图也会使更多的美国人受到伤害；（3）激进分子隐藏或掩盖其恐怖活动的能力增强了，不太可能被侦察到，也不太可能通过逮捕行动来挫败这些野心勃勃的恐怖分子的活动，这导致成功实施恐怖袭击的次数增多。支持这些条件的证据表明，美国本土恐怖主义的威胁确实在增强。
>
> 在线研究是作者采用的主要方法。这篇文章利用互联网搜索资源，分析了美国恐怖主义的经验记录。在线来源的主要优势是多样性和可访问性。作者也将互联网用作评估手段，评估了本土恐怖主义的传统观点和定义。通过研究大量材料样本来确认本土恐怖主义报道和描述中的倾向性，这项工作得到了促进。具体来说，依赖互联网资源为作者的研究提供了以下几种优势。

第一，通过在线研究，作者能查阅法庭笔录，特别是能查阅那些参与过恐怖主义调查的联邦和地方执法官员的宣誓证词。在监控和调查美国境内恐怖主义活动方面，他们付出了很多努力，运用了一些新的方法，记录可以披露这些事实。这些记录也能详细说明"线人"（informants）的使用情况，这些"线人"的作用是监控当地社区，向执法部门提供信息。还有证据表明，在一个被称为"刺探行动"（sting operations）的过程中，官员们付出了大量的努力，他们秘密协助可疑的激进分子推进计划，目的是将这些人绳之以法。采取这类行动引起的一个问题是，在没有执法部门影响的情况下，激进分子是否还会继续实施他们的阴谋。

第二，那些可疑的激进分子是何时开始制定并实施他们的阴谋的，又是怎样做到的，互联网研究也可以对这类事实的细节进行调查。本项研究表明，最近与恐怖主义有关的逮捕人数激增，这是因为集中逮捕了一些过去不同时间里从事过激进活动的人。这一发现与传统的看法正相反，它表明，恐怖主义分子的抓捕人数飙升，并不能证明美国境内恐怖主义活动的发生次数也有增长趋势。

第三，如果一项研究希望证实数据的准确性，例如与美国境内恐怖主义有关的逮捕人数，在线研究会提供帮助。在线研究提供了以变量标准和编码规则来识别恐怖主义活动的各种研究和数据库，能通过它们来交叉核对信息。

第四，在线研究为整合各种新闻和官方来源的事实细节提供了手段，可以了解阴谋的运作细节，有助于作者确定激进分子在行动安全方面的疏忽大意和过失。这些失误可以证明，美国本土恐怖分子的能力是有限的。

第五，在线研究揭示了恐怖主义报道中的偏见，提请人们注意分析者使用了不同的本土恐怖主义定义。这些定义突出体现了媒体发布机构在报道涉嫌恐怖主义行为时的编辑手法。作者旨在努力提供一种更为全面的看待美国国内恐怖主义的观点，意识到这些偏见对作者的这一努力至关重要。一项综合调查显示，近年来，一些恐怖主义活动因激进的"圣战"意识形态而起，但是这类恐怖活动不是威胁的唯一来源，甚至不是威胁的主要来源。在对本土恐怖主义威胁的常见描述中，有一些并不恰当，而恐怖主义活动报道中的这些特征有助于解释这些不恰当。

对于研究者来说，互联网是一种庞大而不断发展的资源，它具有巨大的潜力，能将学者、分析者与一系列现象的主要和次要信息联系起来。但是将互联网用作研究工具或方法时，如果对关键的问题、方法论问题缺乏清醒认识，就会使学术研究漏洞百出，研究结果偏离正见。

通过利用互联网研究美国本土恐怖主义的发生率和性质，可以对在线研究的前景和陷阱加以阐明。本土恐怖主义被定义为受激进"圣战"组织宣传鼓动的美国公民或居民所犯下的恐怖主义行为，但是，他们的行动与该组织并无关系（Bjelopera and Randol，2010）。下述讨论描述了在线研究如何成为分析恐怖主义的有效方法，这项分析还表明，在与军事或安全相关问题的在线研究中，可能会出现更为广泛的方法论问题。

在线研究是一种方法，它指的是用一套工具或策略来搜索互联网，以【167】找到相关的、期望的事实性和分析性信息，或者是富有见解的信息。研究者从各种来源中获取信息的速度是在线研究的主要优势，但是互联网缺乏固有的结构或管理，怎样访问信息，是否可以访问到信息，取决于研究者用来搜索互联网的工具。

搜索引擎和目录决定了将在线信息传递给用户的方式。搜索的结果表明，在互联网上并没有强行规定的顺序和层次结构。搜索结果是如何确定的，以及如何呈现的，取决于用户选择的搜索引擎的性质。算法与索引出自所使用的搜索引擎，还是源于研究者查询目录的方法，也会对搜索产生影响。任何特定的搜索结果都是这些规则和方法的反映（Comer，2011）。

对搜索引擎使用方法的理解越有效，越有可能提高因特网的使用效率。这样的背景信息有助于个体去预测他们使用的搜索引擎最有可能抓取到哪类信息和结果。要想得到最好的搜索结果，需要使用多个搜索引擎，也需要运用有针对性的术语和搜索技术。同样有意义的是，网络蜘蛛能编译搜索结果的索引，但是也存在着大量的、没有被网络蜘蛛抓取到的材料，这就是所谓的隐形网络，要学会如何去访问这些材料。一般来说，如果使用互联网的研究者能基本了解网络运作的方式，了解他们所依赖的搜索引擎的服务和目录，他们就能从中受益。

在线研究的益处

有几种方法可以使在线研究人员受益。[1] 本文重点考察了本土恐怖主义研究这个具体实例，用它来说明在线研究的如下优点。[2]

第一，互联网扩大了激进组织及其暴力活动的开源信息或公开信息，这些信息是分析恐怖主义的重要资源。网上的大型数据库会以定量数据的形式提供这类信息，可以通过免费或付费的方式进行访问。或者可以在以下来源中找到这类信息，这些来源包括：与恐怖活动有关的事件的报道和分析，新闻媒体、社交媒体、博客、私人智库报告和收藏，以及可在线访问的法院文件与政府文件。

第二，互联网可以提供激进组织招募和运营活动的主要信息源。通过开源报告，或者通过访问极端主义网站上的宣传信息，研究者就可以研究激进分子的意识形态理论。这些信息包括音频和视频文件、培训手册、小册子、著作及其演讲稿。研究者还可以监控网站或其他在线论坛上可能发生的辩论和讨论，这也可能揭示出该群体的教义，或者是用于指导其信仰的主题或叙述。[3]

访问激进组织网站和监控通信也是执法人员或情报界人士宝贵的情报来源。激进分子会利用互联网为他们在各种领域中的暴力活动提供便利。包括：提供培训的教学材料；利用互联网进行规划，目的是促进沟通或实施监视；利用在线宣传开展招募与煽动、筹款与融资。当局同样可以利用互联网来在线研究这些活动，深入了解恐怖团体和个人的组织化过程和运作方式。研究者也可以通过访问相关网站来了解激进团体的运作和组织。

【168】非专业人员访问这些站点时可能会有些难度，因为许多团体会限制对网络论坛的访问，如网上聊天群，或者使用密码保护的网站等平台。

第三，如果研究者有兴趣了解与恐怖主义有关的活动的范围和性质，互联网还可以提供一种追踪或核实未充分报道事件的手段。那些重大的或顺利实施的恐怖主义阴谋事件会被媒体大量报道，但是要评估一个国家恐怖主义活动的性质和程度，进而评估它所带来的威胁的等级，还需要研究者核查那些并没有造成实际袭击或伤害的恐怖主义阴谋。

　　例如，这类袭击包括，在计划方面或武器制造方面发生了失误，导致袭击未遂；在执行之前，这个阴谋计划就被放弃了；执法部门侦查到了阴谋事件，逮捕了激进分子，事件以失败而告终。这些被挫败或已失败的阴谋事件细节被包含进来后，研究者就可以更清楚地了解一个国家中恐怖分子集团的实际运作能力了。这类分析也会揭示执法部门的参与方式是如何影响了恐怖阴谋的走向的。只关注已经实施并造成死亡的阴谋，就会对谁在从事本土恐怖主义活动的问题产生曲解，可能会夸大那些嚣张的激进分子团体的效力和能力——存在这样的风险（Dahl，2011）。而在对恐怖活动的研究中，在线研究能使研究者将"非事件"（non-events）纳入进来，为研究提供重要的方法论优势。

　　第四，互联网研究使研究者能准确确认特殊细节，说明难以确证的事件。通过对不同站点的信息和报告进行三角测量，研究者可以确认那些只有情报和执法当局才能获得的案件和事件的详细信息。例如，从互联网中将它们提取出来，可以帮助研究者分析那些几乎没有被报道过的未遂袭击，或者是恐怖主义相关活动的运作细节。当不同的来源都报告了类似的细节，就为信息的准确性提供了一定的置信度。同样，当在一个来源中报告了某一细节，却与其他叙述不一致，这就提醒读者，这可能与事实不符。

　　这就要求各个网站查证独立的来源，而不是相互确认细节。如果表面上是独立的报告，最终却指向自同一个来源，这就是在推动一个循环的、自我强化的证据链，人为地为某个故事增加可信度。研究者尤其应该确保在线资源中引用的事实性细节不会链回到同一个来源。这个问题还会在下面讨论。

　　第五，互联网提供了新的方法，可以在更大的公众或亚群体范围内评估公众对恐怖团体及活动的态度、反应或看法。在互联网上，有可能开展在线调查和进行在线访谈，这在后勤保障和成本节约方面有许多好处，还有可能接触到在其他情况下难以访问到的群体。但是，研究者应该考虑样本或结果中可能存在的潜在误差源，因为它们依靠的是互联网调查，而不是现场方法（Hooley et al.，2012）。误差可能来自受访者对互联网调查的回应方式，或者是因为，对在线请求做出回答的人不同于通过其他媒介联系到的人。一般来说，研究者应该留意招募问题，也要留意在线与现场方法的使用是如何有可能对他们的研究产生影响的，如果依赖互联网意味着人口中的某些亚群体不太容易参与，样本就不足以系统地代表与该研究有关的总体了（Hooley et al.，2012：66；Hamilton and Bowers，2006；Salmons，2009）。

【169】 随着有信誉的在线公司和商业实体的出现，研究人员就可以雇佣这些机构进行调查，开展在线访谈，代表研究人员进行实验，它们扩展了这些方法在一些学科中的应用。尤其要指出的是，这些在线公司也促进了外国的政治和社会现象研究，在过去，语言差异和后勤成本极大地阻碍了这方面的研究工作。有资金资助的分析者如果打算雇用这样的机构，除了要评估该网站的资质，还应该仔细审查该组织是如何对抽样方式进行编制的。对于研究者的研究来说，抽样人群在人口统计学或政治方面的特征要具有差异性，这是十分重要的，审查该编制方案，有助于确保这种差异性确实是在民意调查机构提供的随机样本当中受控生成的。例如，要调查人们对一个活跃在其他国家的恐怖主义团体的态度，例如，伊拉克或黎巴嫩，可能需要提供一个包含不同教派个体的样本，以控制受访者在宗教或种族方面的差异性。在一个主要在年龄、教育或其他人口统计学变量上有差异的随机样本中，可能就捕捉不到这些教派上的差异特征了。

关于态度的信息也可以通过民族志的方法来开发，例如观察虚拟社区，阅读参与者在聊天室、评论页面等意见导向论坛中的发言等。学者或分析者需要通读参与者的发言，以评估他们的态度或反应，了解信息用户和在线网站的访问者是如何理解和评价不同的事件或现象的。但是正如我在下文中解释的，人们必须小心，不要认为这些已表达的观点就代表了更多受众的意见模式，它们可以揭示出重要的主题或叙述，不过也可能是一些更为极端或特殊的解释和反应。

在线研究中潜在的方法论问题

显然，在线研究有好处。但是这些方法也可能产生问题。

在线搜索中的问题界定

在搜索时，研究者要如何选择所使用的关键词，有一组与之相关的问题。如果在网站上，那些编写和提供材料的人是选择性地使用这些术语的，就会出现问题。如果一个术语如"恐怖主义"具有政治含义，或者意味着对某个行为或行动者的有效性做了规范性判断，也会出现这种问题。结果是，该术语可能无法前后一致地被使用，它在某段叙述中的用法可能与那些报告事件的人的偏见或观点相一致（Silke，2004）。

如果搜索关键词时使用的术语本身并没有广泛认可的共同含义，是被随意用来描述事件的，同样可能导致偏差性结果。我们可以考虑一下对"本土的"一词的使用。如上所述，分析人士常常用本土恐怖主义一词指那些受激进"圣战"意识形态鼓动、有美国（或欧洲）公民身份的激进分子的行动，该行动独立于有组织的激进团体。在这一用法中，分析者主要将"本土的"一词与宗教上的激进主义或"圣战"意识形态联系在一起，用这个词来命名那些受这一特定意识形态鼓动的个体所犯下的恐怖主义行为。在指称那些受其他世俗或宗教意识形态鼓动的行为时，例如，追逐极端左翼或右翼，分析人士可能会反过来用"国内的"（domestic）恐怖主义一词。因此，胡塔利民兵成员可以被称为"国内的"恐怖分子，而不是"本土的"恐怖分子，他们于2010年被起诉，因为他们涉嫌谋杀警官的恐怖行动，随后又袭击了该警官的葬礼。

但是其他学者却使用"本土的"一词来指称所有独立于大型组织进行运作的自我启动者，无论激励他们的特殊的意识形态是什么。这些学者就【170】有可能将2011年的安德斯·布雷维克（Anders Breivik）挪威枪击事件视为本土恐怖主义行为。

第三种要做的区分是，恐怖主义分子的行动是出于激进的"圣战"意识形态还是其他观念。例如，在对本土恐怖主义进行研究时，一些分析者将行为上符合恐怖主义标准的人都列进来了，而不只是那些受到特定意识形态鼓动的个体，这个意识形态指的是与激进的"圣战"主义有关的思想观念。如果是这样的话，2002年10月的环城公路狙击手，即"D.C.狙击手"就应该包含在这些数据库里。主犯约翰·艾伦·穆罕默德（John Allen Mohammed）很少被纳入到其他的本土恐怖主义数据库里，他制造的枪击事件被认为是出于个人不满，而不是因为"圣战"意识形态。

还可以更详细地思考"恐怖主义"一词，来进一步说明定义的重要性。为恐怖主义制定共同的定义很难，这是众所周知的。而不太为人们理解的是，定义的问题如何歪曲了搜索的结果，又是如何歪曲了对一个国家中恐怖主义相关活动性质和强度的评估，正如美国的情况。在所有涉及恐怖主义的在线研究中，都需要警惕这些问题。考虑一下，有一位正在核查美国恐怖主义暴力事件的研究者，他用了以下的工作定义：恐怖主义是针对那些没有触犯政策（平民）的个体的暴力行为，其目的是在更为广泛的受众中制造恐惧，以推进激进分子的政治目标。所有这些内容都是恐怖主义定义中的通用要素。

但是在网上搜索使用"恐怖分子"一词的美国新闻报道时，就会产生不完整的结果，因为一些编辑、记者和政府官员不愿意在不顾及犯罪嫌疑人政治观点的情况下，始终如一地使用这个词。例如，研究者可能会注意到，有些人因反对政府的意识形态而犯下暴行，这些原因有时与美国的政治权利有关，一些新闻机构不愿意用"恐怖分子"一词去描述这些人，以免被视为在质疑或非法化这些原因。长期抗税分子约瑟夫·斯塔克（Joseph Stack）在 2010 年袭击了美国国内税收署设在得克萨斯州奥斯汀市的一处办公楼，袭击的同时还发表了一份事无巨细的宣言，但是这一事件通常不会出现在对美国恐怖主义活动的搜索中。或者，它在搜索结果中出现的可能性较低，人们并不用恐怖主义一词来描述他的暴力行动。幸运的是，在这种情况下，研究者可能会偶尔发现详细说明这次袭击细节的文章，从而能根据上述恐怖主义的定义来更正他们的数据，这样就可以将这个事件包括在内了。

更大的问题是没有被检索到的案件，因为在描述一部分人所犯下的罪行时，对事件的个别报告或信息发布会有意或无意地选择回避恐怖主义一词，而不管这些行为是否符合恐怖主义的客观分析标准。此外，还有一个更为深层的问题，即人们在美国"9·11"事件之后很担忧宗教上的激进主义者的暴力行为，在这方面有共鸣，与之形成对照的是，在监控与报道非"圣战"主义激进分子发起的恐怖主义行动方面，新闻机构却没有投入同等资源的经济动力。所造成的后果是，在搜索美国恐怖主义袭击或行为时会产生有偏样本。简而言之，对"本土恐怖主义"的定义不同，所产生的定量和定性数据也不相同，这对问题规模和性质的评估会造成影响。如果一位研究者的在线来源中，采用的本土恐怖主义定义包含右翼和左翼恐怖主义分子，另一项研究所依据来源却不包括这两类人，与后一项研究相比，在前项研究中，本土恐怖主义威胁的性质就是一幅截然不同的画面。

　　研究者们在这方面得到的一个教训是，要么必须将所搜索的、可能有 【171】
着不同解释或定义的术语解析为组成部分的术语，要么必须仔细审核该术
语的定义，定义会告诉研究者，他们导出数据的来源是如何选取案例或事
件的。研究者可能希望回避那些含义丰富或模糊的术语，对所研究现象中
那些更为具体或基本的方面予以确认，并运用以这种方式得到的术语。虽
然这些危险不仅限于在线研究，但是在线研究会从简单的关键字搜索中得
到各种各样的报告和数据来源，它们会使研究者解除武装，降低对这些资
源进行批判性分析的动力。在线报告不同于那些了解了内容之后有可能向
他们知道的某位学者求证的报告，对于在线报告或数据库所运用的方法或
定义来说，研究者很可能没有任何背景知识，因此必须保持警惕，注意这
些关键细节。

选择性偏差

　　第二个教训源于方法论上的偏差，当分析者依靠在线来源时，会将这
种方法论上的偏差引入到研究里。可以认为这是一种"选择性偏差"。人
们假定，研究者发现的信息代表着某一主题能够利用的知识的无偏子集，
但是实际上，现有的信息只是部分的和不完整的。

　　为了了解信息是怎样以这种方式产生偏差的，第一步要考虑谁可以访
问互联网，他们可能或不可能获得哪些在线信息。虽然互联网看起来是无
限的，但是在任何指定的问题上，互联网都没有抓取到全部的可用信息。
它甚至不能抓取到一个有代表性的子集。考虑一下这一点，无论是参与了
在线讨论论坛，还是上传了报告，在线提供信息都要求所涉及的个体或实
体能投入时间和金钱，不管这是多么的有名无实。因此，这种供应本质上
是选择性的和不完整的。信息可能由组织和个人提供，他们在提供信息时，
往往代表某种编辑视角，或者有某种政治、商业或社会的动机。简言之，
放在网上的内容反映了那些能够并愿意提供信息的人的观点或利益。这似
乎是显而易见的，但是却深远地影响着那些在研究中要使用互联网的人。

　　例如，研究恐怖主义行动发生率的个体可以查阅政府报告和官方数据，
但是相关政府机构可能会有选择地提供信息。当局对公开提供这类信息很
敏感，在网上的文件或资源中，或者在国家审查的情况下，一些数据可能
被删除了(Langford,2000)。所有这些因素都影响了在线提供的基线数据库。

在恐怖主义等主题的搜索条件下，政府的这一做法会影响在线研究获得的信息。

分析者通常应该经常反思互联网上正在提供什么，以及为什么。下面是一组与政府干预有关的问题。当政府发布了一份恐怖主义的报告时，为什么提供了一些信息，有可能不发布哪些信息？是否有一个不公开透明的议程，旨在影响对该国发生的恐怖主义活动的评估和理解？国家可能没公开提供哪些数据？在线监控或审查的国家界限在哪里，这对发布哪些意见或不发布哪些意见有怎样的影响？简而言之，研究者应该注意政府的选择、控制或其他形式的审查所带来的偏差。

另一个可能影响在线发布内容的因素是，在网站上进行内容制作的人的商业利益或组织目标。鉴于在线广告和其他商业活动的普及性，网站上提供的信息可能会受到经济压力与驱力的影响。网络是没有等级性的，这【172】意味着信息流不受大型机构干预和控制的阻碍，因此，用户可能会忽略利用网络的人也必须为他们的活动提供资金，有可能受到商业动机的影响。这些都会对网站在网络上报告什么样的问题、提供什么样的内容产生影响。一般来说，公共和私人机构会在其网站上提供一些信息，屏蔽、隐藏另一些信息，分析者应该考虑到他们这样做的利益和动机。

样 本 偏 差

互联网研究也容易遇到样本偏差的方法论问题。监控社交媒体、意见导向网站或论坛时有可能出现这样的问题，需要予以考虑。分析者可以考察聊天室、讨论板、邮件讨论组、博客及各种社交网站，如推特（Twitter）简讯和脸书（Facebook）页面，以评估公众对某一问题或事件的意见或反应。例如，研究者可以试着评估对恐怖主义的同情心，或者评估在当地环境或社区中，如何受到并解释恐怖主义的行为。在社交媒体或论坛的情况下，以下情况都可能对谁正在参与在线讨论产生影响：个体或人口中的一部分人访问互联网的能力，因技术与缴费造成的进入障碍，参与在线评论和进行交流时的不同动机。如果在线的人不是所研究总体的代表性样本，对这些在线发言中展现出来的态度进行推断，就会反映出这种样本偏差。

因此，分析者应该考虑谁能够访问互联网，那些活跃在网上的人群的人口统计学特征或政治背景，它们怎样影响了意见内容的表达以及不表达。

缺少某一类意见并不能证明在更广泛的人群中就没有人持有这些意见。相反，缺乏此类证据可能只是表明，某个总体中的一个子群体缺乏参与在线讨论或在线分享其意见的意愿或能力。

一个相关的问题是，在线社区与该社区成员的实际生活之间的关系，当研究在线论坛参与者的态度时，尤其需要考虑这个问题。通过在线社区民族志研究，可以收集他们从事极端主义事业和恐怖主义活动的态度和行为，那么对其线上态度与行为的评定是否与其离线时公开表达的态度和所观察到的行为相关呢？也就是说，人们在网上说的话是否与他们在离线时想的和做的事情相关呢，可以从在线社区的观察中得到可靠的推论吗？学者们也应该考虑虚拟"社区"中互动的个体与真实社会关系中互动的个体，在它们之间进行比较研究同样具有重要性。例如，学者们已经在讨论这样的问题了，即在激进分子网络中，网上呈现出来的社交纽带与实际的社交网络是否具有同样的深度和弹性（Sageman，2008）。在评估对恐怖主义的同情或对极端主义的倾向时，应该考虑互联网作为一种媒介，它对态度的内容和表达的影响。[4]

当学者或分析者将在线资源作为他们的研究方法时，他们通常应该考虑样本或选择偏差对其研究发现产生了怎样的歪曲或影响。互联网提供了大量的材料，造成了一种互联网是全面、中立信息来源的意象。但是，互联网在提供线信息时并不具有内在的价值中立性、代表性或普遍性。如何获得信息，谁提供信息，会塑造互联网搜索的结果，也引入了偏差的潜在来源。

错 误 信 息

在线研究还有另一个问题，它与研究者在网上发现的信息的效度有关。信息的歪曲不仅仅源于选择偏差或样本偏差，实际上，信息本身也可能是【173】错误的或不完整的。这要么是信息提供者的错误或缺乏经验造成的，要么是他们故意操纵网站上的内容引起的。

对研究中信息和数据的真实性的担忧当然不仅限于在线来源。但是在线信息可能更容易受到不准确、遗漏和歪曲的影响（Vedder，2001）。对于那些既有兴趣、也能访问网络并且希望在公共辩论和讨论中发言的人来说，登录的技术障碍已经大大减少了。过去，国防或军事相关主题的信息，或恐怖活动的信息，往往来自印刷和广播媒体报道、政府机构以及学术研究者。由于这些信息是现有机构报告的，就可以遵照学术界和新闻业的传统证据标准来溯源追踪和审查。但是当提供新闻和评论的个体和小团体出现后，就可以不接受或不遵循这些验证信息的标准或惯例了。随着信息越来越多地由更为多样化的来源所提供，信息的相对可靠性就会下降。

同样相关的还有"公民新闻"（citizen journalism）现象。它指的是，当个体拥有智能手机或计算机时，他们就有机会充当事实上的自由撰稿人，可以向已有的新闻来源、他们选择的网站提供信息，或者通过社交媒体亲自传播信息。新闻业的这种"民主化"具有明显的优势，它意味着公众可以获得更为丰富多样的信息。也意味着信息在流通时，几乎不去检查它的可靠性。

此外，还有信息传播的速度以及不准确性问题。过去，不准确性的信息在向公众介绍之前就可能被发现了，现在，它们广为传播，无处不在，并以此来获得可信度。错误的信息像准确的信息一样，在网上迅速传播。2013年5月，马萨诸塞州的波士顿马拉松爆炸事件后，就发生过这类现象。当时的一位旁观者认定了一个人，指认他为爆炸事件的潜在肇事者。他的照片被拍了下来，然后在网上广为流传，直到后来才发现，被怀疑的这个人与策划袭击毫无关系。

同样相关的是，在线报道的故事和事实往往被认为是有效的和可信的。可以考虑一下搜索引擎使用的算法和创建搜索结果的索引。知名搜索引擎的算法是根据那些反映网站受欢迎程度的指标来对搜索结果进行排序的；网站访问次数也会对该网站在结果层次中出现的位置产生影响。搜索引擎还可以在索引中使用来自其他网页的网页链接，这样的话，"热门"页面就可以在搜索结果的层次结构中向上移动。

出现在搜索结果第一页上的来源似乎比淹没在后面几页中的来源更合法或更可信。因此，一个网站的可信性可能是看起来可信，因为它经常被访问，而不是因为它实际上有多准确，以及与真实事件相一致。换句话说，访问一个网站的人越多，网站就越受欢迎，越被认可，也越发显得有可靠性。搜索引擎在评估网站内容的实际可信度与可靠性方面做得还是不够。

一般来说，不应该把一个报告或事实在网上出现的频率作为其准确性的证据。例如，一个特定的事件或事实可以在显然毫不相关的网站上以故事的形式被报道。读者也就可能得出这样的结论，即广泛的报道意味着所报告的信息是准确的。但是，研究者应该始终考虑去回溯它的原始来源。至少可以通过网站上提供的链接点击到其他网站，找到相关的信息来源，这很有用。危险在于，每个看似独立的故事实际上都可能引用了相同的来源。这并不意味着信息不正确，但是它确实表明，虽然该信息在多个网站【174】上的故事中出现过，却并没有像它所表明的那样是得到了广泛的验证。相反，报道的传播反映了网络信息流动的无等级性和非限制性。

如果研究者试图评估网站提供信息的准确性，就需要核查这些网站的许多特征。这一评估还可以揭示出一些偏见或编辑视角，它们有可能影响信息的内容或呈现。第一步是评估制作网站的作者或组织的身份和证书。可以采用类似于传统印刷来源评估的方式，以此对在线网站进行评估。研究者可能会审核网站组织的投资人，检查网站的任务说明书和它的主要受众，调查在该网站上发表作品的作者的背景和经历。其他的步骤还包括查看文本及其所链接的报道。评估为支持某位作者的观点所提供的证据，以及该证据源自的材料是否合理和正常；最可靠的材料来源包括引用和引文等。

与确定在线资源效度有关的其他步骤包括，寻找发布信息的作者或赞助网站的组织的联系信息，以查明它们是否提供了这些材料。较有信誉的来源通常会提供某种方式，能让研究者联系上赞助网站的人或在网站上发布材料的人。网站的可信度也取决于信息具有怎样的即时性，是否经常更新。研究者还应该查看托管网站的服务器，看看它是否有信誉，也可以考虑一下它的域，例如".edu"".gov"和".com"。看看哪些链接将这个站点连接到了其他的站点上，这同样有助于评估网站的可信度和偏差。

在这些步骤中，有许多都很直观，大多数互联网用户都习惯于检测那些看似可疑的网站。对于旨在利用在线研究来支持其工作的人来说，系统地评估网站是值得的。除了上述建议外，许多政府机构和图书馆也出版了评估互联网资源的综合指南。

宣传和对互联网的战略使用

失误和误差是错误信息的潜在来源。在这些情况下，提供不准确信息的人的本意并不一定是要故意误导。但是另有一系列的问题，它们对在线研究的可能影响是出于个人或机构的故意误导，或者是企图在网上提供虚假信息。它们在网站上以编造或美化信息和故事的形式出现，或者是以协同作战的宣传战的形式出现，目的是影响特定的受众。

事实上，当政府、组织和个人试图对指定的目标受众施加影响时，互联网就是巨大的资源（Shah，2005）。它提供了改变或控制信息、塑造大众反应及其观点的机会。这种努力的动机可以是政治上的，也可以是商业上的。例如，公司可能会部署有酬员工上网冲浪，提交有利的评论，积极评价他们的产品或服务。政府当局也可能秘密参与网络论坛，或以其他方式提供选择性信息，以便能就某个令人关切的问题形成辩论。出于这些原因，必须考虑如何将互联网用作一种个人和机构的工具或者影响工具。这会防止研究者做出不明智的报告，以及利用了不完整的、有偏的或虚假的信息和数据。

对恐怖主义和激进组织的研究再次说明了这些担心。假设在激进的"圣战"网站上的网络聊天室里，有一个西方政府正在监控并秘密参与了他们的论坛讨论。这个政府的目的是逐步破坏这个组织，它派自己的探员假扮成网站的访问者，在论坛中发布故事和评论。例如，政府雇员可能会假扮成参与者，提出造成不和的意见和信息，以期在组织中挑拨离间，目的是埋下分崩离析并挑起派系之争的种子。一个监视该网站的局外人可能会认为这个分裂是真的，或者是源于该运动领导层的内部，他就带着这样的印象离开了。但是这个印象可能是人为的，并没有反映该团体内部实际发生的任何辩论。尽管研究者不是目标受众，但还是会对他正在研究的组织内部动力有了不准确的理解。

【175】

如果一位研究者打算分析一个国家的反叛乱行动，他可能会经历同样的类似问题。平叛理论强调了草根对当地民众的吸引力，可以认为，如果政府希望推进他们的目标，就有可能控制信息，或者有可能影响当地军事事件或经济发展成就的报道。对于军事组织实践来说，这些塑造报道和公共信息的策略并不是什么新鲜事，但是互联网为传播故事提供了新颖而有创意的机会，为掩盖故事的来源和真实性提供了手段。冲突地区的经济发展工作是如何进行的，或者是如何被当地人接受的，如果研究者对这些问题感兴趣，他就可能被那些散播的正面报道所误导，这些报道其实只是更大范围的公关努力中的一部分。

总之，互联网为政府实体提供了一个机会，通过塑造在线信息，或者在相关网站上伪装身份并进行参与，政府可以影响它的目标受众。有着商业利益的人，或者受其他政治和社会动机驱动的人，也可能试着影响网上那些呈现和没呈现的信息。出于这一原因，研究者需要保持谨慎，留意他们在网站上找到的信息，这些信息可能是第三方操纵数据的结果，或者是为了自身利益而将互联网为我所用。

结 论

对于研究者来说，互联网代表着一种巨大而有待开拓的资源和机会。但是即使学者和分析者在利用这些机会，他们也必须意识到，利用互联网作为其研究资源和方法还是有潜在的缺陷和危险的，包括选择偏差、样本偏差、错误信息以及与宣传相关的问题，也包括定义和概念一致性问题。其中的一些问题在性质上与传统的研究方法相似，但是在在线研究中，这些问题可能会变得更尖锐，另一些问题则源于互联网本身的性质。不管怎样，研究者曾经投入时间和资源去学习其研究中使用的传统方法，他们也会同样明智地教会自己在线研究的方法，这一方法既包含机会，也潜藏风险。

注释

1. 我在这里将着重介绍与在线研究有关的益处和方法论思考。互联网也是研究者努力加强协作、共享信息、向学术界和其他受众传播和推广其研究的重要资源。例如，参见《社交媒体：研究人员指南》（"Social Media：A Guide for Researchers"），研究信息网，2011 年 2 月。可登录 www.rin.ac.uk/our-work / communic-and-disseminating- research / social-media-guide-studies。

2.关于不同学科在线研究的一般回顾，请参阅约翰斯等（Johns et al.，2003）、胡利等（Hooley et al.，2012）和修森等（Hewson et al.，2003）的研究。

【176】　3.关于监控"圣战"主义网站的在线资源，请参阅网站情报小组中的实例，该网站为政府和公司提供订阅服务。可登录 http：//news.siteintelgroup.com/services。

4.关于对在线民族志研究中出现问题的讨论，请参阅胡利等（2012：pp.73–89）、科济涅茨（Kozinets，2009）和加西亚等（Garcia et al.，2009）的研究。

参考文献

Bjelopera J.P.,Randol M.A.2010.*American Jihadist Terrorism:Combating a Complex Threat*.Washington,D.C.:Congressional Research Service,Library of Congress.

Comer D.E.2011.*Computer Networks and Internets*.Upper Saddle River,NJ.:Pearson Higher Education.

Dahl E.2011."The Plots That Failed:Intelligence Lessons Learned from Unsuccessful Terrorist Attacks against the United States." *Studies in Conflict and Terrorism* 34(8):621–648.

Garcia A.C.,Standlee A.I.,Bechkoff J.H.,et al.2009."Ethnographic Approaches to the Internet and Computer-Mediated Communication." *Journal of Contemporary Ethnography* 38(1):52–84.

Hamilton R.J.,Bowers B.J.2006."Internet Recruitment and E-Mail Interviews in Qualitative Studies." *Qualitative Health Research* 16(6):821–835.

Hewson Y.C.,Laurent P.,Vogel C.2003.*Internet Research Methods.*London:Sage.

Hooley T.,Marriott J.,Wellens J.2012.*What Is Online Research?* New York:Bloomsbury.

Johns M.,Chen S.L.,Hall J.(eds.)2003.*Online Social Research:Methods,Issues and Ethics*.New York:Peter Lang.

Kozinets R.V.2009.*Netnography:Doing Ethnographic Research Online.* Thousand Oaks,CA.:Sage.

Langford D.2000.*Internet Ethics.*New York:St.Martin's Press.

Sageman M.2008.*Leaderless Jihad:Terror Networks in the Twenty-First Century.*Philadelphia,PA.:University of Pennsylvania Press.

Salmons J.2009.*Online Interviews in Real Time.*London:Sage Publications.

Shah A.2005. "War,Propaganda and the Media." *Global Issues,*March 31,2005.http://www.globalissues.org/article/157/war-propaganda-and-the-media.

Silke A.(ed.)2004.*Research on Terrorism:Trends,Achievements and Failures.*London:Frank Cass.

Vedder A.2001.*Ethics and the Internet.*Oxford:Intersentia.

第Ⅲ部分　定量研究方法

16 军事背景下的调查研究

詹姆斯·格里菲斯

Griffith J.1995. "The Army Reserve soldier in Operation Desert Storm: Perceptions of being prepared for mobilization, deployment, and combat." *Armed Forces & Society* 21: 195–215.

在 20 世纪 70 年代中期，总兵力（total force）政策将现役部队的战斗支持和服务支持转移到了预备役部队。这项政策要求在大规模的战争事件中必须动员和部署预备役部队。在波斯湾战争期间，有 228 000 名预备役军人被征召，其中的 139 207 名是陆军预备役人员。这场战争是对总兵力政策的考验——为了支持作战任务，陆军预备役人员对紧急动员和部署做好准备了吗？

该项研究是从沙漠风暴行动（ODS）之前和之后部署的（$N = 259$）和没有部署的（$N = 576$）陆军预备役初级士兵的面板数据中得到的调查结果。对陆军预备役人员进行按比例分层随机抽样，得到士兵样本，样本的构成充分代表了沙漠风暴行动前后所有部署和未部署的士兵。随后对调查数据进行加权，以代表所有预备役人员的回答。

对装备和部队领导准备状况的认知与对士兵和部队战斗准备状况的认知呈显著中度正相关。配偶和雇主支持预备役的态度正如士兵所报告的那样，与士兵报告的留在陆军预备役中的意向显著正相关，与延长动员和部署期造成的问题负相关。士兵对其部队领导准备程度的认知、对周末训练使其做好战争准备程度的认知，都与对陆军预备役中动员和挽留的报告情况显著正相关。相比之下，在沙漠风暴行动之前和之后，大部分部署和未部署的士兵都报告了部队领导、个人工作准备、普通士兵技能以及周末训练人员利用方面的问题。

【180】　　　军事调查研究：过去和现在

在最初从事的调查研究工作中，有一项是山姆·斯托弗及其同事在二战期间开展的（Stouffer et al., 1949），这项研究常常被认为是军事生活的经典研究，该项研究的数据主要是通过对士兵进行系统的调查研究获得的。斯托弗及其同事的名字已经在今天的心理学界广为人知，他们调查了超过 50 万的美国士兵，调查的主题包括种族融合、军官领导、单位士气、对个人和单位准备情况的认知等。调查结果奠定了若干人事政策的基础，包括哪支部队最适合在诺曼底登陆战期间登陆的决策（Converse, 2009）。从那时起，调查研究在公共部门和军事部门都得到了发展，并且变得司空见惯（Kraut, 1996）。调查结果也能服务于各种目的，向领导者和政策制定者提供信息，例如，获取需求及偏好的准确信息，评估计划的利用与有效性，确定改进组织的内容和途径（Edwards et al., 1997）。本章广泛回顾了军方关心的政策问题的调查研究程序。本章的内容构建就是为了回答关键问题，这些问题与该调查程序的基本步骤相对应。

什么是调查研究？

调查研究方法可以被定义为通过询问已确认的个体样本来收集个人信息的标准方法（Rossi et al., 1983）。该定义指出了调查研究的几个重要元素，即为什么、什么、谁、如何和何时，本章就是以它们来构建的。"为什么"问的是，调查的目的和可能的用途是什么？正在调查的问题是什么？"什么"问的是，鉴于调查的目的，调查中要反映的相关领域是什么，制定的具体的调查题项是什么？研究文献在多大程度上有助于详述感兴趣的问题，以及为制定调查内容和提出分析设计，研究文献建议了具体内容和（或）给出了因果图（cause map）了吗？"谁"问的是，谁是将要调查的目标总体？谁应该提供答案才能有助于阐明调查旨在解决的问题？如何选择潜在的调查对象？可以考虑哪些抽样方法？"如何以及何时"问的是，采用什么样的数据收集方法，采用什么样的调查对象跟进方法？鉴于主题、抽样方法和所考虑的总体，纸笔调查、电话调查、网络调查和面对面调查中，哪种方法最合适？在调查完毕后，相关的问题是，如何处理对调查的回答？
如何将调查结果进行结构化以提交给调查发起人？

"为什么""哪个"定义了"什么"：调查研究的内容域

在确定调查要收集的内容时，关键是要描述好调查研究的目的。首先，可以描述调查研究的一般目的，调查是为了提供一个点估计（例如，士兵对允许同性恋者在美国军队中公开服役的态度是怎样的？），为了监测随时间变化的趋势估计值（例如，年复一年被部署的士兵的心理健康问题是怎样的？），还是为了评估组织的政策和计划（例如，自杀预防计划在多大程度上向士兵传授了知识并改变了态度？）。其次，要用十分具体的术语说明调查研究的目的。让我们用示例研究来说明调查目的的这个初始步骤。

这项调查的主要目的是检验美国陆军预备役士兵对动员和部署的准备 【181】
情况。必须根据对调查问题的回答来定义准备情况。先前发表的研究（Gal，1986；Gal and Manning，1987；Griffith，1988；Hauser，1980；Kellett，1982；Segal and Harris，1993）提出了三个宽泛的人的维度，这些维度都与士兵对作战准备状态的看法有关：（1）部队领导的素质；（2）个别武器和主要武器系统的状况以及士兵对它们的熟悉情况；（3）良好的家庭和家庭生活。必须更详细地描述这些广泛的内容域，才能制定具体的调查题项和问题。

确定问"什么"的方法

为了从这些域中推出明确的调查内容，可以利用几种方法（Edwards et al.，1997），具体来说，它们是过去的调查、出版的文献、官方文件、对关键线人的访谈和焦点小组。示例研究对过去的陆军问卷调查进行了考察，以界定和制定与动员准备状况有关的调查题项，然后按一般的内容域如领导力、个人和部队培训、装备效能、功能和熟悉程度等来组织题项。在示例研究的问卷调查中，自动文献检索（如 EBSCO）的运用使得对内容的定义更加明确，这些内容包括：周末训练动员的准备情况（例如，训练时间的有效利用、在不必要的事情上几乎不花费时间、团队训练、个人工作与普通士兵技能方面的士兵训练）；部队领导动员的准备情况（例如，部队军官／军士的信任和信心、领导将我当作一个人、公平地运用规训、关心士兵、提供良好监督、团队训练与促进团队合作）；等等。如果调查研究的目的是通过收集数据来解决问题，就可以用备忘录、政策信函、方案描述等官方文件来获得该问题的背景。在本示例研究中，调查小组审查了备忘录和政策信函，它们描述了问题的性质、程度及其可能的原因，也描述了促进青年人加入和留在军队预备役中的激励方案等。所制定的调查内容包括入伍的原因、重新入伍的原因以及各种激励方案在他们做这些决策时的作用，如知识和激励措施的利用。

确定调查内容的另一个来源是对所调查主题的关键线人进行访谈。为了广泛说明该主题及其相关内容，或者为了"因果图"，这些访谈都是很好的来源。"因果图"指的是，以图或概念的方式去理解与关键内容域有关的前因、干预变量和后果，调查数据就是为了这个结果。为了准备这些访谈，调查小组应该准备一份与调查目的和调查主题广泛相关的问题说明，例如，预备役人员是如何为战区动员和部署做准备的。随后提出的一连串问题就应该更为具体了，例如，预备役人员准备得最充分的和最不足的地方在哪里。在访谈期间，调查小组还应该用追问去丰富这些地方并寻找可能的前因，例如，"能告诉我更多关于这一点的……"和"你为什么认为是这样……"。在本项示例研究中，研究者就与关键人员进行了访谈，例如，美国大陆陆军司令部和几个主要的美国陆军预备役指挥部中的工作人员，他们都是挽留和准备工作方面的参谋人员。另一种访谈形式是焦点小组。在这种方法中，参与者通常由拟调查总体中的 6 至 12 人组成，按小组讨论的目的对他们进行询问（O'Brien, 1993）。首先，可以问一些宽泛的问题，然后是追问并由参与者对此加以阐述。除了可能的具体调查问题、题项和答案选项外，这样的回答还能帮助研究者识别出重大的主题和次要的主题。在这项示例研究中，研究者在几个主要的陆军总部中开展了几个焦点小组。

【182】两名调查小组成员协助 10 至 15 名低军衔士兵（从列兵到军士）进行讨论，讨论时间为一个半小时，讨论主题涉及预备役兵役，包括他们为什么加入和离开预备役、他们对动员和部署的准备情况、部队训练的质量、武器的可用性和质量、士兵对武器的熟悉度、部队领导的素质以及文职工作和家庭生活在预备役中扮演的角色。调查小组做了记录，确定了每个领域的内容，然后根据已确认的内容域对调查题项进行组织，将研究向前推进。

生成具体题项

在回顾已往问卷、文献、开展焦点小组和其他初期活动的过程中确定了域，具体的调查内容应该依据这个域来制定。对于示例研究来说，应该最多有十几个要调查的内容域。可以根据所希望的具体情况来为每个域制定内容。在制定明确的调查内容以及提出分析计划时，已有的理论、模型和组织框架都是有用的。例如，阿耶兹和费斯宾（Ajzen and Fishbein，1980）的理性行为理论，该理论组织指导过几项大规模的军事调查，包括陆军通信目标测量研究（Rhoads and Elig，1988），美国在招募陆军全志愿役士兵时使用了各种各样的营销和广告策略，该项研究对这些策略的有效性进行了评估。在询问调查对象信息时，调查内容采用两种一般形式：问题与陈述。表 16.1 列出了每种形式的例子。【183】

表 16.1　调查问题与陈述举例

调查问题
你的兵役状况是怎样的？请在一个答案选项上画钩。
＿＿＿双重身份的士兵，只是"兼职"
＿＿＿临时供养的全职士兵
＿＿＿技术兵，例如特殊工作服役（ADSW）
＿＿＿全职 AGR 士兵
＿＿＿其他
在过去的一年中，您是否被部署到以下的任何一个地点？请在所有合适的答案选项上画钩。
＿＿＿伊拉克
＿＿＿阿富汗
＿＿＿科威特
＿＿＿其他地点

陈述题				
对于每个陈述，都请在它的右侧做一个选择的标记，以表明您的回答。				
调查陈述	非常同意	同意	不同意	非常不同意

问题
在我所在的部队中，人员之间有很多的团队合作
当任务没有完成时，我所在部队的人会齐心协力
我所在部队的士兵会团结起来完成任务

可以分别用单选或多选的方式回答问题：上一个生日时，您的年龄是多大？或者，您加入预备役部队服兵役的原因是什么？答案选项可以采用两种一般的形式：开放式，允许回答者用文字进行书写作答；封闭式，为回答者提供定义好了的答案选项。开放式回答允许有更多的自发反应，有时会更加全面，但是这种回答也需要编码，也就是说，需要制定出一个方案，能将答案组织起来，归并为一般类别，再指派数字给这些答案进行分析。封闭式回答提供了封闭式答案选项，它限制了回答者的答案，但录入答案数据时却十分方便，尤其适用于小预算调查。封闭式回答可以采取多种形式（如表中所示）。特别值得注意的是答案选项的指示方向，它们是从正数到负数的方向，还是从大的数值到无的方向（见表 16.2）。然后就可以像李克特式反应量表（Likert-type response scales）那样去安排描述符。答案选项包括描述符和相应的数字指派（通常是量尺式的，例如从低到高或从高到低）。李克特式量表的答案选项数是 3 至 7 之间的任意一个数，答案选项点数少（通常最少为三个）时，量表也能提供足以进行分析的方差，该方差与量表有更多答案选项时所提供的方差相类似（Dawes，2007；Garland，1991）。在奥斯坎普和舒尔兹（Oskamp and Schultz，2005）的著作中，讨论了其他的态度评定量表，它们是鲍嘎德（Bogardus）社会距离量表、瑟氏（Thurstone）等距量表和哥特曼（Guttman）量表。

然后，用这些反应量表去回答调查工具中包含的具体问题或陈述。要给调查对象出简单的"单行"问题或陈述，这是首要之选，回答者在阅读和作答时就不需要花太多的力气。只要有可能，调查小组还应该制定格式类似的问题和陈述，例如，一系列要求相同回答选项的陈述。这种格式同样使回答者易于阅读和作答。表 16.3 概述了制作调查题项时的常见问题。

表 16.2　答案选项的常见描述符

答案类型	李克特式量表上被指派了评级数字的描述符示例	评级表示
同意	强烈同意，同意，不同意，强烈不同意	正与负
满意	非常满意，满意，不满意，非常不满意	平衡的
质量	非常好，良好，一般，差，非常差	正与负
预期	远好于预期，好于预期，正如所预期的，比预期差，远比预期差	正与负
有效性	非常有效，有效，无效，非常无效	正与负
可能性	非常可能，可能，不太可能，非常不可能	正与负
频率	总是，常常，很少／极少，绝无	更多至更少
程度	在很大程度上，在某种程度上，在很小程度上，无	更多至更少
重要性	非常重要，有点重要，略微重要，根本不重要	更多至更少

表 16.3　制定调查题项时的常见问题和有用的提示

常见问题	问题示例	有用的提示
使用双重题项	我在军队，服务于我的国家，我感受到了对他人的义务	务必保持调查题项只指涉一个对象
使用复杂的语言，不适于被调查人群	我的军旅生涯对极权主义政权在全球的扩散有威慑影响	保持语言简单，适合被调查人群
对所指的行为和相关的因素表述不清	你对兵役制度满意吗？	对于所指涉的行为和相关的因素，要问得具体些
使用诱导性问题	大多数人都觉得在军队服兵役是……，你同意吗？	避免在回答中引入有偏见的问题
使用双重否定	我不喜欢不接受奖金的想法	在调查题项中不使用双重否定

　　有些问题或陈述可能需要一个以上的答案，例如加入预备役部队的理由。对这些题项的作答既可以是独立的回答，即将每个答案编码为"是"或"否"，也可以表示为各种组合的一组回答。第一种情况被认为是对每个题项的相互排斥的反应，要么是"是"，要么是"否"。在第二种情况中，这些回答不是互斥的，可以有各种组合，通常使编码和分析变得更加困难。也就是说，可以有任何数目的各种答案的组合，却必须将它们编码为唯一

的回答。此外，常常为回答者和调查团队带来困难的答案选项包括：不知道、不适用、中立和其他。人们常常认为，"不知道""不适用"在态度评估中反映了中立的立场，因为这个反应是"中立"的。但是"不知道"和"不适用"的回答也可能反映了无态度（non-attitude），或者甚至是都不对反应量表或题项做反应。为了解决这种歧义，建议删掉态度评估中的某个中间反应类别。

确定信度和效度

调查题项几乎总是被用来测量变量或概念的，回答者对这些题项的回答必须表现出一定程度的信度与效度。一种常用的信度评定方法是检核调查题项在回答上的一致性，这些题项被认为是评估同一概念的。SPSS 信度程序可以确认内部反应的一致性，用的是克龙巴哈 α 系数，或者是题项分与总分之间的相关系数，或者是一起使用两个系数（参见 Pedhazur and Schmelkin，1991）。因子分析（Gorsuch，1983）还可以确认一组调查题项能在多大程度上评估相同的潜在构念（construct）。在验证性因子分析（confirmatory factor analysis）中，研究者在安排调查题项与潜在构念各维度的关系时是有充分的理由的，研究者会具体指定哪些调查题项与潜在构念中的哪些维度相关联。例如，人们常常认为，承诺具有规范性、情感性和持续性的维度（Meyer and Allen，1991）。对于那些假定的、能评估这些维度的调查题项，验证性因子分析可以同时对它们进行检验（参见 SPSS 的附加模块，AMOS；Arbuckle，2009）。如果研究者不太确定题项是以何种方式安排它们自己与潜在因子的关系的，也可以利用探索性因子分析（exploratory factor analysis）（参见《SPSS 数据简化》，因子分析）。有时，对数量有限的调查对象做认知试验也是适宜的，这可以识别出问题的内容是否如预期的那样被理解了。举一个方法的例子，就是"大声朗读"（read aloud），调查者向被调查者宣读问卷题项（Jobe and Mingay，1990），接下来，被调查者重复他对所说内容的理解，之后，调查者就能知道一个题项的含义是在多大程度上被传达到了。

【185】　　　一个更为复杂的测量问题是效度当中的一种，即调查题项是否获得了它们所要评估概念的数据。表面效度（face validity）和内容效度（content validity）可能最容易证明。如果调查题项看起来像是在测量它们应该测量的内容，它们就具有表面效度。例如，询问一线领导者各种经历的调查题项似乎就可以评定领导力。内容效度是指量表对指定概念的所有方面的反映程度。因此，对领导力的测量必须包括理论和／或实证研究文献中所确认的各个方面。还有其他几种确立量表效度的方法，它们是同时效度、预测效度和区分效度。有关这些主题的介绍，请参阅奥斯坎普和舒尔兹的研究（2005）。

调查题项的安排

在调查问题与陈述以及各自的答案选项都已经草拟好了之后，就需要在调查问卷中安排内容了。相似内容的题项应该被再次地归类在一起，这会便于回答者理解和作答。在问卷开头应该放置更简单、威胁性更小的内容，在问卷结尾处，放置更复杂、更具强制性的内容。这样，回答者的信任和信心就会在整个问卷的作答中建立起来，也就更有可能回答后面的更私人的问题，如年龄、收入等。调查小组还应该注意调查对象回答中常遇见的问题。回答者常常在回答调查内容时并不考虑内容，例如，将所有的题项都回答为"同意"。将调查内容呈现为交替的正向和负向内容，称为"平衡格式"（balanced format），可以防止这一问题。还有一种可能是，回答者认为调查小组希望他们回答什么，他们就回答什么，这被称为"反应默许"（response acquiescence）。最后，回答者可能希望以最好的方式展示自己，并做出相应的回答，这被称为"社会期许"（social desirability）。这些问题中的每一个都会导致不真实的回答，威胁到测量的效度，应该避免。最好审查一下前 100 份左右问卷的回答，以确定是否存在这些问题，以便采取补救措施。

"谁"

"谁"问的问题是，被调查的目标总体是什么？或者，谁应该提供答案才能有助于阐明调查旨在解决的问题？随后的问题是，如何选择可能的调查对象？可以考虑什么样的抽样方法？理想情况下，目标总体中的每个人都会接受调查。但是努力的程度会受到人力与资金的双重限制，调查整个总体几乎是不可行的。因为需要为每个人提供一份调查工具，并在随后采取跟进，以确保每个被调查者都做出了回应。更为现实的做法是以重复跟进的方式调查较小的目标受众子集，以确保较高的完成率。事实上，无论总体规模如何，精心挑选一个拥有 1 500 名个体的子集作为样本，都能达到合理的估计精度，即总体百分比预计为样本估计值的 ±3%。抽样需要了解整个总体中符合条件的个体，然后系统地选取样本中的调查对象（Fowler，2009）。在开始之前，有几个术语很重要，抽样时需要对它们有所了解，它们是整体或总体、抽样框、样本、精度和误差。

总体这个术语指所有可能的调查对象。例如，美国陆军士兵调查的总体是在美国陆军中服现役的所有士兵。抽样框指的是所有可能调查对象的清单，为了调查他们，选择一个较小的子集是有益的。此类清单往往不包 **【186】** 括总体中每个符合条件的个体，尽管它几乎涉及了每个人。例如，在前面的示例研究中，并非每个在美国陆军服役的士兵都能够在人员名单上找到，因为有人是新入伍的。

从抽样框中抽取的较小子集称为样本。从总体中选取的成员数决定了精度和误差，精度和误差与从调查数据中得出的任何估计值都有关系。小样本量（高达约 500 人）产生的估计值具有更多的误差和更低的精度。例如，与样本百分比（从 500 人样本中得出的）相关的"真实"总体百分比介于样本百分比的 ±5% 之间。当希望找到男性与女性、初级士兵与其他士兵、实验组与控制组等群体之间的差异时，误差和精度是很重要的。要计算与指定样本百分比相关的近似误差，有一个方便的方法：

$\sqrt{(p \times q / N)} \times 1.96 \times 100 = +/-100$ 个随机样本中有 95 个可能将总体参数包含在内的区间。

设 $p = 0.5$（比例出现最大变异性的情况）：$q = 1-p$；且 $N =$ 样本规模。

1.96 是与 95% 的置信区间相关的 z 值，乘以 100 将比例转换为百分比。

在确定样本规模时，调查研究团队应该确保达到足够的精度，以使群间差异（从人口统计学或程序上界定的）大于期望的误差。要做到这一点，需要足够的样本规模，功效分析可以用来计算该样本的大小（详情请参阅李（Rea）和帕克（Parker）于 1992 年出版的《确定样本规模》中的第六章）。抽样设计也反映了策略的旨趣。例如，人们可能有兴趣了解总体中少数人群体的某些特征。样本中的这类群体就必须过抽样（over-sampled）或过度代表（over-represented），才能从调查回答中得出合理可靠的估计，当这部分样本与所有调查对象合并在一起时，还必须"下调"权数，才能反映他们在总体中的情况。

有几种方法可以决定谁包括在样本里。调查研究中的一个主要问题是，能够实施这样一种设计，在该设计中，能从较小的总体子集（称为样本）中获得结果，该结果又在某种置信度上反映了样本来自的总体。抽样基本上有两种进路，概率的和非概率的。非概率进路是有问题的，因为无法确定抽到的调查对象是否真正代表了更大的总体。概率进路更有可能实现这一点，即代表性样本在关键的背景特征上，尤其是在那些与感兴趣的主题相关的特征上，类似于总体。这就是外部效度（external validity），或者是从样本中得到的结果在多大程度上描述了从整个总体中得到的结果。

为实现该结果，样本必须是概率样本，即简单随机、分层随机和系统抽样等方法抽到的样本。重要的统计学方法依赖于概率抽样（probabilistic sampling），例如，误差区间和统计推断，其中，误差区间与统计值相关，它是从被调查者样本和推断统计中推导出来的；统计推断可以被用来确定调查变量之间的关系是随机发生的（即抽样和测量误差），还是反映了所观察到的真实关系。概率调查需要一些方法来列举总体中所有可能的成员。也就是说，潜在的调查对象清单是可以获得的，成员是嵌套的，他们是以某种方式从家庭或电话等"巢"（nestings）中抽取出来的，以实现随机性。非概率进路也被称为机会抽样（opportunistic sampling）。它可能也用了一些样本选取的标准，但并不是每个人都能被列举，都有随机指派为调查对象的机会。概率和非概率进路都有几种形式，如下所述。

【187】

概率抽样方法

收集简单随机样本时，目标总体中的每个人都被指派了一个数字，然后生成一组随机数，拥有这些数字的个体被纳入到样本中。为了进行系统抽样（systematic sampling），目标总体中的个体必须首先按照某种排序方案进行排列，然后利用这个排好序的名单，每隔一定间隔选取一位个体。在名单上随机确定一个起始点，然后每第 n 位个体被选中为样本。这一方法是假设名单中的个案排列没有任何偏差的（称为周期性）。例如，沿着一条街道，选取每第 *n* 栋住房，结果可能会选到过多的位于街角的家庭，这些家庭通常都有更大的地段和更昂贵的房子，这就是周期性问题。在分层随机抽样（stratified-random sampling）中，要考虑那些对调查估计值有重要意义的被调查者特征，如军衔、性别等。然后，将总体成员安排到与这些特征相对应的单元格中，称为分层。从各单元格中随机抽取成员，如男列兵－初级军士、女列兵－军士、男高级军士、女高级军士等。成员可以按其在总体中的发生比例抽样，即成比例概率抽样（proportional probability sampling），或者不按这个发生比抽样，即不成比例概率抽样（disproportional probability sampling）。如果需要对少数人群体进行可靠性估计，例如，对女高级军士进行估计时，不成比例概率抽样是适宜的。这样的抽样可以从调查中得出更可靠的估计值，是具有较小误差区间的估计。但是如果希望对总体做全面估计，对成员进行不成比例抽样时利用的分层就需要加权，可以用"总体中的发生率／样本中的发生率"的比率来推导权重，用该权重乘以具有该抽样特性的案例，例如女高级军士。

如果既不可能、也无法编制一份能穷尽目标总体中所有个体的名单，就可以利用整群抽样（cluster sampling）。有时，总体成员的名单不易获得，但是成员通常出现或"居住"的地方却是已知的，也就是说，人们知道总体成员"群集"或聚集在某个地理意义上的群体中，例如他们的单位成员资格（如，人们居住在家庭、人口普查区和城市等当中）。对于整群抽样，最好的情况是，这些群在所研究的特征上具有内部异质性，这样可以避免在任何特定的调查对象特征上结果有偏。此外，还需要群内的人数更少些。每个群的被调查者人数越多，组内方差也就越大，抽样方法的效力就越低。

军人身处完整的群体中，通常会通过整群抽样来获取代表性样本，在这里，可以调查每个随机选择的部队或群体内的士兵。在最近的一个实例中，绍布洛克等（Schaubroeck et al., 2012）利用了整群抽样的方法，从作战师中选取旅，从旅中选取营，从营中选取连，从连中选取排，最后从排中选取小队。绍布洛克利用所抽取小队中的全部士兵完成了他的调查。另一个最近的例子是陆军心理健康咨询小组的调查（MHAT, 2008），其中，部队（小队和排）是从较大的组织群体中随机选取的，例如，旅和营。整群抽样可以减少调查中的差旅费和管理费，无需奔赴部署在阿富汗各地的所有部队，只需在每个部队中调查少数单位就可以（正如对士兵进行简单随机抽样中的那样）。

非概率抽样方法 【188】

非概率抽样（non-probabilistic sampling）有几种类型，它们是方便抽样（convenience sampling）、立意抽样（purposive sampling）和配额抽样（quota sampling）。在方便抽样中，任何有资格完成调查的人都可以被纳入样本。志愿者会构成一个方便样本。在配额抽样中，以某些预先指定的数字从总体中抽取调查对象，以实现样本的某种异质性，并不以随机的方式对调查对象进行选择。在立意抽样中，出于非常具体的需要或目的，要抽取一个较大总体中的非代表性子集。

示例研究中的抽样

（前面提到过的）示例研究使用了相当复杂的抽样设计，这需要几位专业统计人员来开发、审查，并最终将权重指派给样本。这个样本是通过分层随机、不成比例抽样获得的。该项研究报告了 1991 年和 1992 年收集的调查数据，此前，自 1988 年起，每年都进行这项调查。从陆军人事系统（被称为标准军事设施司人事报告系统）中获得预备役士兵名单，以军衔、性别和种族等背景特征定义分层，从这些分层中随机抽取预备役军人，每年的样本都抽取约 31 000 名预备役人员，这些被选中的调查对象代表了全美约 3 300 个预备役部队中的成员。在调查的前三年，年度样本都是截面的。在调查的第四年，第一次海湾战争爆发了。陆军高级领导人对预备役军人的经历感兴趣，该经历与这些军人继续留在预备役部队中服役的意向有关，陆军高级领导人也对预备役军人的这些经历如何与意向有关感兴趣，还对他们的备战水平发生了兴趣。有鉴于此，研究者用已部署或未部署的预备役人员扩充了年度截面样本，这样就能够在两类群体之间就准备情况、部署经历以及留下来的意向进行比较了。这一抽样也提供了上一年度到本年度的已部署或未部署预备役人员的面板数据，以及同一士兵在动员和部署前后的调查数据。为完成对样本的扩充，还根据预备役人员是否已被部署进行了分层。对部署的预备役人员进行过抽样，以确保有足够的样本量进行点估计和分析。已部署和未部署的预备役人员还被分层为以下几个群体，它们是非医务人员和医务人员，其中医务人员又包括医生、执照护士和实习护士。为支持第一次海湾战争部署了许多医务人员，考察这些医务人员在撤回之际对预备役部队的去留意向应该很有趣。然后，出于对低军衔、女性和少数族裔士兵政策的关注，非医务和医务人员都按军衔、性别和少数族裔身份进行了分层。

"怎样"及"何时"收集调查数据

"怎样"及"何时"问的是，采用什么样的方法收集数据，什么样的方法跟进被调查者？考虑到主题、抽样方法和总体这几个方面，最合适的方法是什么？收集调查数据的主要方式有三种：纸笔调查（团体施测或单独施测）、个人互动调查（个体面访或通过电话）及网络调查（Groves et al.，2009）。

纸笔调查采用打印材料的形式，由回答者在上面记录答案，此类调查既可以在团体的场景中施测，也可以单独邮寄给可能的调查对象。团体施测要求调查人员前往施测现场。这种做法可以掌控具体时间的分配，由于【189】调查团队、部队领导和其他人员都在场，也能实现较高的完成率。单独施测的调查方式很灵活，允许被调查者自己完成调查，但是通常要根据他们自己的时间。不幸的是，这些调查不太可能完成。邮寄调查在问卷邮出和最终完成回收之间，往往有很长的延迟时间。单独施测调查也常常需要大量跟进才能督促调查对象完成调查问卷，跟进应该发生在初次接触后的一周至十天之间，要达到可接受的完成率（通常要努力达到70%或更高的完成率），可能需要两到三次的跟进。在数据收集期间，访谈者的不在场能避免访谈者偏差，却几乎失去了对模棱两可调查问题和题项加以澄清的机会。

电话访谈是收集调查答案的另一种模式（Dillman，2006）。它更多地发生在计算机辅助电话访问（CATI）中，在计算机辅助电话访问中，访问者从预编程的调查工具中读取屏幕，并将被调查者的答案直接录入到计算机的程序中。这种电话调查通常成本高昂，需要有从电话呼叫中心打出电话的大量工作人员。较节约成本的方法是交互式语音应答系统，它需要预先记录调查问题和答案，受访者通过说出答案或选择电话上的按键来回答问题。电话调查有几个优点：访谈人员可以积极鼓励所抽取的个体参与调查，提高回答率；也可以通过回答受访者关于问题和答案选项含义的问题，澄清和增加对问卷的理解。电话调查的缺点包括培训访谈人员的时间和费用、计算机辅助调查屏幕的开发以及访人谈员对受访者答案的可能影响。

一种越来越受到欢迎的模式是网络调查（Bethlehem and Biffignandi，2012；Vehovar and Lozar，2008）。此类调查是通过电子邮件或信件向某个网站的潜在调查对象发出通知来发起的，调查对象要去这个网站完成调查。网络调查一旦被发起，就会成本低廉。网络调查是有一些优点的：数据收集周期缩短，被调查者通常是通过电子邮件通知的，他们在作答时，答案也会被立刻记录下来；网络调查的数据收集也不那么有入侵性，允许问敏感问题，并能最大限度地减少访问者对受访者答案的影响；网络调查还考虑到了复杂的跳答模式，在受访者不知情的情况下执行，能弹出有助于澄清问题和答案选项的指导语以及下拉式的答案选择列表。网络调查的缺点是，需要有能上网的计算机，回答者还要有利用计算机和浏览互联网的能力。

面对面访谈是要介绍的最后一种数据收集形式。进行面对面访谈时，要招募和训练访谈人员。访谈人员需要接受调查内容方面的广泛培训，包括问题与答案选项及如何对所有受访者都统一地记录答案。然后，访谈人员要前往可能的受访者所在地，对他们进行访谈。如今，访谈人员通常会利用个人电脑，在滚动的屏幕上显示问题，称为计算机辅助个人访谈（CAPI）。访谈人员将这些问题读给受访者，然后录入受访者的回答、问题和答案选项。在访谈人员记录了受访者的答案后，再将这些答案定期地上传到计算机主机上，存储所有受访者的答案。面对面访谈的一个主要优点是，能与受访者进行个人接触，因此，合作性更高，拒访率最低。此类访谈还能照顾到更长、更复杂的问题和答案。缺点是访谈人员需要亲自接触选定的受访者，成本很高，数据收集的时间更长，访谈还会对受访者的回答产生潜在影响。

无论采用何种模式，都不能过分强调实现高回答率的重要性。虽然邮【190】寄调查和互联网调查费用较低，但是通常需要大量跟进才能实现可接受的回答率。更具人际接触的方法，如电话访谈或面对面访谈，可以实现更高的回答率。无论数据收集的模式如何，调查小组都应该制定跟进计划。这个计划包括某种追踪和跟踪调查问卷的方法，以确定被调查者是否做出了回答，以及哪些被调查者收到了信件却并没有回答。了解谁作答了，谁没有作答，就能够在数据收集结束之时马上对数据集进行调整。例如，有了回答者和未答者的基本人口统计学特征，就有了调整权重的可能性，即对于有着特定特征、回答不完整的被调查者来说，那些有着类似特征、确实作答了的被调查者就可能被上调权数，以便能按照他们在样本中出现的比例去反映这部分人。

示例研究中的数据收集方法

在示案例研究中，调查样本包括分布在美国各地的约 31 000 名预备役人员。他们的电话号码并非唾手可得，即使得到了，尽管可能达到很高的回答率，电话调查涉及的成本也会令人望而却步。面对面访谈的成本也非常高昂，调查人员收集数据时要访问许多地方，花费很长的时间，其间还要发生大量的差旅费用。向被调查者邮寄问卷的费用则较为低廉。设计问卷并打印成可扫描的形式，附有识别码，然后每个被调查者都被匹配一个代码，通过这种方式，可以跟踪作出回答和没有作出回答的预备役人员，以便采取跟进行动。这也进一步促进了对数据集的加权，使其更公正地代表那些回答不完整的预备役人员。在数据收集的几个月中，还发出了几次信件提醒。在跟进行动中，也向没有作答的预备役人员重新发送了问卷表格。略多于 41% 的受访者完成了问卷调查并邮回了问卷。数据收集的另一个重要方面是检查样本内各群体是否以同样比率完成了回答，特别是在结束数据收集之前。如果没有，就可能出现调查回答不具代表性的问题。在本项示例研究中，研究者对所有抽样层级（性别、军衔和部署情况）中的完成率都进行了比较，在每层中，对最初样本中人员的百分比与完成调查人员的百分比进行了比较。在最初抽取且完成了调查的人员中，对他们在部队、司令部、地方总部和州的地理位置方面的分布百分比进行了比较。在各种地理特征和个人特征之间，在最初抽取人员的百分比与之后完成调查人员的百分比之间并没有观察到系统的差异性。如果在每个群体的年龄、军衔、性别、种族等已知特征上，观察到了回答者和非回答者之间的系统差异，就可以利用推导出来的权重值对回答数不足的群体"提升权重"，对回答数过多的群体"降低权重"。一种加权的方法是用占总体的百分比除以占样本的百分比。例如，如果女性占总体的 20%，但是在概率样本中，只有 15% 的人回答了，那么，每个回答了的女性的权重为 1.33。

报告

调查结束后，相关的问题是该调查研究要对这些回答做些什么。具体来说，分析设计是怎样的？设计会产生怎样的结果？结果如何构建才能提供给赞助方？如何根据调查结果回应目的和问题，或者应该如何以研究问题构建分析和呈现结果？ 【191】

只是通过描述、比较或关联，就能基本上呈现结果（见第八章和第九章；Rea and Parker, 1992）。描述性陈述涉及单一群体的调查结果，如作答样本。比较性陈述要提供两个或更多群体的调查结果，这些群体通常是由调查目的来界定的，例如，在已部署与未部署士兵之间，就准备状态这一调查题项进行比较。最后，关联性陈述要将调查结果与感兴趣的重要结果联系起来。例如，可以进行回归分析，将准备状态和部署经历的认知等回归到预备役兵役的去留意愿上。非科学领域中的受众有可能是赞助调查的决策者，他们通常更理解百分比，而不是均值与其他形式的描述性统计。在每种陈述中，重要的是要在适当的置信水平上报告研究结果及与研究结果有关的误差。对于描述性陈述，通常要报告误差范围或置信区间。

示例研究采用了所有三种分析和报告进路。在描述性进路上，给出了样本中士兵的百分比，这个样本代表了人口统计学意义上的子总体的各个类别。描述性分析也包括更为复杂的测量方法，例如，探索性因子分析。表示各种准备内容（装备、部队领导、培训和家庭）的题项都经过了探索性因子分析，以检核所有题项能在多大程度上被用来概要地描述准备情况的各维度。利用所配置的题项，即与每个因子最相关的题项，导出装备、部队领导、培训和家庭的量表总分和量表平均分。在比较方法的运用上，比较了已部署士兵在部署前（1990）和部署后（1991）对准备状态各题项的回答。同样，比较了未部署士兵在 1990 年和 1991 年对相同题项的回答，指出了这些回答与已部署士兵的回答是如何存在着历时性的差异的。最后，关联性分析包括简单相关分析和多元回归分析，在这些分析中，检验了准备状态量表得分与若干结果之间的关联性，例如，对战斗自我准备状态的认知，对部队作战准备状态的认知，这些认知激活了服兵役的意愿和继续留在预备役中服兵役的打算。

报告的其他重要部分还包括对抽样、数据来源及分析进路的详细说明。抽样设计说明应该包括方法是什么、方法是如何实施的、符合条件的被调查者人数及完成调查的人数。要计算作答样本中士兵背景特征的摘要统计值（百分比），也要将该值与总体背景特征的统计值做比较，以使研究者了解样本的代表性是怎样的。还应该说明数据的来源，包括调查问卷、如何制定调查问卷、预调查及如何构建变量，特别是如何通过因子分析导出量表的得分，如何对所建构变量或量表题项进行信度评定，以及如何利用辅助性数据集。分析方法与设计也应该被加以描述，包括分析的基本原理和步骤，它们都要符合调查目的和研究问题。

总结

调查研究无所不在，在社会中的应用范围不断扩大。军方也越来越多地利用调查研究从士兵那里收集信息，包括他们的背景、经历和态度，以此为政策的制定和实施过程提供信息。为此，本章对调查研究方法做了回顾，描述调查研究过程，回应一些重要问题，这些问题包括："为什么"，即调查的目的;"什么"，即调查问卷的内容;"谁"，即选择可能的被调查者;"如何"及"何时"，即数据收集的方法;最后是如何最好地概述和呈现调查数据。为了更具体地说明这些步骤是如何发生的，本文通篇都在以一项案例研究为例。

【192】

参考文献

Ajzen I.,Fishbein M.1980.*Understanding Attitudes and Predicting Social Behavior*,Englewood Cliffs,NJ.:Prentice-Hall.

Arbuckle J.L.2009.*Amos 18 User's Guide*,Chicago,IL.:SPSS,Inc.

Bethlehem J.,Biffignandi S.2012.*Handbook of Web Surveys*,Wiley handbooks in survey methodology,Hoboken,NJ.:Wiley.

Converse J.2009.*Survey Research in the United States:Roots and Emergence* 1890–1960,New Brunswick,NJ.:Transaction.

Dawes J.2007. "Do Data Characteristics Change According to the Number of Scale Points Used? An experiment using 5-point,7-point and 10-point scales." *International Journal of Market Research* 50:61–77.

Dillman D.A.2006.*Mail and Internet Surveys:The Tailored Design Method*.2nd ed.Hoboken,NJ.:Wiley.

Edwards J.E.,Thomas M.D.,Rosenfeld P.,et al.1997.*How to Conduct Organizational Surveys:A Step-by-Step Guide*,Thousand Oaks,CA.:Sage.

Fowler F.J.2009. "Sampling." In *Survey Research Methods*.4th ed.Thousand Oaks,CA.:Sage,19–47.

Gal R.1986. "Unit Morale:From a theoretical puzzle to an empirical illustration–an Israeli example." *Journal of Applied Social Psychology* 16:549–564.

Gal R.,Manning F.J.1987. "Morale and Its Components:A cross-national comparison." *Journal of Applied Social Psychology* 7:369–391.

Garland R.1991. "The Mid-Point on a Rating Scale:Is it desirable?" *Marketing Bulletin* 2:70.

Gorsuch R.L.1983.*Factor Analysis*,Hillsdale,NJ.:Erlbaum.

Griffith J.1988. "The Measurement of Group Cohesion in U.S.Army Units." *Basic and Applied Social Psychology* 9:149–171.

Griffith J.1995. "The Army Reserve Soldier in Operation Desert Storm:Perceptions of being prepared for mobilization,deployment,and combat." *Armed Forces & Society* 21:195–215.

Groves R.M.,Fowler F.J.,Couper M.P.,Lepkowski J.M.,Singer E.,Tourangeau R.2009.*Survey Methodology*,Hoboken,NJ.:Wiley.

Hauser W.L.1980. "The Will to Fight." In Sarkasian S.(ed.)*Combat Effectiveness:Cohesion,Stress and the Volunteer Military*,Beverly Hills,CA.:Sage.

Jobe J.B.,Mingay D.J.1990. "Cognitive Laboratory Approach to Designing Questionnaires for Surveys of the Elderly." *Public Health Reports* 105:518–524.

Kraut A.I.1996. "An Overview of Organizational Surveys." In Kraut

A.(ed.)*Organizational Surveys:Tools for Assessment and Change*,1–14,San Francisco,CA.:Jossey-Bass.

Mental Health Advisory Team (MHAT.V (2008.*Operation Iraqi Freedom* 06–08,Office of the Army Surgeon General and U.S.Army Medical Command,Washington,D.C.

Meyer J.P.,Allen N.J.1991. "A Three-Component Conceptualization of Organizational Commitment:Some methodological considerations." *Human Resource Management Review* 1:61–98.

O'Brien K.1993. "Improving Survey Questionnaires through Focus Groups." In Morgan D.L.(ed.)*Successful Focus Groups:Advancing the State of the Art*,105–117,Newbury Park,CA.:Sage.

Oskamp S.,Schultz P.W.2005.*Attitudes and Opinions*.3rd ed.Hillsdale, NJ.:Erlbaum.

Pedhazur E.J.,Schmelkin L.P.1991.*Measurement,Design,and Analysis:An Integrated Approach*,Hillsdale,NJ.:Erlbaum.

Rea L.M.,Parker R.A.1992.*Designing and Conducting Survey Research:A Comprehensive Guide*,San Francisco,CA.:Jossey-Bass.

Rhoads M.D.,Elig T.1988.*The Army Communications Objectives Measurement System (ACOMS):Survey Methods*,Arlington,VA.:U.S.Army Research Institute for the Behavioral and Social Sciences.

Rossi P.H.,Wright J.D.,Anderson A.B.1983. "Sample Surveys:History,current practice,and future prospects." In Rossi P.H.,Wright J.D.and Anderson A.B.(eds.) *Handbook of Survey Research*,1–20,Orlando,FL.:Academic.

【193】 Schaubroeck J.M.,Hannah S.T.,Avolio B.J.,et al.2012. "Embedding Ethical Leadership within and across Organizational Levels." *Academy of Management Journal* 55:1053–1078.

Segal M.W.,Harris J.1993. "What We Know about Army Families." Technical Report No.DAALO03–86-D-0001,U.S.Army Research Institute for the Behavioral and Social Sciences,Alexandria,VA.

Stouffer S.A.,Suchman E.A.,DeVinney L.C.,et al.1949.*The American Soldier:Adjustment during Army Life*,Vol.1 in *Studies in Social Psychology in*

World War Ⅱ ,Princeton,NJ.:Princeton University Press.

Vehovar V.,Lozar M.K.2008."Overview:Online surveys."In Fielding N.,Lee R.M.,and Blank G.(eds.)*The SAGE Handbook of Online Research Methods*,177–194,Thousand Oaks,CA.:Sage.

17 军事调查研究中的纵向设计

—— 常见的挑战与技巧

韩晶[*]，马农·安德列斯

Han J.,XiaoL.J., Han J.2011. "The adjustment of new recruits to military life in the Chinese Army: The longitudinal predictive power of MMPI-2." *Journal of Career Assessment* 19(4): 392–404

明尼苏达多相人格量表第二版（MMPI-2）是一种筛查工具，本研究旨在对 MMPI-2 的筛查效度进行调查，以选择那些能适应中国军队生活的潜在候选人，查出有心理问题的新兵。军事环境独特，训练密集，往往导致年轻的新兵适应不良，造成严重后果，如降低部队的训练质量和战斗力。一个确保新兵顺利适应部队生活的做法是，运用 MMPI-2 等心理评估工具对新兵进行筛查。这些测试可以识别出有心理问题或精神疾病的新兵，所以能在第一时间内阻止他们入伍参军。MMPI-2 是世界上最为广泛应用与研究的多量表心理病理学测量工具。但是 MMPI-2 对中国部队新兵适应性的预测效度如何，还没有任何经验依据。是否应该将 MMPI-2 用作确保军人质量的选拔工具，能否利用 MMPI-2 预测长期的适应性，目前尚不清晰。

为了更好地了解 MMPI-2 在新兵对部队生活适应方面的预测效度，作者进行了一项纵向研究，该研究是在中国军队中进行的，得到了旅长的批准和新兵训练连指挥官的协助。作者在 4 个时点上获得了测试结果。所有的 326 名新兵参加了第一轮调查，完成了 MMPI-2 问卷。利用新兵

名册，作者将 326 名参与者随机分为 10 个小组，每组约有 30 名士兵。作者在每个小组中发放调查问卷，并对所有的参与组都使用标准的指导语。追踪这些受访者，要求他们分别在第 3 个月、第 9 个月和第 15 个月再完成一次对部队生活适应情况的测量。由于数据收集与被调查者的军事任务之间存在冲突，有人员减损（attrition）问题。具体来说，在最初参加第 1 轮调查的 326 名士兵中，有 192 名完成了最终的调查。在这 192 名调查对象中，又有 100 名士兵在所有的 4 个测量阶段上都提供了完整可用的答案，因此最终的回答率为 30.7%。【195】

作者采用潜变量增长模型（LGM）方法来检验 MMPI-2 在初始适应水平及在随后的新兵适应变化率上的纵向预测能力。结果表明，对于人际适应和训练适应，其潜变量均值的变化均为正，这表明，平均起来，随着时间的推移，两种适应形式都在逐步改善。此外，MMPI-2 分数与初始阶段的人际适应和人际适应的线性变化率呈负相关，与初始阶段的训练适应以及训练适应的线性变化率也呈显著负相关。根据这些调查结果，作者得出的结论是，心理健康是反映适应的良好指标，在选拔军人时应该予以考虑。在随后的训练过程中，与有心理健康问题的人相比，MMPI-2 评定为精神健康的新兵出现问题的可能性更小。

纵向设计在军事研究中的应用日益普及（Gray et al.，2004；Milliken et al.，2007；Smith et al.，2011）。纵向研究有时也被称为同期群（cohort）、面板（panal）或时间序列（time series）研究，它的目的是评估随时间变化，所研究样本在知识、看法、行动或认知方面的变化，也对影响这些变化的因素进行考察。纵向研究以前瞻性方式研究现象：着眼未来，而不是回首过往。

案例研究提出了几个有趣的问题，我们计划在本章中讨论：

1. 如何确定测量点之间的时间间隔？
2. 如何在历时态中保持对研究的参与并处理减损问题？
3. 如何处理军事研究中的敏感和隐私问题？
4. 如何匹配跨时间数据？
5. 如何分析纵向数据？

纵向设计：什么、如何和为什么

纵向研究的定义和类型

在纵向研究设计中，要在两个或多个时点上的特定总体中抽取样本，并从这个抽取的样本中收集数据，例如通过实验、调查或档案研究法来收集数据，这与单次测量构成的截面设计（cross-sectional designs）极为不同。可以将纵向设计区分为三种主要类型：面板、同期群和时间序列设计。

【196】 在纵向面板调查（panel survey）中，要对被调查者的代表性样本（一个面板）进行历时性地重复调查。例如，研究者可以选取一群大学校友，在不同的时点上对他们进行调查，问他们类似的问题，例如，评估他们个人习惯的变化。同期群研究则历时性地跟踪一个特定的子总体，构成它的个体都有某种先赋的事件或特征，例如，他们是同一年出生或结婚的人，再如，研究者可以选择一群在某一年毕业的大学校友，每隔一段特定的时间就定期地检核他们一次。面板研究和同期群研究抽取个体样本，而时间序列设计则历时态地检验聚合起来的数据。在时间序列设计中，可以在每月或每年等不同的时点上研究相同的变量，通常是为了检验趋势和解释历时态的变异性。例如，这些研究可以处理某些地区在不同时点上的年度军事开支，或家庭暴力，或酗酒率。

通常情况下，纵向研究的目的是检验变量之间的因果关系，解释或预测随时间推移而发生的变化、发展和动态。研究者需要根据研究目的和问题来制定研究设计。

不同的目的与设计

如果目的是检验特定行为或态度随时间的变化，研究者通常会追踪相同的被调查者，重复测量目标行为或态度。本项示例研究追踪了中国军队中的326名新兵，对他们的部队生活适应进行了三次测量，以便能对适应性随时间的变化形成动态的认识。另一个例子是在荷兰进行的一项纵向研究，该研究依照军人及其配偶的海外军事行动部署周期（Andres et al., 2012a/b），在三个时点上收集调查数据：部署之前、部署期间和部署之后的伙伴分离。该研究的主要目的之一是评定夫妻关系满意度等的历时态变化。

如果研究目标是评估自变量（X）在预测因变量（Y）变化方面的能力，一种可能的设计是在不同的时点上分别测量因变量和自变量。正如这项示例研究所描述的，研究者旨在检验 MMPI-2 对新兵部队生活适应的预测能力，并因此发放了四轮调查问卷。在第一轮中，调查对象填写的调查问卷包含了对自变量测量，即利用 MMPI-2 对心理健康进行测量。然后，研究者利用多次后续测量追踪相同的被调查者，要求他们填写测量因变量的表格，这是对部队生活适应的测量。

另一种策略是重复评估相同的变量，在上述提到的荷兰研究中，他们就是这样做的，这种策略可以控制先前的变量得分（Britt and Dawson，2005）。例如，部署前的关系满意度被认为是之后的关系满意度的重要预测指标。也就是说，如果夫妻在分离之前就不太满意他们的关系，或者关系已经发生了问题，他们可能在之后也会经历相同的或更糟糕的关系。应用这种设计，研究者就能够在控制先前的关系满意度的情况下，检验什么因素最能预测部署后的关系满意度。该设计也能使研究者在同时态（即截面）和历时态（即纵向）的框架内去检验变量之间的关系。例如，除了对痛苦的历时态变化进行预测外，评估每个部署阶段中的具体压力源和痛苦程度，也是令人感兴趣的。

如果研究问题是关于两个概念之间因果关系的检验的，通常可以在两 【197】个或更多的时点上收集来自相同被调查者的数据，或者从同一个总体中抽取独立样本（Lang et al., 2011; Schuman et al., 1985）。因变量（Y）在两轮之间的变化反映了自变量（X）在两轮之间的变化。但是，必须满足四个标准才能将一个效应解释为因果效应。

将效应解释为因果效应的四个标准（De Lange et al., 2003）如下：

- 用来测量假设中基本理论概念的自变量和因变量是显著相关的。
- 自变量在时间上先于因变量。
- 效应不是由第三变量引起的。
- 有合理的理论论据支持 X 对 Y 的影响。

检核概念之间关系的性质、大小和（因果）方向是纵向研究的重要部分。可以区分出各种因果关系，包括"正常的"因果关系（即与假设的因果关系相一致；X 导致 Y）、反向的因果关系（即与假设的因果效应相反；Y 导致 X）、相互的因果关系（X 和 Y 随时间推移而相互影响）（图 17.1）（De

Lange et al., 2003；Zapf et al., 1996）。例如，一项关于荷兰军人的研究
（Andres et al, 2012b）证明，在同时态与历时态的时间框架里，工作－家
庭干扰都与离职意向显著相关。通常情况下，离职意向被视为工作－家庭
干扰的结果，但是数据表明，这种关系不能被视为单向的。也就是说，要
考虑其他的相关变量，这些变量会历时态的相互影响。作者对此提供了一
个合理的理论推论，该推论与那些认为离开工作岗位更容易经历家庭－工
作冲突的员工有关，不过这也敦促研究者提供更多的经验证据来对理论加
以完善。

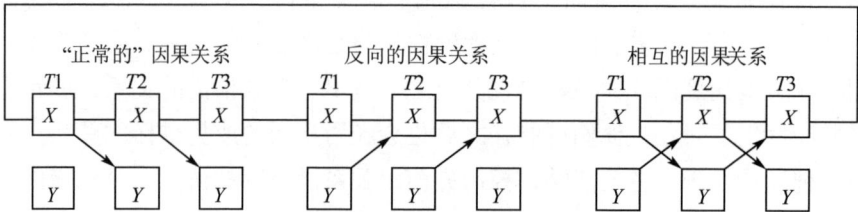

图 17.1　三类因果关系

纵向设计的优点和缺点

　　纵向设计有许多优点。最大的优点是可以识别增长中的个体变化，并
以纵向数据检验因果假设。如前所述，可以检验自变量的先前水平是否可
【198】以预测因变量随时间发生的变化，还可以检验自变量的历时性变化是否对
应于因变量在同一时期内的变化。这项示例研究采用的是纵向设计，目的
是检验 MMPI–2 对新兵历时态适应的预测能力。他们发现，在军事训练营
的第一周内，如果新兵的 MMPI–2 评分是低的（这意味着新兵没有心理健
康问题），就可以预测他们会越来越适应部队生活，对部队生活适应的评
估是在新兵正式并入连队之后的第 3 个月、第 9 个月和第 15 个月时进行
的。在这项示例研究中，纵向设计的另一个优点是它有助于减少常见的方
法偏差（即归因于测量方法的变差，而不是所测量概念的变差；Podsakoff
et al., 2003），如果利用自我报告法对 MMPI–2 和适应进行测量，就会引
起这一偏差。因为 MMPI–2 与适应之间的相关性有可能只反映了响应偏差，
而不是两个概念之间的真实的相关性，这个响应偏差指的是，在一段特定
的测量时间里，一个人使其回答保持一致的倾向性。利用纵向设计可以将

MMPI-2 的测量时间和与适应性的测量时间分离开，减少了这种响应偏差的影响。纵向设计的其他优点包括，但不限于以下三点：（1）不依赖于自我报告的回顾性数据；（2）第一次收集数据之后还能添加新变量的灵活性；（3）大量变量的累积性。

尽管有这些优点，纵向研究也有不足之处。首先，纵向研究比横断研究更耗时和昂贵，因为人的成本、与调查对象保持长期联系所需要的技巧、激励的成本以及对详细数据文档的要求。其次，调查对象在各项研究中的回答往往是一致性的，特别是在纵向调查中。被调查者在先前的研究中报告过一些内容，之后，与这些内容看起来不相一致的观点或行为，他们就可能不太愿意报告，这可能掩盖那些随时间推移而发生的真实变化。或者，反过来说，参与了最初研究的被调查者可能会对调查中的问题更加敏感。他们可能会特别关注这些问题，从而可能影响他们在后续研究中的反应。

挑战和技巧

除了上述提到的优点和缺点，在军事背景下进行纵向研究时，研究者也会遇到许多挑战。我们总结了常见的挑战，提供了一些解决这些问题的一般技术和技巧。

如何确定测量点之间的时间间隔？

纵向设计基本上与多时点上收集数据有关，研究者必须首先确定测量的次数和时间点。但纵向研究项目的时长从几天或几周到多年不等，界定测量时点的方式会影响研究的效率。研究的时间越长，越有可能发生一些外部变化，影响收集的数据。个体在数据收集过程中也可能发生变化。因此时间的流逝可能引起假设的变更，甚至是研究问题的变化。人们假定，至少需要三个测量时点才能对变化进行准确估计，测量次数越多，对变化的历时态估计越准确（Mroczek，2007；Ployhart and Vandenberg，2010）。

柯林斯（Collins，2006）认为，理论会告诉我们测量的适当时间间隔。【199】例如，如果假设变化是循环发生的，或者发生在特定的时刻，就可以确定不同的时间点。此外，对先前的研究进行全面的文献检索，也会为选择时间间隔提供可靠指导。在实践中选择时间间隔时，还需要根据自己的研究目的，同时依据一些实际的限定，这些限定包括成本、被调查者的负担、回忆的难度以及兴趣转变的频率等。

在示例研究中，研究者的测量是在四个时间点上进行的。第一次MMPI-2测量是在士兵军事训练营的第一周内进行的，当时新兵正在学习基本的军事知识和技能。研究者之所以选择这段时间测量MMPI-2，是因为研究的目标之一是检验MMPI-2对新兵部队生活适应的预测能力。如前所述，他们随后追踪了同样的调查对象，在新兵正式并入连队后的第3个月、第9个月和第15个月时，要求受访者分三次完成部队生活适应调查的测量。时间间隔是根据先前的新兵适应文献选择的，能使人们更好地了解新兵部队生活适应的动态变化。此外，在所考虑的全部情形中，等距时间间隔被认为是最好的，或接近于最好（Morrison，1970）。[1]

在荷兰的研究中，研究者是依照军人及其家属海外军事行动的部署周期进行跟踪的。他们计划在部署的每个阶段上都收集数据，即准备阶段、实际分离阶段和重新团聚阶段。这样做的目的是检验每个部署阶段中的具体挑战和经历，评估经历、态度和看法随时间推移的变化。具体的测量时间是在文献综述的基础上选定的，例如，文献表明，服役军人返家后，他们对家庭生活的重新融入可能是一段动荡的时期，一般来说，家庭的稳定运行是发生在重聚后的三个月里。因此，研究者选择在返家3个月后进行最终测量。各轮数据之间的时间间隔相等，为4个月或5个月，这取决于部署到国外的任务时长（在4到6个月之间不等）。

如何在历时态中保持对研究的参与并处理减损问题？

也许每一位纵向研究的研究者都必须应对参与者的减损问题。减损的主要原因是参与者失去了联系，或者是出于各种原因拒绝继续参与，例如研究疲劳。特别是在军事背景下，当军人接到其他任务、转到其他基地或被定期派往国外时，对调查对象进行长期追踪就成为一项挑战。此外，鉴于军人参与研究的具体条件（例如需要他们付出全部时间和精力，这种情况是一种挑战）以及已有的研究过于关注军人，他们要么可能对参与研究有所保留，要么可能只是对研究感到疲惫。挽留参与者对研究顺利进行至关重要，高减损率会对研究成果的内部效度及其推广性造成不良影响。在整个研究过程中，研究者都应该采取措施来保证参与者继续合作。

虽然无法避免减损，但是研究者还是可以采用各种技巧来追踪参与者，使参与者保持积极状态并参与研究。以这种方式来最大限度地挽留被调查者，尽量减少不回应的情况。这些技术包括：例如，发送提醒信或明信片【200】（Welch et al.，2009）；在数据收集间隔期进行个人接触，以获得他们最新的地址信息，使参与者保持对研究的兴趣；始终让参与者了解研究的性质、目的和进展，与他们分享初步的描述性结果（例如，通过网站、新闻通信或信息包）；为参与提供激励措施（参见亨特（Hunt）和怀特（White）于 1998 年做的关于追踪和挽留纵向研究参与者的详细讨论）。事实证明，被调查者看重的小额现金奖励、代金券或礼品卡等激励措施也对回答率有积极影响（Armstrong，1975）。

除了鼓励参与以及对研究中的合作表示赞赏外，研究者还必须培养参与者，让他们意识到研究的重要性，这一点很重要。研究者也应该充分而明确地表明，为什么参与者的回答受到重视以及这些数据是如何被使用的。劳丽等（Laurie et al.，1999）描述了几个重点，包括纵向研究各阶段的质量控制、一定数量的后续访问、电话联系和调查内容的清晰性。此外，研究者也可以使用重复的截面设计、循环的面板设计或多个同期群面板设计，用它们来预防或减少参与者减损问题（Menard，2002）。

在中国军队中做的这项示例研究里，研究者利用了他们的部队关系，获得了旅长对本项研究的批准和新兵训练连指挥官的协助。我们对被调查者解释说，该测量仅用于研究目的。这种自上而下获取样本的进路在一定程度上确保了回答率，但是，由于数据收集与调查对象的军事任务之间存在冲突，所以仍然存在减损问题。

详细了解参与者不回答（non-response）的原因也有助于对参与者流失情况有所理解。此外，还需要对不回答情况进行分析，以评估数据收集过程中退出的人与那些完成了所有测量的人之间是否有显著差异。不回答分析包括：检验人口统计学特征在基线和后续几轮数据中是否有差异，观察不回答是否具有选择性；评估研究变量的基线得分在被调查者和退出者之间是否显著差异；检验在基线的条件下，研究变量之间的关系是否在被调查者和退出者之间有差异。重要的是要认识到，这些不回答分析并不是解决不回答问题的方案，而是一种努力减少该问题对调查估计值产生偏差影响的手段。这些分析的详细技术方面超出了本章的目标（Kalton，1983）。

如何处理军事研究中的敏感和隐私问题？

保密性和匿名性是两个截然不同又非常重要的概念，需要研究者在设计和管理研究项目时加以考虑。在任何研究中，都应该保护参与研究者的隐私，在纵向设计中，可能需要格外注意。如果被调查者没有感到他们的信息被保密，他们就更有可能退出或拒绝参与。例如，在以检验历时性变化为目标的研究中，研究者需要链接或匹配多个时点上收集到的单个数据。通常，用代码就能做到这一点（我们将在下一节中更详细地讨论这一点）。因此，在某些情况下，研究者无法声称这个研究设计是完全匿名的。如果一项研究是完全匿名的，研究者就不可能将数据与个人联系起来。同样，如果进行面对面访谈或电话访谈，研究者就知道谁提供了这个数据。

【201】   因此，研究者应该确保保密性，向参与研究的人通报数据收集和数据使用的程序。在军事背景下做研究时，明智的做法是既要得到个人的知情同意，也要得到机构的批准。

研究者在多个时间点上收集同一调查对象的数据时，必须有姓名和家庭住址这样的参与者个人信息，研究者应该解释并确保这些信息被保存在安全的地方，只能供研究者查阅，一旦研究完成，这些信息将被销毁。此外，在传播研究结果时，研究者也应该确保无法基于人口统计学的特征由数据或信息追踪到个人。在军事背景下，这意味着在呈现结果时，当提供有关性别、军衔和部队的信息时，要格外小心。当满足该特征的个体数很少时，例如 X 部队中的一名女将军，研究报告的读者就可能很容易地识别出提供了这类特殊信息的这个人。

在本案例研究中，研究者将 326 名新兵随机分为 10 个小组。在每个组中都发放了调查问卷，并附有标准化了的指导语。指导语向参与者解释说，这一测量仅用于研究的目的，结果会在汇总的水平上被加以解释。研究者还需要强调个人的回答是保密的，这样的话，回答者对评估的担心会减少一些，也会尽可能坦率地回答问题。

除了上述匿名和保密的道德问题外，一些研究项目还涉及敏感主题。

这些主题可能是研究目标的核心，但是参与者认为它们是私人性的，或者可能会产生某种风险或冲突（Lee，1993）。一项在军人家庭中进行的研究可以说明这个问题（Andres et al.，2012 a/b）。家庭关系质量等家庭问题通常被认为是私人的和个人的。因此要谨慎接触家庭成员，研究者要强调参与这项研究是自愿的，一个人可以自由地回答问题，或者不回答任何问题。在介绍调查问卷以及再次介绍敏感主题时，也要重新向参与者确保保密性。

不应该在问卷的开头问敏感问题，最好在接近结束时再列入这些问题。应该通过简单、舒适的问题将被调查者吸引到这个过程里，使他们能认真完成这一问卷。当研究包括敏感主题时，研究者应该意识到方法论问题。例如，参与者对敏感话题的反应可能会有所不同，如果他们害怕可能的负面后果，他们可能会不愿诚实回答问题，或者根本不愿意回答敏感问题。

如何匹配跨时间数据？

纵向研究的一个重要目标是检验行为或态度随时间的动态变化和发展。因此，研究者可能需要匹配多个时间点上收集到的数据。可以应用几种技术来实现这一目的，使用身份代码（即给受访者指派一个数字）是纵向研究中常用的程序（Lee，1993）。在本项示例研究中，研究者得到了某一中国卫戍部队中所有新兵的花名册。他们为每个新兵指派了一个唯一的代码，在发放调查问卷之前，在问卷上预先打印上这个代码。这个唯一的代码始终保持不变，并在后续调查中使用，利用这个代码，能追踪到每个参与者并匹配他们的回答。在军人及其家属中做的荷兰研究中，研究者也采用了类似的程序。该研究中的代码是由研究者构建的，只有她才知道。【202】例如，通过使用一个虚构的代码，而不是士兵的注册号码，除研究人员外，任何人都没有从答案回溯到可识别个体的可能性了。这些代码仅允许研究者在随后的各轮数据中去重新联系被调查者，以便能发送后续的调查问卷，并将各轮调查中收集的数据联系起来。代码与被调查者个人信息之间的联系被保存在一个单独和安全的地方，只有研究者才能访问，一旦数据收集完毕，代码即被销毁。所附信函阐述了识别代码的目的。

另一种策略是让参与者生成自己的唯一代码（Yurek et al.，2008）。他们需要收到明确具体的指导语，以确保代码对于每个参与者来说是唯一的，在每轮的数据中是相同的。代码通常是个人信息的结合体（字母和数字/日期；参见瑞克（Yurek）等2008年完成的研究实例）。尽管可能会出现错误和遗漏，但是这种策略更加匿名，因为研究者能将各时间点上的数据链接起来，却无法将数据与某个个体联系起来。

怎样分析纵向数据？

纵向研究通常会产生大量数据，可以运用各种技术来分析数据（Singer and Willett，2003），这取决于要回答的研究问题、统计检验的假设以及是否存在缺失数据。在纵向研究中，缺失数据非常普遍。被调查者可能会在数据收集的过程中退出，或者，例如在敏感主题的情况下，可能会留下一些未回答的问题。研究者应该决定如何处理缺失数据。存在各种方法，却没有一种最好的方法（详细描述参见 Menard，2002；Collins，2006）。此外，如果有必要，或者如果要首选一种方法，可以使用权重变量来缓解某些群体代表性不足的问题（Ruspini，2000），例如某些军衔中的服现役人员。

探索性定量数据分析可能侧重于评估均值和标准差，以确定变量得分在不同时间点上是否有显著差异。此外，探索性分析通常还包括相关分析，以评估以下内容：（1）每轮数据中，不同变量之间在截面上的相关性；（2）各轮数据中，相同变量之间的相关性（即稳定性或自相关）；（3）不同轮数据中，不同变量之间纵向的或交叉滞后的相关性。随后，可以执行多层回归分析，以检验因变量（变化）的截面和纵向预测因子。第一步，必须纳入控制变量。在接下来的步骤中，可以将时间1上的因变量、时间1上的自变量以及时间2上的自变量纳入进来，检查因变量的变化是否与自变量的变化有关（Zapf et al.，1996）。为了评估或排除反向因果关系，即 Y 是否也可能影响 X，可以执行相同的程序，将自变量视为因变量，将因变量视为自变量。

研究者应该意识到，当他们反复测量同一个人时，观察结果就不是独立的。纵向研究中的重复观察值通常是（正）相关的。这些测量的序列性也表明，有可能出现某些类型的相关结构。要想解决变量的线性依赖和自相关问题，纵向数据常常需要更加复杂的统计技术（参见辛格（Singer）和威利特（Willett）在2003年做的综述）。结构方程模型（SEM）技术在分析纵向数据时很受欢迎，它能控制各测量场合中的测量误差（Chan

【203】

and Schmitt，2000；Lang et al.，2011）。还有一种流行的纵向数据分析方法，即多层线性模型（HLM）（Porter and Umbach，2001）。这项在中国做的示例研究中，研究者采用了潜变量增长模型（LGM）进路来检验MMPI-2 对新兵适应的纵向预测能力。利用潜变量增长模型对初始状态和变化函数等变化轨迹中的个体差异进行建模，优点不胜枚举（详见 Chan and Schmitt，2000）。

结 论

进行纵向研究是一个复杂和耗时的历程，它在一些方面比截面设计更优越。在意识到纵向研究的目的和优缺点的同时，研究者也应该有意识地考虑一下，哪些设计是实现其目标所必需的，如何解决与研究设计有关的潜在问题。

虽然我们主要侧重于定量纵向研究，但是纵向研究也可以是定性的。这取决于研究目标，研究者既可以选择定量或定性方法，也可以选择两者混合使用。纵向定量研究设计通常以测量变化程度以及寻找与变化相关的因素为目的，纵向定性研究设计可以更深入地了解变化发生的原因，以及产生变化的因素或机制是如何运作的（Molloy et al.，2002）。就像在截面设计中一样，混合方法的纵向设计是一种强大的组合，可以提供互补性的见解。

注 释

1. 关于确保等距时间测量的必要性，有不同的看法（Mitchell and James，2001）。我们建议，测量时间点的频次要足够，这样才能够探察到假设的变化，这一点更为重要。

参考文献

Andres M.,Moelker R.,Soeters J.2012a. "A longitudinal study of partners of deployed personnel from the Netherlands' Armed Forces." *Military Psychology* 24(3):270–288.

Andres M.,Moelker R.,Soeters J.2012b. "The work-family interface and turnover intentions over the course of project-oriented assignments abroad." *International Journal of Project Management* 30(7):752–759.

Armstrong J.S.1975. "Monetary incentives in mail surveys." *Public Opinion Quarterly* 39(1):111–116.

Britt T.W.,Dawson C.R.2005. "Predicting work-family conflict from workload,job attitudes,group attributes,and health:A longitudinal study." *Military Psychology* 17(3):203–227.

Chan D.,Schmitt N.2000. "Inter-individual differences in intra-individual changes in proactivity during organizational entry:A latent growth modeling approach to understanding newcomer adaptation." *Journal of Applied Psychology* 85(2):190–210.

Collins L.M.2006. "Analysis of longitudinal data:The integration of theoretical model,temporal design,and statistical model." *Annual Review of Psychology* 57:505–528.

De Lange A.H.,Taris T.W.,Kompier M.A.J.,et al.2003. " 'The very best of the millennium' :Longitudinal research and the demand-control-(support) model." *Journal of Occupational Health Psychology* 8(4):282–305.

【204】　　Gray M.J.,Bolton E.E.,Litz B.T.2004. "A longitudinal analysis of PTSD symptom course:Delayed-onset PTSD in Somalia Peacekeepers." *Journal of Consulting and Clinical Psychology* 72(5):909–913.

Han J.,Xiao L.J.,Han J.2011. "The adjustment of new recruits to military life in the Chinese Army:The longitudinal predictive power of MMPI-2." *Journal of Career Assessment* 19(4):392–404.

Hunt J.R.,White E.1998. "Retaining and tracking cohort study members." *Epidemiologic Reviews* 20(1):57–70.

Kalton G.1983.*Compensating for Missing Survey Data*,Ann Arbor,MI.:Survey Research Center,University of Michigan.

Lang J.,Bliese P.D.,Lang J.W.B.,Adler A.B.2011. "Work gets unfair for the depressed:Cross-lagged relations between organizational justice perceptions and depressive symptoms." *Journal of Applied Psychology* 96(3):602–618.

Laurie H.,Smith R.,Scott L.1999. "Strategies for reducing nonresponse in a longitudinal panel survey." *Journal of Official Statistics* 15(2):269–282.

Lee R.M.1993.*Doing Research on Sensitive Topics*,London:Sage Publications.

Menard S.W.2002.*Longitudinal Research:Quantitative Applications in the Social Sciences*.2nd ed.Thousand Oaks,CA.:Sage.

Milliken C.S.,Auchterlonie J.L.,Hoge C.W.2007. "Longitudinal assessment of mental health problems among active and reserve component soldiers returning from the Iraq war." *Journal of American Medical Association* 298(18):2141–2148.

Mitchell T.R.,James L.R.2001. "Building better theory:Time and the specification of when things happen." *Academy of Management Review* 26(4):530–547.

Molloy D.,Woodfield K.,Bacon J.2002. "Longitudinal qualitative research approaches in evaluation studies." Working paper number 7,London:Department of Work and Pensions.http://research.dwp.gov.uk/asd/asd5/WP7.pdf.

Morrison D.F.1970. "The optimal spacing of repeated measurements." *Biometrics* 26(2):281–290.

Mroczek D.K.2007. "The analysis of longitudinal data in personality research." In Robins R.W.,Fraley R.C.and Krueger R.F.(eds.)*Handbook of Research Methods in Personality Psychology*,New York:Guilford Press,543–556.

Ployhart R.E.,Vandenberg R.J.2010. "Longitudinal research:The theory,design,and analysis of change." *Journal of Management* 36(1):94–120.

Podsakoff P.M.,MacKenzie S.B.,Lee J.Y.,et al.2003. "Common method biases in behavioural research:A critical review of the literature and recommended remedies." *Journal of Applied Psychology* 88(5):879–903.

Porter S.R.,Umbach P.D.2001. "Analyzing faculty workload data using multilevel modeling." *Research in Higher Education* 42(2):171–196.

Ruspini E.2000. "Longitudinal research in the social sciences " *Social Research Update*,20,Guildford:University of Surrey.http://sru.soc.surrey.ac.uk/SRU28.html.

Schuman H.,Steeh C.,Bobo L.1985.*Racial Attitudes in America:Trends and Interpretations*,Cambridge,MA.:Harvard University Press.

Singer J.D.,Willett J.B.2003.*Applied Longitudinal Data Analysis:Modeling Change and Event Occurrence*,London:Oxford University Press.

Smith T.,Jacobson I.,Hooper T.,et al.2011. "Health impact of US military service in a large population-based military cohort:Findings of the Millennium Cohort Study,2001–2008." *BMC Public Health* 11(1):69.

Welch K.E.,LeardMann C.A.,Jacobson I.G.,et al.2009. "Postcards encourage participant updates." *Epidemiology* 20(2):313–314.

Yurek L.A.,Vasey J.,Sullivan Havens D.2008. "The use of self-generated identification codes in longitudinal research." *Evaluation Review* 32(5):435–452.

Zapf D.,Dormann C.,Frese M.1996. "Longitudinal studies in organizational stress research:A review of the literature with reference to methodological issues." *Journal of Occupational Health Psychology* 1(2):145–169.

18 多层次分析

—— 军事研究中的多层数据检验

伊琳娜·戈登伯格，约瑟夫·索特斯

> Schaubroeck J.M., Hannah S.T., Avolio B.J.,et al.2012. "Embedding ethical leadership within and across organizational levels." *Academy of Management Journal* 55(5): 1053–1078.

　　和大多数组织一样，军队由有等级的层级构成。从底层开始，这个组织依次由士兵个体、班或小队、排、连、营、旅组成，有时还包括师。一层被嵌套在另一层里，共同构成了军事组织。

　　大多数组织研究关注的事情都发生在组织单位内的员工样本中，只不过这些员工都来自同一个层级，军事研究也是如此。在军事背景下，员工样本就转换为了班或排中的士兵。这种横向的或单位内的研究忽略了其他"更高"组织层次上的个人行为的影响。为了更好地理解复杂组织中发生的事情，除了层次内的影响，还需要研究层次之间的关系。

　　绍布洛克（Schaubroeck）及其同事的研究考察了美国陆军在小队、排和连一级上的道德领导和文化（ethical leadership and culture）对小队、排和连的士兵的道德行为的影响。论文基于理论和实践上的洞察力，假设道德领导和文化不仅影响同一层次内的士兵行为，而且还影响不同层次上的士兵的行为，直接通过涓滴（trickle-down）或绕行（bypassing）效应产生影响，间接通过高层次领导对低层次道德文化的效应产生影响，或者通过高层次领导对低层次内部关系的调节效应产生影响。

　　士兵的道德行为是通过对士兵违规行为次数、同伴示范行为以及道德效能这三个方面的认知来进行测量的，这些违规行为要么是针对非作战人员的（例如，虐待局外人或造成不必要伤害），要么是针对军方的（例如，偷窃）。道德领导是通过如何看待领导者在讨论道德问题和树立榜样时的风格来测量的。道德文化是通过对标准化实践进行评分来测量的，例如，对小队、排或连中发布处罚的做法进行评分。为评定这些变量，各小队的士兵要对小队的道德领导和文化进行评分，小队长要对排的道德领导与文化进行评分，排长和军士要对他们所在连的道德领导和文化进行评分。

2009 年，对在伊拉克开展军事行动的 2 048 名美国士兵进行过一项截面调查，这些数据是从这项截面调查中收集来的。调查问卷的数据是聚合性的，并与其他多个评分结合在一起，统计信息涉及 172 支小队（每个小队包括至少四位成员的分数）、78 个排（每个排至少有两个小队）和 40 个连（每个连平均由四个排组成）。这些数据被用来做详细的多层次模型检验。

研究结果很大程度上证实了这些假设。分析尤其表明，道德领导和文化表现出很强的横向内部效应，即与来自不同小队的士兵相比，同一小队士兵的分数更相近。这就是众所周知的直接监督者效应（immediate supervisor effect）。数据还揭示了上级领导对其下一级领导所具有的直接、重要的垂直影响，即级联效应（cascade effect）或涓滴效应。数据也表明了很强的间接影响，这意味着连一级的道德领导对更低层级的显著影响，其中包括对排和小队一级的道德文化的影响。另一个重要发现是，当某层级的直接上级领导被报告说，他表现出了很高的道德领导水平，该层级的道德领导对该层级的道德文化也会产生更强的积极影响。这表明，较高层级的道德领导具有显著的调节效应。显然，较高层级的领导可以促进或加强较低层级的领导，无论是积极的，还是不利的。

这项大规模的复杂研究强调了道德领导和文化在层次内部和层次之间的综合影响的重要性，也就是在整个军事组织中的重要性。显然，此项研究还无法给出"最终的证明"，因为这大概需要一项纵向实验设计，能在不同的背景下进行多次复制检验。但是这项研究的结果是明确的，它们的实际意义也显而易见，可以在世界各地军事组织的课程和培训方案中进行讲授。

在许多应用研究中，例如，在我们这项关于道德领导的示例研究中，数据是有层级结构的，由嵌套在较高层次内的较低层次的观察值组成。为分析这些分层的结构化数据，开发了多层次模型。思考一下图18.1，士兵嵌套在小队中，小队嵌套在排中，这些排嵌套在连或更一般、更大的军事环境里（陆军、海军、空军）。在这些情况下，往往不仅个体层次的变量与感兴趣的结果或概念之间存在显著关系，群体层次的变量与这些结果之间、个体和群体层次的变量之间也存在显著关系。正如我们的示例研究所阐明的，要理解所研究的现象，就要理解个体和群体层次或脉络变量的影响，还要知晓它们是如何共同发挥作用的，这些都十分重要（Rousseau，1985；George and James，1994；Hox，2010）。 【207】

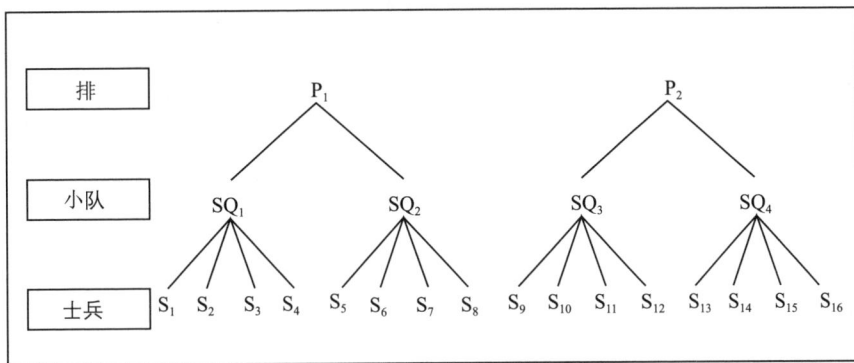

图18.1 军事组织的层次结构

在许多领域和学科中，多层次数据分析都变得越来越受欢迎，包括在军事研究内，因为它使研究者能够考虑个体层次的过程或结果是如何在不同的分析层次中发挥作用的，如组织、地理位置、时间框架或其他更高层次的单位。例如，士兵的组织承诺可以通过所有以下这些因素来进行预测：个体分析层次上的组织支持认知和领导满意度，单位分析层次上的领导风格，以及服兵役/环境（陆军、海军和空军）分析层次上的组织文化。此外，正如道德领导的示例研究所示，多层次数据分析也可能对预测变量之间的交互作用建模，这种交互作用既可能是层次内的（如个体对组织支持的认知和个体对领导的满意度之间的交互作用），也可能是跨层次的（如单位领导风格和组织文化之间的交互作用）。

在定量和定性研究中的应用

多层次数据分析或多层次建模这两个术语是指一组相关的方法，用于分析两个或更多层次上测得的定量数据。虽然定量分析在这一研究领域中占主导地位，但定性多层次研究也被认为是重要的。斯努克（Snook，2000）曾对美国黑鹰在伊拉克北部遭到意外击落的事件进行过研究，在这项著名的研究中，他不满足于个体层次的叙述（为什么 F-15 飞行员错误地识别了黑鹰？）、群体层次的叙述（为什么空中预警机 AWACS 没有介入？）或组织层次的叙述（为什么陆军航空分队没有被整合进特遣部队的军事行动中？）。斯努克没有仅仅列出单独层次上的解释，尽管这些解释本身是有趣的和重要的，相反，他发展了一种理论，用跨层次的机制来解释这一不幸。他的"实践漂移"（practical drift）理论强调了实践与书面程序之间缓慢而持续地脱节，它发生在整个组织中，导致了军事上的这一悲剧事件，这一事件大概并不像人们预想的那么特殊。

这是一项令人印象深刻的多层定性研究，但是多层研究还是主要发展了定量技术，将它们用于定量研究。可以用各种名称命名多层次模型，如分层模型（hierarchical models）、混合模型（mixed models）、聚类模型（cluster models）、增长曲线模型（growth curve models）、脉络模型（contextual models）和随机系数模型（random coefficient models）。这些模型将个体层次数据的聚类或在更高层次结构中的嵌套考虑在内，扩展了传统的线性模型。最低层次的测量通常被认为是微观水平的，所有较高层次的测量都被说成是宏观水平的（Kreft and de Leeuw，1999）。在基本的两层线性模型中，微观层次的数据或第一层单位（例如士兵）嵌套在宏观层次或第二层单位（例如排）中，两个分析层次上的变量都包含在模式一中（Bliese and Jex，2002）。

【208】

最基本的多层次模型通常是回归模型，它们的系数是线性的，可以用两种等价的代数形式来表示。它们可以表示为一个方程，将微观层次的结果与一组微观层次的变量联系起来，以及一组方程，将微观层次模型的系数表示为宏观层次变量的函数。或者，可以用一个单独的方程来表示这些多层次模型，其中微观层次的结果变量表示为微观和宏观变量的函数。第二种形式通常包括微观层次和宏观层次变量之间的交互作用，或跨层次的交互作用，本章将在下面讨论这些内容（DiPrete and Forristal，1994）。

在考虑多层次数据分析时，要注意与变量水平相关的几个术语，它们很重要（Chan，2006）。全局变量（global variables）是在自然水平上测量的变量（Hox，2010）。例如，士兵服役年限和性别是个体层次的全局变量，排的规模是群体层面的全局变量。值得注意的是，在给定层次上测量的变量是可以通过聚合"移动"到更高的层次上的，这需要将较低层次上的单位分组，形成少数较高层次的单位。例如，通过计算士气的平均分数来汇总士兵士气得分，就可以形成单位士气得分。这种从较低层次聚合到较高层次的新变量，称为分析变量（analytical variables）。同样，可以通过解聚（disaggregation），将变量从较高层次移到较低层次，这需要将较高层次上的变量分解，形成更多的较低层次的单位。例如，在将排的规模解聚到士兵的层次时，排中的每位士兵都被指派一个相同的数值，即排的规模。创建因解聚而生成的新变量会将较高层次的脉络（排）信息提供给较低层次的单位（士兵），这种从较高层次解聚为较低层次上的变量，称为脉络变量（contextual variables）。重要的是要注意，创建这些变量时应该明智，要对结构效度予以重视（Chan，2006）。在陈（Chan，1998）的研究中，他讨论了一个详细的框架，该框架规定了这些不同层次上的概念之间的函数关系，可以用这一框架来说明这些变量的构造。

分析层次之间的关系

传统的数据分析方法，例如普通最小二乘法（OLS）回归模型，试图将个体和脉络层次的变量包含在内，这并不适合于理解这些多层影响。特别是对较高层次或脉络单位内的个体水平观察值进行聚类时，违反了独立误差假设，会导致参数估计和标准误差上的偏差（Bliese et al.，2002）。在同一群体内，个体水平的观察值当然不是真正独立的，因为群体成员之间存在一些潜在的相似性，导致了观察值之间的依赖性以及这些群体层次的单位内误差（Fullerton et al.，2007）。

多层次建模的一个重大优点是，不需要观察值具有独立性，实际上，在每个分析层次上，都常常会违反独立性（Tabachnick and Fidell，2007）。例如，某个陆军作战训练课程中的新兵可能会相互影响，或者是受他们的教练的影响，因此，可能比其他的陆军作战训练课程中的新兵更有相似性。同样，陆军训练学校中的新兵可能比各种不同训练学校中的新兵更加相似。此外，可能存在层级之间的交互作用（或跨层次的交互作用，如示例研究中和下述讨论中的那样）。例如，对于那些身处陆军训练各环节中的学生来说，他们的特征可能与该环节的教练所使用的方法存在交互作用。如果忽略数据的分层或嵌套性质，就像处于同一层次上那样去分析它，就会导致解释和统计上的误差（Chan，2006；Dansereau et al.，2006；Snijders and Bosker，1999）。

解释误差的主要类型之一是区群谬误（ecological fallacy），也称为罗宾逊效应（Robinson effect），区群谬误认为，群体层次上的关系意味着个人层次上的关系（Hox，2010）。例如，利用服兵役的数据（例如陆军、海军和空军）来推断个人（例如，士兵、水手、飞行员或女飞行员）。不承认数据中存在组内变异性（within-group variability）可能会扭曲要检验的关系（Heck and Thomas，2009）。区群谬误可能是正向的，也可能是负向的。当利用群体层次上的关系（例如，在有些社区中，军人家庭资源中心（MFRC）提供了更多的服务，这些社区中的军人家庭也更健康），在个人层次上得出相同的关系结论时（例如，军人家庭利用家庭资源中心服务的次数越多，这些家庭就更健康），就犯了正向区群谬误。当群体层次上没有的关系（例如，在一个部队中，有创伤后应激障碍的士兵比例与该部队的自然减员之间没有关系），就得出结论说，个体层次上也没有某种关系（例如，创伤后应激障碍与所在军队的自然减员之间没有关系），就犯了负向区群谬误。在这种情况下，该群体被错误地用作分析单位，从而导致了较低的样本容量，这个样本容量基于的是群体的数量，而不是每个群体内个体的数量。统计上，这类分析会导致标准误差增加和统计功效降低，因此，更有可能犯Ⅱ型错误，即在它实际存在时，却错误地没有观察到效果（Chan，2006）。

忽略数据的分层性质也可能导致另一个主要的解释误差类型，它就是原子谬误（atomistic fallacy），有时也称为个体谬误，该谬误指的是，基于个人层次上收集的数据，推出群体层次上变量的结论。例如，更为频繁部署的士兵具有更强的战士认同，而不是维和人员认同，因此，在更为频繁部署的排中，排长也更加重视战士认同。统计上看，如果用低层次上的分析去做群体层次上的推断，I 型错误（即错误地断定效果存在，而实际上它并不存在）就会膨胀，因为分析建立在过多的自由度的基础之上，它们实际上并不独立，从而错误地减少了标准误差，高估了感兴趣的参数的精度（Heck and Thomas，2009）。

组内相关性

正如所讨论的，在分层嵌套数据中，通常假设，与第二层次的不同单位中的个体相比，同一群体或第二层单位内的个体或第一层的单位之间都彼此更为相似。通过计算组内相关性（intra-class correlation），可以测量群体内个体的这种同质性或相似性（Bliese et al.，2002）。在小队、排和连的层次上计算组内相关性，是示例研究对道德领导和文化影响进行数据分析的首要一步。这些相关系数的范围表明，不同层次的数据适合于聚合到更高的相邻层次上（Schaubroek et al.，2012：1063–1064）。

高组内相关性表明，群内个体是同质的，或群体之间差异很大。一般【210】来说，低组内相关系数意味着群体之间只是略有差异。组内相关系数为零，意味着在感兴趣的变量上不存在群体之间的差异，也意味着在该变量上，同一群体的个体之间的差异性与不同群体的个体之间的差异性相似。因此，如果组内相关系数为零，聚类数据对所研究变量之间的关系就没有任何影响，在进一步的分析中也可以忽略不计。相反，如果存在很大的组内相关系数，对组内相关系数进行建模就是适宜的，因为它将数据的嵌套结构考虑在内，能够更好地理解感兴趣的现象（Kreft and de Leeuw，1999）。

可以认为，组内相关系数是测量个体单位相依性的指标（Bliese，2000），组内相关性的存在表明，适用于传统数据分析技术的观察值独立性假设不成立。个体在空间或时间上接近，能分享的共同经历就会更多，也就越可能彼此相似或依赖。此外，考虑组内相关性的存在很重要，因为这些相关系数改变了传统统计分析技术中的误差方差，正如上文所述。在观察值独立性假设下，误差方差反映了所有忽略变量和测量误差的影响。因此，在传统的分析中，忽略变量被假设为具有随机效应，而非结构效应，但是正如本章所讨论的，如果数据是分层的或嵌套的，通常就不是这种情况（Kreft and de Leeuw，1999）。值得注意的是，在做数据聚合的决策时，也经常使用组内相关系数（希望了解更多细节，可参考 Bliese，2000；Kozlowski and Klein，2000）。

跨层次交互作用

跨层次的交互作用或影响，顾名思义，需要分析不同层次之间的交互效应，例如，个体层次预测变量和群体层次预测变量之间的交互作用。当这种交互作用存在时，个体层次变量对结果的影响就被称为由群体层次的变量所调节。作为扩展，两个个体层次变量之间的关系对结果的影响，也可能会通过一个群体层次的变量来进行调节（即个体层次变量之间关系的性质在不同的群中可能是不同的）。例如，在一项关于部署如何影响挽留军人的研究中，就得出了混合的结果。为澄清这些混合结果，论文指出，部署类型（在群体层次）可以调节这一关系，有些个体被部署在不太敌对的军事行动或维和行动中，对于这些军人来说，部署会增加留下来的可能性，有些个体被部署在更为敌对的军事行动中，对于这些军人来说，部署会降低留下来的可能性（Fricker et al.，2003；Wisecarver et al.，2006）。在道德领导的示例研究中，也可以发现，如果高层次的领导是道德的，那么在同一部队中，道德领导对道德文化的影响更大，如果高层次的领导不太注重道德的话，在同一部队中，道德领导对道德文化的影响也就更为有限。这些类型的交互效应只能用那些考虑到数据嵌套结构的模型来检验，而且，只有这样的模型才能具体说明这些跨层次交互效应的估计值。

多层线性建模（HLM）

在已创建的多层次数据分析技术中，有两种主要类型，它们是多层线性模型（hierarchical linear model，HLM）和多层潜变量模型（multilevel latent variable model）。要了解多层线性模型，需要有多元回归的基本知识。【211】此外，理解多层潜变量模型还需要有潜变量（即协方差结构）分析的基本知识（Chan，2006）。多层次数据分析技术的详细讨论超出了本章的范围，但是，在本章，还是会简要介绍一下多层线性模型，因为在多层次研究中，多层线性模型代表了最常使用的多层次进路（Hox，2000）。在示例研究中，多层线性模型也是绍布洛克等人（2012）使用的分析技术，他们用多层线性模型分析了不同层次之内和之间的道德领导和文化的影响。

多层线性模型是一种极其有用的多层次数据分析进路，很受欢迎。它允许在结果变量中识别和划分出不同的方差来源，通过利用不同分析层次上的多个预测变量，进一步提供对不同方差来源进行建模的手段。此外，多层线性模型也提供了一种能评估跨层次主效应和跨层次交互作用的强大工具。

多层线性模型通常被用来评估个体和群体层次上的预测变量对个体层次上结果的影响，以及群体层次上的变量对个体层次变量之间关系的调节影响（Gavin and Hoffman，2002）。

更具体地讲，多层次建模允许截距（均值）和斜率（因变量–预测变量的关系）在群体之间有所不同，以此来处理潜在的群体效应，以及群体内个体水平观察值之间的潜在相依性。例如，多层线性模型允许新兵训练分数（因变量）和新兵能力分数（预测变量）之间的关系在训练学校之间有所不同。在下一层次的分析中，将群体截距和斜率视为因变量，就可以对这种变异性进行建模。例如，在下一层次的分析中，训练学校内的均值与斜率上的差异性可以由训练学校之间的教练领导力来加以预测。

可以认为，多层线性模型在概念上是一种两层次进路，层次一的分析包括，将结果（如训练分数）分别回归到每个群体或训练学校的标准（如能力分数）上。回归方程为每个群体提供估计，生成截距项和斜率项，概括每个群体或训练学校的训练分数和能力之间的关系，它并不假定这个关系在各个训练学校之间具有一致性。在多层线性模型中，层次二的分析会评估训练学校预测这些截距和斜率的程度。因此，在该多层线性模型中，在模型的层次一部分估算能力的主效应，在模型的层次二部分，通过将截距项回归到训练学校上，估算训练学校的主效应，通过将斜率项回归到训练学校上，估算能力与训练学校之间的跨层次交互作用（Castro，2002；Gavin and Hofmann，2002）。显著的跨层次交互作用表明，群体层次的变量调节了两个个体层次变量之间的关系（例如，能力分数与训练分数之间的关系是由训练学校调节的），因为层次一中的关系值不同（即层次一的回归方程的斜率值不同），或者说，这个关系值依赖于层次二或群体层次的变量值。当该关系有可能存在调节效应时，应该谨慎地解释主效应，这与传统的单一层次的普通最小二乘回归分析并无差别（Gavin and

Hofmann，2002）。

最早运用多层次数据分析时，侧重在与连续性结果相关的两个层次上，但是该基本模型已经以多种方式被扩展了，能包括三个或更多层次的分析，**【212】**产生各类不同的结果。研究者应该根据特定的数据特征以及研究的总体目标来选择具体的多层次数据分析进路（Heck and Thomas，2004）。

纵向研究：增长曲线分析

截面多层次模型可以检验嵌套在较高层次单位中的个体数据。在纵向分析中，多层次模型检验的是嵌套在个体内部的重复测量模式。虽然在大多数的分析中，数据的最低层次通常是个体，但是，在纵向设计中，数据的最低层次是对个体的重复测量，将这些测量表述为嵌套在个体内。因此，在纵向分析中，并不分析不同群体脉络中的个体间差异，而是主要关注个体内部的历时变化分析（Bliese et al.，2007；Han and Andres，2014，本卷第17章）。在这种情况下，组内相关性测量的是，与他人的行为相比，同一个人的行为与其先前的行为更为相似的程度（Kreft and de Leeuw，1999）。

纵向研究历时性地单独分析每位个案，所以可以评估增长曲线中的个体差异（Heck and Thomas，2009）。例如，在其军人父母的整个部署过程中（例如，先后历经部署前阶段、部署阶段和部署后阶段），军人子女是否在适应性方面有所不同？如果是的话，是否有预测这些差异的变量，例如，其他家庭成员或军人家庭服务机构的支持？

对多层次建模的思考

理论指导的作用和预测变量的选择

多层次数据分析的主要目的是考虑不同分析层次上的预测变量，因此，在所有的分析层次上，预测变量之间的相关性都要一并考虑并相互调整。结果是，与这些预测变量有关的回归系数更有可能在统计上不显著了。因此，在解释感兴趣的现象时，至关重要的是选择合适的预测变量的数量和组合，以便能最大限度地提高分析的效用。特别建议只选取极少数的预测变量，而且这些预测变量之间相对来说互不相关（Tabachnick and Fidell，2007）。当然，在挑选预测变量时，应该有强有力的理论及概念性理由，这有助于选择有限数量的预测变量，优化对所研究现象的解释。

只有理论上最相关的预测变量才会被纳入初始模型。接下来，可以按照重要性的顺序来添加预测变量，一些变量无法改善所研究现象的预测水平，就要把它们从分析中删除，除非它们对跨层次的交互作用有意义（Raudenbush and Bryk，2001）。如果存在大量潜在的预测变量，可以首先使用一些简单的建模技术，例如线性回归，对它们进行筛查，剔除那些从一开始就无助于解释所研究现象的预测变量。此外，如果样本足够大，建议使用一半样本来构建模型，另一半样本来交叉验证这类探索性分析，这可以削弱偶然因素对探索性模型构建技术的影响程度（Tabachnick and Fidell，2007）。

统计假设和样本规模　【213】

与传统数据分析技术有关的统计假设和限制一般也适用于多层次数据分析技术（Castro，2002）。因此，在做初步的数据清理和分析时，有必要评估它们是否符合分布假设，是否有异常值。

在理想的情况下，建议在每个较高层次的单位内，做较低层次预测变量的筛查。但是，这可能不太实际，特别是在较高层次单位数量很大的情况下。在这种情况下，较低层次的单位可以在较高层次的单位上进行合并。同样，如果可能的话，应该在第三层次的预测变量内检查第二层次的预测变量，或者，可以将第二层次的预测变量在第三层次中的所有预测变量上聚合（Tabachnick and Fidell，2007）。

多层次模型一般本质上比传统模型更复杂，因为它们需要在不同的分析层次上计算更多的方程。正如所讨论的，除了每个层次内那些令人感兴趣的效应，每个层次上的参数影响同样具有吸引力，包括截距和斜率。因此，这类模型通常在每个层次上都需要较大的样本量，以抵消此类模型固有的不稳定性（Chan，2006）。本项示例研究是以2 048名士兵的样本为基础的，这是建立多层次模型所必需的，在随后的每个层次上，包括的个案就比较少了，如小队，接下来是排，最后是连。

与大多数分析一样，样本量增加，效应更大，标准误差更小，功效也会随之增加。但是，在这类分析中，也存在一些更复杂的、与功效有关的问题，它们涉及不同分析层次上的效应。例如，已经表明，功效随组内相关系数（即群间差异相对于群内差异，如上所述）的增大而增长，特别是在检验较高层次效应和跨层次交互作用的情况下。一般来说，研究证明，与其他情况相比，群（或第二层次的单位）的数目较多，且每个群中的个案较少（第一层次的单位），功效会更大，而当这两个层次上的样本量都较大时，功效也会增加（Tabachnick and Fidell，2007）。

局限和注意事项

多层次数据分析能分析复杂现象，能考虑不同分析层次上预测变量的影响，并提供了复杂的方法，但是还是要认识到，与较为传统的进路相比，利用此类模型时，是要在它们之间权衡取舍的，这一点十分重要。还有一个特别需要考虑的要点是，尽管多层次模型能更切合实际地解释现实生活中的现象，但是这类模型通常更加复杂，可能并不总是最好的方法。多层次数据分析常常生成更为复杂的统计模型，这些模型通常比简单模型更难解释，值得注意。

复杂模型的结果也常常更难于在不同的样本和研究中加以复制。因为这类模型对更复杂系统中的变化更加敏感，可能需要更多的解释变量，也需要在层次结构的多个层次上进行测量，该类模型还可能将各层次变量之间的多个跨层次的交互作用包含在内，导致参数估计值在模型之间极不稳定（Kreft and De Leeuw，1999）。至少，在做探索性数据分析时，或者在做大量修订以增进模型的拟合度时，一般不建议此类模型（Kreft and De Leeuw，1999）。

【214】　　此外，还要注意较高层次的单位数，不要将较高层次的单位数与整个研究中的样本规模或较低层次的观察值数相混淆，这一点很重要。虽然对于较低层次估计值的显著性检验来说，它的统计功效取决于较低层次的整个样本规模，但是对于较高层次的估计值和跨层次的交互作用来说，较高层次的单位数决定了这一估计的统计功效。由于多层线性模型和其他多层次技术都假设了样本规模要大，为恰当地检验和解释多层次分析的效果，

就必须确保足够大的群体数（Castro，2002；Chan，2006）。

最后，虽然多层次模型非常灵活，能够对各种假设进行检验，包括多个层次上的变量与关系及其各种跨层次的关系，但是这种灵活性也使该类模型更易滥用，造成误判或误解（Chan，2006），例如，上文中讨论过的区群谬误和原子谬误。

结　论

军事研究中的多层次或等级性无处不在。军事研究者对了解个体（或其他微观单位）在其社会或组织脉络中的情形很感兴趣。对于那些身居较高层次群体或脉络中的个体来说，他们常常具有共同的属性或特征，或者具有共同的经历。同样，群体或脉络的性质也有可能受到其中个体的影响。很明显，多层次分析不仅有用，实际上，也常常是军事研究的重要进路，它使研究者能更准确、更完整地理解调查研究中的现象。

参考文献

Bliese P.D.2000. "Within-group agreement,non-independence,and reliability:Implications for data aggregation and analysis." In Klein K.J.andKozlowski S.W.(eds.),*Multilevel Theory,Research,and Methods in Organizations*,pp.349–381.San Francisco,CA.:Jossey-Bass.

Bliese P.D.,Chan D.,Ployhart R.E.2007. "Multilevel methods:Future directions in measurement,longitudinal analyses,and nonnormal outcomes." *Organizational Research Methods* 10(4):551–563.

Bliese P.D.,Halverson R.R.,Schriesheim C.A.2002. "Benchmarking multilevel methods in leadership:The articles,the model,and the data set." *The Leadership Quarterly* 13(1):3–14.

Bliese,P.D.,Jex,S.M.2002. "Incorporating a multilevel perspective into occupational stress research:Theoretical,methodological,and practical implications." *Journal of Occupational Health Psychology* 7(3):265–276.

Castro S.L.2002. "Data analytic methods for the analysis of multilevel questions:A comparison of intra-class correlation coefficients,rwg(j),hierarchical linear modeling,within-and between-analysis,and random group sampling." *The Leadership Quarterly* 13(1):69–93.

Chan D.1998. "Functional relations among constructs in the same content domain at different levels of analysis:A typology of composition models." *Journal of Applied Psychology* 83(2):234–246.

Chan D.2006. "Multilevel research." In Leong F.T.L.andAustin J.T.(eds.)*The Psychology Research Handbook*.2nd ed.,pp.401–418.Thousand Oaks,CA.:Sage.

Dansereau F.,Cho J.,Yammarino F.J.2006. "Avoiding the 'Fallacy of the Wrong Level':A within and between analysis (WABA)approach." *Group and Organization Management* 31(5):536–577.

DiPrete T.A.,Forristal J.D.1994. "Multilevel models:Methods and substance." *Annual Review of Sociology* 20,331–357.

Fullerton A.S.,Wallace M.,Stern M.J.2010. "Multilevel models." In K.T.Leicht and J.C.Jenkins (eds.)*Handbook of Politics:State and Society in Global Perspective*,Handbooks of Sociology and Social Research,pp.589–604. Springer Science and Business Media.

【215】 Fricker R.D.,Hosek J.and Totten M.E.2003. "How does deployment affect retention of military personnel?" RAND Corporation(research brief).

Gavin M.B.,Hofmann D.A.2002. "Using hierarchical linear modeling to investigate the moderating influence of leadership climate." *The Leadership Quarterly* 13(1):15–33.

George J.M.,James L.R.1994. "Levels issues in theory development." *Academy of Management Review* 19(4):636–640.

Han J.,Andres M.2014. "Studying Longitudinal Influences on the adjustment of new recruits in the Chinese military." In Soeters J.M.M.L.,Shields P.M.and Rietjens S.J.H.(eds.)*Routledge Handbook of Research Methods in Military Studies*,London:Routledge.

Heck R.H., Thomas S.L.2009.*An Introduction to Multilevel Modeling Techniques*.2nd ed.Routledge:New York.

Hox J.J.2000. "Multilevel analyses of grouped and longitudinal data." In Little T.D.,Schnaubel K.U.,and Baumert J.(eds.),*Modeling Longitudinal and Multilevel Data:Practical Issues,Applied Approaches,and Specific Examples*, pp.15–32.London:Laurence Erlbaum.

Hox J.J.2010.*Multilevel Analysis:Techniques and Applications*,Routledge: New York.

Kozlowski S.W.J.,Klein K.J.2000. "A multilevel approach to theory and research in organizations:Contextual,temporal,and emergent processes." In Klein K.J.and Kozlowski S.W.J.(eds.),*Multilevel Theory,Research and Methods in Organizations:Foundations,Extensions,and New Directions*,3–90.San Francisco:Jossey-Bass.

Kreft I.,De Leeuw J.1999.*Introducing Multilevel Modeling*,London:Sage.

Raudenbush S., Bryk A.S.2001.*Hierarchical*.2nd ed.Newbury Park,CA.:Sage.

Rousseau D.M.1985. "Issues of level in organizational research:Multi-level and cross-level perspectives."*Research in Organizational Behavior* 7:1–37.

Schaubroeck J.M.,Hannah S.T.,Avolio B.J.,et al.2012. "Embedding ethical leadership within and across organizational levels." *Academy of Management Journal* 55(5):1053–1078.

Snijders T.A.B.,Bosker R.J.1999.*Multilevel Analysis:An Introduction to Basic and Advanced Multilevel Modeling*.2nd ed.London:Sage.

Snook S.A.2000.*Friendly Fire:The Accidental Shootdown of U.S.Black Hawks over Northern Iraq*.Princeton,NJ.:Princeton University Press.

Tabachnick B.G.,Fidell L.S.2007.*Using Multivariate Statistics*.5th ed.Toronto,ON.:Pearson.

Wisecarver M.M.,Cracraft M.,Heffner T.S.2006.*Deployment Consequences:A Review of the Literature and Integration of the Findings in a Model of Retention*.U.S.Army Research Institute for the Behavioural and Social Sciences.

19 跨国军事研究

—— 军事行动风格比较

基亚拉·鲁法，约瑟夫·索特斯

Ruffa C.2014. "What peacekeepers think and do：An exploratory study of French，Ghanaian，Italian and South Korean Armies in the United Nations Mission in Lebanon." *Armed Forces & Society* 40（2）：199–225.

《维和人员的思想与行动：一项对联合国驻黎巴嫩特派团中的法国、加纳、意大利和韩国军队的探索性研究》（*What peacekeepers think and do:An exploratory study of French, Ghanaian, Italian and South Korean Armies in the United Nations Mission in Lebanon*）一文研究的是不同国家的军队是怎样以及为何在军事行动中表现出反复出现的系统性差异的。联合国驻黎巴嫩临时部队于 2006 年黎巴嫩战争之后成立。鲁法重点关注了四支不同国家的特遣队，研究他们在和平行动期间的日常军事活动中是如何表现的。鲁法认为，各国部队的日常军事活动（例如，部队防护、军民协调和作战活动）存在差异。这种差异与他们对所面临作战环境的理解方式相一致，这些作战环境"被建构起来"的方式又与他们在行动国的过往经历相一致。

本文在方法论上以深度实证研究为基础，在此基础之上对所选取案例进行谨慎的比较研究。案例选取遵循受控比较逻辑，依据两个标准：首先，各国军队必须在类似的情况下被部署，即他们的军事行动难度相似，任务相同，且大体上处在相同的区域；其次，特遣队之间还必须足够不同，以便能对差异进行预期。依据这两个标准选取了四个国家的特遣队，包括两个西方国家（法国和意大利）特遣队和两个非西方国家（加纳和韩国）特遣队。

这四支特遣队的部队人数相似，他们的实际能力却各不相同。加纳特遣队是相对贫穷的非洲军队；韩国富有，其装备极其精良；法国和意大利部队在装备和车辆方面水平很高，特征几乎相同。除此之外，在此次任务之前，四国军队大体上都有过在黎巴嫩执行军事任务和维和行动的不同经历。

本研究中的数据收集方法非常兼收并蓄，既引入了解释学的研究策略，基于深度访谈和参与观察，也以军衔为分层变量进行样本选取，通过在该样本中分放问卷来收集数据。对于这四支军队中的每一支，研究者都得到了各国当局的准入许可，这些正式许可使研究者有了几个月的时间，能在战地环境中接近四支特遣队中的士兵。

【217】

鲁法是一位女性民间研究者，她获得了充分进入现场的机会，当然，她自己的身份和语言技能都是不可控因素，这可能会影响实际的研究结果。她的数据分析建立在三角测量和多种来源的基础之上，在整篇论文中，她都利用了访谈记录、观察和问卷调查的结果。

该研究有三个主要发现。首先，在日常的军事活动中，法国、意大利、加纳和韩国特遣队始终存在显著差异。加纳和意大利部队将人道主义活动列为优先事项，而法国和韩国特遣队强调巡逻的重要性，并展现出较高的部队防护水平。其次，这四支军队中的每一支都对其所处的环境有自己的理解，四支军队之间的差异性与它们的这些理解方式相一致。加纳和意大利特遣队的威胁意识相对较低，他们不认为存在敌人，在对动用武力的解释上也有所保留；法国和韩国特遣队对局势的认知方式有所不同，他们认为，这一军事行动有很高的威胁等级，存在真正的敌人。第三，这一研究发现与这些军队在行动国的过往经历相一致。在1984年至1985年的多国部队期间，法国在黎巴嫩遭受了全面重创，法国士兵在感受他们的行动环境时，就将该环境与这一创伤经历联系在了一起。韩国军队对环境的认识似乎与他们缺乏经验有关，联黎部队Ⅱ是他们的第一次维和行动。相比之下，意大利士兵对黎巴嫩有着良好的记忆，因为在多国部队期间，他们几乎没有人员伤亡，加纳军队对该国的记忆也很好，这似乎是其长期驻扎在联黎部队内的缘故。

引言

将跨国研究用于军事领域似乎是一个较新的现象，但是在社会和行为科学中，跨国研究总的来说并不是什么新鲜事。在许多情况下，各个国家都有几个世纪的历史，都有着和民族有关的语言与经济、法律与法规、传统与日常实践以及政策与国家夙愿，都有着让彼此之间变得如此不同的类似事件。欧元区的危机反映了这种差异性，尽管人们乐观地希望生产和贸易的国际化会轻而易举地平缓这些差别。显然，这种跨国差异相当顽固，即使它们十分微妙，也许还并不总是那么容易识别。

在社会和行为科学中，心理特征（例如，学习风格）、组织结构（例如，等级制度和形式化）以及政治文化和普遍的社会价值观念（例如，世界主义），都具有国际方面的差异性，这些差异已经引起广泛的学术关注，导致了分支研究的建立与蓬勃发展（Almond and Verba，1963；Hofstede，2001；Chokar et al.，2007）。比较社会研究十分复杂，为此，还涌现出了关注与思考它的专门的方法论，正如普热沃斯基和特恩（Przeworski and Teune，1970）、李帕特（Lijphart，1971）、范·德·维尔和梁（van de Vijver and Leung，1997）以及达维多夫等（Davidov et al.，2011）的研究那样。这些研究大多具有复杂的定量研究性质，但是最近也有定性研究发表，例如《国际跨文化管理杂志》中发表的相关论文。

【218】如上所述，在军事研究中，对这种国际差异的关注在实践上并非真正成熟，也许因为武装力量是一种典型的国家现象，它引起的学术关注主要发生在国家层面上。"一国一案"的进路似乎主导了军事研究，尤其是军事史。但是越来越需要国家武装部队参与跨国战略和国际合作，跨国研究和比较军事研究也就开始逐渐增多起来。有时候，它们更具有历史性，例如，基尔（Kier，1997）研究了法国和英国在两次世界大战期间的理论发展，约翰·纳格尔（2002）的著名研究探讨了英国在马来亚的军事行动和美国在越南的军事行动（另见 Lieb，2012）。有时，跨国研究也会对国家武装部队的具体特征进行一系列国家层面的描述，包括政策、变革、战略、投入特征或行动期间的适应性（Kuhlman and Callaghan，2000；Moskos et al.，2000；Caforio，2000；Farrell et al.，2013）。

对于在联合军事行动中开展行动的国家军队来说，他们迫切需要对该行动进行深入研究，无论是在同一作战区域里，还是在同一任务中（Soeters and Manigart，2008；Soeters and Tresch，2010）。有人认为，国家武装部队如何处理冲突局势是一回事，对该任务如何进行解释又是另外一回事，二者很可能不同，因此，研究这些军事行动方面的差异性有助于人们更好地理解预防、遏制和解决暴力冲突的途径（Soeters，2013b）。谨慎地比较作战行动及其风格，甚至有可能增进对因果机制和循证实践的理解，虽然有时是以一种准实验的方式。这在军事研究中很有必要。正如莫里·霍华德（Howard，2008）的研究，他对10个联合国使团的成败进行了比较。

在本章中，我们会重点讨论这一领域中的一些方法论问题，它们都与对国家军队的军事行动风格研究有关。开展军事行动是军队的独特价值之所在。我们可以对"和平时期"的防御政策、人力资源实践、军队结构、规则和条例进行比较，比较的原则和规则与比较行政、政治、组织和经济研究中的方法论实践没有什么不同。因此，我们这里主要关注的是军事行动中的军队。

目的：描述、理论发展和理论检验

对军事行动中的军队进行比较时，既可以是纯描述性的，也可以是理论导向的。有些军队我们以前没有研究过，或者我们主要有他们的轶事证据（anecdotal evidence），描述性研究可以提供这些军队的信息。一旦从经验上对军事行动风格的差异性进行了评估，就可以选择不同类型的研究设计。一般来说，有两种选择（George and Bennett，2005）。首先，可以对比或补充一些军队特征方面的现有知识。可以利用军队行动风格之间的比较结果来发展新理论，提出新假设。例如，如果一位学者发现，在相似条件下，部署在同一和平行动中的各支军队之间有差异，这种差异具有持续性和系统性，他就可以提出一个假设来解释这些差别，找回遗漏变量并提出新的变量。其次，可以用新的案例去检验已有假设，出于理论检验的目的来比较不同的军事行动风格。例如，了解哪种军事行动风格在特定情况下最有效，或者了解文化是否解释了军事行动风格上的差异。

一般来说，目标可以是：（1）描述不同国家的军事行动风格；（2）确认并研究作为因变量或干预变量的"军事行动风格"（例如，当一位学者想考察什么因素决定了军事风格在各国之间的差异性时）；（3）确认并研究作为自变量的"军事行动风格"（即不同的军事行动风格如何影响了任务的结果和军队的具体效能）。显然，如果所有这些学术抱负都可以使人们更加理解如何通过军事手段并结合其他工具来预防、遏制和解决暴力冲突，这些抱负就具有广泛的现实意义。

【219】

当在军事行动中部署士兵时，士兵会将他们的行动逻辑与全部技能付诸实践，这是由他们的社会背景，他们的组织传统、使命、"世界观"、领导风格和训练程序带来的。在日常军事活动中，士兵会展现出其组织的核心特征。因此，比较执行同一任务期间的各个军队，几乎就像在某类研究者的实验室。它提供了一个机会，能收集军队日常实践的证据，这些证据来自组织记忆、文化、领导、适应、对现有作战环境的反应及其所属国家社会中的军民关系传统。正如组织学者所指出的，军事实践是路径依赖的。此外，对军事行动中的军队进行比较时，研究者也能控制军事行为的其他决定因素，如装备与其他物质资源的作用、作战区域中的"困难"、任务的内容与范围。控制其他决定因素的可能性与研究设计有关。

研究设计和案例选择 [1]

研究设计很大程度上取决于研究者心目中的研究目的是怎样的。在这里，案例选择是要点。这个具体的方法论问题可以追溯到实验法的起源，由约翰·斯图亚特·穆勒（John Stuart Mill）在约 175 年前提出（Lijphart，1971；Moses and Knutsen，2007）。这一方法基于对不同情形的仔细比较，这些情形可能在时间上有所不同：在事件或干预发生之前、期间和之后。或者通过比较不同的组：以最简单的形式比较一个具有某种特征的组（如某种干预）和一个没有该特殊特征的控制组。当然，大多数的实验研究设计都比这个更复杂。在自然科学和生命科学中，实验法已成为主导的研究策略。新的药品、医疗或食品如果没有被一系列的实验所广泛检验，就不得在市场上出售。

在社会、组织和行政科学中，与时间有关的条件或不同组别的条件都不能以实验室研究的方式被操纵。不过，近年来，在政治学和经济学等领域，实验设计已成为一种新趋势，一方面，开辟了有希望的研究途径；另一方面，也提出了巨大的可行性和伦理问题（Fotini et al., 2013）。在这些学科中，最好的方法似乎是争取所谓的准实验研究（quasi-experimental research）（Campbell and Stanley, 1963）。如上所述，比较法与（准）实验逻辑有关。为了提出甚至是检验假设的因果推断，基本上要利用两种研究设计（Przeworski and Teune, 1970: 31-46）。可以选择那些最为相似的案例进行比较（见表19.1）；或者正好相反，选择那些最不相似的案例进行比较（见表19.2）。

表 19.1　五个案例与六个变量的最为相似的比较研究设计

	案例 1	案例 2	案例 3	案例 4	案例 5
变量 X1	0	0	0	+	+
变量 X2	0	0	0	0	0
变量 X3	0	0	0	0	0
变量 X4	+	+	+	+	+
变量 X5	+	+	+	+	+
因变量 Y	0	0	0	+	+

表 19.2　五个案例与六个变量的最具差异的比较研究设计

	案例 1	案例 2	案例 3	案例 4	案例 5
变量 X1	+	+	0	+	+
变量 X2	+	+	+	0	0
变量 X3	0	+	+	+	0
变量 X4	0	0	0	+	+
变量 X5	+	0	+	0	+
因变量 Y	+	+	0	+	+

在第一种研究设置中，所有的案例都在变量 X2 至 X5 上相似，而在 X1 和 Y 上，存在可以进行比较的差异性（见表19.1）。因此，可以将 X1 视为解释因变量 Y 差异性的相关因素。这是基于证实（verification）的思想，理想情况下，会导致因果推断。

在表19.2中，呈现的研究设计包括五个案例，它们在变量 X2 至 X5

上取值不同，而在变量 X1 和因变量 Y 上，显示出相似的分数，这意味着它们以某种相同的方式共同变化。因此，X1 和因变量 Y 是相关的，甚至可能是因果相关的。这种设置是基于证伪（falsification）的思想，即不相关的变量可以排除在解释因素之外。此类研究中的案例通常数量有限，是所谓的小样本研究，难以确定效应，因此利用布尔代数开发了新型的数据【220】 分析技术（Ragin，1989）。

显然，在分析四个国家的黎巴嫩特遣队时，鲁法（2013）利用了最相似的进路。大量的变量（时间段、任务、命令、任务分配、部署区域、军事行动环境）是相似的，而基于以往经历的形势认知和特遣部队的军事行动进路这两个变量是不同的。因此，后两种特征之间的关系假设就被提出来了。更为重要的是，她的研究设计比人们通常在军事研究中看到的要严格得多，而证实这一假设的数据正是基于该研究设计收集的。

军事研究中的学者到目前为止还不是十分清楚这些方法论问题。纳格尔（2002）的著名研究比较了英国在马来亚的军事行动和美国在越南的战争。在这项研究中，设置不如鲁法的研究那么严格，因为至少时间段不一样（20 世纪四五十年代相比于 20 世纪六七十年代），两个西方国家的地位也不一样（几个世纪以来的殖民大国与一个新的入侵大国）。因此，国家军事行动风格和效能之间的关系可能不如所认为的那么强。索特斯（2013a）比较了 20 世纪 70 年代初北爱尔兰动乱中的英国进路与同一年针对摩鹿加激进分子暴力行动的荷兰进路。在这里，许多变量是相似的：两个冲突都发生在西欧本国边界内，都在相同的时间段完成；在这两个案例中，反对者都是普通平民，在这两场冲突中，暴力和动乱都有着历史性的殖民关系；最后，在这两个案例中，第三国（爱尔兰和印度尼西亚）都在幕后发挥了作用，尽管不是十分活跃或明显。但是它们的政治和军事进路却相当不同，在伤亡和冲突的持续时间方面，结果也不尽相同。

【221】 当然，每种冲突的情况都独一无二，这意味着许多变量都无法像在实验环境中那样被控制。当研究者认为在预防、遏制和解决冲突方面，军事行动风格与其有效性之间存在某种关系时，从实验中得出的分析并不能充分深化这一关系。只有通过更多的研究来提供收敛性证据才能证明这一关系。只做一个比较案例分析显然是不够的，但是它还是比"一国一案"的研究设计更好，即使军事研究中的"一国一案"研究设计是迄今为止最受

欢迎的。而且，比较方法还能权衡出研究者究竟能行多深，走多远。

数据收集策略的多样性

在关于军事行动风格的文献中，数据收集策略的文献很多元，定量的和定性的传统都存在。数据收集范围很广泛，从参与观察、在士兵中发放调查问卷、利用政策文件等二手来源以及过程追踪，到开展焦点小组访谈以及对士兵个体撰写的博客进行内容分析。事实上，军事行动风格研究可能同时使用多种方法，使其成为混合方法研究的实例（Tashakkori and Teddlie，2010）。像鲁法那样，沉浸（immersion）于现场值得推荐，但是就其本身来说，并非必须。有时，出于安全情况或个人原因，不允许沉浸于现场，这也完全合理。在无法做到沉浸的情况下，有效的备选方案是在军事行动之后收集数据，或者远程接触士兵，如果士兵仍然在战场上，就可以通过电子邮件与他们沟通和聊天。鲁法离开黎巴嫩南部之后，为了开展后续调查，曾利用电子邮件与几名士兵继续保持联系。

参与观察是一种经典的、富有成效的研究实践，但是这种做法耗时，要求严格。研究者在"现场"的时间范围是，从最少的仅有一周（可以称为"闪电战式的实地研究"（blitz fieldwork））（Soeters and Manigart，2008），到几个月。在一项军事研究中，观察地点可以设在军事基地或部署地区的一个院子里。在一项关于国家军事行动风格的比较研究中，观察地点需要设在几个营地或院子里。在黎巴嫩的研究中，从2007年6月至2009年6月，鲁法断断续续地被派遣到国家特遣队中，在这段时间里，她与所研究的四支特遣队中的每一支都进行了为期四周的嵌入式观察，再加上为期六个月的调查，在这六个月中，鲁法发放了半结构问卷（semi-structured questionnaires），与专家和在该地区工作的非政府组织代表进行个别的质性访谈，与当地的几个家庭进行交谈。鲁法的参与观察则是在Tibnin（意大利部队驻扎地）、At-Tiri（法国部队驻扎地）、Tyre（韩国部队驻扎地）和Al-Rmeisch（加纳部队驻扎地）的联合国基地中完成的。

在军事行动中，当研究者在场时，就可以与基地中的各级士兵互动。观察是一种强大的数据收集策略，能够对日常惯例和特殊事件进行全面的评估，能使研究者接触到大量的与跨文化比较有关的正式和非正式谈话。

同时，观察也需要非常谨慎，因为研究者会以其尚未意识到的方式去施加影响，并受到周围的人的影响。与其他数据收集策略一样，观察还需要对希望寻找的要素进行自我反思，做出清晰的概述，以此来做好准备。在比较研究中，数据收集变得更加复杂，理想的情况是，对各特遣队的观察实践都应该相似。建议研究者在留守基地和共同参与军事行动的整个期间里，都要写田野观察日记，记录下全部有趣的或值得注意的事情。

【222】 调查问卷是发现国家特遣队之间差异的另一种方法。问卷可以是完全结构的，也可以是半结构的。前者更容易编码和进行定量分析，使研究者能够对所研究的国家特遣队进行结构性比较。半结构问卷为每个士兵提供了详细阐述答案的可能性，他们有可能更为自由和创造性地表达自己。但是一些被调查者可能不会详细、认真地回答半结构问卷中的问题，而仅仅是因为他们觉得工作量太大。

在理想情况下，研究者对参与研究的所有部队都能展开同样的问卷调查。但是出于军事机构常常声称的"安全原因"，这可能是有问题的。在这种情况下，研究者应该通过提供担保来进行交换，以此达成妥协。例如，当鲁法设计她的问卷时，法国军方对一个关于"胜利"的问题感到不满，其他特遣队对这个特定题项没有任何疑义。尽管如此，出于数据对等的原因，就从所有的问卷中删除了这个问题，但是他们还是许可鲁法可以在访谈中引入这个问题。

深度定性访谈是获得士兵对作战经历见解和叙事的好方法。一般来说，保证匿名是一个好方式，能让受访者感到舒适、自信和愿意交谈。当士兵来自一个有冲突性军民关系的国家时，尤其如此。深度访谈能让士兵随心所欲地阐述故事，进行叙事，有时，这会成为他们谈论其问题和军事行动经历的好方法。深度访谈也能帮助研究者提出某种针对研究问题的叙事进路（Boje，2011），这会提高跨国案例比较的质量。在理想的情况下，这些不同的数据收集策略应该以一种富有成效的混合方式被使用，如果数据是被不同的数据收集策略支持的，它们就会更加强大，也更令人信服。在跨国比较中，研究者还要尽可能地在各国案例之间一致性地混合使用这些策略，这是必备的先决条件。这也意味着要将相同的方法和工具用于职能相当的各类回答者和受访者（即比较是在士兵与士兵、官员与官员、工程类非政府组织与工程类非政府组织之间进行的，等等），否则，在比较各案例结果的特征时，就会有根本性缺陷。

跨国比较研究的方法论特性

轶 事 证 据

尽管军队不同，其行为表现也不同（这似乎尽人皆知），但是军事行动风格的研究文献还是试图为这些差异性提供系统性证据。在过去的几年里，军事行动风格文献有所增长，但是关于国家武装部队之间差异性的系统性证据仍然缺乏。有相当多的随意观察，它们充其量也不过是提供了轶事证据。例如罗里·斯图尔特（Rory Stewart）的叙述，该叙述描述了 2003 年至 2004 年驻扎在伊拉克巴士拉的英国和意大利军队，对两个国家特遣队的行动及其在该地区的影响提供了非常有趣的观察（Stewart，2007: 402）。但是斯图尔特的结论基于第一手经验，而不是全面的比较研究。这种印象主义的说法也在随着时间的推移而改变，起初他对意大利军队的印象是负面的，但是这一印象在几个月后就扭转了。一方面，观察者对国家军事行动风格进行评估需要时间；另一方面，如果要对国家军事行动风格的影响进行经验测量，可能另需要几个月的时间。

为了确认国家的军事行动风格，研究者需要确认军事行动风格中那些 【223】重复而系统发生的变异性。这意味着不同的地面部队、不同级别的士兵都会在行为上表现出具体的差异性，通过对证据进行三角测量可以评估这些差异性。如果可能的话，应该像前面提到的，通过混合使用定量和定性方法来对它们进行评估（Tashakkori and Teddlie，2010）。如果只是定量研究，可以利用统计程序和建模程序来确定（国家）案例之间的差异是否大于（国家）案例内的差异，以此做进一步的跨国分析（Davidov et al.，2011）。

分 析 层 次

在什么样的分析层次上研究（国家）军事行动风格是适宜的？最小的分析单位可能是排级。但是只有且如果排能代表国家特遣队的行动，在该层次上研究军事行动风格才有意义。首选个体（士兵、军官）作为分析层次的可能性微乎其微，因为在交叉比较案例研究中，人们对组织及其使命感兴趣，而不是对个别受访者自身的行动感兴趣。尽管如此，对个体在行动、反应和态度上的得分加以聚合，是可以导致更高层次上的分析的，例如排或整个国家特遣队。在定量研究中，这被称为多层次分析，正如一项在美国陆军士兵及其驻阿富汗部队中做的大型研究所充分阐明的那样（Schaubroeck et al.，2012；另见本卷第18章）。鉴于在多国军事行动中，国家军队通常被部署在一个界线明确的作战区域内，所以在比较国家军事行动风格时，国家特遣队这一层次大概是最有意义的层次了。不过，在各（国）总部之间进行比较研究也可能具有解释性的意义。此外，数据收集不必局限于地面部队，在多国海上军事行动中（例如，当登船检验或逮捕海盗时），也可以对执行任务的国家海军进行有意义的比较研究。

语 言 问 题

用士兵的母语对其进行访谈很重要，母语访谈能使他们自由地表达自己，随着谈话的深入，还会呈现出所有的细微之处和复杂性。事实证明，依托英语作为一般的沟通语言往往是不够的，因为这样的话，就会选择那些掌握英语的人，导致对回答者/受访者的有偏选择，或者引起不充分的信息交流。因此，研究者应该通晓尽可能多的语言。如果一个研究团队要收集数据，明智的做法是对有着不同语言技能的相关团队成员进行适当的分配。当发放的调查问卷运用了人们并不熟悉的语言时，明智的做法是，首先将问卷翻译成回答者使用的特定语言，然后译回最初的语言，并在讲母语的人中发放问卷，这些母语者要具有广泛的专业知识和不同的教育水平。如果两种翻译之间出现差异，研究者和译者就需要讨论它们，并就可能的解决方案达成一致。

如果相关语言技能缺乏或不足，使用口译员就不可避免了。应该优先考虑的是能领会受访者复杂性、措辞和表达内容的能力，由研究人员还是由翻译人员来完成这项任务，取决于研究人员的语言技能。使用口译员具有局限性（van Dijk et al.，2010），因为人们常常不确定怎样去诠释和信任翻译人员的翻译结果。有时使用口译员是唯一现实的解决方法，鲁法在研究韩国军队时就用了口译员。花时间和精力去学习一门语言并不总是一个行得通的选择。

【224】

信度与效度

定量数据的研究标准通常相当透明。在跨国研究中，它们体现在始终一致地在功能相当的样本中利用相同的工具，尤其要优选那些国际通用的工具。到目前为止，这类标准在定性研究中还不那么明显。定性方法因其有深度、有效度而广受称赞，但是在重复性和可信性方面常常存在问题。林肯和库巴（Lincoln and Guba，1985）制定了一系列用来检核定性数据质量的指标。其中之一是可信性，该指标在跨国军事研究中似乎尤为重要。研究者要想做出正确推断，重要的是依靠受访者自己检核过的转录数据，即所谓的成员检核。更重要的是，研究者需要与全体利益相关者讨论全部的观察和结论，以确保该研究得出的结果具有可信性。一般来说，找出有分歧的观点和相反的证据会使结论更平衡，事实上也可能使结论更有力。此外，政治学界最近的辩论表明，进一步提供如何从数据中推断出证据的信息，例如对参考文献和引用附加上注释，也可能是一个不错的做法（Moravcsik，2010）。

对跨文化研究者的侧写

学者们很难对两个或两个以上国家的语言、规范和文化有深刻的理解，重要的是研究者要反思自身客观性所面临的潜在挑战。在跨国研究中，研究者的主观性和种族中心主义几乎不可避免，这种现象会危及研究的质量。我们认为学者无法做到完全客观，但是至少应该为此付出努力。此外，非常重要的是，研究者的态度、价值观与信仰可能会对实地发生的事件形成先入之见，因此，在进入实地研究之前，研究者要反思他的这些态度、价值观和信念。

除此之外，还有一系列关于研究者是如何被认知的信念和观点，它们可能会影响他的行为。例如，研究者是女性还是男性，可能会影响各国案例中的受访者对他的看法。在一些国家的案例中，女性学者可能被认为是极其自然的，在另一些国家的案例中，可能就不是这样。同样的问题可能发生在研究者是平民还是军人上，以及他是否具有某种军事背景。在一些国家的案例中，没有任何军事背景的平民可能不受重视，在另一些国家的案例中，这根本不会构成任何问题，甚至还是一种优势。

如上所述，重要的是研究者有机会被派遣到部队工作一段时间。这不仅使研究者能够接触到一系列国内无法获得的数据，而且在研究者"全面经历"了部队时，就能够与部队建立起关系，并为部队所认可（Wacquant，2004；White，2003）。混合型团队中有不同技能和专业知识的研究者，在这样的团队里做研究，是减少跨文化隔阂、更好地理解跨国差异的另一种途径。

【225】 结论和注意事项

在非常类似的情况下比较不同国家特遣队采取军事行动的案例，进行国家军事风格的研究，具有重要意义，因为这一比较能够让我们了解并且向我们证明事件在这一领域中是如何运行的。如果在重要变量上存在差异，比较研究甚至可能接近于准实验研究，可能会得出看似因果推论的结论。当然，军事行动在预防、遏制和解决暴力冲突方面的确切影响是什么，似乎仍是难解之题，军方很需要这方面的推断。但是在处理这些问题时应该谨慎行事，有大量的陷阱和警示。

如果打算以适当的方式比较国家特遣队的军事行动，就需要做认真仔细的研究设计，其中的一些研究变量是相同的，另一些则是不同的。此外，跨国研究需要高素质的研究人员，他们知道如何将不同语言撰写的、类似的数据收集工具用于对等的样本，并且以一种尽可能排除先入之见和种族中心主义的方式。即便如此，一些历史学家和其他表意取向的学者还是认为，每种情形都是独一无二的，每种比较都是徒劳无益的，虽然并不是所有的学者都这样理解（Mahoney and Rueschemeyer，2003）。这不是我们要采取的立场。在一般的社会和政治科学中，有许多比较研究的例子，它们已经得出了重要的见解和发现。

但是在将一项研究成果推广到一般人群时，还是应该小心谨慎。如果在联黎部队中，意大利特遣队的行为是极其和平取向的，这并不意味着意大利武装部队没有表现出战士精神，或者从未表现出战士精神，这些都是毫无根据的泛化；也不意味着部署到黎巴嫩的每一名意大利士兵都是真正爱好和平的，后一种推断犯了所谓的区群谬误的错误，这种错误表现在，将集体层次上发现的集中趋势用在了属于该集体的所有个体身上。在跨国比较研究中常常会犯这种谬误，这是由于研究者具有种族中心主义偏见，或者是读者对他们的研究做了选择性解读。

此外，跨文化研究者还应该意识到，比较意味着要考虑不同国家特遣队之间的不同效能水平，因此可能被认为是敏感的。研究者需要谨慎地对待这些考虑，当发现的经验事实不尽人意时，不要回避。与此同时，我们也想鼓励像北约这样的组织去委托进行这类研究，了解了哪些军队最擅长做哪些事情是提高未来军事行动成功可能性的最佳策略。

一般来说，只通过一项比较研究是不可能正确理解特定国家的军事行动风格的。显然，需要做更多的研究来获取可能的聚敛性证据，以证明这种国家军事行动风格是真实的。但是这只是集中趋势，不是一锤定音、永远不变的"真理"（Soeters，2013b）。更为重要的是，这种聚敛性证据还可能涉及我们是如何看待特定冲突局势下军事行动的有效性的。仔细比较过去10年来各个国家特遣队在阿富汗各省的行动就会有一些发现，这些发现阐明了我们是如何理解各种军事行动表现的实践和影响的。由于这么多的人遭受这些行动之害，进行这类研究在道德上是势在必行的。

注释

1. 本节及其结论在很大程度上借鉴了以前的一份用荷兰文撰写的出版物：

Bertrand A.F.M.,Jong de P., Korsten A.F.A.,et al.1995. "Methodische problemen bij international-vergelijkend onderzoek." In Korsten A.F.A.,Bertrand A.F.M.,Jong de P.,et al.*International-vergelijkend onderzoek*.Vuga:Den Haag,pp.85–102.

Moses,Knutsen.2007.Provide a similar overview of research designs,going 【226】 back more specifically to John Stuart Mills original work.This chapter is also very much indebted to insights provided by Hofstede(2001).

参考文献

Almond G.A.,Verba S.1963.*The Civic Culture:Political Attitudes and Democracy in Five Nations*.Princeton,NJ.:Princeton University Press.

Boje D.（ed.）2011.*Storytelling and the Future of Organizations:An Antenarrative Handbook*.New York and London:Routledge.

Caforio G.2000.*The European Officer:A Comparative View on Selection and Education*.Pisa:Edizione ETS.

Campbell D.T.,Stanley J.C.1963.*Experimental and Quasi-Experimental Research Designs for Research*.Boston,MA.:Houghton Mifflin.

Chokar J.S.,Brodbeck F.C.,House R.J.2007.*Culture and Leadership across the World:The GLOBE Book on In-Depth Studies of 25 Societies*.Mahwah,NJ,and London:Lawrence Erlbaum.

Davidov E.,Schmidt P.,Billiet J.（eds.）2011.*Cross-Cultural Analysis:Methods and Applications*.New York:Routledge.

Farrell T.,Osinga F.,Russell J.A.（eds.）2013.*Military Adaptation in Afghanistan*.Palo Alto,CA.:Stanford University Press.

Fotini C.,Beath A.,Enikolopov R.2013."Empowering Women through Development Aid:Evidence from a Field Experiment in Afghanistan." *American Political Science Review* 107（3）:540–557.

George A.L.,Bennett A.2005.*Case Studies and Theory Development in the Social Sciences*.Cambridge,MA.:Belfer Center for Sciences and International Affairs.

Hofstede G.2001.*Culture's Consequences:Comparing Values,Behaviors, Institutions,and Organizations across Nations*. 2nd edn. Thousand Oaks:Sage.

Howard L.M.2008.*UN Peacekeeping in Civil Wars*.Cambridge and New York:Cambridge University Press.

Kier E.1997.*Imagining War:French and British Military Doctrine between the Wars*.Princeton,NJ.:Princeton University Press.

Lieb P.2012."Suppressing insurgencies in comparison:The Germans in Ukrain,1918,and the British in Mesopotamia,1920." *Small Wars and Insurgencies* 23（4–5）:627–647.

Lijphart A.1971. "Comparative politics and the comparative method." *American Political Science Review* 65（3）:682–693.

Lincoln Y.S.,Guba E.G.1985.*Naturalistic Inquiry.*Newbury Park,CA.:Sage.

Mahoney J.,Rueschemeyer D.（eds.）2003.*Comparative Historical Analysis in the Social Sciences.*New York:Cambridge University Press.

Moravcsik A.2010. "Active citation:A precondition for replicable qualitative research." *PS:Political Science and Politics* 43（1）:29–35.

Moses J.W.,Knutsen T.L.2007.*Ways of Knowing:Competing Methodologies in Social and Political Research.*Basingstoke and New York:Palgrave Macmillan.

Moskos C.C.,Williams J.A.,Segal D.R.（eds.）2000.*The Post-Modern Military:Armed Forces after the Cold War.*New York:Cambridge University Press.

Nagl J.A.2002.*Learning to Eat Soup with a Knife:Counter-Insurgency Lessons from Malaya and Vietnam.*Chicago and London:Chicago University Press.

Przeworski A.,Teune H.1970.*The Logic of Comparative Social Inquiry.*New York:Wiley.

Ragin C.1989. "The logic of the comparative method and the algebra of logic." *Journal of Quantitative Anthropology* 1（1）:373–398.

Ruffa C.2014. "What peacekeepers think and do? An exploratory study of French,Ghanaian,Italian and South Korean Armies in the United Nations Mission in Lebanon." *Armed Forces & Society* 40（2）:199–225.

Schaubroeck J.M.,Hannah S.T.,Avolio B.J.,et al.2012. "Embedding ethical leadership within and across organization levels." *Academy of Management Journal* 55（5）:1053–1078.

Soeters J.2013a.Odysseus prevails over Achilles.A warrior model suited to post-9/11 conflicts.In:James Burk（ed.）,*How 9/11 Changed Our Ways of War.*Palo Alto,CA.:Stanford University Press,pp.89–115.

【227】　　　Soeters J.2013b. "Do distinct（national）operational styles of conflict resolution exist?" *Journal of Strategic Studies* 36（6）:898–906.

Soeters J.,Manigart P.（eds.）2008.*Military Cooperation in Multinational Peace Operations:Managing Cultural Diversity and Crisis Response*.London and New York:Routledge.

Soeters J.,Tresch T.S.2010. "Towards cultural integration in multinational peace operations." *Defence Studies* 10（1–2）:272–287.

Stewart R.2007.*The Prince of the Marshes:And Other Occupational Hazards of a Year in Iraq*.Orlando,FL:Harcourt Inc.

Tashakkori A.,Teddlie Ch.（eds.）2010.*The Sage Handbook of Mixed Methods in Social and Behavioral Research*.2nd ed.Thousand Oaks,CA.:Sage.

van Dijk A.,Soeters J.,de Ridder R.2010. "Smooth translation? A research note on the cooperation between Dutch service personnel and local interpreters in Afghanistan." *Armed Forces & Society* 36（5）:917–925.

van de Vijver F.,Leung K.1997.*Methods and Data Analysis for Cross-Cultural Research*.Newbury Park,CA.:Sage.

Wacquant L.2004.*Body and Soul*.Oxford:Oxford University Press.

White W.F.2003.*Street Corner Society the Social Structure of an Italian Slum*.Chicago,IL.:University of Chicago.

20 军人与退伍军人研究中的
实验方法

杰里米·M.泰根

Erikson R.S.,Stoker L.2011. "Caught in the draft : The effects of Vietnam draft lottery status on political attitudes." *American Political Science Review* 105 : 221–237.

很少有比征兵能更生动地触及公民生活的政府政策。强制征兵意味着个体面临着被国家"抓壮丁"的可能性，置身于新的不同于平民生活规则和规范的等级体系里，还可能被派去执行危险的战斗任务，他还不能马上离开，通常要服役一年以上。公民的命运由政府掌控，身不由己，在这方面，只有监禁和征税才能与征兵相提并论，即使在民主政体中也是如此。在战争期间，被征召入伍的可能性是否影响了公民对政府的态度、对外政策和政治偏好？ 2011 年，埃里克森（Erikson）与斯托克（Stoker）在著名的政治学期刊《美国政治科学评论》上发表了论文《身陷征兵：越南战争抽签状况对政治态度的影响》（Caught in the draft : The effects of Vietnam draft lottery status on political attitudes），该论文用实验法检验了这些问题。作者利用 1969 年越南战争期间美国征兵制度的自然条件，理解了年轻的成年人对征兵制度的易受伤性（vulnerability）是如何影响了他们此后人生中的政治态度的。

埃里克森和斯托克的研究利用了随机指派的抽签征兵号码，将它们用作指标，代表一场不受欢迎的战争中的某个男性群体的易受征兵伤害程度，用实验法揭示了战争和征兵对公民政治态度的影响。在这类实地实验中，或者说在这个案例中，研究者将个案任意随机地指派到不同的条件下，利用组间差异来推断因果关系。由于个体的出生日期具有外生性和随机性，当以出生日期确定战时征召入伍的可能性时，学者就可以利用这些条件来理解征兵资格影响态度的方式（关于随机化是如何发生的详细内容，请参阅相关章节）。一方面，将年轻人征召入伍的可能性进行随机化保证了因果推论的效能；另一方面，作者的数据来自一项全国性面板研究（panel studies），其样本全部由 22 岁左右的个体组成。利用出生日期标示出同一个人在生命早期和晚期对兵役的易受伤程度，可以研究征兵效应的政治影响。

【229】　　他们的研究结果表明，征兵入伍政策影响了公民的政治态度。更易被征召入伍的美国年轻人对战争的看法更消极。甚至在几十年之后，与那些较少受到兵役伤害的男性相比，那些抽到"不幸"抽签征兵数字的男性更有可能认为越南战争是错误的。埃里克森和斯托克也发现，这些人的政治偏好也因征兵入伍的相对可能性而发生变化。在 1972 年的总统大选中，这个同期群已经 25 岁了，他们的征兵资格不再受到质疑，那些极易受到征兵伤害的人更有可能投票给民主党候选人乔治·麦高文（George McGovern），而不是共和党人理查德·米尔豪斯·尼克松（Richard Milhous Nixon），甚至是在控制了已知的选民偏好的相关性后也还是如此。

　　在军事学术研究领域，利用实地实验和其他实验法的机会不大，也有可能是没有充分地利用它们。研究者需要关注因先前的征兵和其他问题所引起的并发症，但是服兵役者是随机选择的，征兵就为研究者提供了可能的实地实验数据。如果兵役是随机指派给公民的，退伍军人和非退伍军人之间的差异就为我们了解早年兵役的后续影响打开了一扇实验之窗。

　　实验方法的本质很简单，将个体划分为随机指派的各组，其中一组为控制组，将其余的组暴露在不同程度或不同类型的刺激之下，在所有的组中，均要测量结果，并要做出任何组间结果的差异都源于刺激上的差异的推断。由于随机指派被试到各组，与所假设的因果关系可能有关的混淆效应也被最小化了。制药研究以最基本的方式检验潜在药品的影响，将控制组设置为安慰剂组，实验法与这种方式相当。其研究设计具有控制能力，可以将被试暴露于不同的处理中，即自变量。将实验组被试暴露在刺激中，对控制组则不施加刺激，之后，测量因变量，被试理论化了的态度或行为就会发生变化。由于分组指派是随机的，混淆效应无法起作用，组间差异就是所研究因果现象的唯一反映，只要方法及其实施都遵循恰当的实验方案，因变量的任何组间差异都可以用研究者设置的实验条件来解释。如果用最简化的术语来表达实验研究和观察性研究（observational study）之间的差异，那就是前者将自变量的值指派给了被试，后者在自变量自然发生时测量这些值。

最近，实验法已经成为政治学中的主流，但是用它去理解因果关系却并不是新鲜的事。实验逻辑是科学探究的核心，也是预测和增进普遍知识的重要工具。约翰·斯图尔特·穆勒在其 19 世纪的著作中，就将科学的因果概念形式化，他对科学的贡献很大，难以言表（另见 Ruffa and Soeters，2014，本卷第 19 章）。实验是一个过程，它在改变某个感兴趣的因素的同时，也在抑制外在因素的影响，因此，天然地与穆勒的差异法相一致（1848）。【230】分析者在利用实验法了解因果关系时，所做的研究设计可能各不相同。条件数从两个起，扩展到任何一个符合研究者理论要求的数值。使用前测和后测会进一步减少对实验效度的担心。在坎贝尔（Campbell）和斯坦利（Stanley）的权威著作中，描述了实验中对刺激组进行设计的不同方法，并且对它们加以比较，目的是将效度问题减至最小（1963）。

实验研究的类型

实验研究通常为以下两种设置中的一种，要么是更具控制的实验室研究，要么是更为现实的实地实验。实验室研究通过将被试代入一个专门为接触实验刺激而设计的空间来强化控制。当然，条件不一定是真正的实验室，因为研究者经常会利用教室、购物中心、会议厅或其他适合于其研究的专门场所。考虑一些最近的研究成果，这些例子能阐明此类研究。布彻和科布（Boettcher and Cobb，2006）利用了大学本科生，他们自愿加入了一个心理研究被试池，研究者就利用他们来研究美国人对战争伤亡的敏感度。在日常教育环境中对学生实施纸质问卷调查，以虚构的报纸文章编造战争伤亡事件，结果发现，这一方式影响了被试对伊拉克战争的支持度。肖特（Schott）和他的合作者也进行了一项重要研究，用它来了解公民在经受伤亡事件后对战争的感受（2011）。利用学生被试和其他招募来的成年人，在实验室实验的环境中将他们暴露在不同的假设情境下，调查被试对战争伤亡的态度，同时研究一个人持续经历战争死亡后，是否有可能容忍更高水平的伤亡。他们发现，经历战争死亡后，公民对战争的支持度实际上在增加，以回避那种白白浪费了生命的感受。还有一项不同的研究，该研究试图了解政治候选人的军事经历是如何影响选民的，研究者招募成人被试，让他们观看窜改过的、服过兵役的候选人的竞选活动广告，以研究普通选民是如何看待候选人的军事自述的（Teigen，2013）。

坎贝尔和斯坦利（1963：8）提出过所谓的"前测－后测控制组设计"（pretest-posttest control group design），在上述研究中，每一个都类似于这个设计中的某些版本。通过这种设计，被试被随机分配到至少两组之中：一个控制组和一个或多个处理组，将处理组暴露在代表研究变量的刺激之下。对所有组的成员实施前测，前测包括一些对感兴趣的变量的测量。然后，将处理组暴露于实验刺激之下，控制组不实施实验刺激。最后，通过后测，再次测量感兴趣的变量。如果控制组和处理组之间的值有差异，则随机分配被试保证了刺激是对差异进行解释的唯一合理结论。图 20.1 描述了这种

【231】具有前测－后测和随机化的实验设计。

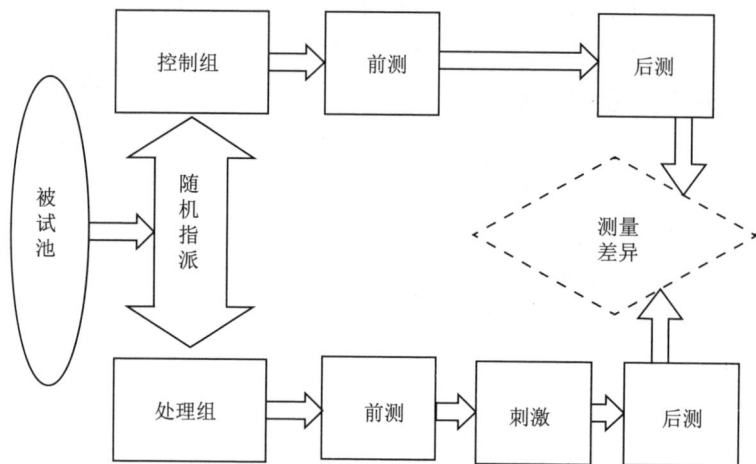

图 20.1　前测－后测控制组实验设计

取自《实验和准实验研究设计》（*Experimental and Quasi-Experimental Designs for Research*）（Campbell and Stanley，1963）

实验室式实验中有一个分支被越来越多地使用，这一分支将实验设计嵌入电话调查中，在总体的代表性样本中询问很多的被试者。这类研究根本不在实验室里进行，它们更像是一种典型的、通过电话进行的态度调查。其工作方式是将受访者池中的被试随机化，再指派到不同的刺激组中。这些刺激组可以接收不同的背景信息、不同的启动和不同系列的问题，并得出一组关于因变量的共同问题的结论。格尔皮、费弗和雷弗勒（Gelpi，Feaver and Reifler，2009）在其关于美国人对战争伤亡认知的研究中，利用来自总体的"大 n"样本收集实验数据，"大 n"样本指的是一种包括大量被试的研究，通常超过 1 000 人。在他们的研究中，被试被随机安置在不同的组中，给他们呈现各种假定的美国人面临的安全困境。如果要概括一下在这本书中的研究发现，他们的多方法研究提供的证据表明，美国人更厌恶军事失败，而不是伤亡。

对于实验室类的研究来说，实验对象接触不同刺激的机制必须尽可能地标准化。如果一项实验有内部一致性，研究者就会认为该实验的内部效度也高。调查问卷或调查工具、给被试的指示语的口气、招募方案、同意书等，在各组之间必须相同。只有设计的因素在各组之间有变异时，才应该有所不同。这一操作的要点是，将原因要素引入非控制组，再将因变量值的任何差异都归因于该原因要素，研究者还必须采取一切措施，确证实验条件中的所有其他部分都是同质的。

实验室式实验利用的被试要么是根据严格控制刺激的设计招募的，要么是大型调查研究的被调查者，除了这类实验室式实验，社会科学中还有另一类实验，即实地实验，有时也被称为自然实验和准实验。这些研究利用了现实世界中的条件，在这些条件下，要么以非常类似于随机的方式或任意的方式选择被试，将他们分到不同的组中创建自然实验，要么利用准实验，通过非随机分组去选择被试，由于组间有对比，这种选择在方法论上是有效的。被试正常地生活，对某种力量产生反应，研究者就可以通过事后归因，将这种力量确认为是感兴趣的变量，因此这种研究没有实验室环境中的人为性。将实验的结果外推到现实世界中的能力，称为外部效度，实地实验比实验室式实验具有更高的外部效度（Gerber，2011）。实地实验的缺点是，研究者利用这些设计时，能够研究的问题会受到限制，因为他们不能控制刺激参数，也无法控制对刺激的运用。

在军人和退伍军人研究领域，学者可以利用征兵政策进行实验研究。

【232】在美国卷入越南战争期间，在兵力需求达到高峰时，年轻的男性就被强制征召进入武装部队，这个被征召的机会是由 1969 年后出生的日期来决定的。在一年的 366 天中随机选取，创建一个用来征召所需年轻男性的序列。政府实施该抽签征兵系统的目的是，利用符合条件的男性的任意属性，如出生月份和日期，可能会使该系统更公平些。对于研究者来说，由于这些男性被随机排列成具有更高和更低征召可能性的组，无意之中，1944 年至 1950 年间出生的男性就构成了一个丰富的研究池（study pool），以它为基础，通过自然实验，就可以测量征兵资格的影响了。在此类研究中，其中一项是埃里克森和斯托克做的，它就是本章的示例研究。在该项研究中，用来测量政治态度的数据集是由一项纵向研究提供的，因此具有更多的优势，征兵之前的政治态度被测量过，可以把它作为前测，与图 20.1 所描述的实验设计相类似。这项重要工作所要研究的是，一个人早年对 1969 年征兵事件的易受伤程度，是如何影响了他此后对战争和政治意识形态的态度的，甚至是如何影响了他在此后的总统选举中的投票行为的。

在早期的研究中，也有人利用过抽签征兵系统做自然实验。其中的一项研究是在退伍军人中做的，研究者利用抽签征兵数据表明，对征兵的易受伤性并不能解释退伍军人自我报告的高饮酒量（Goldberg et al., 1991），其他的一些研究也使用了相同的抽签数据，用它来检验服兵役对此后生活收入的影响（Angrist, 1990）。本质上讲，这些研究都是在利用政府的征兵政策来排除混淆的解释原因，如自我选择或社会经济根源，并且能够将它们分离出来，将因果解释归因于现实世界中的数据模式。重要的是要注意到，在实施刺激之前进行前测是有难度的。虽然前测对这类实验的推断效能并不产生致命影响，但是有前测的研究会表现出更高的效度。图 20.2 用一个简单的版本直观地展示了这个无前测的实验设计流程。坎贝尔和斯坦利称其为"只有后测的控制组设计"（posttest-only control group design）（1963：25）。例如，戈德堡（Goldberg）等的饮酒研究（1991）就利用了这种实验设计，他们是在多年以后才对那些更具有征兵资格的人和那些征召可能性较低的人的饮酒量进行测量的，并做了比较。

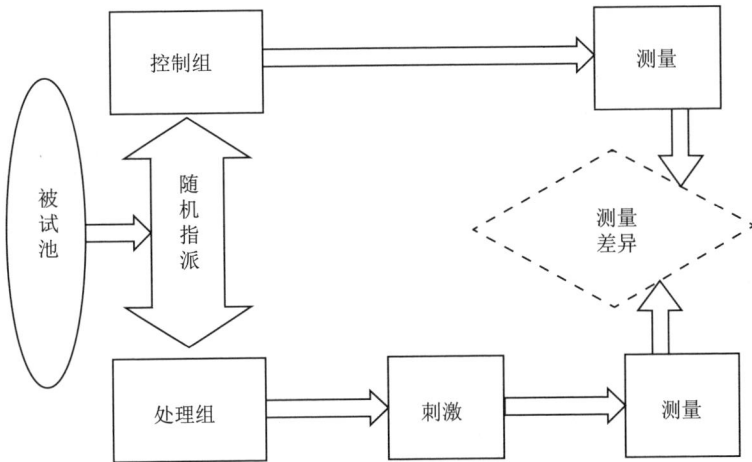

图 20.2 只有后测的控制组实验设计

取自《实验和准实验研究设计》(*Experimental and Quasi-Experimental Designs for Research*)(Campbell and Stanley，1963)

选择被试

　　对被试的选择取决于研究问题的性质。在军人和退伍军人的研究领域中，实验研究的数量相对较少，这些实验研究通常会将平民或文职退伍军人用作被试，因为研究者提出的研究问题与军事、外交政策、战争伤亡和其他主题方面的态度有关。其中的一些研究试图理解民主国家中的公民是如何看待军事制度、政府、政策或战争的，以此为目的，被试池就不一定是军人了。有时，研究者会选择专门或独特的被试池来与他们的研究设计相匹配。克莱坎普（Kleykamp，2009）研究的问题是，有既往兵役经历的求职者是否对潜在雇主更有吸引力，他将那些招聘员工的雇主作为研究被试，根据真实的、登了广告的工作岗位列表将操纵的简历投了出去，然后比较雇主对简历的反应。

　　有些人质疑在进行实验研究时使用方便样本，如果研究只是试图一般性地了解公众当中典型成员对给定刺激的反应，大学生可以作为合适的实验对象。但是如果一项观察性研究希望对一国选民的态度或行为的某些方面做出推断，这时就需要利用该国公众的代表性样本了，通常是通过投票设备使用的随机抽样方法来加以实现的。要保持不大于3%的误差范围，需要 1 000 人以上的样本。实验研究不需要公众的代表性样本，也不需要类似于全国性调查研究的大样本。它的样本规模只需要足够大，足以获得充分的统计功效就可以，这在一定程度上取决于所寻求的显著性水平（Stephano，2003）。实验的推断效能来源于各组被试的随机指派以及受控刺激，而不是源于被试池本身的大小或代表性。

基本原理

采用实验法的重要理由是它能对因果关系施加影响。观察性研究为学者们提供的只是对变量或概念之间是否存在关系及其强度的估计，对可能的因果关系给出了更多的洞悉。但是为什么有些个案的因变量是一个值，而其他个案的因变量为不同的值？观察性研究无法对所有的可能原因做出解释。试想一项半开玩笑的假想研究，该研究发现，在对服兵役人员进行了非常充分的调查之后，可以颇具说服力地证明，一个国家的海军人员更喜欢海上生活，而同一国家的陆军人员更愿意脚踏实地。如果这项研究的研究者希望得出的结论是，与军人在不同军种中服兵役这一现象有关的某个因素影响了他们对航海或陆地生活的态度，那么观察性方法只是暗示了这种因果关系的可能性。如果除了"海军人员更喜欢 x，陆军人员更喜欢 y"之外，再也不能概括出其他任何结论了，这项研究就很有效度，但是许多社会科学家的认识论目标是构建和理解因果解释。一个人是不能得出在海军中服兵役就有海上生活偏好的结论的。自我选择偏差可以解释这种差异，即有海上生活偏好的人才会选择当海军。社会期望大概也可以解释这种差异，即对于这些调查问题，陆军人员可能会给出一个他们认为是"正确的"答案。此外，为什么一种部队中的人员这么认为，而另一种部队中的人员那么认为？许多其他的混淆因素也可能在混淆视听，即使自变量与因变量之间有强关系。

在这个数据中，军人服兵役的部队与他们岸上或海上的生活偏好之间【234】有着生动明显的关系，观察性研究看到了这个关系，并从学术上报告了对这些现象的理解，但是它并不能排除其他可能解释因变量变异的因果路径。观察和测量人、国家或军事机构，就要考察它们如何存在，揭示各种现象之间如何相关，仅仅基于观察性研究就得出因果性结论，这在方法论上是有问题的。即使观察性研究对自变量中已知的相互关系进行了控制，但是观察性研究本质上是不能对许多可能的因果解释进行"控制"的，而一项实验设计却可以做到这一点。

为什么在武装部队中，个体的种族和民族身份不同，他们对军中职位的满意度也不相同？要理解其背后的因果机制，可能需要一个更现实的例子来分析这个问题。关于美国武装部队中的种族和身份问题，已经有很多的研究了，它们涉及种族融合、全志愿役、非公民兵役和其他事务等方面的重要议题。最近的一篇论文利用了美国军队中男女士兵的截面调查数据，显示了性别、种族和民族在工作满意度和幸福感上的差异性（Lundquist，2008）。通过使用适当的多变量模型，伦德奎斯特（Lundquist）定量地估计了种族、民族、性别变量与工作满意度之间的关系，其中的工作满意度是通过自我评估测量的，她得出的结论是，少数民族群体的军人角色满意度高于他们的平民职业角色满意度。她声称，这一研究发现源于军事等级制度中的精英性质，许多在平民生活中发现的结构性不平等，在军事等级制度中并不存在。

可以肯定的是，她的结论有道理，以经验为基础，并与这一学术领域中已有的其他权威研究相一致（Moskos and Butler，1996）。但是很难从回归分析表明的关系中推断出因果关系。从表面上看，军队中的晋升和招募在结构上具有精英性，但是这个结构是不是少数族裔工作满意度增高的原因？当然，工作满意度在某种程度上取决于军队的结构，但是像这样的观察性研究虽然有价值和信息，也只是暗示了结构对态度的因果效应。这项研究的定量模型中纳入了控制变量，鉴于军人难以抽样的性质，其截面数据的质量和规模也大概符合人们的预期（Dempsey，2009）。但是自我选择偏差可能会影响到谁服兵役和谁不服兵役，在全志愿役时代，要分析和解决自我选择偏差问题具有挑战性。伦德奎斯特的观察性研究也没有控制先前的态度，因为数据设计无法做到这一点，尝试大型的、有代表性的面板研究又非常昂贵。即使这项研究能够控制先前就有的态度，它仍然无法声称军队结构是导致这种民族差异的唯一原因，因为民族、种族和性别认同可能与许多不"在模型中"的其他态度和社会现象有实质性的关系，因此，在对指定的自变量的因果效应进行推断时，就有产生偏差的可能性。

实验是观察性研究的补充，有助于理解因果关系，它操纵自变量的值，假设因果路径，然后评估这些差异如何影响了因变量中的变异。从 20 世纪 80 年代开始，政治学中的实验研究大幅增加（Druckman et al.，2006），虽然实验不适合于军人、退伍军人和军民关系的所有研究，但是，最近该领域中的实验研究表明，该方法还是有着更多的可利用空间。

实验研究的缺点和局限

再次考虑一下观察性研究的问题，陆军和海军服兵役人员的例子很表【235】面，这个例子突出了这一问题。我认为，观察性研究无法做出因果解释，而实验方法有这种能力。为了设计能提供原因解释的实验研究，可以考虑以下几点：未被发现的相关因素具有潜在的混淆效应，如自我选择，因此，观察性研究缺少确定原因的能力。不能说在海军服役导致了海上生活的偏好，即使观察数据有很强的相关性，因为我们不能排除其他解释，例如，本来就有航海偏好的人才会选择当海军而不是陆军。为了弥补这一分析上的缺陷，可以尝试实验研究进路，该解决方案在理论上很简单。为消除潜在的有偏结果，只需要与有关政府接触，指导他们改变招募和征召的政策，通过这种方式来随机化被试进入军队的路径。政府不是为了推进国防和安全需求而进行招募，而是应该允许社会科学家出于研究目的而对人力决策进行指导。当然，这种结果显然不仅不太可能，而且在政治上和道德上都是令人怀疑的。

在一些情境中，还存在禁止使用实验进路进行社会科学研究的规定，应用实验法是受限制的。有人主张，武装部队的经历会增强其成员的专制态度，一项早期的实证研究对该观点进行了反驳，实际上，该研究得出的结论是，不可能在武装部队的场景中做实验研究，作者对此表示哀叹，并解释了它的困难："……理想情况下，应该做某种真正的实验，在这个实验中，对各种军人和平民的生活经历进行抽签指派，形成对等的各组，在一段适当的时间后，再比较他们的态度。但是这样的实验不仅不理想，甚至不可行，因为对于参与者来说，实验任务难免会太显而易见，这会成为怨恨和自我意识的特殊来源，也就无法做一般性推广"（Campbell and McCormack，1957：489）。实验的缺点和局限性通常源于两点：外部效度问题以及现实与伦理上的限制。这些缺点使整个社会科学中的实验研究人员都感到烦恼，也限制了那些研究军人主题和退伍军人的人。

实验法具有将研究结果推及现实世界的能力，这个能力称为外部效度。实验设计可以控制被试遭受刺激的环境，具有分析上的优势，虽然这种控制也助长了实验方法的主要缺点，即现实世界中的普通被试是如何遭受刺激的，是如何对刺激做出反应的，实验发生的环境都与这一现实情形相去甚远，而"结果"却是在这个环境中测得的。上面引用的几个实验研究的例子以及其他的一些例子，都说明了民主国家公民在国家处于战争状态时的战争伤亡反应。他们采用的是实验法，将任意选取的被试暴露在假设的战争或冲突中，常常是以关于伤亡的条件陈述的方式。在高德纳（Gartner，2008）的研究中，有一部分内容是关于美国人对伤亡和伤亡趋势的看法的，这部分研究运用了一种在假设冲突中操纵伤亡率的实验设计。正如作者所承认的，将人工环境中得出的结论加以延展，以此来解释人们对真实伤亡的反应，这具有挑战性，研究指出，"这一担心是关于外部效度的，即实验场景中的检验是人为的，不适用于真实的世界"（Gartner，2008：105）。他的研究类似于格尔皮、费弗和雷弗勒（2009）书中的那些研究，不仅在战争主题和对伤亡的看法上相似，而且都利用了多种方法来防范任何一种结论在分析上的瑕疵。

另一种对实验方法外部效度的批评是，实验研究中常用的被试是大学生，他们没有代表性。大学生有参与研究的途径与意愿，能成为社会科学实验研究中的主要成分。将被试随机指派到实验的各种条件下会消除被试带来的潜在混淆属性。但是可能的被试池如果与总体大不相同，代表性【236】问题就会产生。大学生代表着一个"狭窄的数据库"，他们在重要的方面不同于总体，用他们做实验并从中得出推论时，这些差异就可能影响推论（Sears，1986：515）。大学生通常比普通人年轻，有更多的认知技能，他们的态度往往没有整合，自我意识未得到充分发展，更有可能服从权威人物。他们也会以不同于老年人的方式消费着新闻媒体。因此，大学二年级学生的数据是有偏的，对于军事实验研究来说，这种有偏的程度可能并不总是有问题，潜在的偏差还取决于所提出的问题。在迄今为止的军事实验研究中，最常调查的主题是对战争伤亡的敏感性，而大二学生显然面临着征兵或选择性服兵役问题，当数据来自该年龄段人群时，潜在的偏差可能就源于此。

　　在军事实验研究中，还存在一些对外部效度的其他威胁，在大多数实验室或课堂里进行的实验研究中，这种威胁很常见。实施实验研究设计本身就会引起效应，它们有可能被误认为是所假设的自变量的效应。检验条件、形式、问题措辞、研究助理的行为或其他特性同样会在无意之中造成人为影响，这种人为影响被带入结果时，会悄然影响数据中出现的结果，使它们发生偏差。所谓的"观察者效应"（observer effects）还可能引起夸大或不充分的研究发现。观察者效应指的是，实验被试因意识到被观察而可能改变其态度或行为的倾向。这些实验室式实验中的问题很特别，最好的解决方法是仔细审查那些旨在将所有各组实验都同质化的实验设置和方案。

　　在关于军人和退伍军人的实验研究中，除了被试和实验性质方面的实际限制外，还有伦理上的限制。为了进行人类被试研究，自 20 世纪 60 年代以来，学院和大学就建立了伦理委员会和机构审查委员会，评估被试风险及用这类研究获取普遍知识的可能性，根据评估结果批准利用人类被试的研究。人们认为有必要保护人类被试，这种思想源于对生物医学研究的担心，在评估政治学研究时也有必要实施这些保护，特别是在访谈和实地研究中（Schrag，2010）。正如在军人和退伍军人研究中所展现出来的，军事研究中的实验方法几乎没有伤及人类被试的风险，但是使用欺骗手段以及在虚构场景中呈现假设的伤亡除外。进行这些研究要遵守的规范是，征得被试对研究过程的同意，通常以书面的形式明确授权。在社会科学实验中采取欺骗手段，以及通过施展诡计来有意地模糊处理实验方案和实验意图的性质，通常都涉及将被试风险最小化问题，如果打算最大限度地降低这些风险，就需要在实施完实验刺激与测量之后向被试通报实情。

结论

　　总之，实验法不是观察性研究的竞争对手，而是帮助学者更好地构建因果关系的补充。成功地使用实验法，需要谨慎地平衡对内部和外部效度的关注。随着对实验对象的刺激和情境的控制能力增强，一项研究在现实世界中的推广性也会相应下降。在这里，最成功的研究实例不仅仅依靠实验得出结论，还需要采用多种方法来获得对原因和结果的理解（Erikson and Stoker，2011；Gelpi et al.，2009）。在军事研究领域，调查公民对战争伤亡的反应和感受一直是最为成熟的实验领域，但是这并不排除在军民关系、人员配置、领导能力、退伍军人或其他主题的研究领域中进行创新。新的数据来源已经出现，允许研究者利用互联网条件进行成本较低的实验【237】研究，例如合作性的国会选举研究。实验法并不是所有学者的灵丹妙药，也不是解决军人和退伍军人研究问题的万能之策，但是在政治学中运用和接受实验法的程度正在日渐增加，这意味着我们应该寻找时机去利用它们，以便能更好地理解政治学领域内的现象。

参考文献

Angrist J.D.1990. "Lifetime Earnings and the Vietnam Era Draft Lottery:Evidence from social security administrative records." *American Economic Review* 80:313–336.

Boettcher W.A.I.,Cobb M.D.2006. "Echoes of Vietnam? Casualty framing and public perceptions of success and failure in Iraq." *The Journal of Conflict Resolution* 50:831–854.

Campbell D.T.,McCormack T.H.1957. "Military Experience and Attitudes toward Authority." *American Journal of Sociology* 62:482–490.

Campbell D.T.,Stanley J.C.1963.*Experimental and Quasi-Experimental Designs for Research*.Chicago,IL.:Rand McNally & Co.

Dempsey J.K.2009.*Our Army:Soldiers,Politics,and American Civil-Military Relations*.Princeton,NJ.:Princeton University Press.

Druckman J.N.,Green D.P.,Kuklinski J.H.,et al.2006. "The Growth and Development of Experimental Research in Political Science." *The American Political Science Review* 100:627–635.

Erikson R.S.,Stoker L.2011. "Caught in the Draft:The effects of Vietnam draft lottery status on political attitudes." *American Political Science Review* 105:221–237.

Gartner S.S.2008. "The Multiple Effects of Casualties on Public Support for War:An experimental approach." *The American Political Science Review*

102:95–106.

Gelpi C.,Feaver P.,Reifler J.A.2009.*Paying the Human Costs of War:American Public Opinion and Casualties in Military Conflicts*. Princeton,NJ.:Princeton University Press.

Gerber A.2011. "Field Experiments in Political Science." In Druckman J.N.,Green D.P.,Kuklinski J.H.and Lupia A.（eds.）*Cambridge Handbook of Experimental Political Science*.New York:Cambridge University Press.

Goldberg J.,Richards M.S.,Anderson R.J.,et al.1991. "Alcohol Consumption in Men Exposed to the Military Draft Lottery:A natural experiment." *Journal of Substance Abuse* 3:307–313.

Kleykamp M.2009. "A Great Place to Start? The effect of prior military service on hiring." *Armed Forces & Society* 35:266–285.

Lundquist J.H.2008. "Ethnic and Gender Satisfaction in the Military:The effect of a meritocratic institution." *American Sociological Review* 73:477–496.

Mill J.S.1848.*A System of Logic,Ratiocinative and Inductive:Being a Connected View of the Principles of Evidence and the Methods of Scientific Investigation*（*1843*）.New York:Harper & Brothers.

Moskos C.C.,Butler J.S.1996.*All That We Can Be:Black Leadership and Racial Integration the Army Way*.New York:Basic Books.

Ruffa R.,Soeters J.2014. "Cross National Research in the Military: Comparing operational styles in peace missions." In Soeters J.,Shields P.M.,Rietjens S.（eds.）*Routledge Handbook of Research Methods in Military Studies*.London:Routledge.

Schott J.P.,Scherer L.D.,Lambert A.J.2011. "Casualties of War and Sunk Costs:Implications for attitude change and persuasion." *Journal of Experimental Social Psychology* 47:1134–1145.

Schrag Z.M.2010.*Ethical Imperialism:Institutional Review Boards and the Social Sciences,1965—2009*.Baltimore,MD.:Johns Hopkins University Press.

Sears D.O.1986. "College Sophomores in the Laboratory:Influences of a narrow database on social psychology's view of human nature." *Journal of Personality and Social Psychology* 51:515–530.

Stephano J.D.2003. "How Much Power Is Enough? Against the development of an arbitrary convention for statistical power calculations." *Functional Ecology* 17:707–709.

Teigen J.M.2013. "Military Experience in Elections and Perceptions of Issue Competence:An experimental study with television ads." *Armed Forces & Society* 39:415–433.

21 利用数据库对冲突进行实证研究

叶民[*]，许勋

Oneal J.,Russett B.,Berbaum M.2003. "Causes of peace：Democracy,interdependence,and international organizations,1885—1992." *International Studies Quarterly* 47：371–393.

《和平的原因：1885—1992 年的民主政体、互依性和国际组织》（*Causes of peace：Democracy,interdependence, and international organizations, 1885–1992*）一文是对康德（Kant）和平理论的实证分析。康德认为，国际和平取决于三个因素，它们是共和政体或民主政体、通过贸易实现的经济互依性以及共同持有的国际组织成员资格。这个论点背后的理论逻辑是：民主政体往往不互相争斗，民主规范不鼓励使用武力解决争端，民主政府的结构也会使它难以对另一个民主国家做出开战的决定；商品和服务的交换过程使贸易伙伴之间互相依存，当一个贸易伙伴严重影响了另一国家公民的日常生活时，该国家会向这个贸易伙伴发动战争；共同持有国际组织成员资格则为政府官员提供了与其他国家政府代表建立起个人关系网络的机会，随着共同持有的国际组织成员资格数增加，两个国家可能在政府官员之间建立起更强的个人网络，发生战争的可能性也就会更少。

由于冲突和贸易之间可能存在同时性偏差，作者提出了两种实证模型来检验康德的和平理论，即冲突方程和贸易方程。冲突方程的因变量

是严重的国际军事争端。由于在国际军事争端的数据中，包括了从未相互威胁过或动用过武力的国家对手，所以作者采用的严重争端概念是一个国际军事争端观念的修正版本。冲突方程中的自变量包括民主国家、贸易、联合性政府间组织（IGO）成员资格、国家能力比率、联盟、领土毗连、距离、小国以及过去七年中的严重争端。贸易方程中的自变量是民主国家、联合性政府间组织成员资格、联盟、国内生产总值（GDP）、人口以及过去十年的贸易额、过去两年间的严重争端、领土毗连和距离。

作者利用 1885—1992 年的战争相关因素数据（COW）进行统计分析发现，民主政体、经济上的互依性以及共同持有的政府间组织成员资格数，都会使冲突显著减少。他们还发现，民主国家与其他民主国家之间的贸易额多于民主国家与非民主国家之间的贸易额，联合性政府间组织的成员资格数与贸易额的变化方向相一致。联盟对冲突没有显著影响，这与之前的调查结果截然不同。

本研究在三个方面做出了贡献。首先，在现有文献的基础上，作者提出了一个整合性模型。作者将现实主义和自由主义中的全部理论原则结合在一起，提出了一种能广泛适用于冲突研究的实证模型。在该项研究之后，许多公开发表的冲突研究都采用了类似的模型设定。其次，现实主义者的论点（权力比率、距离和毗连性）和自由主义的论点（贸易上的互依性、民主和平以及共同持有的政府间组织成员资格）都得到了经验支持。最后，该研究利用分布滞后建模将某些变量的历时性累积效应纳入了模型。通过这一操作，能够分析某个变量的过去和现在对因变量的综合效应。鉴于历史常常在冲突爆发之时以及贸易关系当中扮演重要角色，所以这种进路在理论上有意义，方法上有创新，也为冲突研究提供了新的方向。

引言

重要的理论贡献需要经验证实。自 20 世纪 60 年代政治学中的科学革命以来，利用定量数据的实证分析已成为该学科中最盛行的方法之一，该分析也称为基于数据的分析、大样本分析，或者更一般地，称为定量研究或科学研究。在政治学最负盛名的期刊《美国政治科学评论》中，利用量化数据集做实证分析的论文比例在 20 世纪 60 年代不到四分之一，到了 20 世纪 80 年代，这一比例急剧增加到了约一半（King，1991）。在国际关系这个分支领域里，从 1990 年至 1999 年，在一流期刊发表的论文当中，约 45% 的研究利用了定量数据和方法（Zinnes，2002）。与此同时，在方法和数据收集方面都有了很大的进步。今天的学生掌握了丰富多样、严谨细致的方法，拥有的数据库也覆盖了大量重要的冲突研究问题。例如，关于"冲突、侵略、暴力和战争"这一主题，大学间政治和社会研究联合会（ICPSR）就总共归档了 60 个数据集。

在本章中，我们对利用量化数据集开展的冲突研究进行了全面回顾。实证分析的效度在很大程度上依赖于正确的方法和数据的质量，本研究的重点就是方法论上的创新以及数据收集方面的进展。为此，我们分析了在 1957—2009 年《冲突解决杂志》（*JCR*）上发表的论文。我们这样做的原因有二：首先，《冲突解决杂志》通常被认为是研究国际冲突的最好期刊之一；其次，《冲突解决杂志》充分反映了冲突研究中理论、经验和方法论上的进展。

冲突研究中的实证分析：过去和现在

在 1957 年至 2009 年期间，发表在《冲突解决杂志》上的冲突研究有 1 120 篇，其中的 704 篇是利用某种数据进行的实证分析，占比 63%。图 21.1 说明了《冲突解决杂志》中实证研究论文的总体增长。我们的分析表明，在关于冲突的实证分析进展中，有三个主要阶段，如图 21.1 所示。在《冲突解决杂志》最初发表的论文中，不到 20% 的论文使用了经验数据和

【240】方法。这些研究中利用的经验数据大多数来自政府、国际组织和企业，或者取自社会科学中的其他学科。在这些数据中，大多数是用基本的描述性统计学方法处理的，如百分比和交互列联表。在这些研究中，采用的最复杂的推断统计学方法是双变量相关分析。考虑到政治科学家缺乏方法技能，以及在 20 世纪 50 年代末 60 年代初，数据收集的资金和机构资源均不充分，出现这种情况也就不足为奇。

随着科学革命的日益发展，在政治学系中，更多的教师和研究生开始接触方法论培训。20 世纪 60 年代末和 70 年代，政治学中的定量研究急剧

飙升（Franklin，2008），这也反映在冲突研究中。如图21.1所示，在《冲突解决杂志》上发表的论文中，实证分析的比例自1964年以来急剧上升，到70年代初，达到70%，之后在这一比例上保持稳定。除了数量上的急剧增长，在数据收集和方法方面，实证性冲突分析的质量也发生了更为根本的变化。

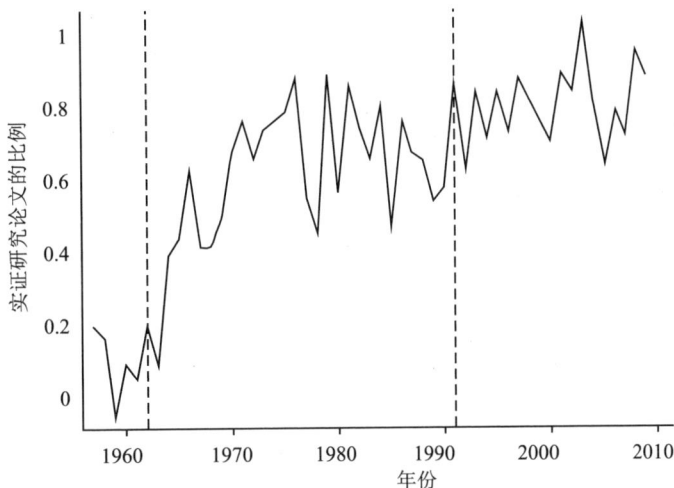

图21.1　利用数据集进行的实证性冲突分析增长情况

虽然有政府、商业数据以及来自其他学科的数据，它们对实证性冲突分析的起飞必不可少，但是也有严重的局限性，即在这些数据中，大多数是出于军事冲突研究以外的目的被编制的。研究者在冲突研究中，总是很难找到对关键概念进行操作化和测量的信息，如权力、冲突或外交政策行为。因此，当有了更多的机构和资金资源时（Harty and Modell，1991），政治学家就开始量身打造符合冲突研究特殊需要的数据库了。他们的努力促成了许多具有里程碑意义的研究项目和数据集，它们是战争相关因素（Correlates of War，COW）项目、冲突与和平数据库（Conflict and Peace Data Bank，COPDAB）、世界事件/互动调查项目（World Event/Interaction Survey，WEIS）、斯德哥尔摩国际和平研究所（SIPRI）数据库、美国军备控制和裁军署（ACDA）数据，这里仅列举几例，在此后的研究中，这些数据均得到了广泛利用。此外，还开发了一个名为预期效用生成和数据管理程序（EUGENE）的计算机程序，它使定量数据管理变得容易。该【241】

程序是一个基于 Windows 的数据管理工具，它可以合并多个数据集来生成新的二元数据集，还可以用于检验理性选择理论的变量，从而促进了国际关系定量分析数据集的创建。

在这一期间创建的所有数据集中，最有影响力的大概是战争相关因素项目 COW 了，它是由 J. 戴维·辛格（J.David Singer）及其密歇根大学的同事们创建完成的。截至 2009 年，已经有 118 篇发表在《冲突解决杂志》上的论文利用了 COW 数据。COW 项目创建于 1963 年，旨在提供所有国际冲突和战争的综合数据，时间段为拿破仑战争结束至今。该项目是我们对冲突和战争进行理论探索的一个重要里程碑。它对战争的概念化，以及收集的各种战争的"相关因素"，指导了几代学者去探寻战争的原因。COW 对战争和国家的定义、对战争的分类，基本上是冲突研究的标准，现在仍然在国际关系课程中被广为传授。多年来，该项目不断更新，已经扩展到了新的研究领域。目前，它为学者和公众提供了 11 个主要数据库，涵盖了 1816 年至 2007 年期间的各种冲突问题和专题。

研究方法也取得了很大的进展。有两个明显的重要变化，即广泛运用了推断统计和各种统计学方法。在图 21.2 中，我们列出了使用描述统计和推断统计的论文百分比。这一趋势是非常明显的，从 20 世纪 60 年代末开始，使用推断统计的论文数就在不断增加。另一个显著变化是，文献中使用了各种各样的统计学方法，包括 ANOVA（方差分析）、学生 t 检验、因子分析、时间序列 ARIMA（自回归累积移动平均）建模、多元回归、logit / probit 分析、向量自回归、误差修正模型、分布滞后模型和联立方程模型。尽管如金（King，1991）所指出的，引入的这些方法主要来自经济学、统计学和心理学，可能不太适合于政治学的数据和研究，但是它们还是对实证性的冲突研究发展做出了重要贡献。这些研究方法也提高了我们在新的层面上处理经验数据的能力，该能力反过来又会推动更加系统的数据收集。这些方法的应用也突出了定量方法在冲突研究中的作用，包括它们能够实现什么，无法实现什么，有效地刺激了教师和研究生对高级方法培训的需求。

【242】　　冷战结束带来了冲突研究的另一个转变。随着苏联的解体，两极竞争逐渐消失，学者将他们的注意力转向了迫在眉睫的国际安全威胁上，例如，小国之间的冲突、内战、种族冲突以及"9·11"恐怖袭击后的恐怖主义。它们直接影响了对冲突的实证分析，这种直接影响体现在以下两个方面：

一是系统层次上的分析不再占主导地位；二是对大国的执念就此终结。研究者开始采用多层次进路，以便对国家和个人层次上的解释变量进行探索。冲突研究也开始形成"标准"变量，这些变量几乎都需要纳入量化的冲突分析中。在奥尼尔等（Oneal et al.，2003）的研究中，还列出了一份常出现在量化冲突分析中的变量清单。

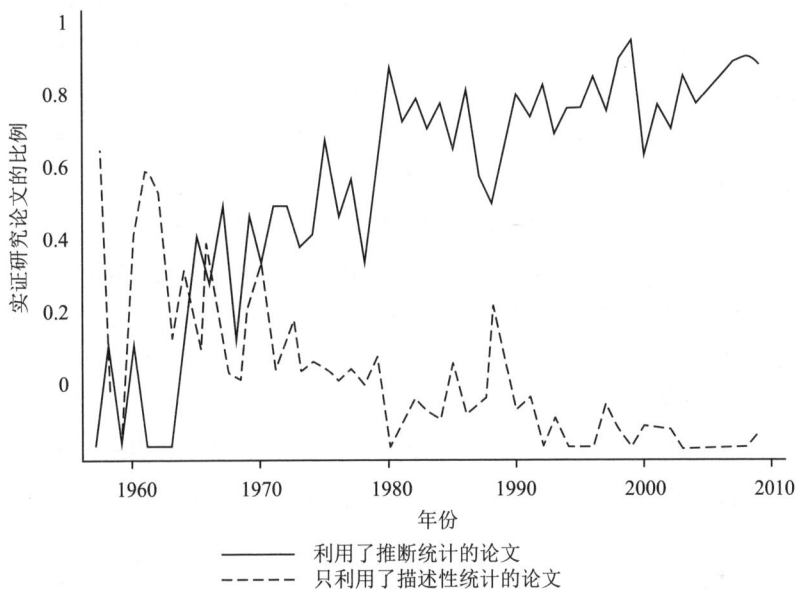

图 21.2　实证分析中运用的统计学方法

　　以前的数据集太专注于系统层次的变量，无法提供足够的信息来检验新的假设。因此实证性冲突分析中最值得关注的进展还是发生在数据收集上。多年来，创建了几十个新的数据集，将实证分析扩展到了过去只能做定性研究的领域。例如，在对《冲突解决杂志》1990 年后出版情况的回顾中，我们发现，一些新的数据集被用在了种族冲突、内战、国际危机和恐怖主义等专题的研究中，这些新的数据集包括面临风险的少数民族（mnority at risk，MAR）项目、政策项目、国际危机行为（international crisis behavior，ICB）项目、UCDP / PRIO 武装冲突数据集（UCDP/PRIO armed conflict dataset）以及国际恐怖主义项目等，其中的国际恐怖主义项目又包括恐怖事件属性（attributes of terrorist events，ITERATE）和全球恐怖主义数据库（global terrorism database，GTD）。

这一时期最显著的进步是在冲突研究中运用了博弈论进路。与冲突研究中的其他分析方法相比，博弈论最明显的特征在于它强调冲突的交互性，一方的行为受到对手行动的影响。对平衡的分析，即对相互作用的稳定状态的分析，可以产生对冲突启动、持续和终止的了解，形成可检验的假设。应该指出的是，在冲突研究中，博弈论并不是什么新工具。托马斯·谢林（Thomas Schelling，1957）对讨价还价和战争的开创性研究就发表在第一期的《冲突解决杂志》上，该研究试图从两国博弈的视角来解释国家之间的战争和讨价还价过程。尽管如此，直到 20 世纪 80 年代，当政治学研究开始强调冲突研究中的二元分析时，博弈论才成为一种卓有成效的进路（Levy，2000）。自布埃诺·德·梅斯基塔和莱曼（de Mesquita and Lalman，1992）、弗伦（Fearon，1995）和鲍威尔（Powell，1999）的先驱性研究以来，大量的博弈论研究开始出现，旨在研究国际和国内的各种冲突问题。在 1990 年至 2009 年期间，《冲突解决杂志》发表了 64 篇利用博弈论进行研究的论文，而不是 1970 年至 1989 年期间的 23 篇，这些论文涉及的主题极其广泛，如国际冲突和危机、国内对国家战争行为的约束、经济制裁和战争、国内和种族冲突、恐怖主义等。这些成果表明，这种强有力的和严谨的分析进路有助于我们去理解冲突的可能性。

我们的文献回顾勾勒出了过去半个世纪中对冲突的实证分析进展。作为国际研究中最具活力的分支领域之一，冲突研究始终表现得出类拔萃，具有吸纳最先进方法和理论的能力，能够回应现实世界中的最新变迁。关于冲突的研究结果有助于学者、决策者和公众更好地了解世界。尽管如此，这些成就也不应该蒙蔽我们的双眼，让我们看不清正面临的挑战。这种进路要在未来获得成功，最终取决于这些挑战是否得到妥善解决。接下来，【243】我们转向对冲突进行实证分析的基础知识，讨论它的基本原理、主要步骤、对它的缺点和局限的辩论以及可能的解决方案。

对实证性冲突分析的思考

为什么要对冲突进行实证分析？

对于每个研究冲突的学生来说，这自然是第一个需要解决的问题。答案至少包括两个部分。最直接的回答是，因为许多冲突研究的问题都是经验性的。例如，"在两个对立国之间，权力比率与战争的可能性之间的关系是怎样的？一个民主国家通常不会向另一个民主国家开战吗？抑或国内骚乱会促使一个国家对外行使武力吗？"，如果没有经验数据和适当的统计技术，这样的问题就难以回答。第二个部分更有争议，它在两类冲突研究之间进行了划分，一类是所谓的"传统的定性"共同体的冲突研究，另一类是"科学的定量"共同体的冲突研究。科学进路的倡导者认为，在冲突研究中，实证分析优于传统的定性方法（例如，历史分析和案例研究），它的优点在于具有积累知识的能力。正如著名的"科学轮"图（Wallace，1971）所示的那样，对一些冲突进行观察，能帮助我们了解所研究冲突的性质和原因，得出一些一般的结论或理论，但是在它们被接纳为有用的理论之前，必须系统地收集观测数据，才能对这些理论命题加以验证。此外，当有了新的观察和数据时，我们会重复这一过程，对现有理论进行新的检验。因此，科学之轮向前滚动，我们对冲突的知识得以积累。

自赖特（Wright，1942）和理查德森（Richardson，1960）的先驱性研究以来，我们对战争和冲突的了解取得了令人瞩目的进展。与最初几年对冲突的实证分析相比，我们对冲突的理解更加充分了。现在我们知道，与流行的"权力平衡"理论相反，当争议者之间权力对等时，才更有可能发生战争。当一场战争爆发时，较强的一方更有可能是发动者（Bueno de Mesquita，1980）；虽然民主国家通常像非民主国家一样，也容易发生战争，但是由于规范和结构的原因，民主国家之间很少发生战争（Oneal et al.，2003；Rousseau et al.，1996）；专制的领导者比民主的领导者更有可能采取转移策略，即当一个国家经历国内政治和/或经济困难时，国家领导人可能采用有风险的外交政策来转移公众对国内问题的注意力，包括使用武力（Oneal and Tir，2006）；民主的领导者对他们愿意进行的战争有选择性，专制的领导者往往进行更长时间的战争（de Mesquita and Siverson，1995）。我们也知道了哪些因素有助于影响威慑作用的成败（Huth，1988），叛乱和内战并不是种族和宗教特征触发的，更可能是经济困境和政治上的不稳定性激起的（Fearon and Laitin，2003）。

尽管如此，这些成果并不一定意味着实证分析就是冲突研究的唯一有效进路。用量化数据进行统计分析对解决规范性问题并没有多大帮助，例如，什么是战争的正当理由，或者什么是战争中的正当行为。这些成果也并没有表明，在冲突分析中，其他的方法（最明显的是定性方法）没有效能。恰恰相反，我们认为定量和定性方法之间的关系应该是相辅相成的，而不是相互竞争。正如伦（Leng，2002：423）所做的深刻反省那样，"最有趣【244】的研究问题常常是那些需要整合定量和定性方法的问题"。全面回顾冲突研究中的定性方法超出了本章的范围（本卷的几个章节专门讨论了各种定性方法），但是学生在对冲突做实证分析时，两个事实是至关重要的。首先，经过数十年方法论和研究设计上的进展，定性分析已经成为冲突研究中科学探究的重要组成部分。在对《冲突解决杂志》的文献回顾中，我们发现，就像它们的量化研究对手一样，越来越多的比较分析和案例研究既创造着对冲突的洞见，也积累了对冲突的知识。一般来说，定量研究擅长确认因变量和自变量之间的普遍模式，定性研究能使我们深入探究它们的特殊因果机制（Fearon and Laitin，2002）。其次，在那些因缺乏系统数据或变量而无法进行大样本分析的领域中，案例研究和/或小样本分析仍然是我们唯一的选择。事实上，许多数据生产公司都是从比较案例研究开始的。对历史事件的深度分析和比较研究不仅产生了第一批观察数据，而且还提供了指导后续数据收集工作的初始理论命题。

如何设计对冲突的实证分析？

对冲突的实证分析通常始于一个明确界定的研究问题。因为一篇实证研究论文应该阐明世界上的一个真实问题，研究问题通常涉及"为什么""如何"或"是否"。研究问题的主要功能是具体说明作者试图解释的现象，即因变量的方差。例如，在本章文本框中呈现的经典研究中，研究的问题是"是否……贸易、制度化的民主国家和联合性国际政府组织成员资格影响了国际军事争端的可能性"（Oneal et al.，2003：372），这里的因变量是"国际军事争端的可能性"。在该阶段，作者不必提出解释，但是要讨论研究问题的重要性和研究项目的合理性，这些总是有帮助的。

实证研究的第二步是进行文献综述。文献综述的目的是总结以往的关于研究问题的研究结果。实证研究的目的是累积知识，关键是要认识到，我们已经了解了什么，创建了什么样的数据集，采用过哪些方法来处理数据。根据约翰逊和雷诺兹（Johnson and Reynolds，2005：132）的观点，文献综述也被用于"对于在某个行为或现象中观察到的变异性做出一般性解释；识别概念之间的可能关系并确认可研究的假设；了解其他人是怎样定义和测量关键概念的……发现研究项目是如何与其他人的研究相关的。"在我们的示例研究中，奥尼尔等（2003）提供了有关民主和平以及贸易对国际冲突影响的文献综述。他们的文献综述表明，以前的研究未能说明贸易与战争之间的因果关系，即，是贸易阻止了战争，还是贸易仅仅是和平的结果。显然，对成就和不足的分析可以阐明我们目前的知识现状、研究要取得的成果以及如何完成这个成果。

在提出研究问题和评估了文献的现状之后，接下来的步骤是对研究问题做出回答，或提出作者的理论。简单地说，理论是对某些社会现象的一般解释。在对冲突的实证分析中，所提出的理论可能受到某个特定研究的启发，从一个成熟的理论中推导出来，或者从作者自己的观察中产生。人们通常将理论表达为一种关于因变量和解释变量之间关系的陈述。例如，在我们的经典研究中，所提出的理论是基于康德著名的永久和平理论，该理论认为，"国际和平建立在三个要素的基础之上：共和宪法……自由贸易 【245】和经济上的相互依存，以及国际法和组织"（Oneal et al.，2003：371）。三个自变量是双边贸易、政权的政治特征（民主）和联合的国际组织成员资格。

为检验理论，我们提出了假设。假设是对因变量和自变量之间关系的有依据的猜测。假设的作用是检验一个理论是否得到了经验数据的支持。每个假设都是关于自变量对因变量影响的预测，这一变量关系要有方向：正的方向或负的方向。在我们的经典研究（Oneal et al.，2003）中，基于康德的理论，作者预期，所有三个自变量（双边贸易、民主国家和政府间组织成员资格）和因变量（战争的可能性）之间都是负向关系。

为了检验这些假设，必须在现有文献的基础之上指定一个实证模型。对社会现象有影响的变量很多，需要将所有理论相关变量即所谓的控制变量纳入模型，这非常重要，因为统计分析基于的假定是，该模型是一个被充分规定了的模型。如果有遗漏变量，就会产生规定不足的模型，这样的模型在统计分析中会导致错误的结果。

还需要对纳入所规定模型中的所有变量进行操作化，目的是量化相应的概念。幸运的是，国际关系学者操作化了一系列冲突研究中的核心概念，在此基础上，开发出了大量的数据集。因此，大多数的实证研究都可以利用现有的数据集来对变量进行测量。例如，在我们的经典研究（Oneal et al.，2003）中，所有的变量都直接来自现有的数据集：国家之间开战的可能性是利用 COW 项目中的二进制国际军事争端数据计算的（Maoz，1999），双边贸易是利用麦迪森（Maddison，1995）和格莱蒂奇（Gleditsch，2002）的贸易数据集计算的；民主国家是利用政策项目计算的；国际组织成员资格是利用《国际组织年鉴》操作化的。尽管如此，操作化和测量新的变量仍然是一个巨大的挑战。

最后一步是利用数据对假设进行实证检验。数据分析有两个目的。一是在一定的统计显著性水平上，明确接受还是拒绝零假设，零假设是因变量和自变量之间没有任何关系的假设。如果零假设被拒绝，研究人员就想知道关系的方向是怎样的，以查明假设的预测是否得到证实。我们先前对《冲突解决杂志》中发表的论文进行了回顾，正如该回顾中所讨论的，研究方法上的进展为数据处理提供了大量选择。但是还有一个警示，即适当方法的选择应该由研究问题和手头上的特定数据类型来决定。在这个方面，我们的经典研究是一个好例子。在传统的研究中，研究者依赖于一组结构方程来研究贸易和冲突之间的互惠关系。但是正如奥尼尔等（2003）指出的，这种方法只考虑到了同时发生项，即某一年的双边贸易只对同一年的冲突发生可能性产生影响，反之亦然。为了将贸易和冲突之间的长期影响包含进来，他们采用了分布滞后模型，在这一模型中包括了滞后值。

在结论中，要总结主要的研究问题、作者的理论和所有实证研究的结果，讨论研究发现的理论和政策意义，还可以通过对未来的研究提出建议来结束本项实证研究。

局限和未来的发展

在最近的实证性冲突研究文献中，存在两个问题。这两个问题与许多正在进行的研究项目有关，对该方法的未来发展也至关重要。第一个问题与整合多个层次的研究有关。冷战的"意外"结束暴露了新现实主义的不足，尤其是新现实主义太专注系统层次分析的缺陷。因此，越来越多的理论探索开始采用多层次框架，其中包含系统、国内和个体层次的变量。对层级结构数据的分析需要多层次分析，正如戈登伯格和索特斯（2014）在第18

【246】

章内容中所述。这种进路上的改变导致了冲突研究中的新一轮实证研究浪潮。但是，运用利维（2000：322）的术语来讲，大多数的多层次模型本质上还是 "添加性的"。也就是说，它们只是将不同层次的变量放进同一个回归模型中，并没有检核它们之间的真实的交互作用。这不仅仅是一个模型设定问题，所以也就无法通过纳入一些交互作用项来解决。实证模型的规定必须由层次结构变量之间的关系性质来决定，简单地添加变量不会获得有意义的发现。

第二个问题与第一个问题有关，即在分析中，缺少一个理论框架来系统地归并不同层次的分析。在建立这样一个框架之前需要解决一系列的问题。什么是分析单位？我们应该把它作为一个单一决策问题，还是作为一个二元互动问题？在前一种情况下，决策者、国家、国内组织或国家领导者是如何平衡不同层次之间的利益的？对于后一种情况，如何对两个决策者之间的相互作用进行建模并加以实证检验？研究者对国内政治与外交政策之间的关系也越来越感兴趣，与此同时，关于决策进路的理论探索也取得了重大进展（de Mesquita et al., 2005）。不过我们在这些领域中的实证研究基础仍然有限，主要是由于缺乏个体层次的数据，更不用说对多层次二元模型的理解还存在巨大的差距了。

结 论

在世纪之交，在回顾了冲突研究的进展后，瓦斯克斯（Vasquez, 2000：xvii）宣称，"虽然我们还有很长的路要走，但是我们今天显然比 35 年前更了解"国际冲突。10 年之后，这篇评论仍然具有说服力。一方面，在理论、研究方法和数据收集方面取得了相当大的进展；另一方面，仍然有许多问题需要回答，许多难题需要解决，许多挑战需要战胜。

至于未来，学科的健康发展取决于它的三种能力。

首先是学科捕捉现实世界变化的能力。由于其主题的独特性，冲突研究应该能够确认那些对全球和平来说最不容忽视的威胁，揭示其性质，推荐其解决方法。现实世界毕竟不只是发现研究问题和数据的地方，这也是这个学科存在的理由。如果学科要吸引杰出的人才，获得更多的资源，我们为世界服务的能力就至关重要。

其次是同化政治学和其他学科分支领域中成果的能力。在对冲突进行实证研究的历史中，我们看到了一种吸纳和整合其他领域内理论发展和方法创新的模式。在本章的许多地方，我们都在极力主张在定量和定性之间，系统、国家和个人分析层次之间，形式化模型和统计模型之间进行整合。部分原因是冲突的跨学科性质，更深层的根源是理解冲突的各种进路与方法中的价值信念。这一信念是先驱者开始对冲突进行实证研究的原因，也是该学科在过去 10 年间不断发展壮大的动力，在未来，对冲突的实证研究将会继续充满生机，蓬勃发展，我们深信这一成长的奥秘。

【247】

最后，在操作层次上，要有丰富的数据来源（例如，情况报告）。研究者应该在早期的战争相关因素（COW）项目学者的引领下，构建这些类型的数据库。其中的要点是，继续将数据库的使用扩展到新的研究领域。

参考文献

Bueno de Mesquita B.1980. "An Expected Utility Theory of International Conflict." *American Political Science Review* 74:917–931.

Bueno de Mesquita B.,Lalman D.1992.*War and Reason:Domestic and International Imperatives*.New Haven,CT.:Yale University Press.

Bueno de Mesquita B.,Siverson R.1995. "War and the Survival of Political Leaders:A comparative study of regime types and political accountability." *American Political Science Review* 89:841–855.

Bueno de Mesquita B.,Smith A.,Siverson R.,et al.2005.*The Logic of Political Survival*.Cambridge,MA.:MIT Press.

Fearon J.1995. "Rationalist Explanations for War." *International Organization* 49:379–415.

Fearon J.,Laitin D.2002. "Integrating Qualitative and Quantitative Methods." In Box- Steffensmeier J.,Brady H.and Collier D.（eds.）*The Oxford Handbook of Political Methodology*.Oxford:Oxford University Press.

Fearon J.,Laitin D.2003. "Ethnicity,Insurgency,and Civil War." *American Political Science Review* 97:75–90.

Franklin C.2008. "Quantitative Methodology." In Box-Steffensmeier

J.,Brady H.and Collier D.（eds.）*The Oxford Handbook of Political Methodology.* Oxford:Oxford University Press.

Gleditsch K.2002. "Expanded Trade and GDP Data." *Journal of Conflict Resolution* 46:712–724.

Goldenberg I.,Soeters J.2014. "Cross-national research in the military:Comparing operational styles." In Soeters J.M.M.L.,Shields P.M.,Rietjens S.J.H.（eds.）*Routledge Handbook of Research Methods in Military Studies.*Abingdon:Routledge.

Harty M.,Modell J.1991. "The First Conflict Resolution Movement, 1956–1971:An attempt to institutionalize interdisciplinary social science." *Journal of Conflict Resolution* 35:720–758.

Huth P.1988. "Extended Deterrence and the Outbreak of War." *American Political Science Review* 82:423–443.

Johnson J.,Reynolds H.T.2005.*Political Science Research Methods.*5th ed.Washington D.C.:CQ Press.

King G.1991. "On Political Methodology." *Political Analysis* 2:1–30.

Leng R.2002. "Quantitative International Politics and Its Critics." In Brecher M.and Harvey F.（eds.）*Millennial Reflections on International Studies.*Ann Arbor,MI.:University of Michigan Press.

Levy J.2000."Reflections on the Scientific Study of War."In Vasquez J.（ed.）*What Do We Know about War?*Lanham,MD.:Rowman and Littlefield.

Maddison A.1995.*Monitoring the World Economy:1820—1992.*Paris: OECD.

Maoz Z.1999.Dyadic Militarized Interstate Disputes（DYMID 1.1）. Available at Dataset ftp:// spirit.tau.ac.il/zeevmaos/dyadmid60.xls.

Oneal J.,Russett B.,Berbaum M.2003. "Causes of Peace:Democracy, interdependence,and international organizations,1885—1992." *International Studies Quarterly* 47:371–393.

Oneal J.,Tir J.2006. "Does the Diversionary Use of Force Threaten the Democratic Peace? Assessing the effect of economic growth on interstate conflict,1921—2001." *International Studies Quarterly* 50:755–779.

Powell R.1999.*In the Shadow of Power.*Princeton,NJ.:Princeton University Press.

Richardson L.1960.*Arms and Insecurity:A Mathematical Study of the Causes and Origins of War.*Pittsburgh,PA.:Boxwood Press.

Rousseau D.L.,Gelpi C.,Reiter D.,et al.1996. "Assessing the Dyadic Nature of the Democratic Peace." *American Political Science Review* 90:512–533.

【248】 Vasquez J.（ed.）2000.*What Do We Know about War?*Lanham,MD.: Rowman and Littlefield.

Wallace W.1971.*The Logic of Science in Sociology.*Chicago,IL.:Aldine-Atherton.

Wright Q.1942.*A Study of War.*Chicago,IL.:University of Chicago Press.

Zinnes D.2002. "Reflections on Quantitative International Politics." In Brecher M.and Harvey F.（eds.）*Millennial Reflections on International Studies.*Ann Arbor,MI.:University of Michigan Press.

22 运用计算建模研究冲突
与恐怖主义 [1]

约瑟夫·K.扬，迈克尔·G.芬德利

Epstein J.M.2002. "Modeling civil violence : An agent-based computational approach." *Proceedings of the National Academy of Sciences of the United States of America* 99（Suppl 3）: 7243–7250.

爱泼斯坦（Epstein）提供了两种民事暴力的一般计算模型：第一个模型审查了政府镇压分散式叛乱的企图；第二个模型研究了政府为消除敌对族群之间的社区暴力所做的努力。

第一个模型或"叛乱与国家"模型涉及两大类行动者：国家与人口，或爱泼斯坦定义的警察与主体。与其他计算模型一样，每类行动者都包含多种类型，具有异质性。人口（主体）中的成员因他们的困苦度（H）和合法性（L）而有所不同。其中，H 是一个捕捉社会和经济不满情绪的参数，L 是对政府合法性的认知。各类行动者在社会中是如何分布的，例如，有多少人是高度不满的，有多大比例的人口认为政府是不合法的，可能会众说纷纭，计算模型却能清楚地对这一假设加以阐明，并且能使分析者改变这一分布，以说明该分布是如何对叛乱或族群间暴力等现象的增长产生影响的。此外，爱泼斯坦还以局部理性（一种有限边界的方式）构建模型，有许多其他的形式或文字模型，这些模型在对类似过程建模时都没有利用这一理性。爱泼斯坦明确指出，这些观点很一般化，他不打算预测任何单一案例，模型的参数也并没有直接测量实际的不满情绪或合法性。爱泼斯坦还提供了一张表格，展示了他做的各种实验以及他为模型提供的关键参数值。

从计算模型中得出的最重要的发现之一是从主体的相互作用中涌现（emerge）出来的结果。对这些模型的一个评价是，如果适当地编程，模型就可以告诉分析师任何他们想知道的结果。当结果是反常的，或者当

宏观结果是从不那么明显的微观决策规则中涌现出来的，计算模型就可以告诉我们这一结果的微观基础，运用其他的方法是根本无法发掘出这个基础的。爱泼斯坦发现了一些叛乱分子主体的欺骗行为，这些叛乱分子很活跃，能躲避警察，像普通公民那样东游西荡（我们知道这些发生的事情）。爱泼斯坦还发现了博弈模型勾勒出的重要临界点，当参数超出一个特定阈值时，临界点就会发生，正如库兰（Kuran，1991）的研究所表明的那样。

在第二个模型中，两个族群的成员可以选择相对攻击对方。合法性（L）仍然是该模型中的一个参数，不过它指的是对方有权利生存下来的信念。警察也被纳入模型，他们试图减少种族杀戮。从模型中涌现出来的形式化事实包括：当合法性高时，完全不需要警察；当合法性下降时，就会引起种族清洗事件，即使警力水平很高时也是如此。而种族灭绝事件的变异性是随着警力水平的提高而增加的，这表明增加监护在某些情况下起作用，在其他情况下不起作用。

这两种模型都突出了这种建模进路的优缺点。这些模型都具有一般性，足以预测一系列广泛的现象，如种族清洗、种族灭绝、叛乱及其公众偏好的涌现（emergence）。如果打算预测决策者和军方感兴趣的具体情形，初始建模参数的取值就应该与当地的情境一致。然后，利用二元事件数据来对动态发展出来的均衡态进行检验（Findley et al., 2010）。利用真实的、与研究情境一致的地理信息系统（GIS）来建立网格，有助于模型与现实的匹配性。这样做的危险是，构建这么复杂的模型会让模型变得过分真实。简而言之，由于参数太多（Miller and Page, 2007），用观察方法就无法明确哪个参数在影响着这一均衡。模型一方面要具体，从而有可行动性，另一方面也要简约，这样就会容易处理，要在这两个方面之间进行取舍平衡。

引言

　　在科学研究中，随机实验是确立因果关系的黄金标准。如果研究者希望了解行动者的行为变化是如何归因于某种刺激的，一个绝对必要的先决条件是随机指派处理组和控制组（见第 20 章）。社会科学在很大程度上是接受这一前提的，但是在许多涉及军事冲突的应用研究中，实施这样的设计就具有挑战性，例如叛乱、反叛乱和恐怖主义的动力。

　　首先，在大多数情况下，即使是可能的，也很难有随机指派干预要素到控制组与处理组的能力。许多影响战争与和平的策略通常都不可能被随机指派，这既不实际，也不道德。其次，大多数的实验都需要复制，以确保它们的信度与效度。但是历史不可能重演。再次，我们不能直接观察尚未发生的结果。如果希特勒被政变策划者成功杀死，第二次世界大战的轨迹会怎样呢？如果美国及其合作伙伴没有解散伊拉克军队，伊拉克战后重建是否会更稳定？这两个问题都是社会科学家所说的反事实。简而言之，反事实是分析者做的关于假定条件的尝试，即如果某个关键的原因要素没有发生，事件的结果会因此而有所不同（Fearon，1991）。最后，即使利用了受控实验，我们也很想知道，一个人在控制组与处理组的条件下都会做出何种反应。但是，我们通常只能在其中的一种条件下去观察他们（Holland，1986）。

　　军事科学中的实验法存在上述四个基本问题，这些问题表明，在这 【251】一领域中，做研究的可能前景黯淡无光，令人沮丧。我们可以在这一领域内做研究，却永远无法逼近理想的研究，从而做出有效的因果推断。最近，实地实验被用于比较和国际政治学中，取得了突破性进展（Fearon et al.，2009；Findley et al.，2013），虽然如此，我们还是认为，计算建模是一种可以解决其中一些问题的研究方法，能促进社会和军事科学理论的合理发展，并为政治和军事战略家的政策选择提供信息。

　　在下列章节中，我们首先概述计算建模的方法论。接下来，我们会解读如何提出模型，如何利用计算建模来评估反事实，如何集成数据以及如何解释最终结果。我们还会指出这种进路的优缺点以及这种方法的适合领域和用途。再下来，我们会重点关注叛乱和平叛的动力学，提供计算建模在军事科学中的应用。我们也强调一种能力，运用这种能力可以在动态、互动以及类似于实验室的框架下对各类行动者建立模型。在讨论完该技术的更广泛的用途后，我们就将重点放在特定的社会科学应用上，包括可以为未来应用提供信息的重要模型。接下来，我们会讨论计算建模在政策上的应用，以及如何将这种理论进路与其他更多的经验工具相结合。在此基础之上，我们会确认并比较分析者用来设计和执行模型的各种工具。在结论中，我们将总结所讨论的关键点，概述一些运用计算建模的最佳实践，讨论成为建模者必须做的准备，并针对未来的研究提出一些富有成效的可能途径。

对战争和恐怖主义的动力进行建模

谢林（1960）的革命性著作将博弈论工具应用在了冲突研究上，该研究有助于促进更有活力、更具战略性的冲突研究。利用博弈论研究暴力冲突有很多好处（de Mesquita，2002）。可能最为重要的优势是，它拥有能找到暴力行动者均衡策略的一般框架，该框架取决于每个行动者的动机，也取决于对手的策略。即使在从未真正发生过核冲突的情况下，博弈论都会有助于设计出一种核威慑的战略（Schelling，1960；Powell，1990）。博弈论还能捕捉国际体系中的一些基本特征，成为理解跨国冲突和多国卷入冲突的有用工具（Snidal，1985）。

计算建模以多种基本方式建立在博弈论的基础之上，甚至扩展了形式化方法的一些优点，计算建模得出的理论也能克服博弈论的某些不足，尤其能克服军事和冲突应用上的两个缺点。首先，博弈论假定理性主体有普遍固定的偏好，而计算模型则允许主体在互动的程中进行适应。这些行动者可能是理性的、有限理性的和贝叶斯的，也可能被赋予了其他的决策规则，这些规则允许行动者改变、适应、死亡或繁殖（Macy and Willer，2002）。[2] 在族群冲突应用方面，爱泼斯坦（1999：49）指出：

> 博弈论能解释一支族群为什么在某个地点或时间上决定攻击另一支族群，这个工作可能很有趣，但是博弈论不能解释这支族群是如何产生的，也无法解释这支族群是如何代代相传的。

其次，大多数博弈都有一个最小的行动者集合，目的是使模型的解决过程更易处理，这与第一点有关。政府与叛乱团伙，或者同质性的群体与政府，这两对行动者都可以用博弈论方法建模。但是，正如从越南到阿富汗的经验所表明的，在叛乱冲突中，有各种类型的参与者，有随时间变化的各种利益，其具体情况取决于条件以及与其他行动者的互动。博弈论模型没有能力处理这类异质性，因为每添加一个行动者、一种参数以及一种特征的分布，解决它们的博弈都会变得越来越困难。

案例研究和更具描述性特征的方法可以处理这种数据的异质性和丰富性。案例研究像博弈论和计算模型一样，可以成为提出理论及其相应的可检验假设的工具（Gerring，2004）。尤其在处理单一案例的历时态变化时，控制的逻辑使分析者可以检验一个特定的单位，这个单位在各个时段之间几乎相同，除了已确定的干预因素不同。例如，"在'9·11'袭击之后，美国的法治是否受到了影响？"像这样的问题就可以用案例方法来进行检验，案例法有助于提出更为具体的、有关美国境内袭击与执法之间关系的假设。但是，正如开篇讨论的那些不足之处，案例研究也不允许案例出现不同的结果。总之，我们只检验了干预对实际结果的影响，没有考虑非干预条件（或控制条件）对另一种可能结果的影响。

在过去的15年里，在民事暴力和恐怖主义研究中，统计建模急剧增长。统计模型的优势显著，因为它可以容纳大量的案例，允许利用已有技术来控制备择解释。在大型统计研究中，自变量和因变量也可以有各种不同的取值范围。但是遗憾的是，观测数据是大多数统计模型的基础，生成这些数据的过程会产生系统的、难以解决的偏差。大多数的观察性研究利用的是开篇时介绍的类实验（experimental analogy），它们实际上是不完整的实验。在该实验中，分析者试图用统计上的修正来逼近理论实验（theoretical experiment）。许多统计学进路都可能做这种修正，仅举几例的话，有工具变量和匹配，但是它们通常都有一些不足之处，无法进行强有力的反事实分析和因果分析。

因此，我们转向计算建模，将其作为解决这些问题的途径。显然，计算建模并不能完全解决其他研究中的所有不足之处。相反，它提供的是一种解决问题的不同方法，可以阐明其他进路所无法解释的一些结论。早期的计算进路主要利用微分和差分方程，通过方程对结构关系建立模型（参见奥弗－瑞维拉和鲁洛在2010年发表的论文，其中有这方面的讨论）。在过去的20年里，人们又开始转向结构性较差、生成性较强的计算模型。

现在，大多数的计算模型都能抓取自下而上的过程，在这些过程中，大量的主体会通过相互作用生成各种涌现出来的结果（Epstein and Axtell，1996；Axelrod，1997；Epstein，1999；Miller and Page，2007）。我们现在就来讨论基于主体的计算建模（agent-based modeling，ABM）是如何被建立和执行的。

计算建模的方法论

计算建模是各种建模实践的通用名称。社会科学家通常使用基于主体的计算模型（Gilbert，2008），也称为复杂的自适应系统模型（Miller and Page，2007），自适应系统模型是一个更深的研究领域，基于主体的建模就源于此模型，它们有许多共同的特征，尤其表现在，几乎所有的模型都规定了几个基本组件：主体或行动者、环境以及总体模型（或对某些真实世界现象的映射）。此外，大多数模型都是以某种类似的方式被执行，即

【253】通过各种受控的计算实验。本章的篇幅不允许我们对基于主体建模的所有部分进行充分解释。我们将简要讨论一些权衡，请感兴趣的读者去寻找其他更长篇幅的、处理基于主体建模的文献（Holland，1998；de Marchi，2005；Miller and Page，2007；North and Macal，2007；Gilbert，2008）。

主　　体

在任何基于主体的建模中，第一个关键步骤都是规定主体。简单地讲，主体是一些复杂系统中的决策成分（North and Macal，2007），是研究者确定的任何种类的决策者，它可以是武装分子个体、激进组织、打击激进分子的国家、受激进分子影响的公民或者其他许多不同类型的行动者。研究者也可以在不同的层次上规定主体。在一个模型中，主体可以是个体，在另一个模型中，主体可以是个体的一些聚合体，两者也可能出现在同一个模型中。

当然，某些对主体的呈现方式可能比其他的呈现方式更合理，研究者需要谨慎地对待这些主体的复杂形式。现有的基于主体的叛乱和恐怖主义模型就是以多种方式规定了主体（Axelrod，1997；Bennett，2008；Cederman，1997；Cederman，2002；Findley，2008；Findley and Young，

2006）。基于主体的模型有一个标志性特征，即主体的集合具有异质性（Page，2007）。也就是说，在某种分布中，每个主体都能取不同的值，而不是像许多博弈论模型那样，仅仅假定主体只有一两种类型。例如，在前面讨论过的爱泼斯坦（2002）模型中，主体是从均匀分布中取值，全面呈现了困苦度（H）和合法性（L）的所有水平。

环　　　境

主体处于某些环境中，一方面影响环境，另一方面也受环境影响。环境指主体所处的虚拟世界，他们在这个世界中相互作用（Gilbert，2008）。要合理地设置环境，建模者要面临许多的决定。有些环境是抽象的，只需要相互匹配主体就可以完成各类互动。有些环境就更复杂些，主体需要在一些明确的空间地形（landscape）中相互作用。

有些模型没有明确的空间表达，主体通常在一些假定空间中相互作用，类似于博弈论模型，在这些模型中，只需要匹配主体，而不用说明怎样或何处。因此，主体可以基于某些随机匹配的规定来进行互动（正如锐吉卡（Riolo）等在其2001年的著作中所表述的）。或者，可以根据一种网络，如小世界网络，对非空间性设置进行建模（Watts，1999），在该网络中，其他行动者可以在邻域中存在，但不一定覆盖在网格或地理信息系统的地形上。在叛乱和暴力领域的一些应用中，已经将随机匹配与网络结构结合在了一起了（Bhavnani et al.，2009）。

在具有明确空间组件的模型中，地形既可以人造，也可以基于现实世界的数据。人造地形可以用方形网格或没有人造边界的环面来表示（Findley and Young，2006，2007；Bennett，2008）。虽然是人造的，也可以执行一些操作，在人造地形内填入某些用来表示实际地形的属性（Cioffi-Revilla and Rouleau，2010），国界、民族、人口或其他因素等地理信息都可以反映现实的世界（Cederman and Girardin，2005；Findley et al.，2013）。

将一些真实现象简化为模型后，主体和环境就代表该简化模型中的一【254】部分了。在实践中，研究者会以各种各样的方式创建模型。一个模型应该有多抽象，并不是一个容易回答的问题。建模者必须决定要包含多少主体，给每个主体赋予多少特征，应该以多少规则来控制主体的相互作用，环境应该具有怎样的现实性，等等。一些著名的建模者倾向更简单的表达（Miller and Page，2007），另一些建模者却支持更为复杂的可能性（Girardin and Cederman，2007）。一个替代的选择是，根据手头上的研究或政策问题（Lustick and Miodownik，2009），也考虑到以某种易处理的方式去分析模型的能力（de Marchi，2005），通过这些来对模型的复杂性进行规定。

结　　果

建模者通常对某些聚合性结果感兴趣。就本卷的议题而言，暴力发生与暴力强度就是两个很常见的、令人感兴趣的结果。公众投票率或参与度则是另一种常见的动力或结果。这些被捕捉到的结果通常具有涌现性（Holland，1995；1998）。涌现性（emergent properties）的观点一直备受争议，即使有些陈词滥调，其本质也仍然是某一结果不仅仅是其各部分的总和。相互关联的系统和复杂的系统之间是有区别的，对它们的划分与这一区别有关。在前者中，系统的各个元素之间存在相互依赖的关系，这种关系是系统行为的关键。在后者中，各种元素保持了更大程度的独立性，系统动力比较容易减弱（Miller and Page，2007）。

一旦充分规定了模型的主体和环境，就要以计算模拟来执行模型，这些计算模拟是由一系列实验构成的。在每个计算实验中，除了一个参数，其他所有参数都保持恒定，以实现高度的控制性。在参数空间的合理取值范围内，研究者可以先改变单个参数。在改变了一个参数之后，研究者再随之改变一个不同的参数，并使所有其他参数保持不变，包括先前变化了的参数。一旦改变了所有的相关参数，就常常让两个或更多的参数一起变化，以探索参数集合中的协方差影响。在所有的情境中，研究者都会跟踪这个动态、聚合的涌现性结果，以了解是否存在系统性关系。线性关系并不常见，特别是当不同的参数集合以各种方式相互作用时。这种进路与实验室或现实世界中精心控制的实验并没有什么不同，它允许人们以某种方式改变关键参数，从而能更好地理解整个系统中的每个部分。

在社会科学中的应用

在国际关系文献中，早期的计算模型抓取了洲际战争、和平和系统结构。在研究叛乱、内战和种族冲突的过程中，暴力建模变得更加普遍。在大多数情况下，这三类模型会大量地重叠在一起。恐怖主义的计算模型不多，这可能是一个未来才会成熟的研究领域。

研究者在这些针对暴力的社会科学应用研究中建立了上述模型，即政治暴力被建模为一系列复杂互动的结果，这些互动发生在从政府领导者到普通公民的行为者之间，行动者的暴力动机和实施这种暴力的能力通常都具有异质性。其他的策略互动模型在很大程度上错失了这种多样性，也没能抓取到由此涌现出来的动力。

针对暴力的计算模型沿着几条路线发展。在抓取合作和冲突的那些高 【255】度抽象的模型之间，有一类别具特色，这些模型应该在某种程度上适用于范围广泛的各类动物和昆虫。在检验合作与冲突是如何演变的方面，有一些不同凡响的实例，它们都发表在《自然》和《科学》这样的期刊上，包括诺瓦克和西格蒙德（Nowak and Sigmund，1998）以及锐吉卡、科恩和阿克塞尔罗德（Riolo，Cohen and Axelrod，2001）的研究。当然，这些文献中的大多数都源于阿克塞尔罗德（1984）的著名的著作《合作进化论》。

阿克塞尔罗德随后发表了一系列论文，专门针对国际关系领域中的冲突与合作。大约在这个时期，一系列研究紧随其后，它们主要由切德曼（Cederman）完成，他对国际体系的动力进行计算建模，包括国际体系发展模型（Cederman，1997；Cederman，2002）、民主与民主和平的传播模型（Cederman，2001；Cederman and Gleditsch，2004）以及战争动力模型（Cederman，2003）。现在，还有一些研究者继续关注国家之间的战争，但是大部分的文献都转到了种族和叛乱战争的动力上。

一些研究也对认同的作用和内战中的族群性进行建模。这些不同的研究已经抓取到了一些模型，包括族群认同建构（Lustick，2000）、族群暴力规模（Bhavnani and Backer，2000）、族群规范传播（Bhavnani，2006）、族群极化（Bhavnani and Miodownik，2009）、民族性和国家主义（Cederman and Girardin，2005）以及族群冲突中的谣言传播（Bhavnani et al.，2009）。抓取族群性中的次民族动力十分重要，此类研究认真处理了这一问题，而该领域中的其他部分则关注了民族层面上的经验测量，如族群分割（Fearon and Laitin，2003）。实际上，继这种严格的建模之后，还出现了更优秀的关于族群性的实证研究（Cederman et al.，2010）。

在与此密切相关的一些文献里，也运用了民事暴力计算模型，只是此类模型不太强调族群性和认同。学者们在这组模型中检验了承诺对叛乱的作用，这可能是认同或其他因素在发挥作用（Findley and Young，2006；2007），这些因素有：包括愤怒与恐惧在内的主体情感属性（Bennett，2008）、困苦度和合法性等异质性的情境因素（Epstein，2002，下文有更多的关于爱泼斯坦的讨论）、政府的结构和动力（Cioffi-Revilla and Rouleau，2010）、叛乱的生态环境因素（Bohorquez et al.，2009）以及由行动者规定的动力，例如社会运动的涌现和分裂的发生（Findley，2008；Findley and Rudloff，2011）。

与叛乱和族群冲突动力模型相比，恐怖主义模型受到的关注要少很多。除了少数的例外（Leweling and Nissen，2007），这一领域几乎从未被探索过。但是我们有理由相信，恐怖主义模型可能是非常有效的。首先，恐怖分子往往以网络的形式进行组织，基于主体的模型能充分抓取到这种情形。此外，恐怖分子在群体规模、动机和限制等方面差异很大，计算模型提供的异质性能直接捕捉到这些特征。

政策上的适用性

在过去的 10 年里，计算建模已经在各种不同的领域中得到了应用，从军事需要（Keller-McNulty et al.，2006；Pew and Mavor，1998）到学术应用（Macy and Skvoretz，1998；Cederman，2003；Findley and Young，2007）。在本节中，我们会讨论运用这种方法的成本和好处，以及在扩大计算模型使用之前需要考虑的其他实际问题。把真实的数据与基于主体的模型中的模拟假设和数据进行整合是有挑战性的，我们也会对此进行讨论。

【256】麦克（Mack，2002）回顾了将定量研究学术共同体与政界结合起来的困境。他认为，这两个群体之间的沟通存在许多障碍。一些问题与计算模型有关，也与向政界和军方说明它们的效用有关。这些问题包括不同的沟通方式、概率论的思想以及学术界的辩论。

首先，正如麦克（2002）指出的，许多量化学者说不同的语言，不努力地将他们的研究结果翻译给忙碌的政策制定者。计算建模至少是复杂的，在这一传统中工作的理论家们应该尽可能地以非技术和非行话的方式来传播他们的成果。

其次，计算建模会产生概率性的经验预测。破坏模型均衡的单个案例不会破坏整个模型。但是，政策制定者常常认为，如果一个个案否认了某一主张，该个案对这个主张来说也是致命的。如果反叛乱行动在伊拉克不起作用，人们通常会认为这种方法在其他情形下也行不通。计算模型往往更加通用，应该对许多情况都适合。如果用户想为一个特殊案例定制更为专门的模型，就可以利用相关参数、来自该案例的数据和其他能增进拟合的因素做种子。如果模型仍然不能准确预测特定的结果，这也没有破坏模型。对于在这一研究传统中工作的学者来说，他们通常更喜欢那些比随意猜测或其他模型预测得更好的模型。完全确定的结果并不是使用这种方法的目标。

最后，最好的研究方法是什么，政策制定者应该如何运用这一方法，对于这些，学者和建模者的看法并不总能达成一致，他们有重大的理论分歧。当政策制定者想要一条最佳的行动方针建议，如果想通过梳理学术界中的争论来确定哪一条更有说服力，最有可能的结果是空手而归（Mack，2002）。

在使用计算建模的最佳方式上也有很大争议。即使没有概述所有的维度，也至少有一个重要分歧值得注意。那就是在模型是否要变得更复杂、更真实或更简约的问题上，建模者们感到很难处理。例如，最近，西菲–雷维拉和鲁洛（Cioffi-Revilla and Rouleau, 2010）提出了一个计算模型，完全模拟了有着不同结构和过程的社会。其他模型却只包含了几个参数，并且有少量的行动者类型，即使它们的参数值是依据某些预定分布而变化的（Epstein, 1999，参见文本框中的示例研究）。每个决策都有成本，更为复杂的模拟是可以准确地用于特殊的案例的，不过却失去了通用性。复杂模型的另一个重要成本是，所谓的参数空间会变得令人望而却步。德·马奇（de Marchi, 2005）讨论了参数空间变大的速度，以至于无法对其进行适当、全面的分析。

芬德利等（2010）模拟了1998年至2008年印度境内的叛乱活动。他们利用来自印度的地理信息系统信息，建立了一个在印度地理边界内运行的网格模型，用它来预测叛乱的增长或下降。简而言之，他们是将大量的主体用作模型的种子，这些主体可以是叛乱分子、反叛乱分子，也可以是人口中具有不同关键参数值的成员。这些主体可以穿过印度形状的地形。

当他们在面板上相遇时，就相互作用和相互影响。这些相互作用可能会导致人口中的一个成员变成叛乱分子、被杀害的叛乱分子或者其他一些结果。这些相互作用发生在一个固定的时间段里（100 次、1 000 次迭代等），在此之后，分析者就可以对行动者的数量变化、关键参数分布和许多其他因素进行检核。

接下来，他们利用二元事件数据来检验计算模型做出的预测。这一研究设计有希望将复杂理论与大数据集结合起来。初始模型可以相当简单，结果可以利用事件数据来加以检验。当两者不相匹配时，分析者就会调整【257】模型。为避免通过约束和拟合模型的方式来预测这一数据，可以将模型代入其他位置和其他时段，在样本的范围之外进行检验。研究者用真实世界中的值来决定假设和参数，再通过检验来核实拟合和预测水平。

技术上的要求

学习使用计算模型需要一些理论培训以及一些实践技能。计算建模的理论背景很成熟，有许多资源，可以从中学习它的方法论。在现有的文本中，爱泼斯坦和阿克斯特尔（Epstein and Axtell，1996）、霍兰德（Holland，1998）、德·马奇（de Marchi，2005）、米勒和佩奇（Miller and Page，2007）、诺斯和马可（North and Macal，2007）以及吉尔伯特（Gilbert，2008）的研究，都是可以广泛接触该方法论的重要来源。

在利用基于主体的模型进行实践时，需要用户对计算机编程语言有一定的了解。当然，并不是所有基于主体的模型都需要计算机（参见谢林于1971 年发表的开创性研究）。但是目前，大多数基于主体的模型都是在计算机上运行的，因此需要一些对主体、环境与规则进行编程的能力，也要能够绘制结果。各种程序都会提供背景，但是能提供多少却是各不相同的。

目前最为成熟的工具包有两个：Repast 和 Netlogo。两者都是在多年前开发的，它们在减少进入壁垒的同时，都扩大了功能范围。非程序员能获得很多方便快捷的信息，但是为了使设计的模型能实现用户的某些特定需求，还是需要编程来定制此类模型。Mason RebeLand 是一个更新一些的程序，它提供了一个专门对暴力进行动态建模的平台。

这些工具包可以用于许多目的，它们的要求远比一些社会科学应用程序复杂一些。许多政治学上的应用并不复杂，只需要几百行的代码。当政治学学者（和其他学者）不熟悉 Java 或 C＃这样的低级编程语言时，许多人仍然可以使用 R 或 Matlab 等程序来编写简单的模型。在利用所有这些不同的方法时，许多应用程序都可以在线获得。对于初学者来说，下载和运行其他人的已有模型是一种有益的开始。

有些资源会提供理论和实践培训。例如，肯多里克、梅尔卡多和安曼（Kendrick，Mercado and Amman，2006）开发了许多应用于经济学的计算模型，并为每一章提供了不同程序的源代码，包括 Excel、Mathematica、GAMS、Access 和 Matlab。

结论

在过去的 20 年里，计算模型在冲突和暴力研究中变得越来越普遍。与其他方法论进路相比，计算模型提供了一些重要的优势。最为重要的也许是，它们提供了一种近似于受控实验的方法，可以在无法利用实验法的情况下使用。建模者可以开发计算实验，这些实验能够仔细和系统地研究大量的可能解释。此类模型过去非常抽象，但是现在，它们比以往任何时候都更容易把现实世界中的假设与数据包含进来，并与观察到的结果相匹配。

计算模型的吸引力也是一个挑战，很容易将计算模型看作数据困境的一个完整解决方案。遗憾的是，在运用计算模型时，最好是用它来生成和完善理论，而不是提供实证检验。出于这个原因，当结论从这类研究中涌现出来时，研究者是很难从中得出一系列精致的具体结论的。但是，要在 【258】叛乱、暴力和族群性等背景下形成微观行为和宏观结果之间关系的理论，计算模型是极其有用的工具。

叛乱和族群冲突主题已经引起了极大关注，但是仍有很大的持续发展空间。值得注意的是，尝试解释恐怖主义动力的模型还并不多见。恐怖主义事件的解释逻辑可能类似于国内政治暴力的解释逻辑，但是现阶段，我们还不知道。可以利用计算模型来有效地识别恐怖主义与其他政治暴力形式之间的异同之处。

尽管计算建模的入门研究和实践存在一些障碍，但是近年来，由于大量工具包、程序和学习资源的出现，这一进路变得更加容易。社会科学家和从业者已经有一些用来理解暴力的有力工具了，我们希望计算建模可以补充这些已有的工具。当将计算建模与这些其他方法一起使用时，我们预期，可能会产生更多的、更有建设性的真知灼见。

注释

1. 本材料基于的研究得到了国家科学基金会支持，批准号0904883。
2. 一些博弈论模型允许主体之间相互学习（Camerer，2003），但是这不是常态。

参考文献

Axelrod R.1984.*The Evolution of Cooperation.*New York:Basic Books.

Axelrod R.1997.*The Complexity of Cooperation:Agent-Based Models of Competition and Collaboration.*Princeton,NJ.:Princeton University Press.

Bennett D.2008. "Governments,Civilians,and the Evolution of Insurgency:Modeling the early dynamics of insurgencies." *Journal of Artificial Societies and Social Simulation* 11（4）:1–7.

Bhavnani R.2006. "Ethnic Norms and Interethnic Violence:Accounting for mass participation in the Rwandan genocide." *Journal of Peace Research* 43（6）:651–669.

Bhavnani R.,Backer D.2000. "Localized Ethnic Conflict and Genocide Accounting for Differences in Rwanda and Burundi." *Journal of Conflict Resolution* 44（3）:283–306.

Bhavnani R.,Miodownik D.2009. "Ethnic Polarization,Ethnic Salience,and Civil War." *Journal of Conflict Resolution* 53（1）:30–49.

Bhavnani R.,Findley M.,Kuklinski J.2009. "Rumor Dynamics in Ethnic Violence." *Journal of Politics* 71（3）:876–892.

Bohorquez J.C.,Gourley S.,Dixon A.R.,et al.2009. "Common Ecology Quantifies Human Insurgency." *Nature* 462:911–914.

Bueno de Mesquita B.2002. "Accomplishments and Limitations of a Game-Theoretic Approach to International Relations." In Brecher M. and Harvey F.（eds.）*Evaluating Methodology in International Studies*.Ann Arbor,MI.:University of Michigan Press,pp.59–80.

Camerer C.2003.*Behavioral Game Theory:Experiments in Strategic Interaction*.Princeton,NJ.:Princeton University Press.

Cederman L.E.1997.*Emergent Actors in World Politics:How States and Nations Develop and Dissolve*.Princeton,NJ.:Princeton University Press.

Cederman L.E.2001. "Modeling the Democratic Peace as a Kantian Selection Process." *Journal of Conflict Resolution* 45:470–502.

Cederman L.E.2002. "Endogenizing Geopolitical Boundaries with Agent-Based Modeling."*Proceedings of the National Academy* 99（ suppl.3):7796–7303.

Cederman L.E.2003. "Modeling the Size of Wars:From billiard balls to 【259】 sandpiles." *American Political Science Review* 97:135–150.

Cederman,L.E.,Gleditsch K.S.2004. "Conquest and Regime Change:An evolutionary model of the spread of democracy and peace." *International Studies Quarterly* 48（3）:603–629.

Cederman L.E.and L.Girardin.2005. "Beyond Fractionalization:Mapping Ethnicity onto Nationalist Insurgencies." Paper read at Disaggregating the Study of Civil War and Transnational Violence Conference,at San Diego,California.

Cederman L.E.,Wimmer A.,Min B.2010. "Why Do Ethnic Groups Rebel? New data and analysis." *World Politics* 62（1）:87–119.

Cioffi-Revilla C.,Rouleau M.2010. "MASON RebeLand:An agent-based model of politics,environment,and insurgency." *International Studies Review* 12:31–52.

de Marchi Scott.2005.*Computational and Mathematical Modeling in the Social Sciences*.Cambridge:Cambridge University Press.

Epstein J.M.1999. "Agent-based Computational Models and Generative Social Science." In *Generative Social Science:Studies in Agent-Based Computational Modeling*,Princeton,NJ.:Princeton University Press,pp.4–46.

Epstein J.2002. "Modeling Civil Violence:An agent-based,computational approach." *Proceedings of the National Academy of Sciences* 99(3):7243–7250.

Epstein J.,Axtell R.1996.*Growing Artificial Societies:Social Science from the Bottom Up*.Washington D.C.:Brookings Institution Press.

Fearon J.1991. "Counterfactuals and Hypothesis Testing in Political Science." *World Politics* 43（2）:169–195.

Fearon J.D.,Laitin D.D.2003. "Ethnicity,Insurgency,and Civil War." *American Political Science Review* 97（01）:75–90.

Fearon J.,Humphreys M.,Weinstein J.2009. "Can Development Aid Contribute to Social Cohesion after Civil War." *American Economic Review:Papers and Proceedings* 99（2）:287–291.

Findley M.2008. "Agents and ConfliCT.:Adaptation and the Dynamics of War." *Complexity*14（1）:22–35.

Findley M.,Young J.K.2006. "Swatting Flies with Pile Drivers? Modeling Insurgency and Counterinsurgency." Paper presented at the International Studies Association Annual Meeting,San Diego,California,March.

Findley M.,Young J.2007. "Fighting Fire with Fire? How（not）to neutralize an insurgency." *Civil Wars* 9（4）:378–401.

Findley M.,Rudloff P.2011. "Combatant Fragmentation and the Dynamics of Civil Wars." *British Journal of Political Science* 42（4）:879–901.

Findley M.,Young J.,Shellman S.M.2010. "Modeling Dynamic Violence:Integrating events,data analysis and agent-based modeling." Paper presented at the American Political Science Association Annual Meeting, Washington D.C.,September.

Findley M.,Nielson D.,Sharman J.2013. "Using Field Experiments in International Relations:Λ randomized study of anonymous incorporation." *International Organization* 67（4）（forthcoming）.

Gerring J.2004. "What Is a Case Study and What Is It Good For?" *American Political Science Review* 98（2）:341–354.

Gilbert N.2008.*Agent-Based Models:Quantitative Applications in Social Sciences Series*.Thousand Oaks,CA.:Sage.

Girardin L.,Cederman L.E.2007. "A Roadmap to Realistic Computational

Models of Civil Wars." In Takahashi S.,Sallach D.,Rouchier J.（eds.）*Advancing Social Simulation:The First World Congress*.New York:Springer, pp.59–69.

Holland J.H.1995.*Hidden Order:How Adaptation Builds Complexity*.New York:Basic Books.

Holland,J.H.1998.*Emergence:From Chaos to Order*.New York:Basic Books.

Holland P.1986. "Statistics and Causal Inference." *Journal of the American Statistical Association* 81（396）:945–960.

Keller-McNulty S.,Bellman K.L.,Carley K.M.2006.*Defense Modeling, Simulation,and Analysis:Meeting the Challenge*.Washington D.C.:National Research Council.

Kendrick D.,Mercado R.,Amman H.2006.*Computational Economics*. Princeton,NJ.:Princeton University Press.

Kuran T.1991. "Now Out of Never." *World Politics* 44（1）:7–48.

Leweling T.A.,Nissen M.E.2007. "Defining and Exploring the Terrorism Field:Toward an inter-theoretic,agent-based approach." *Technological Forecasting and Social Change* 74（2）:165–192.

Lustick I.2000. "Agent-Based Modelling of Collective Identity:Testing 【260】 Constructivist theory." *Journal of Artificial Societies and Social Simulation* 3（1）:1–6.

Lustick I.,Miodownik D.2009. "Abstractions,Ensembles,and Virtualizations:Simplicity and complexity in agent-based modeling." *Comparative Politics* 41（2）:223–244.

Mack A.2002. "Civil War:Academic research and the policy community." *Journal of Peace Research* 39（5）:515–525.

Macy M.W.,Skvoretz J.1998. "The Evolution of Trust and Cooperation between Strangers:A computational model." *American Sociological Review* 63:638–660.

Macy M.W.,Willer R.2002. "From Factors to Actors:Computational sociology and agent-based modeling." *Annual Review of Sociology* 28:143–166.

Miller J.H.,Page S.E.2007.*Complex Adaptive Systems:An Introduction to Computational Models of Social Life.*Princeton,NJ.:Princeton University Press.

North M.,Macal Ch.2007.*Managing Business Complexity:Discovering Strategic Solutions with Agent-Based Modeling and Simulation.*Oxford:Oxford University Press.

Nowak M.A.,Sigmund K.1998. "Evolution of Indirect Reciprocity by Image Scoring." *Nature* 393:573–577.

Page S.2007.*The Difference:How the Power of Diversity Creates Better Groups,Firms,Schools,and Societies.*Princeton,NJ.:Princeton University Press.

Pew R.W.,Mavor A.S.（eds.）1998.*Modeling Human and Organizational Behavior:Application to Military Simulations.*Washington D.C.:National Academies Press.

Powell R.1990.*Nuclear Deterrence Theory:The Search for Credibility.*New York:Cambridge University Press.

Riolo R.,Cohen M.,Axelrod R.2001. "Evolution of Cooperation without Reciprocity." *Nature* 414:441–443.

Schelling T.1960.*The Strategy of Conflict.*Cambridge,MA.:Harvard University Press.

Schelling T.1971. "Dynamic Models of Segregation." *Journal of Mathematical Sociology* 1（2）:143–186.

Snidal D.1985. "The Game Theory of International Politics." *World Politics* 38（1）:25–57.

Watts D.1999.*Small Worlds:The Dynamics of Networks between Order and Randomness.*Princeton,NJ.:Princeton University Press.

23　评估和平行动

—— 挑战与维度

保罗·F.迪尔，丹尼尔·德鲁克曼

> Diehl F.P.,Druckman D.2010.*Evaluating Peace Operations*.Boulder,CO.:
> Lynne Rienne Publishers（Also Druckman and Diehl（2013））.
>
> 　　对和平行动进行评估的方法论问题包括以下几个方面：对利益相关
> 方作用的考虑、评估结果的时间视角、建立基线的重要性、确定行动类
> 型的评估标准以及更大的冲突环境的重要性。
> 　　要向利益相关者提出的问题是，"成功是为了谁？"。对于结果，利
> 益相关的行动者们有着不同的视角和利益，这些视角与利益可能会相互
> 冲突，这种冲突对军事行动的开展和成功标准的定义均有不利影响。短
> 期评估和长期评估对自变量与因变量的定义也会有所不同：冲突在评估
> 结束之时是减少了，但是在评估后的一年中，冲突可能会重新出现。评
> 估还要解决"与什么相比"的问题，纵向比较和同时比较对评估的挑战
> 是不同的。短期内发生的变化对因果归因有利。更大、更重要的变化则
> 需要更长的时间才能展开，如果研究者错过了它们，所观察到的变化会
> 使人误解。当与备择的军事行动进行比较时，这个归因也有问题，因为
> 军事行动必须足够相似才能确定相同或不同结果的原因。
> 　　在定义评估标准时，还必须考虑任务的类型。例如，遏制暴力的任
> 务目标肯定不同于保护人权的任务目标，如果只考虑了不同的任务目标
> 却不考虑更大的冲突环境，评估仍然不完整。这些环境由各种因素构成，
> 有各不相同的可塑性。但是考虑了环境后，推断因果方向的任务又变得

复杂起来，因为这时的影响可能是循环的，军事行动既影响冲突环境，也受冲突环境的影响。

【262】这些考虑对开展评估研究很有价值。更为实际的是，如果要开发一种判别军事行动成功与否的辅助性决策模板，这些思考会提供信息。这个决策过程是按一系列步骤进行的：步骤一，确定任务的主要目标；步骤二，确定实现目标必须回答的关键问题；步骤三，构建测量进度的指标，以回答这些问题；步骤四，确定这些测量指标的优缺点；步骤五，确定目标实现的程度。

迪尔和德鲁克曼（Diehl and Druckman，2010）详细阐述了这一决策序列，并试图说明以下几个维度：传统维和、新的任务以及冲突后的和平建设目标。他们将这一框架用在了波黑战争及其后果、战争结束后的各种和平行动以及1995年签署的《代顿和平协定》上。这一评估框架还被用在了德鲁克曼和迪尔（2013）提出的四个其他案例上，它们是柬埔寨、科特迪瓦、利比里亚和东帝汶和平行动。这些应用也提请人们注意该进路的优势和局限。一个明显的优势是，它有利于比较分析，针对它的不足，则引发了扩展和改进评估框架的建议。

引言

评估和平行动的影响是一项棘手的挑战。关于评估方法论方面的维和文献也不充分。一个问题是大多数的研究都在关注影响成功的因素（自变量），而不是成功的评估标准（因变量）；另一个问题是缺乏能广泛指导评估工作的概念框架。本章试图具体说明评估的维度，提请人们注意评估必须解决的问题，以填补这些空白。

和平行动涉及各种类型的任务，包括传统维和、强势维和、和平建设以及和平观察（参见迪尔等1998年编写的《和平行动分类法》）。这些行动由国家或国际组织、区域组织或多边集团授权部队来执行，传统的军事行动不包括在内。在本章中，我们更强调任务的类型，而不是赞助组织的类型。我们对各类组织中的不同任务进行观察，在这一观察的基础上做出了该决定。此外，评估的重点是行动的维度，而不是组织的维度。我们会讨论五个需要考虑的评估维度。

促进和平行动的评估具有明确的政策意义。和平行动评估有助于明确任务退出和部队级别升降的时间，有助于绘制授权目标的完成进度图，有助于对可能的重大变化节点进行一般预测。依照这些逻辑做出的知情决策能提高任务的有效性。但是，冲突环境的一些特征难以改变，这也是实情，这些特征可能在很大程度上超出了和平行动的控制范围。因此，在评估任务是否成功时，在环境的高可塑性与低可塑性方面进行区别也是十分重要的。最后一节会讨论这个问题。

对评估的挑战 【263】

如何评估和平行动远不是一个简单的问题，而大多数的研究却表示它很简单。在这些著作中，学者和决策者通常会选择一个或多个指标，将它们用于手头的案例。最常见的情况是，分析者已经含而不露地做出了一系列选择，因为这些决定代表了阻力最小的路径；甚至当分析者很清楚标准是什么的时候，他们选中的标准仍然是最显而易见的，选定的指标也是更容易获得的。当看向这些决策的背后，就会揭示出一系列的问题，这些问题影响了我们看待和平行动和对成功加以定义的方式。这些问题既是概念性的，也是方法论上的。直面这些问题，就在减少路径依赖和防止重蹈覆辙的方向上迈出了一步。

评估决策涉及许多要素。了解这些要素就能够理解和平行动评估的复杂性。其中包括各种目标、各类任务、针对每个目标提出的关键问题与进度指标，以及这些指标的优点和不足。迪尔和德鲁克曼（2010）的著作发展了评估任务的复杂性，评估分析选取的具体维度和指标也与以往有所不同。这些维度和指标强调了减缓、遏制和解决暴力的重要任务目标，而不是突出民主化和人道主义援助等目标，这一转向可能会导致一种对成功的不同结论。这些不同也有助于解释为什么研究不同，关于成功的结论也不尽相同。在最后一节中，提出了进行评估的框架，该框架建立在以下几个方面的基础之上，包括制订广泛的目标、制订与这些目标相关的关键问题、提出有助于回答这些问题的可衡量指标。我们将通过和平行动的五个维度来讲解这一框架。

和平行动评估的维度

评估决策的五个维度是利益相关者、时间视角、基线、集结和任务类型。

成功是为了谁？和平行动的利益相关者

在对维和成功进行概念化时，问题就出现了，即"成功是为了谁？"人们很少直接谈及这个问题，和平行动中有几个系列的利益相关者，即国际共同体、派遣国、主要参与国或团体以及当地居民，他们都可能制造出不同的成功标准（Druckman and Stern，1997）。这些行动者往往有着不同的目标，或者对共同目标赋予的优先等级不一样。

我们所说的国际共同体，指的是第三方行动者，包括国家、国际组织和非政府组织，它们对冲突的看法与那些直接参与的行动者不同。这一系列的行动者有若干目标。一个可能的目标是，希望阻止冲突蔓延到新的地区或跨越国家边界。负的外部性（externality）不仅会延伸到战斗之外，影响新的人口和国家，而且会殃及难民并产生相应的经济政治成本。全球社会还关注如何能最大限度地扩大组织章程和国际协定中的一些国际规范，包括和平变革和安全、人权保护和经济福祉。作为冲突的局外人，国际共同体的目标超出了战斗的范围。

对宏观层面的关注也会导致对某种成功标准的关注，该成功标准涉及和平行动如何能全面促进世界主义的价值观。这并不是说国际共同体不关心冲突地区的死亡和混乱局面，而是说国际社会有可能优先考虑更高分析层次上的公共产品。从国际共同体认为有利的角度看，成功的标志是遏制冲突和保护人权。

【264】

说到国际共同体，多少有点抽象。构成这个共同体的不同行动者确实有一些共同目标，但是每个行动者在执行和平任务时都有一些特定的利益。单一国家在开展和平行动时有自己的利益，这一利益可能与国际共同体中的其他成员相一致，也可能不一致。最明显的是，在冲突结果有利于一方或另一方时，某些国家可能会从中谋取政治利益。有时，冲突地区中交织着国家之间的竞争，和平行动可能影响这种竞争，这取决于部署条件及其对该地区稳定性的影响。从一个国家的视角看，它是成功的行动；在另一个国家的眼中，它也可能意味着失败。

在各利益国中，有一个特别重要的组成部分，该部分包括：在和平行动中发挥领导作用的国家和／或为和平行动提供人员的国家。在和平行动中，带头国家感兴趣的是和平行动中采取行动（尤其是执法行动）的合法性，这也是此类行动往往由国际组织执行的主要原因（Coleman，2007；另见 Claude，1966）。关于国家派遣军队是出于利他、权力和地位的考虑，还是出于金钱的原因，有一些争论（Neack，1995），但是一旦部署了，派遣国就在保护这些军队方面有既得利益。派遣国家的成功可能与当地条件的变化无关，而是与尽量减少伤亡发生的人数有关，还与所接受培训和训练的质量有关。有些国家的外交政策深受国内居民关注，减少伤亡对这些国家来说就尤为重要，这些国家对成功的代价也很敏感。西方民主国家的媒体广泛渗透，人们认为它们最易遭受这种影响，尽管这些国家也最有可能参与此类行动（Andersson，2000）。

在和平行动中，各个组织也有具体的官僚政治利益（Barnett and Finnemore，2004）。非政府组织之间相互竞争资金和资源，在执行人道主义援助等任务时，它们还可能将国际政府组织视为有影响力的竞争对手。人们会认为，与削弱非政府组织权力的和平行动相比，维持或加强某个非政府组织职能的和平行动是更成功的，至于哪种行动安排最有利于结束冲突，或者最能减缓当地人民的痛苦并不重要。联合国和北约等国际组织也有类似的官僚政治利益，他们还有声誉方面的担心，因为政治和安全领域（而不是经济和社会领域）中的许多组织是依靠说服力和合法性来发挥效能的。当和平行动诋毁了一个组织的声誉时，它们的其他使命也可能会蒙受损失。

在冲突中，主要参与者的利益涉及私人物品，相互之间也必定有分歧。如果所有各方都同意停火，一些人可能会推测，停止战斗是他们的共同利益；另一些人则认为，这只是一个暂时目标，与其说停火表达了解决冲突的真诚愿望，不如说是为了重新武装（Richmond，1998）。此外，据推测，行动者卷入冲突也有可能是为了获得胜利。如果是这样，结果就可以被解释为赢和输，或者至少被部分地解释为零和（zero-sum），和平行动的任何结果都不能使所有各方完全满意。因此，行动者在评估行动是否成功时，会根据和平行动影响主要参与者之间利益分配的方式来进行。在内战或多国卷入的内战中，随着参与方的增加，这一点可能变得尤为重要，关于成

【265】

功的不同观点也会急剧上涨。

冲突地带居民的利益往往不在计算范围内（Johansen，1994）。人们常常认为，停止暴力可以改善当地居民的生活，这在很大程度上是正确的。但是有些和平行动的效果可能并不积极，它们会产生一系列其他的广泛影响，包括无意的影响（Aoi et al.，2007）。例如，和平行动即使为流离失所的人提供了食品和医疗服务，也可能会限制难民返回家园的能力。和平行动还可能通过影响当地市场而影响了当地经济（Ammitzboell，2007），在为本地企业提供机会方面，这可能是积极的，但是它也建立起平行的经济结构，这可能会扭曲那里的市场。在社会交往方面，维和士兵的存在可能会增加强奸的发生率和艾滋病的蔓延（Kent，2007），尽管这些士兵也可能在抗击疾病方面发挥了作用（Bratt，2002）。

从上面的讨论中可以明显看出，利益相关者可能有一些共同利益（例如，遏制暴力），但是它们的利益并不完全一致，例如，派遣国的目标之一可能是减少其人员的伤亡。在这一目标上取得成功可能需要采取行动，而这些行动会破坏国际共同体保护受威胁民众的人权目标。根据某些标准去评估和平行动，无疑要采取冲突中的一个或多个行动者的视角。因此，有必要认识到，在同一行动中，具有政治和经济利益的各利益相关方是以不同的方式去定义成功的。

时　间　视　角

根据短期视角还是长期视角去定义成功，结果是不尽相同的（Weiss，1994；Bellamy and Williams，2005）。

从短期视角看，成功可以被概念化为达到目标，它发生在和平行动期间，或者发生在维和部队刚刚撤离后的某个时间段内。关于前者的一个例子是，在人道主义行动期间，减缓了饥饿，改善了医疗条件。在这一视角中，将和平行动的行动与观察到的结果联系起来往往是最容易的。关于后者的一个例子是，在和平行动之后的几年中，没有发生暴力冲突（Enterline and Kang，2002；Heldt and Wallensteen，2006）。虽然后者的时间框架可长可短，但是都假设在撤军后的一段时间里，和平行动仍然对地面情况具有实质性影响。这一框架坚信，维和人员部署期间的行动会为长期效果奠定基础。

短期视角的一种替代性方法是从长期视角评估和平行动。这通常意味着要在和平行动后的多年里对情况进行观察，这一观察可能长达数十年。该评估的假设是，政策干预会影响各种行为，但是政策的很多影响在未来的数年内都不会很明显。一个例子是，要在和平建设行动结束后的 10 年或者更长的时间里来考量平均寿命是如何提高的；这种改善不可能经历一段时间就能显现，新设施和新实践需要时间才能对当地人口产生影响。

以长期视角对行动是否成功进行评估时，常常会得出不同于短期评估【266】的结果。例如，人们普遍认为，从短期效果看，对东帝汶的各种维和努力是成功的，只是因为 2006 年东帝汶再度发生暴力，局势再度不稳，才促成对该行动的再次评估。在这一案例中，不仅仅同一指标随时间的推移而发生变化，对于不同的利益相关者来说，短期和长期成功的预测变量和结果变量都可能会有显著差异。同样，短期和长期成功也都有适合于各自的不同标准。例如，减缓难民流动是成功的短期指标，而难民遣返是一个过程，这一指标更适合于长期评估。

在进行长期评估时至少有两大问题。

首先，在评估结果时应该考虑开多长时间的窗口期，要对此做出决定。鉴于路径依赖（即早期阶段或冲突阶段发生的事件对后续阶段的事态发展有影响）和其他效应，和平行动可能会产生几十年的影响。但是，极其漫长的时间框架却让我们无法对正在进行的和新近结束的行动进行评估（Bellamy and Williams，2005）。如果必须经过多年才能对战略进行评估，那么在持续开展的行动中，政策制定者就无法顺利地做出中期调整。"近期的阴影"（shadow of the recent past）指的是，决策者认识到近期和平行动的成败后，就会对其发起新行动的意愿以及对这些行动的配置产生影响。20 世纪 90 年代初发生了索马里问题，此后没有多久发生了卢旺达种族大屠杀事件，人们常常引用索马里问题来说明国际社会为什么对卢旺达种族大屠杀事件反应得既迟缓，又不恰当。政策决策是建立在近期持续发生重大影响的事件的基础之上的。关于遥远行动的长期评估并不能为决策者的即时政策提供明确线索，而且在任何情况下都会大打折扣，因为这类行动是发生在前领导、前行政当局或先前的政策背景等不同的情形中的，因此对成功的长期评估无论效度如何，都无法满足即时政策制定的需要，至少在如何制定外交政策方面是这样。

其次，行动结束和行动评估之间的时间间隔越长，对行动结果做出因果推论的难度就越大；干预因素也可能对未来状况产生大的或更大的影响（Bingham and Felbinger，2002）。例如，与其说当地的情况是10年前和平行动的遗留问题造成的，不如说是政权更迭或全球经济衰退的产物。实际上，是否应该利用长期失败来起诉行动，对这一问题的看法存在分歧（Druckman and Stern，1997）。

短期和长期的时间视角在很多方面都不尽相同，但是它们是有联系的。在大多数的情况下，如果和平行动没有实现短期目标，就没有必要去了解它的长期影响。当然，人们可以想象短期失败是如何导致了长期成功的情景的（例如，持续的武装冲突肯定会带来胜利），但是这些情景不太可能出现，即使它们发生了，也无法将长期的积极影响有效地追溯到短期的行动失败上。只有短期成功了，才更有可能在下游产生结果。例如，选举成功可能有助于解决长期冲突（例如，纳米比亚），也有可能在选举获胜方和反对派部队之间重燃暴力事件（例如，安哥拉）。

此类研究的挑战是，在收集数据之前就要决定评估的时间跨度。采用短期和长期标准，或者对因变量进行多次评估，对于评估来说都是值得的。另一个选择是对和平行动采取近观（myopic）视角，从长远的观点看，这个视角会被弃用。但是仅考虑长期影响，就会错过重要的短期影响，无法为决策者及时而明智的决策提供必要反馈。

【267】　除了短期和长期视角，时间变数也会使评估工作进一步复杂化。任务常常以意想不到的方式随时间的推移而变化，维和人员必须根据情况对他们的战略进行调整。这表明，在不同的时点上，对任务做出的定义和评估可能会有所不同。

上述情况表明，只在一个时点上进行评估可能会带来误解，也可能不同于其他定点上进行的评估。但是该评估会有其他意义，尤其是对于因果关系的推论。自变量不是静态的，而是动态的。对成功进行的评估会不断变化，这可能是任务评估进路变更的结果。研究的挑战在于，在考虑到自变量是动态变化的情况下，如何去协调对自变量的界定和对成功（即因变量）的评估。例如，部队规模、部署区域以及任务目标变化了，它们对实现停火或启动和平谈判有什么影响？当行动目标扩大时，评估标准就会变得不同于以往，也更加难以达到。评估工作的另一个缺点是，任务变更与情境变化之间的相互作用方式增加了分离出因果成分的难度。例如，任务变化了，东道国的合作也会随之变化，这个变化可能对和平行动规模和部署的决策产生影响，这些决策接下来又可能使减少或解决冲突的前景发生改观，无论这一变化是积极的，还是消极的。

评估的基线

第三个要考虑的维度是制订维和行动效果评估的基线。也就是说，当人们问起某个和平行动是否成功时，其中隐含着一个疑问，即"它是与什么相比的？"即使一些研究规定了具体的成功标准，通常也缺乏进行比较的基线。有几种不同的可能基线，不过它们都有一些不足之处。

其中的一个标准是，将和平行动与国际社会尚未采取行动的情况进行比较（Druckman and Stern，1997）。这就是我们所说的"有胜于无"（better than nothing）的标准，虽然这有点可笑。另一些学者是在没有处理过的控制组的意义上，将基线视为对"零处理标准"（absence-based criteria）的利用（Stiles and MacDonald，1992）。还有一个更复杂的版本，它利用了一个简单的时间序列，在该序列中，将实际结果与基于以往趋势所预测的结果进行比较，假设在该时间序列中什么维和干预都没发生过（Bingham and Felbinger，2002）。

从方法论和政策制定的视角看，"有胜于无"的标准会产生误导。根据未发生的事情进行测量或做出预测，这真的是困难至极（Menkhaus，2003）。此外，所采用的标准也可能太低了，以至于和平行动被自动贴上了成功改善局势的标签。决策者很少在维和与不维和之间做出其他选择（Diehl，1994），因此一些学者建议分析者考虑维和选择所带来的机会成本（Druckman and Stern，1997）。这一标准不是"有胜于无"，而是"比什么样的备选方案更好？"。然而，还是有几个关于这一标准的问题。首先，它需要对备择政策做出足够充分的说明。对于国际组织来说，一份完整的选择菜单可能包括以下方面：通过传统军事手段实施的外交倡议、制裁以及集体执法。其中的许多选项并不相互排斥，因此难以确定决策菜单上的其他选择在多大程度上影响了和平行动选项的选择。此外，对其他选项的采用也是概率性的，也就是说，即使没有部署和平行动，也不会将所有其他的备择选项都选上。因此，在评估具体的机会成本时，必须以另一【268】项选择的概率来加权，这一概率在某种意义上是先验的，难以确定。而且，即使是选定了其他备选项，在评估机会成本时，还需要对有可能发生的情况进行准确的反事实分析或情境分析（Menkhaus，2003）。

另一个标准是将部署前的情况与行动期间和行动之后的情况进行比较（Kaysen and Rathjens，1995）。这一评估设计是一个相对简单的"前与后"、前测－后测或间断的时间序列设计（Bingham and Felbinger，2002；Druckman，2006），在该设计中，和平行动的部署代表了关键的分界线。这一标准的优点是，有可能在各个任务之间进行比较，或将基线"常态化"，因为在维和期间，中等程度的暴力水平在某些情况下可能被视为进展（例如，全面内战期间的部署），在另一些情况下可能被视为倒退（例如，停火后的部署）。差异只是"之前"与"之后"进行比较的结果，分析者在比较时会跟踪部署后的趋势（无论是正向的还是负向的）（Stiles and MacDonald，1992）。这一比较使分析者能够控制部署时的初始条件，这也是赫尔德和沃伦斯汀（Heldt and Wallensteen，2006）所关注的问题。

这一标准会产生肯定的或否定的评估，具体视行动何时部署而定。许多行动是派往冲突最激烈的地方（Gilligan and Stedman，2003），伴随着各种难民、经济中断等问题。对于这些行动，最初的基线可能就在冲突的峰值附近，或者至少是处于高度严重的状态。

第三种有效的基线是通过对和平行动之间的效果进行比较来实现的，这是一个横向比较，而不是纵向比较（Ratner，1995；Bingham and Felbinger，2002 将其称为"基准"（benchmarking））。例如，一项行动中的枪击事件比另一项中的少，人们就会认为这项行动更成功。这可能适用于一些学术分析，因为它使分析者能关注一些关键的自变量或预测变量的变异性，会参考这些变异性去进行评估，推测为什么一些行动比其他行动更成功，或者更不成功。然而，这种方法只会产生相对的或比较性的评估。当基线主要由失败的任务构成时，一项相对成功的行动即使仍然有重大缺陷，这些缺陷也会被掩盖。最近的政策评估实践一直在使用"同类最佳"（best in class）案例作为评估标准（Bingham and Felbinger，2002）。这一基线可能会导致负性评价，因为根据它的定义，所有其他案例都必然有缺陷，即使标准准确地反映了政策制定者的适当的期望水平。

集　结

我们用"集结"（lumping）一词来表示干预措施的一揽子方式，其中包括和平行动。实际上，所有致力于减少冲突的干预措施都是多个程序和过程的组合，尤其是和平行动。例如，任何的和平行动都可以根据一些特征来描述，包括规模、维和人员训练、战略和战术、时间范围、任务的明确性和变化、参与市民社会的程度、对东道国及其构成部分的支持等。这一系列的因素使得在确定哪些结果可以具体归因于哪些因素时，变得复杂化了：和平行动的哪些部分是成功的或是不成功的？哪些因素导致了成功或失败？从决策的角度来看，这些都至关重要，只有立足于微观层面才能从成败中汲取经验教训，才能在不抛弃整个战略或行动框架的条件下做出调适和修订。

当人们的兴趣是评估某个特定任务时，"集结"的问题不太大。所提出的问题类似于许多学校干预要回答的问题，即整个一揽子行动是否会为 【269】这个特定的国家（或学校）带来某种不同。从业者和顾问常常对总结性的问题感兴趣，即整套行动及其他所有部分是否奏效。这就是所谓的"影响评估"（impact evaluation），它审查的对象是最终的结果或那些可测量的影响（Bingham et al., 2002）。在"集结"的一揽子行动的几个部分中，当聚焦于其中的某个部分并将其作为评估对象时，问题就大了。虽然主要是理论家和研究者对这个问题感兴趣，但是这个问题也有实际意义。对结果能归因于哪些因素有所了解，是一种有助于设计和执行未来行动的重要途径（Druckman and Daniel, 2005）。

维和任务的类型

不同类型的任务要求有不同的评估成功的标准，至少在一定程度上是这样的。大多数任务的目标是减缓暴力冲突。另一些任务的目标则更具体一些，例如，监督选举、提供人权保护或为建立新的社会制度做贡献。任务不同，在各类特征上的表现也不尽相同，特别是在维和人员的作用上，以及在任务强调的冲突管理结果的类型上（Diehl et al., 1998）。例如，一些任务要求维和人员承担主要或直接的角色，包括集体执法、州 / 国家建设和保护性服务；另一些任务则将维和人员置于第三方角色，如监督选举、军备控制核查和观察（即信息收集和监测）。一项任务是强调维和人员本身的利益，还是强调任务本身和东道国的利益，这两者之间也有差别。前者的冲突管理结果明显地体现在集体执法或制裁行动、支持民主的干预措施以及保护性服务上，后者的冲突管理结果则普遍存在于传统的维和、观察和选举监督等任务中。一些任务具有多重混合角色，既开展人道主义援助，也进行安抚平定。因此，任务的维度会对我们评估效果的方式产生影响。

出于这一原因，如果要询问的问题是关于成功的，或者是关于用于诊断进展的指标的，对它们的问法都要因任务的目标而异。例如，如果目标是遏制暴力，我们就会问暴力程度是否下降了，并且要测量争议各方与和平部队的枪击事件数和伤亡人数。如果目标是保护人权，在一个层面上，我们会问是否暴行减少，或者是否避免了种族灭绝事件；在另一个层面上，我们会问司法系统是否到位并且发挥了作用。地面暴行显著减少并且拥有一个能确保社会正常运转的制度体系，是反映人权目标得以实现、取得进步的指标。

大多数的分析者都主张利用指南即授权文件（如安理会决议），这并不奇怪，指南是由执行任务的组织在行动授权时提供的（Howard and Morjé，2008；Bellamy and Williams，2005；Ratner and Steven，1995）。此类授权通常包括待完成的具体任务或应该达到的基准。这在某种意义上是恰当的，因为一项特定的行动是否成功只能根据被分配给它的任务来加以判定。另一方面，在利用授权文件来界定成功时缺点也不少。对行动进行授权，特别是对那些大型会员国际组织指挥的行动进行授权，是政治审议和妥协的产物，这些授权也常常含糊不清。例如，要求几内亚西部的联合国安全部队（UNSF）负责维护法律及秩序；要求联黎部队（UNIFIL）"恢复国际和平与安全"，并且要"协助黎巴嫩政府，确保恢复其在该地区的有效权力"。

【270】　联黎部队这项行动的任务范围和细节有很大的争议空间。"恢复和平与安全"是什么意思？如果行动的背景是一个失败的国家，这个词可能毫无意义，因为在它的现状中并不存在这种和平或安全。至于这项授权是否得到了满意的结果，也可以设立各种各样的级别。要想规定和批准一项更为精准的授权，这无法做到，该事实证明，在行动应该达成的目标上有歧义，分析者不能只是将自己的解释强加于某项授权的含义之上。单凭这一

问题就难以评估授权设计的目标是否已经达成了（Druckman，Daniel and Stern，1997）。但是，我们应该承认，随着时间的推移，和平行动的授权会变得更加详细和准确，尽管在解释方面仍然存在争议的空间。

在不断变化的冲突条件下，授权也可能变得不够灵活，维和人员试图做的事情可能已经不再反映授权书中规定的标准了（Bellamy and Williams，2005）。驻贝鲁特多国部队（MNF）的最初任务是监督巴解组织撤出贝鲁特，但是后来，他们又参与了支持黎巴嫩政府军的行动，还包括一些其他的活动，这些行动似乎都背离了其任务的中立立场。有文献将"授权清晰度"视为维和成功的另一项指标（Mackinlay，1990；另见Diehl于1994年对此进行的讨论），这再次将投入或影响与结果混淆在了一起。

冲突环境

本章重点关注总体任务效果，突出了宏观分析层面的维度，例如国际共同体中的利益相关方、任务授权、与东道国的关系以及对市民社会和当地文化的参与性。这些因素被认为是和平行动所面临冲突环境的一部分，对行动的短期和长期效果均会发生影响。重要的是要区分出环境中那些或多或少受行动影响的因素，例如，内部地理环境或基础设施（低可塑性）与动员潜力或技能培训（高可塑性）之间的差异性。这种区别对定义和平行动的可能性和局限性都具有意义。在本章的结论部分会讨论这一意义。

有可能影响和平行动或者受和平行动影响的冲突环境有许多特征，可以将它们分为三类：冲突特征、地方治理和当地人口。更具可塑性的冲突特征包括跨越东道国边界的难易程度、外部行动者对东道国争端的卷入程度以及部署时冲突处于什么阶段。这些特征是更可能受行动影响的变量，而不是对行动产生影响的变量。不太可塑的特征包括内部地理环境、邻国政权的稳定性以及冲突的棘手性。这些特征更可能影响行动，而不是受行动影响。

同样，地方治理的某些方面也比其他方面更有可塑性：可以将部队供给和东道国支持与该国的基础设施和经济健康状况进行对比。而且，就当地人口而言，动员的潜力和组织的属性比部署地区的人口规模和密度更具可塑性，也比东道国各群体之间的分裂模式更具可塑性。在这些或多或少的可塑性方面做出区分具有战略意义，有助于设计和实施和平行动。维和部队在关注冲突环境中这些更具可塑性的特征时，也会变得更有效力和效率。

【271】这种区分能提高维和人员对环境中可改变方面的敏感性，可以将它们纳入培训计划中。相关的技能包括收集和处理信息、使用信息进行情势分析、学习如何通过战术性脚本来管理印象以及如何在实施战术性脚本时选择时机。这些技能有助于维和人员应对许多挑战，包括如何与东道国政府进行协调、如何与外部行动者进行合作、如何动员温和的公民、如何弥合地方组织和国内非政府组织之间的分歧。至于如何设计、实施和评估相关的培训计划来发展这些战术性技能，已经在其他的地方讨论过了（例如，可参见德鲁克曼等人于1997年做的关于接触和战斗技能之间区别的研究；也可参见德鲁克曼和伯纳（Ebner）于2013年做的关于概念学习和战术学习之间差异的研究）。但是，是否战术技能和表现的增强会提高整个任务的效果，目前还不太清楚。

冲突环境有着或多或少的可塑性，这些可塑性之间是有区别的，这一区别也引出了培训在多大程度上有助于提高任务效果的问题。即使训练有素和有组织的军队也可能无法克服冲突环境造成的阻碍，例如，地理情境、遗留下来的暴力、冲突类型或任务被部署时的冲突阶段。对于政策分析者来说，这意味着在进行评估时要努力在各类因素之间取得平衡，也就是说，要识别出那些和平行动几乎无法控制的因素。对于维和人员来说，这意味着要学会区分这些因素。另一种技能也很有帮助，称为监控情境。更一般地讲，就是要学会识别更大环境中的有效行动机会，这可能是有助于任务成功的重要途径。

我们提出了两类维和人员的角色，他们各有不同的技能，一类是作为变革的主体即行动者，另一类是作为变化情形的监督者即反应者（有关这一区别的更多信息，请参见迪尔和德鲁克曼于2010年以及华兰（Whalan）于2012年的研究）。当对任务效果进行总体评估时，这两个角色是该评估的一部分。

参考文献

Ammitzboell K.2007. "Unintended Consequences of Peace Operations on the Host Economy from a People's Perspective." In Chiyuki Aoi,Cedric de Coning,and Ramesh Thakur（eds.）*Unintended Consequences of Peacekeeping Operations*.Tokyo:United Nations University Press.

Andersson A.2000. "Democracies and UN Peacekeeping Operations, 1990—1996." *International Peacekeeping* 7（2）:1–22.

Aoi C.,de Conging C.,Thakur R.2007.*Unintended Consequences of Peacekeeping Operations*.Tokyo:United Nations University Press.

Barnett M.N.,Finnemore M.2004.*Rules for the World:International Organizations in Global Politics*.Ithaca,NY:Cornell University Press.

Bellamy A.J.,Williams P.2005. "Who's Keeping the Peace? Regionalization and Contemporary Peace Operations." *International Security* 29（4）:157–195.

Bingham R.D.,Felbinger C.L.2002.*Evaluation in Practice:A Methodological Approach*.2nd edn.New York:Seven Bridges Press.

Bratt D.2002. "Blue Condoms:The Use of International Peacekeepers in the Fight against AIDS." *International Peacekeeping* 9（3）:65–86.

Claude Jr.I.L.1966. "Collective Legitimization as a Political Function of the United Nations." *International Organization* 20（3）:367–379.

Coleman K.P.2007.*International Organisations and Peace Enforcement*. Cambridge:Cambridge University Press.

Diehl P.F.1994.*International Peacekeeping*.revised edn.Baltimore, MD.:Johns Hopkins University Press.

Diehl,P.F.,Druckman D.2010.*Evaluating Peace Operations*,Boulder,CO.:Lynne Rienner Publishers.

Diehl,P.F.,Druckman D.,Wall J.1998. "International Peacekeeping and Conflict Resolution:A Taxonomic Analysis with Implications." *Journal of Conflict Resolution* 42（1）:33–55.

【272】　　　Druckman D.2005.*Doing Research:Methods of Inquiry for Conflict Analysis*.Thousand Oaks,CA.:Sage Publications.

Druckman D.2006. "Time-Series Designs and Analyses." In Carnevale P.and de Dreu C.K.W.（eds.）*Methods of Negotiation Research*.Leiden,the Netherlands:Martinus Nijhoff Publishers.

Druckman D.,Stern P.C.1997. "The Forum:Evaluating Peacekeeping Missions." *Mershon International Studies Review* 41（1）:151–165.

Druckman D.,Diehl P.F.（eds.）2013.Peace Operation Success:A Comparative Analysis,Leiden,the Netherlands:Brill.

Druckman D.,Ebner N.2013. "Games,Claims,and New Frames:Rethinking the Use of Simulation in Negotiation Education." *Negotiation Journal* 29（1）:61–92.

Druckman D.,Singer J.E.,van Cott H.1997.*Enhancing Organizational Performance*.Washington D.C.:National Academy Press.

Enterline A.,Kang S.2002. "Stopping the Killing Sooner? Assessing the Success of United Nations Peacekeeping in Civil Wars." Paper presented at the Annual Meeting of the Peace Science Society,Tucson,Arizona.

Gilligan M.,Stedman S.J.2003. "Where Do the Peacekeepers Go?" *International Studies Review* 5（4）:37–54.

Heldt,Birger and Peter Wallensteen 2006.*Peacekeeping Operations*:*Global Patterns of Intervention and Success,1948—2004*.2nd edn.Sandoverken,Sweden:Folke Bernadotte Academy Press.

Howard L.M.2008.*UN Peacekeeping in Civil Wars*.Cambridge:Cambridge University Press.

Johansen R.C.1994. "U.N.Peacekeeping:How Should We Measure Success?" *Mershon International Studies Review* 38（2）:307–310.

Kaysen C.,Rathjens G.1995.*Peace Operations by the United Nations:The Case for a Volunteer UN Military Force*,Committee on International Security Studies.Cambridge,MA.:American Academy of Arts and Sciences.

Kent V.2007. "Protecting Civilians from UN Peacekeepers and Humanitarian Workers:Sexual Exploitation and Abuse." In Aoi C.,de Coning

C.,Thakur R.（eds.）*Unintended Consequences of Peacekeeping Operations*. Tokyo:United Nations University Press.

Mackinlay J.1990. "Powerful Peace-keepers." *Survival* 32（3）:241–250.

Menkhaus K.2003. "Measuring Impact:Issues and Dilemmas." InterPeace（previously War-Torn Societies Project–International）,Geneva,Occasional Paper Series.

Neack L.1995. "UN Peace-Keeping:In the Interest of Community or Self?" *Journal of Peace Research* 32（2）:181–196.

Ratner S.R.1995.*The New UN Peacekeeping:Building Peace in Lands of Conflict after the Cold War*.New York:St.Martin's Press.

Richmond O.1998. "Devious Objectives and the Disputant's View of International Mediation:A Theoretical Framework." *Journal of Peace Research* 35（6）:707–722.

Stiles K.W.,MacDonald M.1992. "After Consensus,What? Performance Criteria for the UN in the Post-Cold War Era." *Journal of Peace Research* 29（3）:299–311.

Weiss T.G.1994. "The United Nations and Civil Wars." *Washington Quarterly* 17（4）:139–159.

Whalan J.2012. "Evaluating Peace Operations:The Case of Cambodia." *Journal of International Peacekeeping* 16（3–4）:226–251.

24　军事组织中的商业分析研究

简–伯特·马斯，保罗·C.范·费内玛，简–基斯·沙克尔

Soban D.,Salmon J.,Fahringer A.2013. "A visual analytics framework for strategic airlift decision making." *The Journal of Defense Modeling and Simulation：Applications,Methodology,Technology* 10（2）：131–144.

以美国空军洛克希德 C–5A 和 C–5M 飞机为核心，发展出一种战略空运决策环境，针对这一环境，索班等（Soban et al.，2013）进行了一项贸易研究。他们认为，仅仅依靠信息共享是无法做出有效决策的，商业分析（business analytics，BA）在改善决策方面发挥了新的作用。分析者可以使用商业分析方法及工具，用它们来从事预测和模式识别等任务，目的是对情势进行推断，促成更具远见卓识的决策。商业分析领域范围广泛，索班等（2013）重点关注了其中的可视化分析，这种方法能将复杂数据关系可视化，以支持交互式推理（Wong and Thomas，2004）。可视化分析可以促成数据密集情况下的决策，为提高情境化水平和增进对所呈现数据的理解提供了前景。

为了更深入具体地了解可视化分析面临的机遇和挑战，索班等（2013）进行了一项战略空运决策方面的贸易研究。该研究有一个实际目标，即评估改进后的 C–5M 飞机的性能特点能否在军事行动情境中增值，比如有这样一种情境，需要指定一定数量的飞机在两地之间运送固定数量的货物。为此，要收集有关任务、有效载荷、机队规模、飞机维修率和飞行路径的数据。此外，还要有若干的任务脚本。每个任务脚本都要包括登机机场、下机机场以及能运送的最小有效载荷。为了观察飞机类型之间的差异，还要纳入权衡能力。例如，对有效载荷范围、飞机维修率和

物流指标（燃料成本、飞行时数）进行权衡。索班等（2013）的主要方法论挑战是，数据的数量和数据的不可比性。为了解决这一问题，作者设计了能预测数据缺失部分的分析工具。

可视化分析环境能够使我们了解飞机类型之间的差异。飞机的有效 【274】载荷范围曲线表明，C5-A可以以17.5万磅的有效载荷从A飞到B，而C5-M的有效载荷只有12.5万磅。但是C5-A需要中转加油，C5-M却可以直接从A飞到B。索班等（2013）的研究表明，使用可视化分析工具能够平衡C5-A多出的有效载荷，因为着陆、加油、起飞和其他资源都需要时间，这些耗时会使C5-A的飞行效率低于C5-M。所有具有不同交易能力的曲线都可以通过可视化分析工具加以呈现，推动决策的有效性和及时性。此外，还有其他一些重要的、更为复杂的特征，例如中断率、修复率和利用率，也可以实时地对它们进行比较。索班等（2013）还表明，可视化分析能发现相对不太直观的调查结果。例如，当运送某一固定数量的货物时，传统的C5-A飞机比现代的C5-M更浪费时间，可视化分析环境会告诉我们，还需要添加多少架C5-A飞机才能平衡所浪费的这些时间。因此，在预算削减和审查增强的情况下，有必要将现有的C-5A升级为C-5M，可视化决策环境具有捍卫和支持美国军方这一升级决定的能力。作者的结论是，可视化分析是一个强大的使能（enabler）工具，能显著改善军事决策水平。在数据不可比、不确定和时间压力的情况下，可视化分析可以将分析推理与人类消化理解可视化数据的能力结合在一起，促成快速而明智的决定。但是作者也认为，有必要进行更多的研究，以理顺军事商业分析中的所有机会，克服在军事背景下接纳和使用可视化分析的障碍。

引言

在与商业分析有关的军事背景下进行研究会面临机遇和挑战，本章将探讨这些问题。商业分析指的是使用软件和工具来收集、存储、分析和解释数据的过程，以做出更充分的决策，提高组织绩效（Davenport and Harris，2007）。从军事角度看，商业分析提供了增进效率、规模经济和灵活性的机会（Hammond，2008）。在行动层面上看，"9·11"事件及其网络中心战和网络战等趋势，都在鼓励军方收集、组合和利用信息，而无论军事服务的组织或技术是怎样的。自 2010 年以来，美国总统、五角大楼和国土安全部都在大力投资分析，以应对国家安全上的挑战。[1] 当在军事背景下融合知识、数据和商业分析技术时，出现了新的机遇。这可以提供很多好处，如决策得更快，情境意识也会增强（Davenport Harris，2007）。

商业分析工具和方法可以与军事思维恰如其分地结合在一起。特别是可以利用商业分析来补充观察（observe）、定位（orient）、决策（decide）和行动（act）（OODA）的循环（Boyd，1976）。 OODA 循环起源于博伊德(Boyd)的分析，博伊德认为，美国飞机之所以能在更多的战斗中获胜，是因为美国飞行员的视野更胜一筹。它为飞行员提供了明显的竞争优势，也意味着飞行员比他的对手能更好、更快地评估形势（Osinga，2007）。

【275】 OODA 循环已经被用于作战行动的过程中，此后也被用于其他军事学科中。OODA 循环概述了一个四点决策循环，能支持有效和主动的决策。这四个阶段是，观察（收集信息）、定位（分析信息）、决策（确定行动方针）和行动（贯彻决策）。商业分析能加强这一循环，因为它能使军事组织在大量的来源和数据库的基础之上做出更明智的决策。如图 24.1 所示，在（正在运行的）OODA 循环中，典型的商业分析问题、阶段和工具（Brown，2013）都会影响到决策和行动阶段之前与之后的各个阶段。

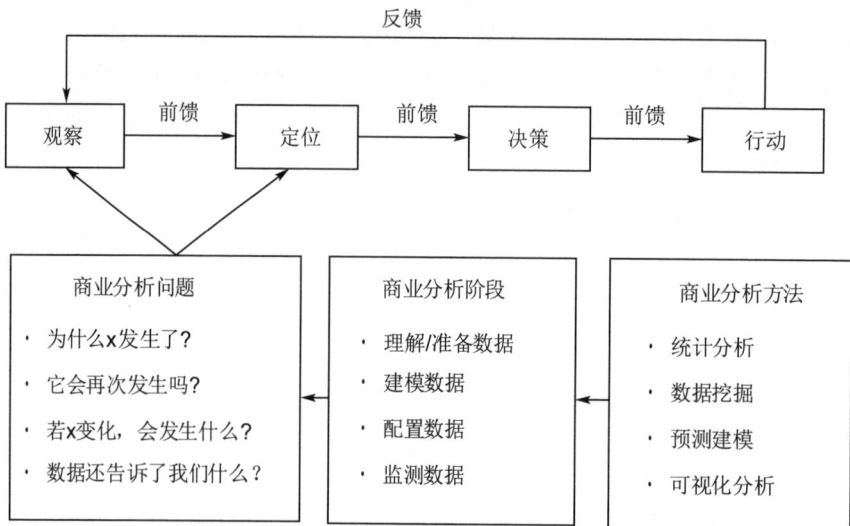

图 24.1　商业分析与 OODA 循环

在军事背景下的商业分析应用与相关研究都寥寥无几。在军事环境中，商业分析应用往往非常复杂。索班等的示例研究（2013）说明了这一点，他们的研究涉及了来自行业、学术界和军队的利益相关方，这些群体有着不同的议程和进路。在对商业分析及其在军事情境中的应用进行研究时，军事组织的独特性质也带来了挑战和困难。关于军事组织的独特性，我们指的是这样一些特征，例如，军事组织的公共性（例如，政治压力）、危险场景、时间压力以及在陌生环境中与不友好的对手打交道的使命（Soeters et al., 2010）。本章的目标包括解释商业分析的内容，以及商业分析以什么样的方式用于军事组织。接下来，我们会介绍如何开始商业分析研究，以及在军事背景下应用商业分析时会出现什么样的不同挑战。

什么是商业分析？

自媒体报道了商业分析取得的巨大成功以来（例如，奥巴马总统的竞选活动），商业分析就成为一种时尚宠儿（Siegel，2013）。商业分析是组织运用的技能、技术、应用程序和流程的组合，目的是根据数据和统计分析来深入了解组织业务（Davenport and Harris，2007）。从军事视角看，在所有站点以（近乎）实时的方式运用商业分析，可以为军事行动决策提供信息。这种将传感器、知识、情报、指挥与控制加以组合的一个例子是美国陆军分布式通用地面系统（US Army Distributed Common Ground System，DCGS-A）。该系统利用了三个核心功能，它们是情报监视和侦察（ISR）、运用通用分析工具开采信息的网络支持能力以及多重传感器【276】馈送，这一系统旨在增强态势感知，降低风险，为多级指挥官提供获取信息和情报的机会（US Army，2009），如图 24.2 所示。

这种进路越来越多地结合了对行动的短期支持和对情报和知识的长期再利用。也就是说，商业分析也对整个组织行动的长期评估予以支持，揭示决策影响的模式和趋势。

商业分析还能提供数据丰富的实时数据库，提供工具与方法，以便能在实际业务中更有洞察力，利用现有数据做出更卓越的决策，从而提高组织绩效。

商业分析解决方案通常利用数据、统计和定量分析方法以及基于事实的数据来测量以往绩效，指导组织业务规划。商业分析方法的实例包括（Laursen and Thorlund，2010）：

- 数据挖掘：探索数据，寻找新的关系和模式；
- 统计分析：解释某种结果发生的原因；
- 预测建模：预测未来结果；
- 可视化分析（示例研究提供了一个例证）：通过交互式可视化界面促进推理。

一个广为刊发的商业分析实例是美国总统奥巴马的商业分析团队所开发的商业分析模式。在 2008 年和 2012 年的竞选活动中，该团队利用他们的工具大获成功。为保留或说服选民，该团队利用不同的商业分析方法为策略拟定提供信息。例如，当团队在挨门逐户的竞选活动中联系上一位选民时，该选民的特殊兴趣就被记录到一个庞大的数据库里（Siegel，2013）。接下来，为了估算选民偏好，竞选活动的呼叫中心还进行了 5 000 次到 10 000 次所谓的简短（short-form）访谈，做了 1 000 次的长程（long-form version）访谈，后者更像是传统的民意调查（Issenberg，2012）。为了进一步得出个体层面的预测，团队还建立了详细的选民数据库，竞选活动收集了每位选民的数据点，利用算法对这些访谈意见和数据点之间的模式进行搜索，每个选民都有多达 1 000 个变量，它们来自选民登记记录、消费者数据仓以及以往的竞选活动联系人（Siegel，2013）。通过这种方式，商业分析团队就可以了解那些有可能支持奥巴马或者有可能欢迎他的信息的个体选民的倾向了，然后通过社交媒体、电子邮件或登门入户与他们进行个性化接触，寻找机会进行说服。丰富的数据与商业分析应用程序的实时更新相结合，使精准定位信息的能力大大提高，也更容易说服选民。

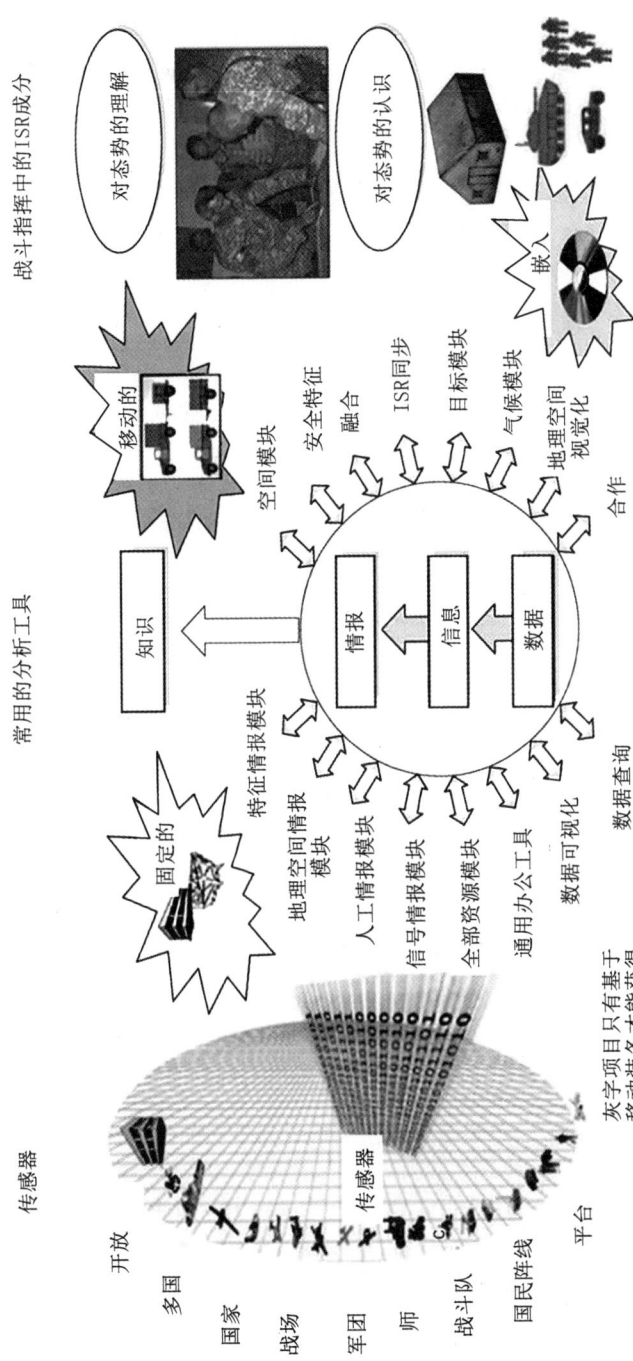

24.2 DCGS-A 概览 (US Army 2009:3)

商业分析的民用和军用

商业分析的民用

商业分析被用来优化许多不同类型的民间组织流程。例如，连锁超市就非常依赖商业分析解决方案（Davenport and Harris，2007）。他们使用商业分析来制定战略决策，例如，需要将哪类新产品添加到他们的产品中，哪些表现不佳的商店需要关闭。他们还利用商业分析来处理战术性问题，例如，与供应商重新谈判合同以确认改善低效流程的机会。同样，银行利用商业分析来实现对客户、产品、渠道和交易的精细化分析。 表 24.1 列

【278】 出了商业分析在各类组织中的常见应用。

表 24.1 商业分析在各类组织中的常见应用

商业功能	描述	公司示例
供应链	模拟和优化供应链流程；减少库存和脱销	Dell，Wal-Mart，Amazon
客户选择、忠诚度与服务	识别最有可能带来利润的客户；使他们增加购买产品或要求服务的可能性；保持他们的忠诚度	Harra's，Capital One，Barclays
定价	确定使收益或利润最大化的价格	Progressive，Marriot
人力资本	以特定的薪酬水平、选择最适合的员工从事特定的任务或工作	New England Patriots，Oakland A's，Boston Red Sox
产品与服务质量	查明并最小化质量问题	Honda，Intel
财务表现	更好地理解财务表现的驱动因素以及非财务因素的影响	MCI，Verizon
研究与发展	改进产品与服务的质量、效能、地点、适用性和安全性	Novartis，Amazon，Yahoo

资料来源：Davenport and Harris，2007。

商业分析可以更准确地计算成本、进行产品与服务定价、对客户盈利能力提供准确评估，以这些特征形成竞争优势。商业分析也为各类组织以及这些组织内的各类部门带来利益。例如，克哈维等描述了商业分析在市场营销中的应用，以"减少客户流失，提高客户盈利能力，增加对直接邮

件和电子邮件营销活动的回应"（Kohavi et al.，2002：47）。商业分析工具也被用于提高人力资源管理的质量（Kohavi et al.，2002）。商业分析软件还可以识别流失率等劳动力趋势，执行薪酬和福利分析这样的人力资源管理任务。销售、质量和资源规划等其他部门也可以利用商业分析解决方案来提高效率和生产力，这些大家都是了解的。

军事冷环境中的商业分析

在战区行动之前、期间和之后，军事组织都会组织它们的资源和流程，将其作为"冷"侧（"cold" side）的一部分（Soeters et al.，2010）。冷侧侧重于实际行动和任务的防范、促进和准备。商业分析渗透到这个冷域里，以支持适应性、响应性和风险管理，强调的是军事环境、资源和部署。

•军事环境。军事组织可以分析社交媒体和其他互联网媒体，以监控公众对其组织和行动的看法。利用商业分析支持军事情报，能描绘甚至是反击极端主义的潜在威胁（Berger，2013）。军事组织利用商业分析，可以对可能的极端主义个体进行准确定位，防范和侦察网络战的入侵（Lavigne and Gouin，2011）。它的工具包括对网络服务使用情况进行分析的应用程序，可以用这些程序来侦探互联网攻击，调查网络中那些与可疑 IP 地址通信的主机。

【279】

•军事资源。军事组织可以采用商业分析来分析工作人员的组成、福祉和效能，例如，通过测量军事医疗质量（Hudak et al.，2013），或者计算占领军占人口的比例，就可以预测军事行动期间需要多少部队（Davenport and Jarvenpaa，2008）。同样，商业分析也能让我们对 IT 基础设施、供应链和主要军事资产等资源有所了解。示例研究还表明，对于军事决策者来说，如果他希望对一个特定的武器系统进行可视化分析，也具有优势。

•军事部署。还可以从部署周期的视角来审视军事决策中的商业分析。首先，商业分析可以被用于部队规划，定义未来的技术需求和成本。其次，当就一项军事行动做出政治决策时，部署、维持和重新部署都可以利用商业分析来进行成本和物流分析（van Kampen et al.，2012）。在军事预算受限制的时代，后者会日益重要。军事组织常常将商业分析解决方案集成到控制面板工具上，提供与特殊目标或业务流程相关的关键绩效指标概览图，使标准化的分析变得更易理解。例如，指挥官可以快速观察他们的物资状况，评估那些被用于演习或任务的物资利用水平。商业分析还可以使指挥官在任何特定的时刻、任何指定的聚合水平上，都能够迅速监督和洞察其组织的持续性和能力。

军事热环境中的商业分析

当军事组织在热环境中开展军事行动时，商业分析同样可以支持军事组织。"热"（hot）指的是实际的军事行动和任务，它们是军事组织的主要过程，为人们所熟知。在这些主要的过程中，商业分析对于情报单元来说必不可少，该单元用于支持指挥和控制（C2），其中的 C2 指的是 OODA 循环中的观察和定位阶段。

在开展一项实际的军事行动之前，可以用商业分析来梳理大量的传感器数据和其他情报，得出模式，并制定战略和战术计划。在实际的军事行动期间，对指挥和控制的（接近）实时信息需求在增加。例如，需要收集、融合和分析友军与敌军的位置与移动、天气以及社交媒体方面的数据（Lavigne and Gouin，2011）。在巡逻和定期监视期间，商业分析还可以根据遥感行为模式来监视敌方的路线。通过使用范围广泛的商业分析应用程序，军事组织能够保持信息上的优势、有效的情报周期以及比敌方部队更快、更智能的指挥和控制（Osinga，2007）。在军事行动之后，随着可供利用的数据越来越多，可以利用商业分析对敌方部队的优势和劣势进行（重新）评估和监测，也可以对组织自己的表现进行分析。此外，还可以通过模拟进行实验，或者在训练任务期间进行实验。

在所有的阶段里，都是通过对数据进行组合和分析来提高洞察力的。Starlight 软件[2]（Kritzstein，2003）是一个例子。这是一个可视化的商业分析解决方案，支持包括天气、植被、基础设施和民事机构位置在内的地理空间数据集成。在 Starlight 的可视化分析平台中，观众可以在多重数据的呈现中交互移动。为了揭示网络、地理数据和文本信息等多种关系类型之间的相关性，该平台能同时收集多重数据进行可视化处理（Lavigne and Gouin，2011）。例如美国海军舰艇上的作战管理系统（CMS）（Kooman，【280】 2013），它可以显著改善这些舰艇的态势感知和性能。这类作战管理系统能将电子海图、民用和军用航运数据库中的数据结合在一起，分析船只的移动和确定它们的趋势，在打击索马里海盗行为的军事行动中，就利用了

Oracle 和 COGNOS 等公司的工具，其他组织也越来越多地建立了全套的相互关联的工具，这些工具需要有一种体系架构的方法，能够系统收集和处理数据（Pant，2009：12）。无论是哪种情况，重要的是要考虑组织的环境。研究者最初可能会经历一些阻力，因为人们不熟悉商业分析，或者可能担心研究的结果。通过对这项工作进行解释、突出参与各方的利益以及培训用户，就能够获得合法性。商业分析也可能需要变革该组织的文化（Davenport and Harris，2007），要确保能访问数据并获得长期支持，这一步骤至关重要。

第三步：使用商业分析工具

在这一步骤中，要检索所需要的数据，包括识别实际的数据源（而不是类型），更深入地理解它的具体含义，还要对数据的流动、结构、完整性以及错误和遗漏进行评估。已收集到的数据必须进行转换、（重新）结构化以及清理，之后才能用于商业分析工具。为了对多个数据源进行比较和集成，还需要创建新的类别或类型，或者对它们进行调整。接下来，在使用该工具时，必须以迭代的方式分析数据，尝试不同的算法、方法和呈现模式（Soban et al.，2013）。分析过程可能需要高度专业化的技能、工具、昂贵的软件许可证及其硬件，因此，数据分析越来越多地集中到一个部门处理，甚至是外包出去。例如，巴基斯坦的无人机数据处理就是在美国完成的（Wall and Monahan，2011）。

第四步：展示和利用商业分析的结果

一旦商业分析过程完成，就可以将研究结果或商业分析应用程序移交给重要的利益相关方。这是证明研究有用性的重要一步。研究者应该以简单易懂的术语来解释他们的研究发现。在我们的示例研究中，是有着意想【282】不到的洞察的："在这一实例中，可视化分析环境确实揭示出一个不那么直观的洞见，即在相对可能的情况下，与先进的飞机相比，还需要添加多少架传统飞机，才能平衡运送某一固定数量货物时所浪费的时间。"（Soban et al.，2013）通过清楚地阐明研究结果和结论，就能激起利益相关方对该项研究的信心，使他们变得更加跃跃欲试。

第五步：发展商业分析研究

最后，为了改善研究结果，还必须提出批判性和前瞻性的问题。例如，该项研究开发出来的商业分析工具会带来怎样的不同？研究者是如何反省最初的设计的？在改进商业分析工具、涵盖更多的业务流程（Gangadharan and Swami，2004）以及在提高组织商业分析的成熟程度（Davenport，2013）方面，都可能存在着机遇。

军事商业分析研究面临的挑战

当在军事背景下开启商业分析研究时，必须应对若干挑战。这些挑战和方法都与情境有关。

方法论上的挑战

信息超载。在商业分析数据库或工具中，面临的一个共同挑战是大量数据的生成和存储。虽然这是商业分析成功的基石之一，但是也可能引发问题。直接引发问题的不完全是数据的数量，而是分析数据的时间以及处理数据的必备技能。当利用商业分析工具的数据进行研究时，研究者应该意识到，在正常情况下，组织的数据仓可以快速保存几十兆字节的数据，更不用说大型公共组织数据库中保存的数据量了，例如军事组织。美国空军报告表明，他们已经削减了无人机的使用数量和投资额度，因为无人机太多了，空军已经无法再跟踪它们生成的所有数据并对它们进行建设性分析（Peck，2012）。如果研究者不想在商业分析解决方案提供的全部数据中"溺水"，在选择加入商业分析的具体研究领域时就应该非常谨慎小心。从项目开始时就要这样做，在收集数据之前，要选择相关的领域和数据，从一个小的规模开始，逐步（在广度和深度上）添加数据。

数据质量。如前所述，数据来源广泛，数量巨大，质量更有问题。科雷亚和马（Correa and Ma，2011）指出，商业分析工具和解决方案中的数据本质上不确定，往往不完整，还会相互矛盾。在测量数据中，含有由采集过程造成的错误，或者由于计算器不精确而添加的系统错误（Correa and Ma，2011）。对于分析者和研究者来说，重要的是要意识到数据中的这些

不确定性的来源和程度。例如，在将数据用于可视化分析工具之前，必须对它们进行预处理、转换并映射到可视化的显示媒介上，正如示例研究中所做的那样。这种不确定性也是复杂和普遍的，因此，在推理和决策过程中难以保证数据的质量。汤姆森（Thomson，2005）定义了数据的不确定性类型，指出了不确定性的关键组成部分，如准确性 / 错误、精度、完整性、一致性、谱系、可信性、主观性和相互关联性。为了克服或减少不确定性和数据质量方面的问题，可以运用不同的（统计）解决方案。用于处 【283】理不确定性的方法很多，包括回归分析、主成分分析和 k– 均值聚类分析。为了更深入地了解这些方法，我们强烈建议您进一步阅读那些详细处理这些具体问题的研究（Correa and Ma，2011；Zuk and Carpendale，2007）。

　　缺乏认知线索。如前所述，一些研究利用商业分析工具收集数据。范·德·阿尔斯特（van der Aalst）就是利用过程挖掘技术来创建事件日志的。例如，他利用企业资源规划系统中的事务日志发现了日常办公过程中的变化（van der Aalst，2012）。这类研究在利用商业分析时，并不对商业分析做任何说明，但是作者确实在利用商业分析数据库的方法收集数据。这种商业分析数据具有档案性质，是否可以将学习等事件或过程中的变化或变更归因于参与者的认知变化，很难予以检验，即使组织成员认定这一过程中的某些变化是最重要的也是如此。当研究者运用商业分析方法收集数据时，应该以某种方式将受访者的认知或情感部分包含在内。解决这一挑战的可能方法是，通过详细的访谈或调查来丰富研究数据，就可以将认知线索纳入商业分析研究中。

与情境相关的挑战

　　数据的敏感性。数据可能被使用和误用。如果从数据所有者的视角看，数据的敏感性可以被定义为数据误用的可能性乘以数据误用的危害性。如果数据高度敏感，就常常需要采取措施来保护数据，例如，隐私、政治或情报类的数据。对于普通的研究者来说，尤其是对于商业分析项目来说，其面临的重大挑战就是访问受限和加密等保护性措施。不过，与军事信息落入坏人之手造成的损失相比，拒绝研究者访问数据造成的伤害要小很多。特别要指出的是与军事组织热环境有关的数据，这些数据往往高度机密，为了获取和处理这些数据以及传播科学成果，研究者在项目开始之前就要获得审查许可，并要就传播程序与军方达成一致。

除了军事敏感性之外，在研究项目中，匿去相关的从业者姓名也是一种很好的做法。为保证匿名性，在分析军事医疗保健等系统中的个人数据时，应该使用代码（Hudak et al.，2013）。在传播研究结果时，应该确保保密和匿名，谨慎地呈现敏感数据。在示例研究中，对这一挑战的应对策略是，在说明作者开发的"战略空运决策环境"时，利用了虚拟或模拟的数据。有些商业分析研究侧重于商业分析解决方案的输出，该类商业分析研究就不能采用这种方法，不过还是必须将上述的机密和匿名措施考虑在内。

时间维度和所要求的准确性。另一个与环境有关的挑战是，在军事组织的冷侧与热侧中，对时间维度和准确性的要求是不同的。在热军事环境的任务中，使用商业分析的目的是将"打击能力"最大化，在冷军事环境中，使用商业分析的目的是最大限度地提高行政和后勤保障等方面的适应性和耐久性。在这些不同类型的环境中，商业分析的信息要求也有所不同，不仅体现在所利用的来源上，而且体现在数据的可视化上，还体现在时效性、准确性和来源的可靠性的权重方面。例如，在热环境中，数据的呈现与分析常常需要地理方面的技术，在冷环境中，表格数据往往就足够了。此外，在热军事环境中，时间最终以"秒"来表示，所运用的传感技术和平台与原子钟同步。相比之下，在冷军事环境中，许多过程是在"早八点和晚五点"【284】之间完成的，时间更宽松一些。至于准确性和来源的可靠度，在敌后方等不熟悉的环境中，处理低精度数据（出自可靠的来源）总比没有什么数据可处理要好。在这种情况下，高精度是一种奢侈品，是无法始终提供的。冷环境（自己的地形、自己的力量）则更具有可预测性，它允许详细收集数据，可以实现高准确度，能彻底检核来源的可靠性。研究者在为军队开发工具或在这类背景下研究商业分析现象时，应该考虑到这些时间和准确性方面的差异性。

结束语

在本章中，我们概述了商业分析的不同应用，供军事组织使用。在着手进行一项军事商业分析研究时，要遵循六个步骤，我们描述了这些步骤，也指出了在军事环境中进行这类研究时要思考的一些挑战。这一领域中的研究数量仍然有限，我们希望能鼓励研究者去探索军事商业分析研究中令人感兴趣的地方。目前的商业分析研究大多涉及战术 – 技术层面（在商业分析研究中，这一层面被称为行动环节），它们与执行任务有关。在这一层面上，研究者感兴趣的是商业分析工具的适应性，也包括商业分析工具与人类用户之间的界面连接（Soban et al.，2013）。根据此类研究的结果，可以认为，商业分析工具能提高对模式、生产力和决策的微观意识。进一步的研究则可以扩展这项工作，处理这些论点的有效性问题，以及人类工作者与商业分析工具之间的接口问题，人类在商业分析方面的专业知识常常是十分有限的。

人们在越来越多地利用商业分析（BA）和企业资源规划系统（ERP）等企业软件，用它们来连接许多过程和站点，无论它们与冷环境有关，还是与热环境有关。当在更高的聚合级别上思考 OODA 循环（即作战 – 战略）时，军事战略领导人是应该被视为多个商业分析工具的用户（输出）的。这些领导人会塑造指挥官想要的东西（指挥官的意图）、指挥官认为适合的框架以及指挥官如何在日常实践中利用商业分析（Azvine et al.，2006；Negash，2004）。研究者还可以邀请他们去关注指挥官是如何利用商业分析的，是在多大程度上根据自己的愿望和需求去试图影响商业分析工具的，以满足军事组织的判断和反应能力（Bunn et al.，2012；Hammond，2008）。最后，研究者可以研究（掌控数据和工具技能的）商业分析人员和非商业分析专业人员之间的互动过程。由于术语（认识论）、等级状态和定位上存在差异，在这些人员当中，也包括（在解释数据方面具有知识和经验的）指挥官。

注释

1. 参见 www.bigdatafordefense.com/ 和 www.whitehouse.gov/sites/default/files/microsites/ ostp / pcast-nitrd-report-2010.pdf /。

2. 有关更多信息，请访问 www.futurepointsystems.com/。

3. 有关详细信息，请参阅 www.processmining.org/tools/start/。

参考文献

van der Aalst W.2012.Process Mining.*Communications of the ACM* 55 （8）:76–83.

Azvine B.,Cui Z.,Nauck D.,et al. 2006.Real Time Business Intelligence for the Adaptive Enterprise.Paper presented at the E-Commerce Technology.

【285】　Berger J.2013.Fringe Following.*Foreign Policy*.Retrieved June 16,2013. from www.foreignpolicy.com.

Bergold J.,Thomas S.2012.Participatory Research Methods:A Methodological Approach in Motion.*Forum Qualitative Sozialforschung/Forum:Qualitative Social Research*.Availableat:www.qualitative-research. net/index.php/fqs/article/ view/1801/3334,13（1）.

Brown A.2013.How Does Data Visualization Fit into the Predictive Analytics Process? *SAS Knowledge Exchange*,www.sas.com/knowledge-exchange/business-analytics/innovation/how-does-data-visualiza tion-fit-into-the-predictive-analytics-process/index.html.

Bunn J.,Chandy K.M.,Faulkner M.,et al.2012.Sense and Response Systems for Crisis Management.In Das S.,Kant K.and Zhang N.（eds.）,*Securing Cyber-Physical Critical Infrastructure*.Waltham,MA.:Morgan Kaufmann.

Correa C.,Ma K.L.2011.Visualizing Social Networks.In Agarwal C.（ed.）*Social Network Data Analytics*.New York:Springer New York:307–326.

Davenport T.2013.*Enterprise Analytics:Optimize Performance,Process,and Decisions through Big Data*.Upper Saddle River,NJ.:Pearson.

Davenport,T.,Harris J.2007.*Competing on Analytics:The New Science of Winning*.Boston,MA.:Harvard Business School Press.

Davenport T.,Jarvenpaa S.2008.*The Strategic Use of Analytics in Government*.Washington D.C.:IBM Center for the Business of Government.

Gangadharan G.R.,Swami S.N.2004.Business Intelligence Systems:Design and Implementation Strategies.Paper presented at the 26th International Conference Information Technology Interfaces ITI,Cavtat,Croatia.

Hammond M.F.2008.Sense and Respond:Military Logistics in a Global

Security Environment.*Army Logistician* 40（5）:6.

Hudak R.P.,Julian R.,Kugler J.,et al.2013.The Patient-Centered Medical Home:A Case Study in Transforming the Military Health System.*Military Medicine* 178（2）:146–152.

Issenberg S.2012.How President Obama's Campaign Used Big Data to Rally Individual Voters,Part 1.*Technology Review*,December 16,2012.Available at http://www.technologyreview.com/ featuredstory/508836/how-obama-used-big-data-to-rally-voters-part-1/.

van Kampen T.,van Fenema P.C.,Grant T.J.2012.Getting There and Back:Organizing Long-Distance Military Logistics with Customers in Mind.In Beeres R.M.,van der Meulen J.,Soeters J.M.M.L.,Vogelaar A.L.W.(eds.),*Mission Uruzgan:Collaborating in Multiple Coalitions for Afghanistan*.Amsterdam: Amsterdam University Press/Pallas Publications.

Kohavi R.,Rothleder N.,Simoudis E.2002.Emerging Trends in Business Analytics.*Communications of the ACM* 45（8）:45–48.

Kooman I.2013.Muisklikkend op missie（Dutch）.*Defensiekrant* [Dutch Ministry of Defense].Available from www.defensie.nl/actueel/defensiebladen/ defensiekrant/2013/46207406/Defensiekrant_nr_16_2013.

Kritzstein B.D.2003.Starlight,the Leading Edge of an Emerging Cass of Information Systems that couples Advanced Information Modeling.*Military Geospatial Technology* 8（4）.

Laursen G.,Thorlund J.2010.*Business Analytics for Managers:Taking Business Intelligence beyond Reporting*.Hoboken,NJ.:Wiley.

Lavigne V.,Gouin D.2011.Applicability of Visual Analytics to Defence and Security Operations.*Proceedings of the 16th International Command and Control Research and Technology Symposium* 4–27.

Negash S.2004.Business Intelligence.*Communications of the AIS* 13:177–195.

Osinga F.P.B.2007.*Science,Strategy and War:The Strategic Theory of John Boyd*.London:Routledge.

Pant P.2009.Business Intelligence（BI）:How to Build Successful BI Strategy.*Deloitte Consultancy*.Available.from www.deloitte.com/assets/Dcom-SouthAfrica/Local%20Assets/Documents/Business%20 intelligence%20that%20 aligns%20with%20enterprise%20goals.pdf.

Peck M.2012.Why Can't the U.S.Air Force Find Enough Pilots to Fly Its Drones? *Forbes*,August 22,2012.Available at http://www.forbes.com/sites/ michaelpeck/2013/08/22/why-cant-the-u-s-air-force-find-enough-pilots-to-fly-its-drones/.

Pentland B.T.,Hærem T.,Hillison D.2011.The（N）Ever-Changing World:Stability and Change in Organizational Routines.*Organization Science* 22（6）:1369–1383.

Siegel E.2013.*Predictive Analytics:The Power to Predict Who Will Click,Buy,Lie,or Die*.Hoboken,NJ.:Wiley.

Soban D.,Salmon J.,Fahringer A.2013.A Visual Analytics Framework for Strategic Airlift Decision Making.*The Journal of Defense Modeling and Simulat ion:Applications,Methodology,Technology* 10（2）:131–144.

【286】 Soeters J.M.M.L.,van Fenema P.C.,Beeres R.J.M.2010.Introducing Military Organizations.In J.M.M.L.Soeters,P.C.van Fenema and R.Beeres（eds.）,*Managing Military Organizations:Theory and Practice*.London: Routledge.

Thomson J.2005.A Typology for Visualizing Uncertainty.Paper presented at the Proceedings of SPIE.

Trkman P.,McCormack K.,de Oliveira M.,et al.2010.The Impact of Business Analytics on Supply Chain Performance.*Decision Support Systems* 49（3）:318–327.

US Army.2009.*Commander's Handbook Distributed Common Ground System Army*（DCGS-A）.Pentagon:Army,March 20,2009.

Wall T.,Monahan T.2011.Surveillance and Violence from Afar:The Politics of Drones and Liminal Security-Scapes.*Theoretical Criminology* 15（3）:239–254.

Wong C.,Thomas J.2004.Visual Analytics.*IEEE Computer Graphics and Applications* 24（5）:20–21.

Zuk T.,Carpendale M.2007.Visualization of Uncertainty and Reasoning. *Smart Graphics* 164–177.

第Ⅳ部分 结　束

25　做军事伦理研究的新进路　

小塞莱斯蒂诺·佩雷斯

> Perez Jr.C.2012. "The soldier as lethal warrior and cooperative political agent：On the soldier's ethical and political obligations toward the indigenous Other." *Armed Forces & Society* 38（2）：177–204.

本文探讨了士兵对本土他人（indigenous other）的道德和政治义务。本土他人这个术语指的是在部署士兵的地方生活和工作着的那些人。这是一项应用政治理论研究，它采用多种方法为士兵和军人这一角色的世界主义观念进行辩护。

作者认为，战争必然包含破坏性和建设性的组成部分。人们对士兵破坏性的、有杀伤性的行动了如指掌，对士兵建设性的、政治性的行动却知之甚少，理论概括不够。如果说一场战争是胜利结束的，战争的结果就必须确保各方面的情况都令人满意，这些方面包括政府、经济、文化和道德。决策者和军事专业人士也必须意识到，政治不是一项具有特定时间表和结果的工程项目。政治更是一场冒险，充满了不确定和不可预测性。它的走势取决于一系列人们期望的却又无法事先明确规定的进展，视其最终能否得以实现而定。这种战略和战术的情势对于军人应该如何在未知的人群中进行干预，应该如何为这类干预做好道德准备，都具有道德方面的影响。

作者首先并举了两种截然不同的关于美国军事职业道德的看法。一种观点的形式是信条，它包含了一系列的义务，与士兵的四个角色有关：战士、人格领袖、国家仆人以及军事职业中的成员。这种爱国观念严格地以美国、美国宪法以及美国士兵艰苦奋斗、诚实正直的品质为导向。

与这种纸上谈兵的进路相反，第二种观点表达的是一种世界主义的道德观，它是在反叛乱运动的背景下发展起来的，是一种外部导向的观念。这种观点认为，在冲突和暴力中，士兵与本土他人努力创造着适宜、持久的人道主义条件，要对他们共同面对的这种艰难困境予以尊重和信任，并且充满期望。

【290】 作者接下来采用了政治理论家汉娜·阿伦特（Hannah Arendt）对"生产与行动"（work and action）的区分，用它来表明战争是政治的一个子集，如果将战争理解为生产的变体，类似于打造一把椅子或设计一个供水系统，这是不对的。行动包括战争和政治的重要维度，行动需要为一种不确定的目的付出集体性努力。此外，行动也处于不确定和不可预测的领域里，采取行动是出于某种缘由，而不是为了达到某种目的。这是合作的政治行动领域，而不是统治或暴力。

最后，对于如何能更好地思考政治方面的战略和战术干预，作者运用威廉·康诺利（William Connolly）的政治理论对此进行了探索，康诺利的研究提出了学者和士兵应该如何思考道德修养问题，特别是应该如何考虑士兵必须履行的政治角色。

这篇论文的优点在于它的方法论。所研究的问题源于士兵在伊拉克和阿富汗遭遇的现实困境。论文利用了多种来源，包括调查数据、军事领导人的报告和官方军事文件。作者也对士兵义务的两种截然不同的观点进行了文本分析，并运用两位著名政治理论家的研究对这些观点进行了点评。结果中的军事伦理表述非常新颖，经验信息丰富。一方面，它为传统的军事伦理学进路所指导，如关于战斗人员与非战斗人员之间的区分；另一方面，它也引入了该领域中通常并不采用的其他概念。

引言

在士兵的组织、训练和部署中，他们会遇到一些例行的或意外的问题，本章从方法论角度提出了一种道德思想，指导我们去调查研究这些问题。目的是鼓励伦理学学者接受一种道德思想，使之成为问题和方法选择的惯习。这种道德思想包含以下价值观：问题驱动的研究（problem-driven research）、分析上的折中主义（analytic eclecticism）和对因果性的关注

（attention to causality）。采纳这种道德思想的学者需要努力面对现实世界
问题的混沌无序，其他领域和学科中的学者已经以不同而有争议的方式阐
明了这一问题。

　　研究和撰写道德标准时并没有单一的途径，如果存有争议，标准大
概就得有说服力。马丁·库克（Martin Cook）和亨里克·塞瑟（Henrik
Syse）是《军事伦理学杂志》的编辑，他们观察到，有太多的学者和从业
者对什么是军事伦理感到困惑。但是两位编辑坚持认为，无论进路和方法
有怎样的不同，投给他们期刊的最好稿件都是在试图为现实世界的军事实
践提供信息，并且能够证明，他们对士兵的互动有着细致入微的了解（Cook
and Syse，2010：119 – 122）。

　　编辑们看重的学术研究都是经验信息丰富的，具有远见卓识。罗杰·韦
特海默（Roger Wertheimer）等学者认为，如果打算对士兵的道德困境进行
充分探索，就必须超越正义战争框架的曲高和寡的辩论。例如，在韦特海
默编辑的正义战争论文集里，也收入了他自己写的两章，它们对充斥在军
事职业和军事教育中的预设和实践进行了完全彻底的批评（Wertheimer,
2010）。在2001年至2003年的美国海军学院军事伦理研究计划中，罗杰·韦
特海默是负责人。

　　本章效仿库克、塞瑟和韦特海默，倡导以下研究：积极为军事实践提
供信息，能理解士兵的处境，能超越正义战争的框架并将它扩展到其他主
题。与战略、战争和伦理学有关的规范性和经验性社会科学已经取得了激
动人心的进展，伴随着这一进展，有大片的领地可供探寻。

　　本章认为，对军事伦理的学术讨论应该以哲学和科学为指导，具有政【291】
治意识和政治参与性。军事伦理研究不仅应该对哲学传统表示欣赏（例如，
迈克尔·沃尔泽（Michael Walzer）和杰夫·麦克马汉（Jeff McMahan）的
正义战争理论），而且应该对社会科学中的前沿研究保持开放，因为这些
前沿研究涉及暴力冲突（例如，斯塔西斯·凯里维斯（Stathis Kalyvas）关
于内战的经验研究）和现实世界中的紧急状态（例如,针对正在进行的内战、
反叛乱运动、战略再平衡、性侵、创伤后应激障碍以及自杀所提出的干预）。

　　道德评估必须更为深入地渗透到士兵参与的社会政治互动和情境中，
伦理学研究中有一个长期存在且十分必要的组成部分，它与一些哲学观
点有关，这些观点是关于正确界定和运用合法性权威、恰当性和意向性

等概念术语的。这些研究会含蓄地询问：士兵能否正确理解"区分 X"（Distinction X），并将它应用于某个被括号紧紧括起来的情形 A？

但是，伦理学超越了三段论、术语的正确应用和有意识的行为。士兵是处于混乱无序的情境中的，这种混乱无序可以归结为许多因素，这些因素复杂地交织混合在一起，其中包括物质与生物结构、人为规则与组织、心理构造以及思想、实践与身份。总体来说，这些力量会经常破坏意图、有意识的行为和实际结果之间的关系。隐藏的力量、违反直觉的动力以及意想不到的结果弥散在政治和战争中，在这个没有边界、充满迷雾和摩擦的交汇地带，哲学术语及其应用只是它的一小部分，驱动着每日头条事件的力量就在这里生成。

在本章的前三节中，会分别描述三种价值观，它们是问题驱动的研究、分析上的折中主义和对因果性的关注。此外，每一节都会简要说明学者们是如何有可能践行这些价值观、确认与这些价值观相对应的挑战的。通过参照文本框中描述的示例论文，本章会不断地阐明这些要点，该示例论文的标题是《致命的战士和合作的政治能动者：士兵对本土他人的道德和政治义务》（The soldier as lethal warrior and cooperative political agent：On the soldier's ethical and political obligations toward the indigenous other）（Perez，2012）。

问题驱动的研究

夏皮罗（Shapiro）一方面区分了理论驱动和方法驱动的研究，另一方面区分了问题驱动的研究。致力于理论驱动或方法驱动研究的学者是以自己的进路指导问题选择的。一位学者可能最喜欢某一个理论，如战士的平等性，或战士与非战士之间的区别，或构成合法性权威的标准；另一位学者可能最喜欢某一种方法，可能是交叉分析、案例研究、民族志、话语分析，也可能是谱系研究。这种优先排序不是为了阐明现实世界的问题，而是为了胜过相互竞争的理论和方法。夏皮罗反其道而行之，建议做问题驱动的研究，这意味着"从这个世界上的一个问题开始，然后处理那些已经做过的关于该问题的研究，在此基础上考虑可能的创新之处，并以此来定义研究的任务"（Shapiro，2005：180）。

夏皮罗的建议是突出问题，而不是强调理论或方法。他希望避免一种状态，在这一状态中，"规范理论的学者花了太多的时间去相互评论，好像他们自己就是那些合适的研究对象"（Shapiro，2005：179）。学者的探究对象不是政治理论家迈克尔·沃尔泽，也不是哲学家杰夫·麦克马汉，而是现实世界中的士兵，是他们所服务的军队，以及与他们互动的平民。　【292】

从事问题驱动的研究

在某些情况下，问题驱动的研究是指向现实世界的问题的，有相关技能的伦理学学者就可以立即探索它。例如，《致命的战士和合作的政治能动者：士兵对本土他人的道德和政治义务》（以下简称示例论文）是一项应用政治理论研究，探讨了士兵在伊拉克和阿富汗发挥建设性政治能动者作用的情况。这项探索参照了两位著名的政治理论家的研究，根据他们的观点对两位军事领导人的军人职业观念进行文本分析。各级士兵在伊拉克和阿富汗执行的政治任务有政治议程制订、政府能力建设、经济发展以及前对手的重新融入。论文探讨了士兵对本土他人的道德和政治义务，也对国家建设类似于工程项目的观点进行了解构。该观点的主张是，如果投入与程序（例如，机构之间充分协调）都合情合理，政体就是持久稳定的。事实上，这些主题与本卷第六章所做的贡献是一致的，该章的标题是"在作战区研究东道国：阿富汗的挑战"（Studying Host-Nationals in Operational Areas:The Challenge of Afghanistan），由威廉·马利（William Maley）撰写。

在其他情况下，如果要做问题驱动的研究，还需要采用不熟悉的方法，或者与其他部门同事合作。例如，在伊拉克和阿富汗，金钱浪费的记录翔实，避免大规模浪费的道德要求也十分明确，如果伦理学家要了解这些浪费是如何发生的并提出建议，就可能要与政治学家或经济学家进行有益的合作，他们的专长是进行制度分析。不正当的激励措施在总体上造成了巨大浪费，制度主义者会描述合同制订过程中的各利益相关方是如何理性回应这些不正当激励措施的。如果伦理学家旨在为那些参与或监督了合同缔结过程的士兵提建议，他就必须了解公共物品和公共资源的分配是受到哪些规则、委托－代理情况和陈规陋习干扰的（Gibson et al.，2005）。伦理行动不只需要将某个概念性区分用于案例，还需要对识别、诊断和改进次优制度的方式有细致入微的理解。

另一个问题与军事专业人士如何理解"文化"有关。军方声称,"领导者必须精通各种情况以应对各种威胁,并与一系列形形色色的国家、盟国和本土伙伴进行合作"（US Army, 2013: 5）。因此,士兵需要获得一些关于身份、制度和现实状况的更为具体的知识,它们构成了士兵在部署期间所遭遇的世界。不幸的是,军事专业人士往往将文化解释为一个模糊不清的总括性术语,只包括异国的社会政治和经济因素（Salmoni and Holmes-Eber, 2008）。此外,许多人类学家贬低军人对文化的理解,认为他们的理解是过时的、静态的以及武器化的（Albro, 2010）。军人如何看待"他人"是道德相关的,无论他们是个体还是团体。

伦理学学者可能会选择与文化方面的专家合作,将那些更有利于道德和行动的文化备择观念理论化。一位伦理学家可能会选择莉莎·韦登（Lisa Wedeen）,他写了有关"符号学实践"的论文（Wedeen, 2002）;或者是选择加森·格里诺斯（Jason Glynos）和大卫·霍沃斯（David Howarth）,他们的著作涉及"社会、政治和空想的逻辑"及其与道德探索的关系（Glynos and Howarth, 2007）;伦理学家还可能选择罗杰斯·史密斯（Rogers Smith）,他撰写了《人民的故事》,这些故事后无来者（Smith, 2003）。

【293】 学者们也可能注意到士兵的"实践"。观察"实践"意味着要专注于"那些嵌入在特定的、有组织的情境中的模式化行为,将它们表述为特定类型的行动,并通过学习和培训使其获得社会性发展"（Adler and Pouliot 2011: 7）。由于"实践依赖于背景知识,该知识会同时体现、上演和具体化"（Adler and Pouliot 2011: 8）,所以对实践的观察会揭示出一些道德预设,这些预设能让我们知晓以下活动的一些信息:军事规划、行动过程评估以及关于新闻事件、丑闻、家庭、单位和经历的日常对话。

士兵的背景知识还可以通过书面或口头语言获得,包括军事命令、指挥官写给部队的信、专业期刊论文、军事学说、情报报告与演讲等。学者可能会将斯蒂芬·怀特（Stephen White）的概念用于这些文本。其中的一个概念是生活世界,怀特将生活世界描述为"我们思想中的那些无明,我们外显中的那些隐含,我们意识前景中的那些无意识的背景"（White, 2000: 54）。怀特称其采用的第二个相关概念为本体论。他利用这个有争议性起源的术语指的是,要确切地指出一个人的"最基本的人类意识"

（White，2000：8），或者一个人的"最基本的对自我、他人和世界的概念"（White，2000：6）。

伦理学家可能会用怀特的方法论来核查一本理论手册，或是一位指挥官的演讲，以确定"某种形式的本体论再认是否真的在发生，以及它是如何与道德政治判断相关的"（White，2000：13）。换句话说，伦理学家可以在字里行间解读言外之意，以揭示一位士兵对世界、世界之动力、正确行为、所向往的未来状态的预设和假设。然后，伦理学家可能会开始思考这个士兵内隐的本体论与该士兵的道德评估方面的关系（Perez，2009）。

对实践和本体论的考察还有可能阐明"多元化事实"与士兵道德形成、教育和培训之间的关系。多元化事实捕捉到了这样一个现实，即世界由异质性人口构成，具有政治、经济、宗教、哲学和道德承诺上的多样性。这种异质性存在于军队内部，也存在于士兵部署的地区。

一些学者对自由民主政体的规范性基础展开辩论，多元化事实已经对该辩论产生了重大影响（the work of John Rawls，Jürgen Habermas，Amy Guttmann，Dennis Thompson and Chantal Mouffe）；多元化事实对军方制定统一职业道德规范的努力也至关重要。不幸的是，军事伦理学学者和军事专业人士都忽视了"多元化事实"。士兵有他的个人信仰及军人道德准则，士兵被部署的地方也存在着或霸权或压制的信仰，学者们应该探索这些信仰与道德准则之间的关系。

做问题驱动的研究所面临的挑战

问题驱动的研究具有解决现实世界问题的优点，这些现实问题包括金钱浪费、不适当的文化概念、有害的本体论和实践以及没有解释清楚的多元化事实。

做问题驱动的研究所固有的挑战包括：学习新技能的潜在需求（例如，以参与的观察者的身份进行研究）；与其他学科学者的合作（例如，找到制度分析专家或文化方面的专家）；一些分析对象也比另一些分析对象更难访问；很难获准进入现役部队，但是，要观察在职业生涯中期参加军事职业教育的军官们是如何行动的，可能更容易些。在所有这些情况下，都需要获得军事机构的批准才能进入现场，还需要为人类对象（human-subject）提供保护性措施以及花费些时间来获得背景知识。当然，军事学说、专业【294】

军事期刊、仪式演讲、调查报告和传记等其他研究对象是可以通过互联网方便地进行访问的。

分析上的折中主义

本章中，方法论意义上的道德思想还包括分析上的折中主义。鲁德拉·西尔（Rudra Sil）和彼得·卡赞斯坦（Peter Katzenstein）倡导，要将多种研究传统采用的视角、概念和分析单元结合起来进行研究。为此，作者区分了分析上的折中主义和多方法研究：

> 分析上的折中主义采用组合逻辑，该逻辑不是取决于方法的多样性，而是取决于在不同的研究传统中，各种被孤立起来进行分析的机制和社会过程之间的多重关系。原则上，只要问题和解释项都在努力将各自研究传统中得出的理论概念联系在一起，以此为特征，这类项目是可以通过灵活运用单一方法来加以推进的，无论这个方法是形式化建模、多元回归、历史案例研究，还是民族志。

（Sil and Katzenstein，2010：415）

尽管学者用自己熟悉的、训练有素的方法进行研究，分析上的折中主义还是邀请学者们找到能整合陌生概念和陌生分析单元的方法。

假设一位学者响应夏皮罗的呼吁，探索现实世界的问题。这位学者就会转而关注实际的领域和方法，包括国际关系理论、话语分析、认知心理学或战地士兵的民族志研究，通过这种转向获得洞见，补充他对交战正义（jus in bello）的交叉分析。正义战争研究学者不需要成为这些领域或方法的专家，但是，对于他有兴趣解决的道德问题，如果这些专家的概念和结果能揭示出这一道德问题的不同方面，他就可以考虑他们的研究。

示例论文通过整合多个学者和从业者的研究来应用分析上的折中主义。它探索的概念和对象有多个来源，包括：关于退伍战士对平民和敌方态度的调查研究；正义战争框架对作战人员和非作战人员的传统划分；官方军事文件、军事领导人声明和指挥官战时决策的内容；军事史家做的职业道德规范提案的文本分析；指挥官制定的部队反叛乱指南的文本分析；

汉娜·阿伦特关于工作和行动区分的政治理论；以及威廉·康诺利应用复杂科学去指导战略和战术干预的理论。

运用分析上的折中主义

政治学为军事伦理学学者提供了一个丰富的、模板化的互动和情境网络，当以正义战框架、军民关系和职业军事伦理的视角进行探索时，就会产生一些重要的研究问题，适合用分析上的折中主义去解决。

例如，斯塔西斯·凯里维斯认为，将内战对手划分为北方与南方、逊尼派与什叶派等，只是考虑了力量强大的（或最重要的）的显著分裂，这是一个根本性的错误。在内战中，士兵、平民和政治领导人的具体行动可【295】能不是源于战争中最重要的分裂，而是由本地的、与内战爆发无关的、非常具体的不满情绪激起的（Kalyvas，2003）。这一事实影响了战略家和远征军士兵，开战正义（jus ad bellum）的思想在战术上出现了的新变体，虽然这时，根据沃尔泽的说法，地面的军事指挥官通常是可以免于这种考虑的。在决定与哪些武装团体领导人结盟、毁约或者开战的过程中，在国家的层面上，士兵要说明战争中最重要的分裂是什么；在本土的层面上，要说明拜占庭式的政治分裂是怎样的。如果疏忽大意或者犯了错，指挥官就可能冒着被欺骗的风险，支持了非正义的本土行动者和事业。

福蒂尼·克里斯蒂亚（Fotini Christia，2012）描述了内战中出现的类似的非道德动力。政治学学者似乎在两种主要的研究模式上有分歧：一种模式在理性的以及结构性或制度性的障碍过程中解释人的行为；另一种模式将人的行为解释为符号和故事的结果，这些符号和故事是被意义浸泡过的（meaning-soaked）（Smith，2003）。伦理学学者对这些作为辩护性语言的故事进行挖掘，军事领导人则假定"文化很重要"，要求士兵对人及其叙事保持敏感性。但是克里斯蒂亚认为，与其说这些充满意义的故事是发起正当冲突的驱动者，不如说是事后的辩护者，当采取战略行动来最大限度地提高武装组织的安全性和权力时，这些故事就会对该行动提供辩护（Christia，2012）。一些地面指挥官希望有文化意识，有道德上的一致性，这些军官肯定会遭遇一定程度的道德混乱，因为他目睹了一系列令人眼花缭乱的结盟和决裂，它们中的每一个都会用令人信服的冤情叙事来合理化这些行为。这种道德混乱应该引起伦理学学者的兴趣。

第三个例子是保罗·斯坦尼兰（Paul Staniland）对战时政治秩序的研究。军事专业人士将战争定义为意志方面的冲突和通过"决策性行动"来获取胜利的愿望，这种定义并不罕见。这一定义假设战争是一种意志上的冲突，以一方屈服于另一方的意志而结束。这种战争观会告诉我们什么是开战正义，提供从战术上推算（calculation）出来的信息，包括对战争顺利推进情况的定义，对军事冲突结束状态的规定。斯坦尼兰也发现，战争期间，交战各方在相互适应时会采取六种手段。通常他们会采用其中的一种；有时也会同时采用其中的一种，这些情况并不少见。这些适应手段包括：在一些领域中，有不同程度的共谋同存、合作和勾结；在另一些领域中，又进行你死我活的战斗（Staniland，2012）。这些可能性促使军事专业人士去思考一个节点，在该节点上，只以稳定作为战争的终结状态变得可以接受，交战各方不再追求更加野心勃勃的和更有原则的目标，特别是在旷日持久的战争中。

在亚伦·拉波特（Aaron Rapport）做的一项研究中，调查了政治和军事领导人是如何对战后的伊拉克做规划的。他发现，这些领导人往往依据基本要素的可行性来评估短期目标，却根据合意性（desirability）来评估长期目标，这些是他们心理构造的一部分（Rapport，2012）。在规划长期战略和制订战术目标的过程中，有一种理论应该引起伦理学家们的兴趣。该理论认为，我们的心理构造是导致某种玩忽职守的原因。

这些研究指向了一个更大的却不那么明显的伦理问题。这个问题是，虽然上述的学术研究与军事专业人士的工作直接相关，但是在军事职业教育中，既不需要也没有要求他们不断地学习社会科学理论。关于政治、经济、文化和致命的武装力量之间是如何相互影响的，社会科学不仅提供了模板，还提出了严肃的伦理学问题。如果军事专业人士忽略了这些研究提出的道德和经验方面的可能性，当要求他们提出军事建议，或者要求他们想象一下预期行动中隐藏的第三级回旋镖效应（boomerang effect）时，他们就会身处不利的境地。

例如，如果总统问一位军事指挥官，国家是否应该对另一个国家的事【296】务进行军事干预，在思考这一问题时，这位指挥官及其参谋人员就应该考虑帕特里夏·沙利文（Patricia Sullivan）的研究结果，沙利文认为，目标的性质会极大影响大国成功的机会。如果是单靠军事手段就可以实现的目标（例如，收复领土或摧毁军队），成功的可能性很大。如果目标是确保某一人群合作或顺从，尽管大国有令人印象深刻的军事实力，也可能以失败告终（Sullivan，2007）。这些考虑显然与开战正义有关，正义战争能取得胜利，一定有其合理性。

如果总统问的是谈判解决某个国家问题的可能性，这位军事指挥官就应该想到莫妮卡·达菲·托夫特（Monica Duffy Toft）的调查结果了。托夫特发现，如果时间跨度大于五年，通过谈判解决内战问题往往会导致战斗再次爆发，增加流血事件（Toft，2010）。这些调查结果不应该成为下令行动或提出建议的绝对理由，但是作为道德和行动的必要条件，它们应该促使士兵去思考"首先，不要伤害"的规范。

如果政治领导人希望士兵在社区中开展行动，理解社区中千变万化的语言、种族、宗教、世俗和政治身份，那么让士兵熟悉那些不熟悉的和不舒服的道德思维模式是否就没有什么用呢？在美国国内和军队内部，军事伦理教育已成为陆军特遣牧师的一项附加职责，其学员对伦理学的学习是形式上的（也可能是宗教意义上的），可能并不包括对威廉·康诺利、理查德·罗蒂（Richard Rorty）、尚塔尔·莫菲（Chantal Mouffe）或弗里德里希·尼采（Friedrich Nietzsche）等非基础主义进路的连续学习。那些确实在学习伦理学的美国士兵可能只钻研经典的基础主义进路，将他们的努力限定在正义战争的框架里。因此，那些处在几种道德体系和信仰交织地带中的士兵，一方面，他们只学习了康德、穆勒和亚里士多德；另一方面，他们只学习了小人物的相对主义。非基础主义思想家可能有一些富有洞见、具有指导意义的道德观点，但是他们却从来没有接触过。

指挥官和参谋官在有限理性的条件下行动，会运用溯因推理（abductive reasoning），这是一种常规的做法，当一个人试图识别和解释现有或预期事务状态中的因果动力时，就会利用这种推理形式（Shapiro and Wendt，2005；Cox，2011；Friedrichs and Kratochwil，2009）。如果要进行有效的溯因推理（无论是士兵还是学者），就要求以大量成熟的（常常是相互矛盾的）理论来指导人们进行解释性尝试，例如，阿伦特、康诺利、凯里维斯、克里斯蒂亚、斯坦尼兰、沙利文和托夫特的理论。帕特里夏·希尔兹和约瑟夫·索特斯采用了一种不同却相关的方法，他们借鉴了莫里斯·贾诺维兹（Morris Janowitz）和实用主义的传统，建议士兵利用理论来指导他们的维和行动（Shields and Soeters，2013）。成熟的学术理论有助于阐明一些政治、经济和文化因素，在任何情况下，只要军事专业人士既不知道他们在做溯因推理，也不知道他们的工作不可避免地与这些因素交织在一起，就会产生道德问题。

分析上的折中主义所固有的挑战

分析上的折中主义有助于增强对道德相关因素的理解，在军事伦理学中，这些因素往往太被忽视了。例如，战术上的开战正义（Kalyvas，2003），战略性的、非道德性的决策（Christia，2012），战场上的妥协（Staniland，2012），心理构造（Rapport，2012），战略劣势（Sullivan，2007），有害的谈判（Toft，2010），非基础主义伦理（Connolly）和溯因推理（Shapiro and Wendt，2005）。

分析上的折中主义固有的主要挑战包括，需要花费宝贵的时间来阅读其他领域的前沿文献，向其他领域的同事咨询。本章主要关注的是政【297】治学和政治学理论的贡献，但是认知科学（例如，史蒂夫·平克（Steve Pinker）的暴力研究，约书亚·格林（Joshua Greene）及其同事的功能性神经成像和基因分型研究）和行为经济学（例如，丹·艾瑞利（Dan Ariely）对不诚实的研究）等其他领域，也都与伦理学的探索有关系。

当然，对分析上的折中主义的另一个挑战是，对于大多数的年轻学者来说，这是个有问题的尝试，因为他们的任期委员会支持学科进路而不是跨学科进路，对跨学科研究的赞美常常停留在口头上，而没有体现在实践中。

伦理学与传统的因果性

第三种价值观是促使军事伦理学学者去习惯因果性问题。对因果复杂性的理解与分析上的折中主义一样，都与问题驱动的研究极其一致。希尔（Sil）和卡赞斯坦像夏皮罗一样，希望学者能够解决"范围广泛的问题"。他们提出了"知识分子的立场"，以这种立场，学者要面对"更多的特定现实世界情形中的复杂性和无序性"。作者倡导的进路是，"通

过利用和整合多种传统中的概念和理论元素来补充现行传统"，目的是将
"学术辩论与政策和实践中的具体问题联系起来"（Sil and Katzenstein，
2010：412）。这种参与要求学者面对"更大的复杂性"，它正是"决策
者和普通行动者在日常政治过程中解决重大问题时所面临的问题"（Sil and
Katzenstein，2010：421）。

　　在很多正义战争的学术研究中，道德判断分析都是最受欢迎的进路，
但是在解释人类行动时，需要的不仅仅是对道德判断的分析。士兵并不知
道所有的作用在他身上的力量，促使士兵采取行动的一些力量包括造成错
误的心理构造、启发法以及丹·卡尼曼（Dan Kahneman，2011）、丹·艾
瑞利（2008）和布莱尔·威廉姆斯（Blair Williams，2010）所确认的那些
偏见。第二组因果动力是个体的思想与认同。第三组力量是结构性因素，
如领域、收入分配、自然资源以及限制互动的正式与非正式的规则。最后，
某些人类行动还可以归因于在次优体制内理性行事的人们所无意中造成的
路径依赖结果，这取决于人设机构的不正当激励程度。克雷格·帕森斯
（Craig Parsons）是一位专门研究比较政治的学者，他将这些离散的、无
所不包的因果逻辑分别命名为心理的、概念的、结构的和制度性的（Parsons，
2007）。

　　帕森斯的划分与伦理学的探索是双重相关的。人类的行动不只是一种
认知上的努力，如果这样认为，单纯的智识性思考就是决定性的了；相反，
学者在评估此类行动时，必须争取做到更全面地理解那些影响行动的情境
性力量。在酒驾行为中，物理、社会、心理和神经生物学力量都在发挥作
用，认为酒驾人员违反了康德、亚里士多德或结果主义之类的原则，并不
能捕捉到这些力量是如何在他的行为中共同发挥着道德相关的影响的。同
样，研究军事伦理的学者既应该努力解释那些影响伦理选择的结构和制度
因素 —— 它们是更加全面广泛的（外部）力量，也应该努力解释影响人
类行为的情感、认知因素，以及那些往往还没有被觉察到的（内生）观念
和心理因素。

因果复杂性中的伦理学

　　军事指挥官和参谋人员经常要解释为什么某个地区的局势是不稳定
的，还必须解释为什么他们提议的行动可以让事态变得好起来。如果士兵

用帕森斯的逻辑去进行更细致和更有说服力的解释，解释的效果和伦理问题都可能有所改善。

【298】　士兵与所有的政治行动者一样，常常发现其行动的预期结果和实际效果之间有距离。在政治学中，我们确信复杂性可以解释为什么我们无法从一系列的初始条件追踪到最终状态，以了解这一因果关系，反之亦然。这个问题是道德评估的核心，但是相当程度上未被探索。

指挥官只会利用帕森斯传统因果逻辑这样的理论，反复思考如何能最优地使用他的部队、资源、关系和言论，使事态向着更好的方向发展。鉴于风险，在说明一系列行动为什么能导致有利的结果时，军事指挥官和参谋人员要提供论证严密的因果解释，政治领导人和普通百姓应该鼓励他们做到这一点。问题在于在政治和战争领域中，有计划的行动很少能以简单明了的方式实现所期望的结果。政治和战争领域不具有可预测性。

康诺利关于螺旋式因果的观念也称为"谐振"（resonant）或"涌现"（emergent）因果，取自复杂性理论，通过引入康诺利以前提出的这个观念，示例论文解决了动机和结果之间有差异的问题。康诺利理解的世界是由各种开放系统构成的，其中的每个系统只要能够影响这个世界，并且确实影响了这个世界，就会有一定程度的"能动性"。开放系统就像病毒、气候模式、经济系统、宗教、神经肌肉网络和士兵一样，是多种多样的。正如康诺利所理解的，潜在的可能性嵌入在一个或多个系统里，当两个或多个开放系统接触时，会使这种可能性以无可预见的新方式变得活跃，这时涌现性因果就会产生。结果是，一个或多个系统经历了根本性变化（或最为急剧的变化），导致了全新系统的产生（Connolly，2011）。

涌现的结果是不可预测的，但是它们在道德上是相关的。示例论文描述了彼得雷乌斯（Petraeus）将军的动机，他打算采取各种各样的安全、治理和发展措施，以实现上升的"螺旋式"影响，抵消阿富汗暴行造成的下行的"螺旋式"影响。彼得雷乌斯的进路表明，任何单一的行动（可以用帕森斯的传统术语来描述）都不可能在阿富汗取得成功。这一事实，加上涌现出来的因果性现实，迫使士兵以一种新的眼光、一种变化了的道德情感来设想他的任务。政治和战争中的因果性是不可预测的，这具有道德意义，涉及开战正义、交战正义、武装冲突法、对军事职业的自我理解以及士兵的道德形成。

道德探索应该将人类的决策和行动置于更丰富的情境里，士兵不仅仅是一个对义务承诺、预期后果或各种德性进行权衡的哲学主体。士兵还是一个有思考力的道德主体，但是还远非如此，无数的微观和宏观系统都能影响士兵，冲击着他们的思想和行为。因此，因果性、复杂性、不确定性和不可预测性必定是道德和政治决策的核心，要辨别出这些力量从来都不容易。但是，没有这种尝试，强有力的道德探索就不可能发生。

因果性和复杂性研究中固有的挑战

问题驱动的研究和分析上的折中主义都有着固有的交易成本，对因果性和复杂性的解释也呈现出同样的交易成本。研究者需要与那些不熟悉的研究共同体中的成员开展面对面的讨论，其中可能包括自然科学方面的学者。研究者还需要有广泛涉猎陌生方法论的技巧（一些是实证主义的，另一些是解释学的），这样才能识别出学者们提出的各类因果性主张。

最为重要的是，在理解因果关系的复杂性时，需要转变看待世界和道德主体的方式，这是一种别具一格的挑战。伦理学学者必须学会将世界视【299】为开放系统，该系统包含多种动力和相互作用，能产生不可预测的结果。学者们也必须认识到，一方面，较低层次的也可能是线性的因果机制之间存在着相互关系；另一方面，它们会经由涌现，促成系统层次上的因果机制和反馈循环。以这种方式看世界，并不是隐喻地看，而是确实要将世界的构成理解为一个包含有微观系统与宏观系统在内的异质性的混合体。

伦理学学者必须在关于士兵的两种观点之间进行切换。在一些情况下，学者们可能认为，士兵只不过是一个哲学上的能动者，他专注于单一的括号内问题，权衡并应用着适当的概念区分。在另一些情况下，学者们必须开始置身于一个有着无数局部能动性的开放系统域里，将士兵视为单一的、拥有局布能动性的开放系统。这类道德探索需要对士兵的哲学家角色保持敏感，也就是说，士兵不只是一个醉心于制造和应用概念区分的哲学家。相反，士兵只是许多开放系统中的一个，其能动性也只是局部的，而且常常不起作用。

结论

本章主要采用三重方法论的道德思想。学者们应该偶尔无所畏惧一下，允许以现实世界的问题来决定方法，而不是以他们喜欢的理论或方法（或想象）来限定他们能研究的现实。鉴于世界的复杂性，对伦理学感兴趣的学者可能也对其他学科的视角、概念和研究目标感兴趣，因为这些学科研究中的因素和动力会与他们熟悉的道德因素有关系，这无可否认。最后，通过将概念的交叉分析加以扩展和评估，学者们就会面对这个世界上更多的复杂性。将世界理解为有生命的、无生命的以及非物质的开放系统的混合体（人类只是其中的一部分），这为伦理学的研究和重要研究问题的出现提供了富有成效的方法前景。

参考文献

Adler E.,Pouliot V.（eds.）2011.*International Practices*.Cambridge:Cambridge University Press.

Albro R.2010."Writing Culture Doctrine:Public anthropology,military policy,and world making." *Perspectives on Politics* 8:1087–1093.

Ariely D.2008.*Predictably Irrational*.New York:HarperCollins Publishers.

Christia F.2012.*Alliance Formation in Civil Wars*.Cambridge:Cambridge University Press.

Connolly W.E.2011.*A World of Becoming*.Durham,NC:Duke University Press.

Cook M.L.,Syse H.2010."What Should We Mean by'Military Ethics'?" *Journal of Military Ethics* 9:119–122.

Cox M.2011."Advancing the Diagnostic Analysis of Environmental Problems." *International Journal of the Commons* 5:346–363.

Friedrichs J.,Kratochwil F.2009."On Acting and Knowing:How pragmatism can advance international relations research and methodology." *International Organization* 63:701–731.

Gibson C.C.,Anderson K.,Ostrom E.,et al.2005.*The Samaritan's*

Dilemma:The Political Economy of Development Aid.Oxford:Oxford University Press.

Glynos J.,Howarth D.2007.*Logics of Critical Explanation in Social and Political Theory*.Abingdon,UK:Routledge.

Kahneman D.2011.*Thinking Fast and Slow*. New York:Farrar,Straus,and Giroux.

Kalyvas S.N.2003. "The Ontology of 'Political Violence':Action and identity in civil wars." *Perspectives on Politics* 1:475–494.

Parsons C.2007.*How to Map Arguments in Political Science*. Oxford:Oxford University Press.

Perez C.2009. "The Embedded Morality in FM 3–24 Counterinsurgency." 【300】 *Military Review* 89:24–32.

Perez C.2012. "The Soldier as Lethal Warrior and Cooperative Political Agent:On the soldier's ethical and political obligations toward the indigenous other." *Armed Forces & Society* 38:177–204.

Rapport A.2012. "The Long and Short of It." *International Security* 37:133–171.

Salmoni B.A.,Holmes-Eber P.2008.*Operational Culture for the Warfighter: Principles and Applications*.Quantico,VA:Marine Corps University Press.

Shapiro I.2005. "Problems,Methods,and Theories in the Study of Politics:Or,what's wrong with political science and what to do about it." In Shapiro I.（ed.） *The Flight from Reality in the Human Sciences*. Princeton,NJ.:Princeton University Press.

Shapiro I.,Wendt A.2005. "The Difference That Realism Makes:Social science and the politics of consent." In Shapiro I.（ed.） *The Flight from Reality in the Human Sciences*.Princeton,NJ.:Princeton University Press.

Shields P.M.,Soeters J.2013. "Pragmatism,Peacekeeping,and the Constabulary Force." In Ralston S.J.（ed.） *Philosophical Pragmatism and International Relations:Essays for a Bold New World*.Plymouth:Lexington Books.

Sil R.,Katzenstein P.2010. "Analytic Eclecticism in the Study of

World Politics:Reconfiguring problems and mechanisms across research traditions." *Perspectives on Politics* 8:411–431.

Smith R.M.2003.*Stories of Peoplehood:The Politics and Morals of Political Membership*.Cambridge:Cambridge University Press.

Staniland P.2012. "States,Insurgents,and Wartime Political Orders." *Perspectives on Politics* 10:243–264.

Sullivan P.L.2007. "War Aims and War Outcomes:Why powerful states lose limited wars." *The Journal of Conflict Resolution* 51:496–524.

Toft M.D.2010. "Ending Civil Wars:A Case for Rebel Victory?." *International Security* 34:7–36.

U.S.Army ,2013. "Army Leader Development Strategy,2013." Available online at http://usacac.army. mil/cac2/CAL/repository/ALDS5June%20 2013Record.pdf.

Wedeen L.2002. "Conceptualizing Culture:Possibilities for political science." *The American Political Science Review* 96:713–728.

Wertheimer R.2010. "The Moral Singularity of Military Professionalism." and "The Morality of Military Ethics Education." In Wertheimer R. (ed.) *Empowering Our Military Conscience*.Farnham:Ashgate Publishing Limited.

White S.2000.*Sustaining Affirmation:The Strengths of Weak Ontology in Political Theory*.Princeton,NJ.:Princeton University Press.

Williams B.S.2010. "Heuristics and Biases in Military Decision Making." *Military Review* 90:40–52.

26 军事研究中的理论建构

艾亚尔·本－阿里

Shils A.E.,Janowitz M.1948. "Cohesion and disintegration in the Wehrmacht in World War Ⅱ ." *Public Opinion Quarterly* 12（2）: 280–315.

这篇论文是军事社会学的经典研究之一，它利用二战期间的德国陆军案例来探讨德军为什么在损失惨重的情况下仍然继续战斗，直到冲突结束。作者在回答这一问题时，对士兵动机的备择解释进行了审慎的分析，这些备择假设着重强调以下因素：组织的社会结构和动力，尤其是小团体；能明显打动战士的符号和意识形态；盟军宣传攻势等能提高或破坏士气的方式。通过探索和拒绝这些备择解释，希尔斯（Shils）和贾诺维兹（Janowitz）认为，士兵内嵌于初级群体的人际关系中，该关系解释了士兵持续参与战斗的行为和态度（具体地说，群体的规模不会超过一个连）。这篇论文以盟军战争期间收集的经验数据的回顾为基础，包括对战俘的前线审讯、在后方的密集访谈、缴获的敌方文件、征收的盟军人员陈述以及战斗观察员的报告。研究者清楚地意识到，使用这些来源会有方法论上的困难，不过他们也指出，他们对这些来源的使用切实有效且令人信服。

希尔斯和贾诺维兹得出的结论是，预测士兵为什么能投入战斗且持续作战的最强因素是他们与初级群体的关系，预测士兵为什么弃战和投降的最强因素也是这一关系。这里有两个关键点：首先是初级群体满足士兵重要个人需求的程度和方式（包括基本的生理需求，来自军官和同志的部队情感和尊重，权力感，以及可以适度管理自己与权威的关系）；其次，从组织的角度看，无论初级群体的行为是偏离的还是可取的，都是初级群体互动过程中所形成的规范造成的。只要初级群体（通常是小队或部门）能满足士兵需要，该群体的成员期望和要求就会对德国国防军士兵产生制约。

【302】

希尔斯和贾诺维兹也从理论上意识到了次级群体对士兵个体的影响，但是与以前的研究不同，他们坚持认为，次级群体与初级群体相比，它的影响太小了。这一论点与当时学术界中的大部分研究结果相类似，它们都对普遍用意识形态术语来解释动机的做法不满意。二战后，他们的观点得以推广，当时的许多研究小组都提请人们注意凝聚力，将它作为美国士兵动机中的主要因素（Stouffer et al., 1949）。然而，"一伙兄弟"为军队而战的解释过于浪漫，希尔斯和贾诺维兹提出了不同的看法。他们明确指出，有凝聚力的初级团体也可能产生与军事组织目标不一致的行为。他们还指出，投降部队是由"软核（soft-core）"这样的非纳粹同志领导的，这些人认为组织目标不那么重要。这里要重申一下，该论文的基本思路是与备择解释进行辩论，并排除备择解释。

本文导致了许多的理论扩展、批评和辩论（Ben-Shalom et al., 2005；King, 2013；Segal and Kestenbaum, 2002；Siebold, 2011）。针对它的批评意见包括：第一，很难从因果关系上证明凝聚力是如何促进军事表现和效能的；第二，对群体凝聚力的概念化很复杂；第三，日常驻军或演习条件下的凝聚力与战斗条件下的凝聚力之间有差距；第四，除了凝聚力，还有一些其他的因素也能解释士兵动机。在这篇经典论文发表后的几十年里，围绕士兵行为的理论之辩旷日持久，而这篇论文始终为学者们所争议，在理论化军队动机和行为的过程中，这种情形从未改变过。

引言：作为过程的理论建构

在军事社会科学研究中，理论化过程一直具有双重性。一方面，学者们把武装力量视为"正义"的，就像任何其他大型组织一样，可以通过适当的理论建构来加以描述和分析；另一方面，也有研究者关注武装力量的独特性，他们认为，武装部队是负责处理有组织暴力的"那种"组织（如果使用暴力，有时会有争议），他们试图创建与武装力量特征相关的理论

（Boëne，1990）。正是这种双重性决定了武装力量的理论发展，特别是对其他领域中提出的理论进行军事应用或检验，或者对专门针对其特殊暴力特征的理论予以发展。后者的例子包括研究战斗中的士兵，这些研究根植于心理学、社会心理学或组织科学，或者是一些复杂的军政关系文献。这些文献中的军政关系源于武装部队接管政府的可能性。本章开篇的希尔斯和贾诺维兹的论文是一个这方面的优秀案例，该论文提出并检验了作战部队行为的另一种理论假设。不过，之所以选择这篇论文，是因为从先前和随后的研究背景看，该论文都是一个关于过程性的优秀案例。过程性是个新出现的概念，代表着不可预见的发展、行不通的路以及有争议的论点，理论就是通过过程创建的。

什么是理论？什么是理论化？ 维克（Weick）最早对理论做了充分的定义（1989；也可参见 Eisenhardt，1989；Layder，1993），他指出，理论是 "一组关于一般行为或结构的有序论断，可以认为，该行为或结构贯穿 【303】在非常广泛的具体情形中"。惠顿（Whetten，1989）认为，一个完整的理论必须包含以下基本组成部分：在解释感兴趣的社会或个人现象时，应该在逻辑上将要素（变量、观念与概念）视为解释的一部分；这些因素之间的关系要被有序化为模式或因果关系；心理、经济、社会或其他方面的基本动力学假设能证明这些因素和所提出的关系或模式是合理的。惠顿的思想是，理论本质上反映了一组被证明了的变量或概念之间的关系。换句话说，研究者提出一个理论，目的是捕捉和说明所观察到的模式或规律中的缺失关系，或者是突出那些感兴趣的现象中的关系、联系以及相互之间的依赖性（Weick，1989）。

也有更为实际的定义，希尔兹和兰加拉然（2013）认为，理论是一种将研究组织起来的方式，即为实现项目目标而组织思想的方式。在后来的一篇论文中，维克（1995）也指出，出于实际的原因，也就是说，出于社会科学家是实践着的研究者的原因，不应该将理论视为一种产品，而是一个过程，这是有益的，理论是不断展开的系统表述的概念和观点，是学者之间的积极参与或对话。希万古（Cibangu，2012：98；Campbell，1988）对此进行了补充。他认为，理论构成了学科文献中最为重要的部分，随着时间的推移，它们要经受逻辑清晰的批评、评估和修正。事实上，理论建构的过程性特征应该理解为两个不同分析层面上的参与：一是某个学科中更为广泛的对话；二是所开展的具体研究。概念、假设、链接数据或修改思想既是建构，也是实践，需要持续不断地参与到更为广泛的学术辩论和具体的新兴研究项目中。要强调的是，理论建构既发生在一个单独的研究项目里，也发生在理论构建的迭代周期中，在这个迭代过程中，某个学术共同体会参与其中。

考察理论建构的过程性特征有很多好处。首先，我们能够开始理解，这不是一个机械的过程，而是涉及直觉、盲目和浪费等要素（Weick，1989）。其次，如果我们将理论建构理解为行动中的思考和行动中的反思，就可以更清楚地了解我们是如何以及从何处得出我们的观点的（Carlile and Christensen，2005；也可参见 Sarafino，2005）。因为所有的观察都受到认知结构、先前的经验或一些正在运用的理论的影响，无论该过程是有意识的还是无意识的。最后，我们也会意识到，我们做的很多事情都与越来越明确的逼近理论有关。实际上，许多打了理论标签的成果不过是"粗糙的"理论而已。默顿（Merton）指出（见维克 1995 年发表论文的第 385 页），可以采取多种形式逼近理论：一般定位指的是，可以用广义的框架去规定要考虑的变量的一般方向，并不具体说明它们之间的关系；概念分析指的是，要对概念加以具体说明、澄清和界定，并不探讨概念之间的联系；事后检验指的是，要从单一观察中得出临时假设，并不探讨备择解释或新的观察；经验推广指的是，一个孤立的命题总结了两个变量之间的联系，但是没有尝试进一步的交互关系。类别化（categorization）与理论化密切相关，被视为理论化不可或缺的组成部分。上述情况都不是羽翼丰满的理论，却是进一步发展为理论的途径。

但是，如何着手构建理论呢？接下来，我基于各种来源来阐述理论化的各个阶段（de Jong，2010；Carlile and Christensen，2005；George and Bennett，2005；Jaccard and Jacoby，2010）。有两点是重要的：首先，理论建构是学者们开展的实践活动，我会在下文中介绍他们发现的各种有用的技术和程序，这是一些可操作的建议；其次，研究是由一系列互动的组成部分构成的，通常不是线性的（Creswell，2009），研究者发现，即使在一个项目里，它们也会来来回回地出现在不同的阶段之间。

【304】

解释和学术定位

　　研究人员承担的许多项目都是军事领域发起或提出的。指挥官和士兵可能面临各种各样的问题，这些问题无所不包——从部队面临新挑战时的士兵动机到军民之间的关系。为了找到这些问题的答案，他们经常求助于社会科学家。正如本卷的许多章节中显示的那样，在问题驱动的研究中，以及以问题驱动研究为中心的研究中，武装部队和研究者之间的关系都十分密切，这一历史由来已久。但是在其他时候，研究者进行调查研究的问题则来自他们各自的学科或者数据本身，就像定性研究中有时发生的那样。无论如何，一旦确认了一个问题（并且问题可能会沿着研究的路线在变化），研究者就必须用理论术语去理解它。以这种方式才能找到解释，因为解释与确认理论有关，或者与研究者打算使用的理论有关，也与澄清研究者的假设、因果方案或解释框架有关。

　　这样做的目的是找到差距、差异或意外，以便提出另一种解释。至于如何进行这种确认，我提出了一个有用的技术，可以明确地思考一个人的研究是在与什么样的论点对话。在讲授或思考某本书或某篇论文时，我常常问学生以下问题（学生有时会觉得它们有点奇怪）："作者在与谁'辩论'？"通过这样一个问题，我试图引导学生不去解释作者的主要观点是什么，而是去理解作者在概念、观点、假设或方法上与其他学者进行了怎样的对话。实际上，一旦我们清楚了这一点，就能更好地理解该研究本身的理论观点了。但是说句公道话，许多人告诉我，这种理解可能在研究阶段后期才会出现，这时会有某种"顿悟时刻"，能意识到作者的研究在与什么人对话，他们提出了怎样的备择解释。

　　这一做法明确了我们与其他学者在辩论什么，它是"文献回顾"的基础。此类回顾的目的不是引用该领域的著名文献来"装饰"一个人的文本，也不只是表明某个人精通相关的学术文献，正如在许多学生论文甚至是博士论文中所发现的那样。这类文献回顾的目的是，在某个学术领域里，明确地定位一个人的研究及其可能的贡献。例如，新概念的提出、重要假设的检验或者探索了迄今为止还未充分研究过的一系列现象（Whetten，1989）。文献综述的目的是发现和解决相关文献中的差异、不足和缺陷，对于所选定现象的某些方面（如关系），能提供更新、更严格的概念化操作，或者将现有的理论应用于新的群体。希尔斯和贾诺维兹通过辩论做到了这一点。两位作者在做该项研究的时期，学界普遍强调所谓的宣传力量，即西方盟国散播的宣传攻势是促成德国国防军瓦解的因素，两位作者就这一观点展开辩论。他们先将自己定位在宣传论的对立方，接下来展示对方观点的不足，同时提出了自己的不同解释。

理论建构的这部分怎么强调也不为过。当要求新手在一系列的学术研究中定位他们的研究时，他们常常会在"文献"中列举出一长串的论文清单，但是当要求他们解释其研究旨在解决什么样的问题时，就可能会遇到困难。在某些情况下，他们大概能解释其研究是否体现或表明了其他学者【305】提出的概念、关系或论点。但是这还不够，因为研究的重要意义在于，它应该清楚地表明它新在哪里。事实上，这一点适用于应用理论而不是提出新理论的情形，在应用理论的情况下，应用于一个新的数据集，一个迄今为止尚未充分研究的类别，或者一个新的方面，这些应用本身就体现了这项研究的贡献。因此，在实践层面上，有必要掌握一类专门的知识，它能够描述先前研究的空白，并以这种方式来组织引文，使读者了解迄今为止的理论是如何被建立或应用的，或者相反。因此，目的不在于提供一份简单的先前研究的清单。相反，研究者需要解释一下，检验假设或应用已有理论之所以如此重要的原因是，它涉及了一个新的数据集，从而开辟了新领域。或者，研究者必须表明他们对新的解释感兴趣，也就是说，对将现象联系起来的新形式感兴趣（Weick，1995）。在所开展的社会科学研究中，它的重要概念需要理论基础，解释的过程需要广泛夯实这个基础，无论是定性还是定量项目都是如此（Goertz and Mahoney，2013）。

就军事研究而言，做出某种重要的区分可能会很有效。研究者可能会问自己，他们是如何利用军事案例（或者来自军方的案例）的：是为了探索更为广泛的理论问题（比如领导力）而利用军事案例并从中获取数据，还是为了阐明武装部队的特殊性，进而扩大对武装部队的动力学理解（例如，战斗中的领导力和暴力行为）而利用非军事领域中的理论？可能是因为士兵很容易访问（他们毕竟是人身自由受到限制的人群，就像心理学项目中的学生一样），学者经常用他们来探索学术领域中的各种问题。这种操作一直是某些一般性研究的核心，例如小群体动力学或组织官僚机构研究。但是，如果研究者想了解军队的"独特性"，他们就必须说明用于非军事领域的概念是如何适合于（或不适合于）军事背景的。阅读希尔斯和贾诺维兹的研究时，我们发现，他们与先前的动机和初级群体研究进行了对话，也进行了理论化，但是他们提出的有助于激励士兵的具体因素是针对战斗情景和暴力环境的。另一项尝试是柯林斯（Collins，2009）做的暴力研究，在该书的作战章节中，他解释到，有组织的暴力行为是人类行为中的一个小类别中的一部分，他继续描绘了在战斗中实施暴力的独特之处。当重点关注武装部队时，就不妨问一问，武装部队和暴力之间的关系是否与研究者们处理的这类学术文献有关系，是否与他们正在进行的理论化有关系，这可能会很有帮助。

评估和整合

要再次牢记的是，理论陈述常常是逼近性的，在进行评估时，需要检验理论观念在多大程度上拟合经验证据和数据（Carlile and Christensen，2005）。但是什么是好的数据呢？学者们经常使用主观－客观的或定量－定性的二分法来区分不同类型的数据，本手册中的其他章节也阐述了这一点，但是就像理论一样，判断数据价值的唯一方法是，它能否有效地促进人们去理解世界如何运行，是否有助于类别识别以及对异常和意外进行预测与发现（Creswell，2009；Johnson and Christensen，2008）。这些见解对演绎、归纳和溯因研究模式都适用。在演绎推理中，首先要探索逻辑解释或理论发展，然后收集证据（始终要基于文献综述），归纳推理以对世界的系统观察为基础，然后再寻求逻辑解释或理论上的发展（Shields and Rangarajan，2013）。溯因推理通常从一组未完成的或部分的观察开始，再在不完备性的条件下对该观察系列进行最有可能的（或最好的）解释（Feilzer，2010）。虽然本章强调归纳法，但是在现实中，所有的研究都涉 【306】及一种连续不断的循环，其中包括演绎、归纳以及（有时是）溯因。例如，在归纳研究中，一旦做出了试探性解释，就要以演绎的方式返回对经验数据的处理上，等等。

归纳过程中的第一个实际步骤是对经验数据进行分类，再从杂乱的细节中发展出抽象的结论来。在这一阶段，分类大多以现象的属性来定义，并且是暂时的。我们没有机会了解希尔斯和贾诺维兹的理论化过程，但是他们对瓦解模式的详细分类最有可能随时间的推移而演变。因此，希尔斯和贾诺维兹根据他们的经验数据，提供了一份详细的关于军队瓦解种类的分类法，之后这一分类法又被用来继续发展他们的理论观点。一旦完成了这样的分类，我们就可以思考类别之间的关系了，即定义的属性（即我们对实际发生模式的最初想法）与已观察到的结果之间的关系。

最终，我们会得到一种关于类别的层级结构，它看起来像某种组织树图。在这个图中，可以用这个子类别去说明另一个子类别，以此类推（Carlile and Christensen，2005）。这正是人们在希尔斯和贾诺维兹的研究中发现的树的类型。更一般地讲，这个图的意图是认识与尽可能清楚地表明属性的差异和属性的数量，它们与研究结果中的模式最为相关。在定量研究中，回归分析等技术常被用于定义这些相关性，它们通常只是概率性的关系陈述，反映了一般趋势。在质性研究或解释性研究中，可以使用类似的技术，例如，将观察到的现象与解释性假设联系起来，然后将它们置于某种暂时的模型中，再回过头来用数据检验模型。建立这些关系是一种理论化形式，研究者试图用这种方式将这种类别与那种类别联系起来，再寻找它们之间的模式。

现在，研究者可以开始整合研究结果、分类和猜想了。在这个过程中，浮现出来的概念通常不是某个明确理论中被充分定义的要素。相反，它采取"敏感概念"（sensitizing concepts）的形式（Blumer 1954，in Hammersley and Atkinson，2004：180），这常常是理论化的重要起点。随着各种分析类别的出现，研究者为了整合这些观念，就要试着将它们植入或融入理论构架中。与此同时，研究者在整个过程中都应该注意那些意料之外、非同寻常或表现突出的任何事件，也要注意是否在得到的各种结果之间存在冲突与矛盾（Hammersley and Atkinson，2004）。这是整合发生的阶段，也就是说，在一个通常是混乱且耗时的过程中，研究者要尝试各种不同的解释，以便将事件聚合在一起，如果分析是累积性的，也要将单独的分析合并在一起。实际上，冲突结果的并置会迫使研究者进入一种思维模式，这种模式比他们原本设想的更具有创造性和突破性。其结果是，对新出现的理论和相互矛盾的文献有了更为深入的了解，对所做研究的推广性也加深了限制。

修订与应用

当研究者在经验数据、它的分类以及关于两者之间关系的较为抽象的看法之间不断地往复循环时，理论开始得以完善。当初始的假设被修正，也更加清楚地逼近理论时，我们就是在完善理论了。由归纳提出假设，再不断地对这个假设做进一步的"检验"，可以实现这一点（Carlile and Christensen，2005）。最为常见的做法是，在不同的数据集中，而不是在【307】导出所假设关系的数据中，探索属性和结果之间是否存在同样的相关性或模式。如果研究者发现，新数据中的现象属性与预测的或预期的结果相关，则该"检验"证实了这一理论在所观察条件或情况下是有效的。如果它们不相关，研究者就需要进一步思考他们的解释。在以这种方式建构理论的全过程中，意外、异常现象或现象之间的偶然关系都始终有意义。在希尔斯和贾诺维兹的研究中，我们会看到这个过程在持续发生，从有关德国国防军常规部队的数据和观点开始，然后需要解释在由捷克、南斯拉夫、波兰和俄罗斯等国士兵组成的部队中，那些强征到国防军中的士兵为什么会有更高的逃兵率。他们解释到，之所以有更高的逃兵率，是因为这些部队使用多种语言，这为创建有凝聚力的团体制造了障碍。他们还要解释，为什么海峡港口的德国人坚守战斗的时间远远超过大陆上的那些人。他们认为，这是因为海峡港口的德国人始终在一起，没有被派去支援或合并到新的部队。这是一个很好的理论应用的例子，因为他们通过这种方式，用其他的数据进一步检验了他们的初始假设，其理论得到了扩展。

而且，当研究者使用关联性或因果性的关系陈述去预测他们会看到什么时，常常会感到惊讶，因为他们观察到，理论并没有将他们引向预期的事物，他们看到了不一致的现象，这是一些理论无法解释的东西。贝克尔（1998：95）认为，如果我们陷入僵局，那么以下程序值得一用，即尝试找到与您的已有答案、信息或模式相关的问题。事实上，他建议，要使理论思考卓有成效，研究者应该刻意寻找最有可能扰乱其想法和预测的极端案例。正是这些发现迫使理论建构者带着问题重新循环回来，再度进入类别化阶段。这些问题包括"这里还有其他的情况发生"，或者"我们认为这两件事是不同的，实际上并非如此"等。正如维克（1989）指出的，一个未被确证的假设是理论家学习新事物的机会。在解释和数据之间不断做循环往复的努力，通常会产生以下结果：更准确地描述和测量这个现象是什么和不是什么，即改变对现象或环境的分类定义；添加或删除类别和／或阐明一个新的理论陈述，这个陈述是关于哪些因素与之相关或哪些因素导致了哪些结果，以及为什么、在什么情况下导致了该结果（Carlile and Christensen，2005）。这个过程的目的是修订理论，使理论仍然能够解释那些识别出来的异常现象和以前解释过的现象。但是很多时候，当研究者的目的是"证明"一种理论的效度时，他很可能把发现异常视为失败。在定量项目中，研究者会找理由排除异常数据点，以获得更显著的统计拟合测量值，这种做法太司空见惯。但是一般情况下，异常数据点才含有更多的信息，而不是那些能充分拟合模型的数据点。了解异常值或异常通常是发现新分类方案的关键。

在这一问题上，学者们发现了很多技术，它们对修订与应用这一过程有益。C. 赖特·米尔斯（Mills，1959）的著作已成为经典。在他的这卷著述中，对如何激发我们的（社会学）想象力提出了一些切实有效的建议。这里我只举几个例子。首先，试着重新安排你的文件（今天，是以电子版的方式了），将放在一起的资料夹分开，或者混合一下内容，然后重新分类，这可能会产生意料之外的或计划之外的关系。其次，对定义各种问题的单词和短语采取一种游戏般的态度，不可否认，这可能会更难一些。我【308】最喜欢的一个是，使用同义词词典（或技术词典）查找我的每个关键术语的同义词或反义词。我发现，这样做会促使我详细阐述该问题的术语，更精确地对它们进行定义，只有当知道一个术语可能有几种含义时，才有可能选择你希望采用的确切含义。最后，米尔斯建议，可以将你的所有观点都置于一种比较视角中，积极地寻找可比较案例、并行情境或历史实例（甚至是基于二手的文献）。

高度推荐贝克尔的另一篇关于"交易技巧"的论文。在这篇论文中，贝克尔（1998）提供了一些其他技巧。例如，描述研究者提供的信息，而不使用其数据中任何一个具体的单词。我采纳了他的思想，在教授或思考某一出版物时，我都要求学生提出一个新的标题，要基于这篇论文或这本著作来描述其思想的关键组成部分，不许使用现有名字中用过的任何单词。贝克尔的另一个最爱是他所谓的"机器把戏"（machine trick）。这个想法是，思考一个人想解释的现象的所有部分，然后依次拿出每个部分，再去观察整个"机器"是否仍然继续运行。我经常使用的另一种技巧是，故意用不同的理论来尝试着解释同一种现象：使它们发生冲突。我最喜欢的是功能主义和冲突理论，这两种经典社会学理论有着截然不同的假定，可以解释或理解同一社会现象的不同方面。重申一下，一旦研究者陷入僵局或异常，"卡"在理论化的过程中，他们就可以使用所有这些技术。

效度和推广

现在，从建构理论的过程退一步去思考两个问题，涉及研究者正在建构的概念的价值。尹（1984；也可参见 Carlile and Christensen，2005）总结了在理论内部效度和外部效度上达成的学术共识，即效度是一种标准，用于评估理论在解释与说明各种现象时的能力。一般来说，效度与研究结论的力度有关。在研究设计中，两种效度的维度都不是全或无、存在或不在，效度是从低到高连续变化的。理论的内部效度指的是从理论前提中有逻辑地得出它的结论的程度，并且对于那些似乎合理的、有可能解释所研究现象之间关系的备择解释，研究者也已经全部处理完毕。本章的大部分内容都在论述与这一点有关的问题，包括各种各样的程序或实践，通过这些论述，我们以尽可能多的分析视角审视了我们正在研究的事件、行为或文本。简言之，研究者要竭尽全力地表明，备择叙述是不正确的，或者是有局限的。

理论的外部效度指的是，在一组情境中观察到的现象和结果之间的关系能在多大程度上适用于不同的情形，即研究能在多大程度上推广到其他的情境或人群。当研究者已经定义了哪些因素会导致哪些结果、哪些因素之间相关以及为什么相关、因果机制或解释性关系会因情境而有何不同时，理论的范围或外部效度就确立了。正如卡莱尔和克里斯滕森（Carlile and Christensen，2005）解释的，当异常出现后，如果寻求和解决异常的过程产生了一系列穷尽而互斥的类别，我们才能说理论有外部效度。与此同时，维克（1989）也敦促研究者要保持审慎，他认为理论家的理论建构过程被方法论卡住了，他们的方法论与其说有用，不如说有利于验证，因此他们经常写些微不足道的理论。在这一过程中，过多的验证使想象力和选择力都变得一文不值。因此他认为，能产生大量猜想的理论化过程比只产生少数猜想的过程更为可取。

【309】

最后一点与研究人员感兴趣的推广类型有关，即推广到理论还是推广到人群。换句话说，研究者需要明确地解释，他们的研究问题是否以及为什么要通过理论建构而不是理论检验来解决。艾森哈特和格拉布纳（Eisenhardt and Graebner，2007）讨论了一种基于案例建构理论的策略，他们的讨论有助于理解这种区别。该策略利用了一个或多个案例，基于这些案例的经验证据创建理论的概念、命题和／或中层理论。理解这一策略的关键是，在这样的案例研究中，理论建构的过程是通过递归循环实现的，该循环发生在案例数据、浮现出来的理论以及之后所查阅的现有文献之间。虽然有时被视为"主观"，但是基于案例而充分建构起来的理论却令人惊讶地"客观"，它非常忠于数据，能让研究者保持"诚实"：案例数据会提供约束，数学在形式分析建模时也在做着同样的事情（Eisenhardt and Graebner，2007）。

沿着这些思路，当在这样的研究策略中利用数据时，研究者就必须解释他们是在把研究推广到理论，而不是人口。为此，需要澄清为什么拟研究的问题是重要的，以及为什么在现有的理论中，不能为它提供一个切实可行的答案。这也是理论抽样的逻辑，即我们选择这些案例，是因为它们特别适合于探索某些理论问题。正如实验室实验的样本不是从实验总体中随机抽取的，而是为了有可能提供理论洞见选取的，出于理论原因而抽取的案例也是如此，这些理论原因包括：揭示一种异常现象、对从其他案例中得出的发现进行复证（replication）、反向复证（contrary replication）、排除备择解释以及细化新形成的理论（Eisenhardt and Graebner，2007）。对于军事研究来说，这些区分十分重要。在对武装部队进行的微观社会学或心理学研究中，统计研究长期占据主导地位，它的兴趣往往是将研究结果推广到一个领域或一个人群。但是在军政关系领域，大多数研究基于单个案例，少数研究基于多个案例，案例研究被用来发展或扩展理论，并不会产生统计学意义上的代表性数据。可以利用理论来解决新的研究问题、构架未来的实证研究以及理解现象与解决问题，也许还可以为政策提供指导。

然而，对于所有这些，一定不能将"理论－数据－结论"的逻辑表述和实际的理论化过程混在一起，逻辑表述是出现在出版物里的。在已发表的文字中，可能会对理论缺陷进行线性陈述或描述，接下来再对某个案例或多个案例进行辩护，或者对要研究某个群体的理由做出解释，但是，在现实中，它们并不是这样运行的。研究者有时会发现，自己是先有了研究结果，再利用这个结果去"搜索某个问题"的，正如前文所详述的。

结论：永无止境的过程

本章认为，在理论化的过程中，研究者要始终认真严肃地将理论建构或应用作为一套主动使用的实践和技术。理论建构是一项务实的工作；如果理论的建立是在一个具体的项目内进行的，就要在该过程的不同阶段之间持续进行切换，如果理论的建立是在一个更加广泛的学者共同体内进行的，该共同体就要对解释不同现象的最佳理论进行慎重考虑并提出质疑（因此，不断厘清研究者在一个学术领域内的位置具有重要意义）。武装部队一直并会继续被用来探讨更为广泛的理论问题，但是军队作为有组织的暴力的合法处置者具有特殊性，这种特质使得所有专属于这一领域的理论都染上独特的色彩。正如上文所述，这一点并不是说不应该用外部的理论来解释或说明军队，而是说研究者在应用这些框架时要考虑武装部队的独特【310】性。更一般地讲，如果从长远的观点看理论建构，我们可以将它理解为永无止境。我们在继续与希尔斯和贾诺维兹的经典论文进行辩论和对话，这一做法就证明了这一点。现在，我们以维克（1995：35）的论述来作结语：

> 理论化的过程包括抽象、概括、关联、选择、解释、综合和理想化等活动。这些持续进行的活动会断断续续地生成参考文献列表、数据、变量列表、图表和假设列表。这些生成的结果总结了进展，给出了方向，也充当了定位标记。它们有理论的痕迹，但并不是理论本身。几乎没有什么是完全成熟的理论。关键在于背景，即在此之前发生了什么，接下来又发生了什么。

参考文献

Becker H.S.1998.*Tricks of the Trade:How to Think about Your Research While You're Doing It*.Chicago,IL.:University of Chicago Press.

Ben-Shalom U.,Lehrer Z.,Ben-Ari E.2005. "Cohesion during Military Operations:A Field Study on Combat Units in the Al-Aqsa Intifada." *Armed Forces & Society* 32（1）:63–79.

Boëne B.1990. "How Unique Should the Military Be? A Review of Representative Literature and Outline of Synthetic Formulation." *European Journal of Sociology* 31（1）:3–59.

Campbell D.T.1988.*Methodology and Epistemology for Social Science.* Chicago,IL.:Chicago University Press.

Carlile P.R.,Christensen C.M.2005.*The Cycles of Theory Building in Management Research,*Harvard Business School Working,pp.05–057.

Cibangu S.2012. "Qualitative Research:The Toolkit of Theories in the Social Sciences." In Lopez-Varela A.（ed.）*Theoretical and Methodological Approaches to Social Sciences and Knowledge Management.*InTech downloaded February 27,2013.Available at www.intechopen.com/books/ theoretical-and-methodological-approaches-to-social-sciences-and-knowledge-management.

Collins R.2009.*Violence:A Micro-sociological Theory*.Princeton, NJ.:Princeton University Press.

Creswell J.W.2009.*Research Design:Qualitative,Quantitative,and Mixed Methods Approaches.*Thousand Oaks,CA.:Sage.

de Jong L.H.2010. "From Theory Construction to Deconstruction:The Many Modalities of Theorizing in Psychology." *Theory & Psychology* 20（6）:745–763.

Eisenhardt M.K.1989. "Building Theories from Case Study Research." *Academy of Management Review* 14（4）:532–550.

Eisenhardt K.M.,Graebner M.2007. "Theory Building from

Cases:Opportunities and Challenges." *Academy of Management Review* 50
（1）:25–32.

Feilzer M.Y.2010. "Doing Mixed Methods Research Pragmatically:
Implications for the Rediscovery of Pragmatism as a Research Paradigm." *Journal
of Mixed Methods Research* 4（1）:6–16.

George L.A.,Bennett A.2005.*Case Studies and Theory Development in the
Social Sciences*.Cambridge,MA.:MIT Press.

Goertz G.,Mahoney J.2013.*A Tale of Two Cultures:Qualitative and
Quantitative Research in the Social Sciences*.Princeton,NJ.:Princeton University
Press.

Hammersley M.,Atkinson P.2004.*Ethnography:Principles in Practice.*
London:Routledge.

Jaccard J.,Jacoby J.2010.*Theory Construction and Model-building Skills:A
Practical Guide for Social Scientists*.New York:Guilford Press.

Johnson B.,Christensen L.2008.*Educational Research:Quantitative,
Qualitative and Mixed Approaches*.Thousand Oaks,CA.:Sage.

King A.2013.*The Combat Soldier:Infantry Tactics and Cohesion in the
Twentieth and Twenty-First Centuries*.Oxford:Oxford University Press.

Layder D.1993.*New Strategies in Social Research*.Cambridge:Polity. 【311】

Mills C.W.1959.*The Sociological Imagination*.New York:Oxford University
Press.

Sarafino E.2005.*Research Methods:Using Processes and Procedures of
Science to Understand the World*.Thousand Oaks,CA.:Sage.

Segal D.R.,Kestenbaum M.2002. "Professional Closure in the Military
Labor Market:A Critique of Pure Cohesion." In Don M.Snider and Gayle
L.Watkins（eds.）*The Future of the Army Profession*.New York:McGraw-
Hill,pp.441–458.

Shields P.,Rangarajan N.2013.*A Playbook for Research Methods:Integrating
Conceptual Frameworks and Project Management Skills*.Stillwater,OK.:New
Forums Press.

Siebold G.L.2011. "Key Questions and Challenges to the Standard Model of Military Group Cohesion." *Armed Forces & Society* 37（3）:448–468.

Stouffer S.A.,Suchman E.A.,DeVinney L.C.,et al.1949.*The American Soldier:Adjustment during Army Life*,Vol.1 of *Studies in Social Psychology in World War* Ⅱ .Princeton,NJ.:Princeton University Press.

Weick K.E.1989. "Theory Construction as Disciplined Imagination." *Academy of Management Review* 14（4）:516–531.

Weick K.E.1995. "What Theory Is Not,Theorizing Is." *Administrative Science Quarterly* 40（3）:385–390.

Whetten D.A.1989. "What Constitutes a Theoretical Contribution?" *Academy of Management Review* 14（4）:490–495.

27　做军事应用研究与发表
军事研究论文　　　

帕特里夏・M.希尔兹，特拉维斯・A.惠瑟尔

Brooks A.R.2008.*Shaping Strategy*：*The Civil-Military Politics of Strategic Assessment*.Princeton,NJ.：Princeton University Press.

　　文职和军队领导人是利用什么样的机制做参战决策的，《塑造战略：战略评估中的军政关系政治学》（*Shaping Strategy*：*The Civil-Military Politics of Strategic Assessment*）一书对此进行了考察。具体来说，该书对战略评估中的成败进行了解释。战略评估指的是各国在国际冲突中用于评估其战略的过程和实践。布鲁克斯谨慎地提出了一个理论，确定了四种战略评估类型。（1）信息共享（information sharing）：当军政双方领导人能在私下自由地共享信息时，该信息共享过程为有效。（2）战略协调（strategic coordination）：包含符合政治目标的结构，利用该政治目标能有效评估军事行动计划和军事战略。（3）授权（authorization）：包含评估后的决策过程。（4）结构胜任力（structure competence）：拥有自我批判力的军人所展现出来的能力。在这里，军事促进机制（military promotion mechanism）是关键的组成部分。

　　战略被评估为成功或失败，取决于军政之间的偏好是否有分歧以及权力平衡如何分布（文职主导、军职主导或军政权力对等）。在对战略评估的品质进行解释时，布鲁克斯提出了五个假设。例如，当军政高度一致且由文官主导权力时，战略评估的结果就是最好的（H1）。作者先明确了目的，然后利用多种手段来对她的框架予以支持。这些手段包括运用适当文献、提供理由充分的论点和利用表格，这些表格能澄清与强调关

键概念及关系。布鲁克斯还设置了阶段，所以随后的案例研究分析就条理清晰，连贯一致，切实可行。

布鲁克斯用了八个案例研究来检验她的假设。这些案件包括第一次世界大战期间的英国、20世纪90年代末的巴基斯坦和土耳其冲突中的英国、伊拉克战争中的美国、20世纪六七十年代埃及战火中的美国、第一次世界大战前的英国和德国。这些案例表明，战略评估的结果是存在显著差异的。例如，1962年至1967年的埃及被评为总体上很差，所有各类评估均为负；相反，1996年至1999年的土耳其在总体上被评为适中，在战略协调和信息共享方面被评为负，在授权方面被评为正（262–263）。

【313】 这显然是一项雄心勃勃的努力。布鲁克斯利用了历史记录、政府文件、正式文本、新闻报道、历史学研究、访谈记录和学术文献报告等可访问数据，将它们用作证据来检验其假设。她的数据来源提供了各种信息，包括可以说明各国军队如何采取行动、准备参战的幕后商议。例如，我们能看到在生死攸关的时刻，腐败促成体制（corrupt promotion systems）是如何发出了错误的信息，并将它们传达给了文职领导人和军队领导人。

在研究的理论部分，布鲁克斯提出了一些重要概念，在对每个案例进行讨论时，她都用这些概念来加以组织。在案件讨论初期，呈现的信息包括军队领导人和文职领导人之间的分歧程度，权力是掌握在军官手里、文官手里，还是平分秋色。随后，她对每类战略评估（信息共享、战略协调等）进行了分析。

所有八个案例的调查结果都非常有力，令人印象深刻，这些结果还被记录在一份易于解释的表格里。布鲁克斯指出，当军政之间就战略达成协议且文官明显占据权力优势时，战略评估这门艺术的挑战性就会加大。而军队管控时，军政之间就难以达成协议，与这种情况相比，军政双方权力平衡时，战略评估会更折中些。

应用研究的多重意义

没有什么比一个好的理论更实用了。

（Lewin，1952：169）

这句关于理论实用性的引文众所周知，出自库尔特·勒温（Kurt

Lewin），当然，它也适用于布鲁克斯的战略评估研究。没有她精心设计的概念框架，就几乎不可能从八个如此不同的案例中获得意义，也不可能从无数可利用的冲突数据中筛选出这八个案例。布鲁克斯（2008）定义了战略评估，明确提出了四种战略评估类型，从而使关键概念更易识别，也更容易以它们的众多表现形式进行操作化。此外，偏好上的分歧和权力平衡是她的关键解释因素，它们借鉴了已有的军政关系理论，具有直观的吸引力。这一框架使布鲁克斯能够理解各国在面临战争时的那些关键历程，读者在合上这本书时，也会对它们为什么在战略评估中被评为失败而有了新的见解。

本章在多个维度上考察应用研究。首先，我们考察了目的驱动的应用研究，此类研究明确地将理论用作工具，以实现它的目的，并保证所有的数据收集和分析方法具有一致性。本讨论也借鉴了查尔斯·桑德斯·皮尔斯（Peirce，1877）和约翰·杜威（Dewey，1938）的实用主义科学哲学，以他们的研究为指导。军事研究的例子可以对这种务实取向予以充分说明。其次，如果军事学术研究旨在应用，就需要出版。因此，我们就换一下主题，对军事研究期刊进行考察。我们确认了顶尖的军事研究期刊，提供了这些期刊的关注点和学科定位。最后，我们简要回顾了学术期刊的出版过程，并以实用的小窍门来结束对这一过程的导航。

典型的研究过程

常见的用于经验探索的研究过程模型是从对目的的阐述开始的。然后将理论与方法论／数据收集结合起来，最后对研究结果进行分析（见图27.1）。在实践中，这个过程常常很模糊，研究目的、理论、方法和研究发现之间的联系往往含混不清，或者不存在。在许多情况下，理论太抽象，很难看出它对目的或数据收集的适用性。这一问题也使研究本身无法具有更为广泛的理论应用性。

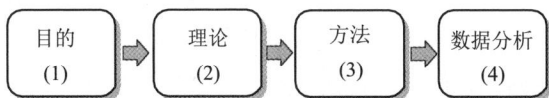

图 27.1 研究过程模型

【314】

本章提出的实用研究模型旨在阐明研究目的、理论、方法和数据分析之间的联系，使它们之间具有连贯性。为完成这项任务，我们提供了军事研究的例子，如里莎·布鲁克斯的《连接目的、理论、方法和数据分析》。应该指出的是，我们并不是在证明本文中提出的应用研究取向比其他取向更好；相反，在理论导向的经验研究中，应用研究只是它的一个重要方面，我们只是对这个方面予以了强调。

应用研究要有明确的目的

实用主义哲学强调研究的实用进路，强调理论是实现研究目的的有用工具，可以用它来澄清研究过程中的关系（Dewey，1938；Rescher，2012）。当理论和目的明确地联系在一起时，就会为数据收集和分析带来一致性。

在实证研究中，当运用的理论概念忽略了研究目的，研究目的和理论之间的联系就会有问题。斯蒂芬·范·埃弗拉（van Evera，1997）将理论定义为"描述和解释各类现象的原因或结果的一般陈述。它们由因果律或假设、解释以及前因条件组成"（8）。同样，艾尔·巴比（Babbie，2007：Glossary 11）认为，"对于那些与生命的某个特定方面有关的观察"，理论提供了"系统的解释"。巴比（2007）确认了三种类型的研究目的（它们是探索、描述和解释），但是他并没有明确地将它们与理论联系在一起。

未表述出来的假定是，由给定理论推出的假设大概只能实现解释性目的。这种关系在应用研究中是明确的和有用的，但是它不是唯一的关系。在军事研究范围内进行的大量研究都是纯描述性的（Kümmel，2002；Hussain and Ishaq，2002）或探索性的（Hendrickson，2002；Ruiz，2010；Whetsell，2011）。而理论作为基本原理是一系列假设的基础，这一思想却明确地表明探索性和描述性研究都不必用理论。

杜威式的应用研究进路拓宽了理论的范围，将解释、预测以及因果推断之外的思想和抽象概念都包含在理论里，认为理论只是解释性或预测性假设的观点被摒弃了。相反，杜威（1938）认为，理论是探索的工具，可以用来拓宽理论观念，使它们更明确地应用于描述、探索与其他研究目的。

【315】例如，类化（categorization）就是一种理论类型。元素周期表、植物和动物分类法都是科学中类化的例子。在军事研究中，格哈德·库梅尔（Kümmel，

2002: 559）用类化方法描述了"'男兵'对军队中女性问题的看法和意象"。

正如地图是帮助旅行者导航地形的工具，理论工具也有助于实证研究。应该根据用途（即实现目的的能力）来评判像地图这样的理论。没有人期望地图能真实地反映现实，人们只是期望地图能反映一小部分重要特征之间的关系，选取这些特征是因为它们与旅行者有关，最终能使旅行者到达目的地（即达到某种目的）。研究目的本身可以被概念化为一种需要解决的问题情境。因此，在最终的评估中，对理论的评判不是根据它们是如何充分地描述、解释和预测了现实，而是根据它们如何有助于解决指定的问题（Laudan，1977）。

概 念 框 架

理论建构往往具有挑战性，因为它的跨度很大，既可以用理论理解某些大事情，如战争的原因，也可以理解一些小事情，如加拿大延长服兵役期限的动机。布鲁克斯（2008）的一组假设（或理论）开始时相当广泛，然后缩小了范围，以便给数据分析提供明确的线索或方向。她将战略评估划分为四种明确的表现形式：战略协调、信息共享、授权过程和结构胜任力。此外，她的假设表述清晰，逻辑明确地与她的总体目的联系在一起。在本章中，我们将重点讨论这一层次上的理论发展。我们称这种类型的中间理论（intermediate theory）为概念框架，并将概念框架定义为"为实现某一目标而对思想进行的组织"（Shields and Rangarajan，2013）。

借鉴地面战传统观念中的一个比喻。打赢一场战争的责任在于顶层，战略就是实现打赢战争这一目标的理论，战术则把焦点转移到战场上，接近于地面调遣。战术根据目标的不同而有所不同，无论这个目标是穿越河流、丛林、山丘和山谷，还是围攻城市。但是超出了直接目的的范围，战术就没有什么意义。战略和战术截然不同，但是战略会对战术进行指导。军政关系理论的宏大图景同样指导了布鲁克斯的战略评估概念框架，该框架与数据有关，在更为狭义的意义上被定义（2008）。本章会着重探讨概念框架的建构与使用，将概念框架作为一种经验研究的实用工具。

战术太接近于地面了，它们会对许多实际的考虑做指导，例如，如何确定武力与装备规模、如何考虑天气因素、如何适当使用武器等。同样，概念框架也可以对地面决策进行指导，例如，变量建构、统计技术、抽样技术和访谈对象等。因此，对于应用研究来说，概念框架是研究事业中的联结组织（connective tissue），是一种"中间理论"，在具体的研究问题和数据的收集选择之间，它们起中介作用（Shields and Tajalli，2006）。

从这里开始，我们要用概念框架取代理论术语了，因为我们想要标记出这类特殊的、中间的、更接近于数据的理论。通过"将观念组织起来去实现某个目的"来取代因果性/解释，理论的适用性就能被扩展到解释和假设之外了。目的与框架之间的这一联系就嵌入在"概念框架"的定义中，也构成了实用研究的首要特征。下一步要确定的是通用的研究目的/框架"对"（pairings），在社会科学和应用研究中，常见的目的/框架对是由希尔兹和塔贾利（Shields and Tajalli，2006）确立的（见表27.1）。

【316】

表27.1　研究目的与概念框架配对情况表

研究目的	概念框架
探索	工作假设
描述	类化
决策	运营研究模型
解释/预测	形式化假设

表27.1从初级或早期阶段开始，即探索性研究。当发现一个主题时，就会产生这类研究。在问题形成阶段，或者在探索某个正在考虑的新政策或新管理方法时，就可以利用探索性研究。探索性研究与灵活的工作假设有关。描述是一种了解现象的方法，类化则是最常见、最普遍的描述方式。描述也着力研究发生了什么的问题，常被用于对态度的调查研究。在20世纪60年代的美国，罗伯特·麦克纳马拉（Robert McNamara）将私营企业中的决策工具引入武装部队（Hitch and McKean，1960），希望通过成本效益分析等运营研究工具来使机构更有效率。这些工具通常被用来解决武器系统或基础道路建设等大型投资问题，因此决策和运营研究是成对的。

解释/形式化假设是最后一组目的/框架对。我们用形式化假设这个术语区分了工作假设（假设的关系可能存在，也可能不存在）和形式化假设（假设的关系始终存在）。预测性研究与解释性研究相似，它们都代表了学术期刊中最常见的军事研究类型。

军事应用研究实例

在迄今为止的学术期刊上，解释性研究是最常见到的实证研究方法。人们希望目标与形式化假设之间有明确的关系，但是通常情况并非如此，这是因为目的陈述混乱、假设与目的脱节以及假设混乱，也可能是三种情况同时存在引起的。当然，这些研究中的大多数并没有得以公开发表。顶级期刊的接受率在 2% ~ 20%，对于那些从未见刊的稿件，常见的批评是模糊不清的目的陈述、薄弱的文献综述和缺失的理论框架，这一点都不奇怪。

鉴于应用研究强调某种目的的实现，介绍和设置论文的目的就自然十分重要。在论文写作初期，就应该明确陈述研究计划要实现的目的是什么，对这一目的的陈述还要易于找到。在一项关于儿童适应父母部署的研究中，安德列斯和莫尔克（2011：419）设置了两个目的："这项研究的目的有两个：（a）在部署到波斯尼亚或阿富汗的过程中，荷兰儿童及其父母的经历是怎样的；（b）对儿童在父母缺席和重聚期间的调适难度的预测因素进行检验。"第一个研究问题是要阐明某种描述性目的之类的东西。在对结果的讨论中，作者利用了松散的类化方法（表达为论文的副标题），包括基于时间线的松散类化（例如，出发前、缺席……重聚）和基于视角的类化（例如，儿童的视角或父母的视角），用这种方法来核查"在部署过程中荷兰儿童及其父母的经历是怎样的"。第二个目的是解释性的，要回答的问题是，什么因素预测（或解释）了儿童对部署的调适度。为实现这一目的，他们【317】提出了一系列前后一致的假设。

阿德雷斯、万休斯和瓦什蒂（Adres, Vanhuysse and Vashdi, 2012：93）提供了另一个有着明确目的陈述的例子："在近几十年间出现的、最常研究的社会科学现象中，本文旨在关注其中两种现象之间的关系，即全球化的社会影响以及对国家公共物品的贡献。我们会利用一个突出的案例，即以色列的逃避征兵趋势，利用该实例来探索这些现象之间的可能因果关系。"这一目的的陈述说明了作者包含进来的多重议程。全球化的影响和公众服兵役的价值，这些重大的问题被缩小到以色列的逃避征兵案例中（关于在军事研究中明确目的陈述的其他例子，可参见 Ben-Dor et al., 2002；Wombacher and Felfe, 2012；Hogan and Seifert, 2010）。

解释性研究通常寻求"为什么的问题"的答案。"为什么的问题"是在寻求原因，对"为什么的问题"的回答往往是从"因为"开始的。假设就是对"为什么的问题"的回答，这一回答既可以预期，也可以检验。范·埃弗拉（1997：8）认为，最一般形式的假设可以被简化为，"如果 X，那么 Y"，或"如果 X，那么 Y 的概率为 A"。换句话说，X 解释了 Y，对"为什么的问题"的答案是 X。布雷因斯等（Brains et al.，2011：29）确定了形式化假设的三种特征。形式化假设是：（1）陈述句；（2）确定一种通常是定向的关系；（3）是具体的。阿德雷斯等（2012：98）提出了五个假设来解释逃避征兵的倾向。他们的第一个假设非常符合假设的特征："个体的个人主义水平越高，他逃避兵役的倾向就越强。"（2012：98）

探索性研究和工作假设是军事研究中一些最基本的研究类型。从历史上看，军事领导人是依靠侦察兵带回敌方或地形的相关信息的。如果他们或多或少地随身带着一套统一的评估标准，他们就会有一个类似于工作假设的框架。这个例子说明了探索性研究的有用性，即人们必须从某个地方开始，如果可能的话，还要系统地和有目的地开始。另一方面，探索性研究通常是不完整的和提示性的。许多战役的失败都是因为侦察兵漏掉了什么东西。

在克林顿执政期间，他曾利用武力转移过注意力，瑞安·亨德里克森（Hendrickson，2002）用"命题"这个词取代工作假设，对这一现象进行了研究。在亨德里克森之前，研究者是运用聚合时间序列数据来研究利用武力转移注意力现象的，他们考察了"武力的多种用途，检验了国内经济实力等因素的相关性"（Hendrickson，2002：309）。亨德里克森希望探索总统行为，通过这种方式来"辨别是否特定情况下的军事行动是'转移注意力的'"（309）。克林顿当时卷入了莫妮卡·莱温斯基丑闻，本来就有进行军事打击的强烈动机，以此方式来转移公众对这一丑闻的注意力。那么，克林顿对本·拉登和沙漠之狐行动（Operation Desert Fox）的军事打击是转移注意力呢，还是对真正的安全威胁做出的战略性反应？

为回答这一问题，亨德里克森（2002）提出了一个明确的目的陈述，"这篇论文探讨四个利用武力转移注意力的命题，以审查克林顿1998年的两次军事打击……"他的这一做法表明，命题和案例研究进路是"评估该问题的新方法"（310）。在他的命题中，有两个考虑到了武力使用之前的决策条件。例如，命题一指出，"在利用武力转移注意力之前，有目的地将总统顾问小组规模减至最小，并且打击是单方面的"（310）。他提出的每个命题都利用了精心设计的、与理论和历史文献相关的论据。这些命题是建构出来的，因此，支持或否证它们的证据相对明确，对证据的收集与分析也变得相对简单。最后，这些命题会系统地呈现和组织该案例【318】的证据。研究的所有组成部分（例如目的、框架、数据收集和数据分析）都相互协调，连贯有序，这是应用研究的标志。

军事研究学术期刊

正如引言中所指出的，应用研究应该发表出来，要利用应用研究来实现这一目的。下一节将重点展示军事研究中的顶级刊物。有许多可以发表军事实证研究的渠道，不幸的是，直到最近，还是只有少数的军事研究期刊才有评估指标，这些指标可以评估它们的学术价值。这些期刊也被进一步归入相关的领域中进行排名，如国际研究、政治学、社会学、历史学和心理学。找到顶级军事研究期刊并不那么简单容易。最近，谷歌学术（Google Scholar）对军事研究期刊进行了排名。随着这一排名的出现，这种情况有了改变。

我们利用谷歌学术上的排名，排出了军事研究中的前 20 种期刊（见表 27.2）。此外，还提供了一些其他有用的信息，例如，期刊引用报告中的 2 年和 5 年影响因子，期刊的关注点、受众和出版商。在这张表中有足够的信息可以让军事研究学者对该领域的顶级期刊有充分的了解。

表 27.2　军事：前 20 名排名

期刊名称	谷歌学术"军事研究"：H-stat 排名	期刊引用报告：2 年和 5 年影响因子	期刊的关注点与受众	出版商
《国际安全》（*International Security*）	1	2.333 3.529	安全研究。战争与和平之类的传统议题，最近出现的安全维度，如人道主义问题中的人口统计学数据。全球受众	麻省理工学院出版社

期刊名称	谷歌学术"军事研究": H-stat 排名	期刊引用报告: 2年和5年影响因子	期刊的关注点与受众	出版商
《安全对话》（Security Dialogue）	2	1.032 2.021	安全研究。玛丽斯（Marries）理论以及新出现的与安全有关的实证研究发现。多学科。全球受众	Sage
《华盛顿季刊》（Washington Quarterly）	3	0.775 0.742	广泛的国际事务。分析全球战略变化及其公共政策意义。美国的全球角色、导弹防御、政治变迁的意义。全球受众	劳特利奇出版社
《生存》（Survival）	4	0.613 0.583	战略研究。国际与战略性事务的分析与辩论。路径方面的政策相关议题。全球受众	劳特利奇出版社
《国际维和》（International Peacekeeping）	5	0.585 无法获得	和平研究。维和及其维和行动。全球受众	劳特利奇出版社
《军事评论》（Military Review）	6	没有测量	军事科学研究。公开交流军事思想的论坛；关于战争的战术与行动层面的概念、学说与战斗。受众为全球职业军人	美国指挥和参谋学院
《安全研究》（Security Studies）	7	0.864 1.11	安全研究。国际安全研究，包括战争与和平的原因的历史、理论和政策的研究。全球受众	劳特利奇出版社
《军事心理学》（Military Psychology）	8	0.72 1.244	军事心理学研究。军事环境中的心理学研究与实践。全球心理学专业受众	劳特利奇出版社
《战略研究杂志》（Journal of Strategic Studies）	9	0.933 0.725	战略研究。多学科与前瞻性论文，涉及战略研究中的军事与外交策略。全球受众	劳特利奇出版社

期刊名称	谷歌学术"军事研究"：H-stat 排名	期刊引用报告：2 年和 5 年影响因子	期刊的关注点与受众	出版商
《武装力量与社会》（*Armed Forces & Society*）	10	0.815 0.918	军民关系。军事机构、军民关系、军备控制、调停和冲突管理。 跨多科。 全球受众	Sage
《奥比斯：世界杂志》（*Orbis: A Journal of World*）	11	没有测量	国际关系。美国外交政策。 全球受众	爱思唯尔出版社
《小规模战争与叛乱》（*Small Wars and Insurgencies*）	12	没有测量	国际关系与冲突研究。关注叛乱、反叛乱、有限战、维和行动以及武力如何用作政策工具，旨在为上述议题的历史、政治、社会、经济与心理方面的讨论提供论坛。 全球受众	劳特利奇出版社
《联合部队季刊》（*Joint Forces Quarterly*）	13	没有测量	安全与军事研究。主题包括联合与整合性军事行动；整个政府对国家安全政策与战略、本土安全、训练与联合军事教育的贡献。 受众为美国国家安全专业人士	国防大学出版社
《当代安全政策》（*Contemporary Security Policy*）	14	没有测量	冲突与安全研究。武装暴力、和平建设以及冲突解决的政策问题研究。包括战争与武装冲突、战略文化、安全研究、国防政策、武器采办、冲突解决、军备控制和裁军。 全球受众	劳特利奇出版社
《欧洲安全》（*European Security*）	15	没有测量	安全研究。全球背景下区域内以及欧洲所面临的安全挑战和进路，是讨论此议题的论坛。 欧洲受众	劳特利奇出版社

期刊名称	谷歌学术"军事研究"：H-stat 排名	期刊引用报告：2 年和 5 年影响因子	期刊的关注点与受众	出版商
《不扩散评论》（*Nonproliferation Review*）	16	没有测量	和平与安全研究。关注核、化学、生物和常规武器扩散的原因、后果和控制。所辩论的问题有：国家主持的武器计划、条约和出口管制，恐怖主义以及武器扩散对经济和环境的影响。政策取向的全球受众	劳特利奇出版社
《英国皇家联合军种研究院杂志》（*RUSI Journal*）	17	没有测量	国防与安全研究。国家和国际防御以及安全问题的思想交流论坛。主题包括战争和冲突、英国与其他国家的武装力量、国防安全政策以及军事史。全球受众	劳特利奇出版社
《国防与安全分析》（*Defense and Security Analysis*）	18	没有测量	安全研究。防御理论与分析。其中的部分议题包括比较防御政策、国防经济、防御历史模式和恐怖主义研究。全球受众	劳特利奇出版社
《参数》（*Parameters*）	19	没有测量	军事科学研究。陆战、联合和组合行动、国家和国际安全事务、军事战略、军事领导和管理、军事史、道德以及与美国陆军有关的其他当代重大热点议题，对这些主题进行人文与科学研究。全球职业军人受众	美国陆军战争学院
《情报与反情报国际杂志》（*International Journal of Intelligence and Counterintelligence*）	20	没有测量	情报研究。在制定与现代情报相关的决策和政策时，政府和商业机构遇到的问题和挑战。全球受众	劳特利奇出版社

期刊论文提交步骤

学术期刊使用同行盲审过程来选择有待发表的论文。一位可能的作者应该仔细考虑一下，要将论文提交给哪个期刊。表27.2 中的清单是一个很好的起点。所有这些期刊都有网站，应该浏览一下这些网站，了解提交过程的具体细节。许多期刊使用基于网络的稿件管理系统，而另一些期刊通过电子邮件或使用普通邮件来征求稿件。无论采用哪种方法，都是在使用一套连贯一致的程序来审查新稿件。

这个过程称为同行盲审，因为作者和评审者都不知道彼此。此过程旨在确保审核流程的客观性。因此，稿件中能识别出作者的信息应该被消去。在审核稿件是否符合提交指南所要求的形式时，稿件会转到编辑那里进行审查。编辑经常在这一点上拒绝稿件。最常见的拒稿原因之一是，稿件不符合期刊的宗旨或范围。如果稿件通过了编辑的最初筛选，就会被发送出去评审。编辑联系该主题的可能专家审稿人，询问他们是否可以审阅这个稿件。大多数稿件都有三位匿名审稿人，通常要求审稿人在 30 ～ 45 天内返回审阅意见。

评审通常包含两项内容：一是对稿件做整体评估，包括拒绝、修改、重新提交以及接受等；二是审稿人对论文提出改进意见。大多数情况下，即使稿件被拒绝了，审稿人的评论也会为作者改进论文提供有用的方法，有助于接下来投稿成功。如果作者收到了修改并重新提交的评审意见，仔细考虑并回应所有评审者的评论是非常重要的。如果评论较长，要求重新考虑论文的部分内容，作者就应该对这一任务做必要的反思性思考，认真对待该评论；如果对所建议的改动做出肤浅的回应，那么就没有什么比这种回应更令审稿人恼火了。有时评审意见很短且易于实施，虽然没有什么被认为是理所当然的，但是这种性质的评审往往表明，该论文正在被接受的路上了。如果评审意见相互矛盾，作者应该寻求编辑的建议。稿件在第一轮就被接受的情况极其罕见。在这些屈指可数的情况下，审稿人往往会有一些需要改进的意见，作者应该予以考虑。

当提交修改完的稿件时，作者还应该确保有办法让审稿人和编辑了解他是如何处理审稿人的评论的。有时，一些编辑会要求一封详细说明他是如何回应的信件，而另一些编辑则希望跟踪修改过程。修订后的稿件，连同对评审人评论的回应，都要回到最初的评审人那里进行评估。大多数的情况下，评审人的决定有两种：接受或拒绝。有时，需要三轮或更多轮，每次作者都要同样予以回应。

如果稿件被接受了，通常会要求作者提交一份"最终的"草稿，该草稿要符合出版商接受稿件的检核表。出版商负责对稿件进行文字编辑，确保参考书目中的所有参考文献和文本相匹配。文字编辑做完修改并确认完任何一个可能的问题后，就会将编辑好的论文连同作者查询发送给作者。当然，作者应该迅速做出回应。一旦论文被文字编辑了，就会转去排版，这时，作者就有机会审核排版后的版本，最终同意发表。现在，稿件就是一篇已被接受的、可以被分配到某一期发表的论文了。

【323】　成功发表论文的技巧

一般情况下，高质量期刊的接受率在 20% 以下。作者可以做些什么来提高成功的可能性呢？没有任何东西可以取代强有力的、高质量的、能做出重要的新贡献的稿件了，但是仍然有办法来增加接受的可能性。第一个也许是最重要的，就是"适合"的问题。作者应该努力确保稿件在期刊的范围内是非常适宜的。要找到这种适合的感觉，最好的方式是密切关注期刊的几个问题：主题是否广泛兼容？浏览一下参考书目，什么样的参考文献很常见？例如，如果参考书目侧重于期刊论文，那么让大多数的参考文献是政府报告和报纸文章可能就不对。同样，有的期刊主要发表量化实证研究，它就不太可能考虑接受一篇规范的政策论文。

如果在最近出版的期刊中，比如在过去的五年里，稿件的主题经常被讨论，那么合适的可能性会增加；如果没有，就需要一个有说服力却又微妙的论点来说明这个主题是可以的。大多数情况下，不再选择这个期刊，转而选择另一种更适合的期刊会比较有意义。请记住，发表一篇期刊论文是在进入一场与这个主题有关的对话，论文应该为该对话多做点什么，也应该尊重正在进行的对话。这意味着应该引用适当的文献，如果可能的话，应该包括期刊的来源。

也应该考虑一下技术方法论的问题，例如，适当的统计技术、适当的样本规模和以可检验的形式呈现假设。期刊编辑对具有外部效度的论文感兴趣，其期刊受众远远超出美国陆军或单一国家等组织边界。此外，写作质量越高，成功的概率越大。高质量的写作涉及以下方面：组织、清晰度、语法、段落的衔接 / 连贯和恰当的引文。

一篇成功的期刊论文需要广泛的专业技能和知识，这也许可以解释为什么这么多的论文是共同撰写的。两位或三位作者可能会拥有一系列的优势以及充足的时间，这是单个作者所无法企及的。在军事研究中，具有职业军人职务的作者太多了，时间无疑更成问题。此外，资深作者可能是导师。也许更加重要的是，合著有助于建立一个同事网络，他们都对同一研究领域感兴趣。能成功持续下去的学术议程取决于对这份事业的想法、数据和热情。与同事分享工作经验和想法，有助于这些观点的发展，能对新的、富有成效的探索予以指引。此外，当遇到大改、需要重新提交信件或收到令人难过的拒绝信件时，如果是一组同事，就可以对此提供指导和支持。在提交论文之前，广泛地分享研究和呈现论文是有益的。这样的话，就可以收到更为广泛的受众反馈，利用这些反馈来评估这项研究的优点。

结论

本章首先对里莎·布鲁克斯的研究设计进行了积极的评价，它既是一项军事学术研究中的优秀作品，也是应用研究的典范。目的导向的应用性学术研究将理论用作工具，有条理地将目的与方法、数据收集和结果联系在一起。它们有许多的表现形式，本章提供了几个应用研究的例子。此外，希尔兹和塔贾利（Shields and Tajalli，2006）的分类法将研究目的与概念框架联系起来，也是一种对如何创建应用研究进行思考的方式。本章认为，在约翰·杜威和 C.S. 皮尔斯的传统中，研究设计的实用主义进路允许不同的概念框架满足不同的研究目的，这与那些仅接受解释性和预测性尝试的【324】科学哲学传统有区别。

本章的最后一节提供了很实用的信息，它可能揭开了学术期刊出版艺术的秘密。也许本章能提供的最为重要的实用技巧是关于引言、问题陈述和目的的，它们的角色是为一篇可发表的论文奠定基础。本章还确定了一份顶级军事期刊的简短列表，包括它们的关注点和受众。一般而言，这些期刊的编辑在评估研究时，依据的是能否找到一个明确而引人注目的目的，以及论文是否提供了明确的框架来实现研究目标。这个框架有助于理解变量界定以及统计或定性数据分析技术吗？刚刚脱颖而出的学者需要扪心自问，他们是否在以这样的方式设计他们的研究，以便能照顾到目的、理论、方法和结果之间的一致性。如果在军事研究领域里，对这个问题的回答越来越肯定，那么正如本章指出的，它将得以保持，并会进一步发展为一种跨学科的应用领域，既服务于理论，也服务于实践。

参考文献

Adres E.,vanhuysse P.,Vashdi D.R.2012. "The individual's level of globalism and citizen commitment to the state:The tendency to evade military service in Israel." *Armed Forces & Society* 38（1）:92–116.

Andres M.D.,Moelker R.2011. "There and back again:How parental experiences affect children's adjustments in the course of military deployments." *Armed Forces & Society* 37（3）:418–447.

Babbie E.2007.*The Practice of Social Research*.Belmont,CA.:Thompson Wadsworth.

Ben-Dor G.,Pedahzur A.,Hasisi B.2002. "Israel's national security doctrine under strain:The crisis of the reserve army." *Armed Forces & Society* 28（2）:233–255.

Brains C.,Wilnat L.,Manheim J.,et al.2011.*Empirical Political Analysis: Quantitative and Qualitative Research Methods*.8th ed.Upper Saddle River, NJ.:Pearson.

Brooks R.2008.*Shaping Strategy:The Civil-Military Politics of Strategic Assessment*.Princeton,NJ.:Princeton University Press.

Dewey J.1938.*Logic:The Theory of Inquiry*.New York:Holt,Rinehart,and Winston.

Hendrickson R.C.2002. "Clinton's military strikes in 1998:Diversionary uses of force?" *Armed Forces & Society* 28（2）:309–332.

Hitch C.,McKean R.1960.*The Economics of Defense in the Nuclear Age*. Santa Monica,CA.:Rand Corporation.

Hogan P.F.,Seifert F.R.2010. "Marriage and the military:Evidence that those who serve marry earlier and divorce earlier." *Armed Forces & Society* 36（3）:420–438.

Hussain A.,Ishaq M.2002. "British Pakistani Muslims'perceptions of the armed forces." *Armed Forces & Society* 28（4）:601–618.

Kümmel G.2002. "Complete access:Women in the Bundeswehr and male ambivalence." *Armed Forces & Society* 28（4）:555–573.

Laudan L.1977.*Progress and Its Problems*.Berkeley,CA.:University of California Press.

Lewin K.1952.*Field Theory in Social Science:Selected Theoretical Papers by Kurt Lewin*.London:Tavistock.

Peirce C.S.1877. "The fixation of belief." *Popular Science* 12（1–15）.

Rescher N.2012.*Pragmatism:The Restoration of its Scientific Roots*.New Brunswick,NJ.:Transaction Publishers.

Ruiz V.2010.*A Knowledge Taxonomy for Army Intelligence Training:An Assessment of the Military Intelligence Basic Officer Leaders Course Using Lundvall's Knowledge Taxonomy*.Applied Research Project.San Marcos,TX.:Texas State University.

Shields P.,Tajalli H.2006. "Intermediate theory:The missing link in successful student scholarship." *Journal of Public Affairs Education* 12（3）:313–334.

Shields P.,Rangarajan N.2013.*A Playbook for Research Methods:Integrating* 【325】 *Conceptual Frameworks and Project Management Skills*.Stillwater,OK.:New Forums Press.

van Evera S.1997.*Guide to Methods for Students of Political Science*.Ithaca,NY:Cornell University Press.

Whetsell T.2011.*The Heroes Program:Child Support Enforcement among Veterans of War*.Applied Research Project.San Marcos,TX.:Texas State University.

Wombacher J.,Felfe J.2012. "United we are strong:An investigation into sense of community among navy crews." *Armed Forces & Society* 38（4）:557–581.

推荐阅读

Brooks R.2008.*Shaping Strategy:The Civil-Military Politics of Strategic Assessment*.Princeton,NJ：Princeton University Press.

Bryman A.2012.*Social Research Methods*.4th ed.Oxford：Oxford University Press.

Carreiras H.,Castro C.（eds）2012.*Qualitative Methods in Military Studies:Research Experiences and Challenges*.London and New York：Routledge.

Diehl P.F.,Druckman D.2010.*Evaluating Peace Operations*.Boulder,CO.：Lynne Rienner Publishers.

Epstein J.2002. "Modeling civil violence：An agent-based,computational approach." *Proceedings of the National Academy of Sciences* 99（3）：7243–7250.

Erikson R.S.,Stoker L.2011. "Caught in the draft：The effects of Vietnam draft lottery status on political attitudes." *American Political Science Review* 105（2）：221–237.

George A.L., Bennett A.2004.*Case Studies and Theory Development in the Social Sciences*（BCSIA Studies in International Relations）.Cambridge and London：MIT Press.

Giustozzi,A.（ed.）2009.*Decoding the New Taliban*.New York：Columbia University Press.

Goertz,G.,Mahoney J.2012.*A Tale of Two Cultures:Qualitative and Quantitative Research in the Social Sciences*.Princeton,NJ：Princeton University Press.

Griffith,J.1995. "The Army Reserve soldier in Operation Desert Storm：Perceptions of being prepared for mobilization,deployment,and combat." *Armed*

Forces & Society 21（2）：195–215.

Howard,L.M.2008.*UN Peacekeeping in Civil Wars*.Cambridge and New York：Cambridge University Press.

Hynes,S.1997.*The Soldiers'Tale:Bearing Witness to Modern War*.New York：Penguin.

Moore,B.1996, pbk.1998.*To Serve My Country,to Serve My Race:The Story of the Only African American WACs Stationed Overseas during World War II*.New York：New York University Press.

Moskos,Charles.1977."From institution to occupation：Trends in military organization." *Armed Forces & Society* 4（1）：41–50.

Oneal J.,Russett B.,Berbaum M.2003."Causes of peace:Democracy, interdependence,and international organizations,1885—1992." *International Studies Quarterly* 47（3）：371–393.

Perez C.Jr.2012."The soldier as lethal warrior and cooperative political agent：On the soldier's ethical and political obligations toward the indigenous Other." *Armed Forces & Society* 38（2）：177–204.

Rietjens S.J.H.2008."Managing civil-military cooperation：Experiences from the Dutch Provincial Reconstruction Team in Afghanistan." *Armed Forces & Society* 34（2）：173–207.

Ruffa,C.2013."What peacekeepers think and do：An exploratory study of French,Ghanaian,Italian,and South Korean armies in the United Nations Interim Force in Lebanon." *Armed Forces & Society*,Online before print,28 March 2013.

Schaubroeck J.M.,Hannah S.T.,Avolio B.J.,et al.2012."Embedding ethical leadership within and across organizational levels." *Academy of Management Journal* 55（5）：1053–1078.

【327】 Shields P.,Rangarajan N.2013.*A Playbook for Research Methods:Integrating Conceptual Frameworks and Project Management*.Stillwater,OK.：New Forums Press.

Soban D.,Salmon J.,Fahringer A.2013."A visual analytics framework for strategic airlift decision making." *The Journal of Defense Modeling and Simulation:*

Applications,Methodology,Technology 10（2）：131–144.

Soeters J.M.M.L.,van Fenema P.C.,Beeres R.（eds）2010.*Managing Military Organizations:Theory and Practice*.London：Routledge.

Stouffer S.A.,Suchman E.A.,de Vinney L.C.,et al.1949.*Studies in Social Psychology in World War* II：*"The American Soldier"*；Vol.1：*Adjustment during Army Life*.Princeton,NJ：Princeton University Press.

Tosh J.2009.*The Pursuit of History*.London：Routledge.

索 引

（索引页码为原书页码，即本书边码）

A

J

O

P

Q

U